環境經濟學原理
——經濟學、生態學與公共政策

Principles of Environmental Economics
—— Economics, Ecology and Public Policy

Ahmed M. Hussen 著

陳 凱 俐 譯

譯序

　　任教九年以來，一直苦於找不到一本合適的環境與資源經濟學教科書；所謂合適，是既要考慮學生背景，又要能以跨領域方式探討當前環境資源議題。看到 Hussen 所著的這本《環境經濟學原理──經濟學、生態學與公共政策》（*Principles of Environmental Economics ──Economics, Ecology and Public Policy*），如獲至寶，誠如作者所言，能在新古典環境經濟學之外，加上生態學探討的教科書，寥寥無幾。因此毫不考慮地選擇此書為教科書，作為「環境與資源經濟學」課程的主要教材。

　　在教學中，由於仔細閱讀，更覺得有推廣本書觀念的必要。雖然可要求學生閱讀原文書，但因個別英文程度差異，理解程度自有不同，為使各校學生皆能深入瞭解此跨領域的探討方式，更為使不同領域學生和社會大眾皆有機會接觸此種生態學與經濟學跨領域探討環境資源議題及其政策建議的內涵，因此著手翻譯工作。適巧揚智文化公司魏文濱先生主動詢及出版書籍意願，隨後並取得翻譯權，才使本翻譯得以問世。

　　本書第 4 章有關生態學介紹之翻譯，全賴國立宜蘭技術學院森林系助理教授梁亞忠博士的協助方得以完成，謹致上最深的謝意。此外，在教學相長中，應用經濟系學生給予相當多的回饋，尤其是洪儷瑄同學仔細閱讀每一章的原文及翻譯稿並與我深入討論、許璧如同學協助文書處理，都是本書翻譯過程的大功臣。

　　雖然本書的翻譯工作前後共約一年才完成，但其中疏失仍在所難免，期望各方多多予以指正，以作為日後修改之參考。

陳凱俐

原序

　　這本書的主要目標是呈現對清楚瞭解當代複雜環境與自然資源議題和政策考量最重要之經濟與生態原理。近年來已有數本教科書也是為此目標而寫，你們可能會問，這本書和其他書究竟有何不同？

程度

　　這本書是為環境與資源經濟學的入門程度課程而寫，主要是針對在研讀環境與資源議題時希望有跨領域的焦點之大二、大三學生而設計，可以是不同領域的學生，但這本書特別適用於經濟系、政治系、環境研究或生物科學系。

　　其他教科書也可能聲稱有上述特色，然而，很少有教科書以兩章特別介紹與環境與資源經濟學有關的基本經濟學概念。在這兩章中，如供需分析、支付意願、消費者與生產者剩餘、租、邊際分析、柏萊圖（Pareto）最適、要素替代和稀少性的各種經濟指標等都徹底且有系統地加以闡明，這兩章（第2、3章）的教材可以彈性選擇，其目的在於為經濟系學生複習及為其他系學生提供重要的經濟學基礎。這本書所需的經濟學基礎不多於一學期的個體經濟學課程，因此，不像其他這個領域的教科書，本書不需要進階的個體經濟學。

　　本書十分認真的看待環境與資源經濟學應以跨領域內涵研讀的宣稱。此種內涵除了需要個體經濟學之外，對支配自然世界的自然和物理科學之基本原理亦需有充分瞭解，為此，本書有單獨一章的生態學介紹，不僅為使非科學系科的學生對生態原理有一定程度的理解，也為使經濟學與生態學緊密結合。這章假設學生並不具生態學知識，徹底且有系統地探討生態概念如生態系、生態系結構、物質循環、物質與能量的定律、熵及演替、穩定性、恢復力的相互關聯和複雜的生態系。這些概念對瞭解生物物理限制和諸如生物多樣性消失及氣候變遷等全球性議題特別重要。

本書主要是環境與資源經濟學的探討，所強調的是清楚瞭解和分析環境與資源議題所需的理論原理和概念性架構的系統發展。為引導學生的想像力及吸引學生的注意力，並加強學生對基本理論原理的理解，大部分的各章中呈現個案研究或範例，其來源包括報章雜誌、學術期刊的實證研究，及政府或私人研究機構的出版品。

方向

不像本領域的其他教科書，本書是在不能只將環境與資源經濟學視為經濟學的另一應用課程之信念下撰寫而成的。它必須同時包括經濟和生態觀點，因此，必須以更廣泛的內涵來瞭解和評估環境與資源經濟議題，就此而言，本書並不純以經濟角度探討環境與自然資源問題。

以筆者近二十年的環境與資源經濟學的教學經驗，發覺對學生而言，若對經濟學與生態學的基本定理沒有清楚概念，將很難理解這兩學門的差異。因此，本書先仔細檢視標準經濟學對資源、資源稀少性和自然資源在經濟過程中所扮演角色之觀點的分析前假設。同樣的，另一章則探討生態觀點的先決假設。是以，本書清楚描述自然資源對人類的價值及其所具有的生態功能價值，並從這兩種觀點探討自然資源，為本書的一大特色。

多數的環境與資源經濟學教科書其方向屬於新古典學派，因此其重點在於總資源流量（包括自然環境服務）不同用途間的跨時最適配置，在這方面的主要考量是效率。本書並非忽視此種方法的重要性，而是另外增加重要層面：達到相對於環境的資源流量最適規模（optimal scale）之考量。這裡主要議題是維持經濟規模於生態負載容量之內，而這需認定生物物理限制。有好幾章是在探討經濟成長之生物物理限制及永續發展經濟學的各種觀點，這也是本書重要特徵之一。

架構

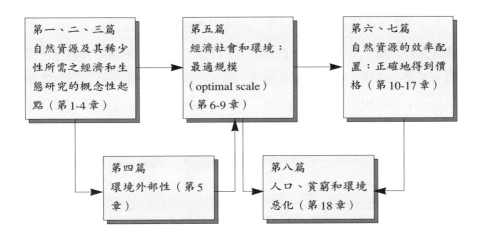

本章共包括八篇、18章，如圖所示。五個方框代表本書的主要架構主題。五個主題間彼此關聯，如箭頭方向所示，其關聯性在下面的討論中將更清楚。

基礎經濟和生態概念與觀點

第一、二、三篇的四章我認為是自然資源及其稀少性之經濟和生態分析的概念性起點。第1章探討標準經濟學對自然資源及自然資源在經濟過程中所扮演角色之觀點的基本假設，儘早解釋這些假設，縱使未對邏輯上有錯誤者加以指正，有助釐清新古典經濟學對自然資源所持之立場。

第2、3章提供瞭解自然資源和環境政策之經濟方法的重要概念，此外，此種探討多以傳統的供需分析爲之，撰寫這兩章有三個目的：

1.說明資源在完全競爭市場的經濟社會如何配置。

2.區分並評估衡量自然資源稀少性的各種指標之相對優勢。

3.解釋有關自然資源稀少性如何經由要素替代可能性和／或技術進步而得以緩和的經濟爭議。如前所述，這兩章可視學生的經濟學背景而彈性選擇。

第4章試圖提供學生生態學的基本概念和原理，以使經濟系學生加強其主修領域以外的知識。此處的立場是，沒有任何一個嚴謹的環境與資源經濟學的學生可以忽略生態學的重要課程。然而應理解有關生態學的教材，在此處所提供的相當集中於某一方面且相當有限，主要目的是使學生熟悉此處精選的生態概念和原理，以期最終清楚瞭解生態學家對自然世界和自然與人類經濟社會關聯性之觀點。這也是認知生物物理限制存在最重要的一章。

環境外部性與市場失靈

第四篇只包括第5章一章，代表本書的第二個主題，此部分涵蓋環境經濟學的基本概念。它闡述第一、二、三篇的基本生態學和經濟學如何用於幫助我們瞭解並解決環境污染問題，諸如環境的垃圾涵容能力、外部性、市場失靈和環境管制及其總體效果，在這章中都加以討論，這些也是瞭解第五部分之討論的重要觀念。

經濟成長的生物物理限制

第五篇的四章在其組織架構上是獨特的，包念一些在標準環境與資源經濟學教科書中極少提及的課題，此篇的主要考量是經濟社會相對於自然環境的規模（scale）。

第6、7、8章討論經濟成長之限制的三個不同觀點：馬爾薩斯學派（Malthusian）、新古典經濟學（neoclassical economics）和生態經濟學（ecological economics）。第9章處理永續發展經濟學。這四章探討的主要問題是：

1.我們能預期一個資源原賦有限的世界能有無限的經濟成長嗎？

2.如果生態限制是決定經濟成長未來趨勢的重要因素，應採取哪些步驟以避免違反這些自然限制呢？

環境與自然資源管理之經濟學

第六、七篇（包括第10-17章）的單一特徵是它們以新古典觀點處理環境與資源經濟議題。這幾章強調的是「正確地得到價格」，即環境資源唯有在市場價格能反映「眞實」稀少性價值時才能達到最適配置。

第10-15章是環境資源經濟學，處理環境政策與評價的標準經濟方法。第10章發展可作爲控制環境污染政策指引的理論模型。在第11、12章中，徹底探討並分析污染控制之政策工具。第13章討論全球層面環境污染的科學、經濟和公共政策議題。第14章檢視衡量環境效益（損害）的各種經濟方法。第15章介紹成本效益分析架構下環境計畫之經濟評估。

第16、17章說明再生性與非再生性資源經濟學的基本原理。第16章爲再生性資源基本經濟理論應用於生物資源及魚類資源之例。第17章則爲非再生性資源經濟理論的基本元素之介紹。

此處要強調的是第六、七篇的七章其方向屬新古典學派，但並非建議放棄本書的中心思想——生態主題。每一章的結論都儘可能提出其欠缺生態原理之批評。

人口、經濟發展和環境惡化

第八篇只包括第18章一章,分析開發中國家的當代人口、資源和環境問題。主要考量是貧窮和全球規模的快速環境惡化,在探討這些議題時,考量點不只是效率,還有全球經濟社會相對於環境的規模。在這方面,這章所討論的議題有整合第五篇(強調規模)和第六、七篇(強調效率)所學之觀念的特徵。

Ahmed M. Hussen

目錄

目錄

目錄

前言：環境與資源經濟學概觀

勞力為財富之父，自然為財富之母

—— Petty 1899: 2: 377

自然資源的概念

　　本書的主題內容為自然資源之研究，包括似乎隨時間和我們對支配資源自然情況之瞭解程度的增加而不斷更新的理論和觀念。例如：古典學派之前或重農主義者（1756-1778）和古典經濟學者（1776-1890）慣用土地當作敘述自然資源的典型。就這些經濟學者來說，土地或自然資源代表三個主要生產財貨和勞務的要素之一——另二個是勞動和資本。

　　這種基本資源或要素的三分法已維持很久，儘管我們對自然資源和它們在經濟過程中的角色之認知已有很大的改變，自然科學和物理的進步已使我們對支配自然界的法則更加瞭解。此外，當人類社會持續擴張，其對自然界的影響越來越大，且有潛在的害處。不可避免的，我們對自然資源的概念，受我們現在對人類經濟社會的瞭解及人類經濟社會和自然界的交互關係所影響。

　　廣義的定義，自然資源包括所有構成地球的自然稟賦或維生系統的所有原始元素：空氣、水、地表和太陽能。一些代表性的例子包括可耕地、原野地、可燃礦物和不可燃礦物、水域、分解垃圾的自然環境和吸收來自於太陽的紫外線光。

　　自然資源主要分為二類：再生性和非再生性自然資源。再生性資源是在自然環境不被干擾的前提下，在相對很短時間內有能力重建的資源，例如植物、魚、森林、土壤、太陽能、風、潮汐等等。這些再生資源可以再分類為生物資源和流量資源兩種。

生物資源由不同種類的動物和植物所構成，他們有一個重要的特性：儘管這些資源有可能以自己的能力再生，一旦他們超出某種程度的破壞，就會無法再生，因此，他們應該被限制於某一特定的臨界區域。在後面我們將說明，此類資源的再生能力和門檻都被自然生物過程所支配，這類型的資源如魚、森林、禽畜和所有的植物。

流量資源包括太陽能、風、潮汐和水流。這些資源的不斷更新大部分是源於太陽能的大氣循環和水循環，這些資源可以明確的被控制（例如，太陽能或瀑布的能量），自然是調節這些潛在資源的流動之主要影響因素。然而，這並不意味人類在這些資源的流動中完全沒有加強或減少其數量的能力。氣體排放物（特別是二氧化碳排放物）的溫室效應是一個很好的例子。

非再生性資源是指供給量固定或再生需非常長時間的資源，其再生能力可假設為零，例如鐵、鋁、銅等金屬礦和石油、沙、鹽類等非金屬礦。

非再生性資源可再分類為兩大類，第一類包括可回收資源，例如，金屬礦物。第二類由不可回收資源組成，例如，石油。

如同前言的標題指出，因教學的目的把自然資源的學習細分成兩個主要的副學科：環境經濟學和資源經濟學。這兩個副學科之間的差別主要是焦點問題。在環境經濟學中主要的焦點在於如何使用或管理自然環境（空氣、水、土地）以成為有用的資源，在第 5 章和第 10 章至第 15 章介紹環境經濟的概念和具體相關事宜；自然資源經濟學重視的是開採非再生性資源（例如，石油、鐵礦、鉀等）和採收再生性資源（例如，魚類、森林產量、和其它的植物或動物變化）的世代間配置，這是第 16 章和第 17 章的主題。

經濟社會和自然環境：範例說明

「自然環境和人類經濟是兩個相互關聯的系統」是環境與資源經濟學中的新知識，其中一個變化會對另一個的功能有重要影響，這是他們相互關聯的意義。相對於自然界，因為人類經濟社會已成長至相當大的規模，不能再被認為是可忽略的，因此，規模的考慮（相對於自然界的經濟社會規模）是環境與資源經濟學中很重要的課題，儘管到現在仍被忽視。

如下圖所示，假設人類對自然環境的依賴包括三部分： 使用於生產過程的非再生性資源之開採與再生性資源之採收； 廢棄物的排放；
環境美質的消費，它建議的是，不能將經濟社會看成一個開放系統；它是否能持續運作，取決於資源或在自然界中發生的過程（第4章中將加以說明）。

因此，概括的觀點為經濟社會完全依賴自然環境中的原料、美質和廢棄物排放。此外，環境發揮這些功能的容量並非無限。如同其他的經濟學，研究環境和資源經濟的基礎是稀少性問題——或更確切的說是生物上的稀少性。第6章至第9章所主要討論的課題即是生物稀少性對經

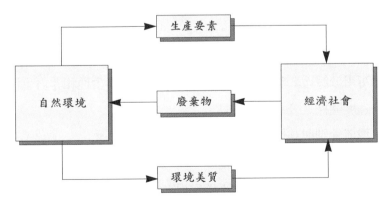

自然環境和經濟之間關係的示意性概觀

濟成長的意義。

環境與資源經濟學：範圍和特性

環境與資源經濟學是經濟學的一門學科，開始於 1960 年代，即所謂環境運動年代的初期。然而，儘管它的歷史簡短，在這過去三十年中，它已成爲經濟學研究中成長最快速的領域之一。這個領域快速的成長正反映出對經濟與環境問題關注的增加，更確切的說，是自然資源在經濟過程中所扮演主要角色及經濟價值形成之認知的增加。

環境與資源經濟學所探討議題的性質和範圍很廣，包括各個層面。以下列出在學習這個領域的一些主要課題，也代表這本書所探討的問題：

- 「再生性」觀念及資源稀少性之理解。
- 生態與經濟結合之重要。
- 環境惡化的原因。
- 設定財產權於環境資源的困難性。
- 環境惡化與經濟財貨及勞務間之取捨。
- 環境損害之貨幣衡量。
- 環境資源配置之市場失靈。
- 衡量資源存量之困難度。
- 自然資源稀少之經濟指標及其限制。
- 可用於減緩、制止或扭轉環境資源惡化、再生性和非再生性資源過度開採之公共政策工具。
- 環境管制與其他資源保育之總體效果。
- 改善資源稀少性技術之進步。
- 經濟、技術、生態上之不確定性。
- 過去與現在的人口問題。

- 開發中國家中人口、貧窮、環境惡化之交互關係。
- 跨國境資源問題。
- 經濟成長的限制。
- 資源保育的倫理與道德觀點。
- 永續發展的必要性與生存力。

以上所列並不能完全提出在環境和資源經濟學中的問題。然而上列的問題確實提供涉及環境與資源經濟學的研究，不同於經濟學其它學門的一些基本方法的重要線索。

第一、資源的最終限制來自於自然，其原始狀態、交互作用和再製造能力，都來自於自然本身。

第二、多數的資源並無市場（沒有價格），例如，乾淨的空氣、臭氧、物種棲地和五十年後石油的價格等。

第三、資源配置與分配問題中，「時間」扮演重要角色。主要問題通常是「在有限的存量資源、易受破壞的再生性資源和有限的環境系統下，人類生命可持續多久？」嚴謹的環境與資源經濟學不能完全是靜態的。

第四、嚴謹的環境與資源經濟學不能完全是敘述性的，或多或少涉及價值判斷，無法完全實證，其中的「規範性」問題如世代間的公平、貧富間的資源分配。

第五、無法避免（價格、存量、損害等之）不確定性。這些不確定性可能以不同形式出現，如價格、資源存量的大小、不可回復的環境損害或非預期且突然的資源耗損。

這些是我們在這本書所要探討的主題之性質。

參考文獻

Howe, C. W. (1979) *Natural Resource Economics,* New York: John Wiley.

Petty, W. (1899) *The Economic Writings of Sir William Petty,* ed. C. H. Hull, Cambridge.

第一篇

自然資源「分析前」觀點
——傳統經濟學觀點

　　自然資源經濟學的主要問題是如何從長期和社會的觀點處理自然資源的稀少性。此種社會的長期經濟考量取決於人類對於經濟與自然界之關係的理解。

　　自然資源的標準經濟觀點及自然資源在達到人類物質需求所扮演的角色，通常與物理科學及大多數生態學家的觀點不同。第一篇只包括一章，檢視瞭解自然資源的標準經濟觀點及它們在經濟程序的角色之基礎的基本物理和制度元素。這章顯示主流經濟學家「分析前」的觀點及其與自然界之關係。從這章的討論中可觀察到自然環境被視為可滿足人類的可替代資源之一。關於這點，強調的重點為稀少性的一般性問題，因此，強調消費者偏好、效率、市場和技術的角色。

　　此觀點與第三篇自然環境之於人類經濟社會的生態觀點將成為對比。

第1章
資源與資源稀少性概念：經濟觀點

學習目標

閱讀本章以後，你將熟悉下列各項：

- 基本資源的傳統經濟分類。
- 自然資源標準經濟觀點「對人類的價值」的趨勢。
- 資源的代替品。
- 資源稀少性、機會成本和效率。
- 市場經濟及其基本成分的初步介紹。
- 生產可能曲線。
- 效率和最適性之間的差別。
- 資源流量相對於存量觀念。
- 人類經濟和它依賴於自然世界的程度之新古典經濟觀點。

在把任何元素歸類為資源之前，必須符合兩個基本前提：首先，知識和技術必須存在以允許它的抽取和利用；第二，一定有對於這些材料或生產服務的需求。如果這些條件中的任何一個無法被滿足，則這些物質的本質仍是自然原料。因此，人類因能力和需求而創造資源價值，不僅僅是物質上的存在。

—— Rees 1985: 11

1.1　前言

　　這章的首要目標是對主流經濟學對自然資源和它們在經濟過程中所扮演角色的定理、分析和觀念有所瞭解。這是瞭解新古典環境與資源經濟學的意識形態基礎時的第一步驟。一般而言，「新古典經濟學」是指1870年代在經濟分析上占主導地位的（Kuhnian 稱為「正常的」）方法。

　　1.2-1.4節提供資源的一般概念及其在社會機制的經濟活動中所扮演的角色，這些議題由純粹的新古典經濟角度探討之。1.5 和 1.6 節將焦點移到資源的世界觀，而以哥斯大黎加為例。

1.2　資源的概念

　　概略地，資源可定義為直接或間接地能夠滿足人類需求的任何事物。傳統上經濟學家把資源分類為三大類：勞動、資本和自然資源。勞動是指以工作或生產財貨與勞務的能力所衡量人類體力或精神的生產力，例如，汽車生產線、高級學校教師和商業貨車司機等。資本指以創造更有效的生產過程爲目的之生產資源，換句話，它不是爲了直接消費的生產項目的存量，而是爲了進一步的生產目的，例子包括：機器、建築物、電腦和教育獲得的技術。自然資源是在物理環境中發現的生物和非生物物質的存量，並且可認爲對人類的生命潛在有用（Randall 1987）。農業用地、含鐵和不含鐵的礦物沈澱、漁業、荒地和它的若干產品，都是自然資源的例子。

在此，有四個關於資源經濟觀點的關鍵性問題需釐清。首先，基本資源（勞動、資本和自然資源）很少在未經任何修飾下直接用於消費，資源是經常用作生產元素或生產能夠滿足人類需要的最終財貨與勞務的方法。換句話說，基本資源被視爲達到目的手段，它本身並非目的。第二，由於本章開始的引文清楚地表明，資源的經濟觀點是嚴格的「人類中心說」，只考慮資源對人類的價值，任何資源的經濟價值都是以人類需求而非其他任何東西來定義，它意味著資源沒有固有價值（價值取決於所討論問題的本質）（Attfield 1998）。〔個案研究1.1〕說明資源的「人類中心說」觀點。有價值的河川（根據根源系統和土壤微生物的水淨化過程）僅由它的商業價值來決定，所考慮的河川可能尚有其他非經濟價值的事實，尚未被加以考慮。

需要理解的第三個問題是，上面所述的每一個資源範疇都有稀少性——其質或量是有限的。第四個問題乃在處理生產要素與資源混合使用的問題。此外，通常認爲資源是可替代的（Solow 1993），亦即，在生產過程中，某種資源（例如一個機器）能夠自由地用另一個資源代替（如勞動）；或任一類型的能源（例如石油）能夠用能量的另一個形式代替（例如天然氣）。這可以從〔個案研究1.1〕中看到，紐約水質淨化可由投資於自然資本（森林集水區）或淨水廠——實質資本來達到。可替代性，意味著沒有任何特定資源對於財貨和勞務的生產是絕對必須的

（在第3章和第7章加以描述）。然而，下一部分的討論將更明顯，「可替代性」並不表示可以逃脫資源稀少性的問題。

個案研究 1.1
從生物圈獲得的經濟報酬

—— Garciela Chichilnisky and Geoffrey Heal

……無庸置疑的，環境服務是很有價值的，我們呼吸的空氣、我們喝的水和我們吃的食品都只因環境提供服務才會產生，在保存資源時，我們如何把這些價值轉變成收入？

我們需使「自然資本」和環境財貨與勞務安全化，並在保育它們時加入市場力量，這表示應指定合作關係——可能是公共—私人的合作關係——為得到銷售服務的獲利權，需以管理和保育自然資本的義務為交換條件。

在1996年，紐約市投資10億到15億之間於自然資本上，期望在十年內能節省60億到80億的生產成本，在四到七年之內使內部報酬率達90%至170%。此報酬比平常的報酬高，特別在相對無風險的投資上。它將如何發生？

紐約的水來自Catskill山中的集水區，直到前不久，以根源系統和土壤微生物連同其流過土壤的過濾和沈積作用之水質淨化過程，已可使水質達到美國環境保護署（Environmental Protection Agency, EPA）規定的標準。但是，土壤中的污染肥料和殺蟲劑減少這個過程的功效，以至於紐約的水不再符合環保署標準。城市面臨維持Catskill生態系原貌或建造60億至80億加上每年3億營運成本的淨水廠的抉擇。換句話說，紐約必須對自然資本或實質資本投資。然而，哪個更具有吸引力呢？

在這種情況下對自然資本投資是指在這個集水區周遭購買土地，它的使用才能被限制，並且補助更好的污水處理工廠的建設。保育集水區的總成本預期為10億至15億。

為了提出它的水問題，紐約市設立「環境公債」，使用此過程以保育集水區生態系對水質淨化的功能。發行此公債的成本可由生產上的節省來彌補：避免 60 億到 80 億的資本投資加上每年 3 億的營運成本，這些錢可用來支付公債利息。紐約市已因開了「集水區節省帳」而使這些節省安全化，不必建造及營運淨水廠而省下的成本都轉到這個帳戶，而可用這個帳戶支付使用資本的投資者。

Source: *Nature* Vol. 391, February 12, 1998, pp.629-630. Reprinted by permission.

1.3 稀少性和它的經濟含意

任何經濟學研究的根源皆是資源稀少性的問題。事實上，如同一個原理，經濟學被定義為處理稀少資源配置於不同目的的社會科學的分支。經濟學家所謂資源稀少性確切地意味著什麼？稀少性更廣泛的含意是什麼？

對於經濟學家，稀少性是普遍的經濟問題，每個人類社會，無論是否為部落社會，例如在澳洲的原住民或日本的經濟和工業先進社會，都面臨稀少性的基本問題。亦即，在任何時點，在特定的社會資源原賦和技術下，人們想要有的（以財貨和勞務而言）總是比他們能夠有的還要大得多（Kohler 1986）。

人類對財貨與勞務的慾望是無限的，更糟的是在稀少性世界中的貪得無厭，在此情況下如何在一個特定時點使財貨與勞務極大？這個問題清楚地提示重要經濟問題涉及有限資源的配置以滿足人類要求，有下面四個一般含意：

1.選擇：稀少性的最明顯含意是必須選擇，即在稀少性世界中，我們不能完全滿足所有的物質需求，因此，我們需要選擇和設定優先順序。

2.機會成本：我們所做的每個選擇都會有成本；我們不可能在不放

棄其他某些事情下得到更多的某事某物。換句話說，經濟選擇總是需要犧牲，或有機會成本——必須犧牲以達到某事某物的最高評價的選擇或滿足要求。在稀少性世界「沒有像一個免費午飯一樣的事情」，正如「天下沒有白吃的午餐」。

3.效率：在稀少性的情況下，沒有個人或社會能夠承擔得起浪費或低效率。因此，目標是在固定的資源集合下達到財貨與勞務的慾望極大。當資源被徹底利用（充分就業）且被使用於最適用的項目（即，沒有資源的錯誤配置）時，以上敘述則能達到。此外，效率意味著使用最好的可用技術（McConnell and Bruce 1996）。

4.社會制度：先前指出，稀少性的本質在於人對於財貨和勞務慾望超過社會在一定時點所能生產的能力之事實。因此，在稀少性的情況下，資源的配置總會發生衝突，為了有系統的解決這些衝突，需建立某種制度機制。例如，在當代世界的許多部分中，市場系統是分配稀少性資源的首要方法，這個系統概念上如何運作，將在下一部分簡要討論。

1.4 經濟過程的架構

在這一節中，將用流程圖(已修過經濟學課程的人都很熟悉的方法)試圖設定市場經濟基本的制度成分。經濟社會可被看作是一個在資源稀少性和技術、家計單位的偏好和資源所有權權利的合法系統下，促進生產、消費和交換財貨與勞務的制度機制（Randall 1987）。從他們被設計以幫助促進生產、消費和財貨與勞務的交流，並且由資源稀少性和技術約束他們的觀點而言，所有經濟社會都相似。另一方面，經濟社會在他們給予個人和廠商做經濟選擇的能力和私有財產權的法律觀點有程度上的差異。例如，在一個資本主義和市場導向經濟中，選擇的自由和私人所有權是強烈的制度原理。相反的，在一個集中計畫的經濟社會中，商品的生產和分配由官僚選擇，資源所有權有所保留。

　　圖1.1說明了市場導向經濟的操作由下面的元素組成：

　　1.經濟主體（家戶和廠商）──家庭是財貨和勞務的最終使用者和資源的擁有者。在市場經濟及資源稀少性下首要目標是要尋找將物質分配給消費者（家戶）的有效方法。至少在原理上，顧客的福利是一個市場導向經濟的首要目標，儘管家庭是財貨與勞務的最後使用者，廠商是將基本資源（勞動、資本和自然資源）轉變成財貨與勞務裡之轉化者，其轉化是以消費者的偏好（需求）為基礎。

　　2.市場──市場是為最後財貨與勞務和生產要素交換（買和賣）所設立的活動場所（勞動、資本和自然資源），傳統上經濟學家將市場分為兩類，即產品和要素市場。產品市場是財貨與勞務交易發生的地方。在這個市場中，需求和供給分別提供家庭和廠商的資訊。要素市場專門適用於購買和拍賣基本資源，如勞動、資本和自然資源。在這個市場中，需求傳遞了關於廠商的市場資訊，而供給提供了家庭的資訊。這意味家庭是勞動、資本和自然資源的供給者，而廠商是買方，並且輪流用這些項目來生產產品市場的最後財貨與勞務。清楚地瞭解這些後，家庭和廠商在要素市場中分別所扮演的角色和在產品市場中扮演的角色相反。

　　在產品和要素市場中，關於資源稀少性的資訊透過價格來傳導。透過市場需求和供給的相互作用形成了這些價格；且在某些條件下，能夠以市場價格作為目前和將來資源稀少性的可靠指數（在第2章和第3章將被討論的一個問題）。此外，使用產品市場的價格，經濟學家通常測量一個給定的經濟社會的總合經濟表現，或根據在一個給定時期內一個國家作為最終使用所生產之所有財貨與勞務的總市價，通常為一年。當生產的最終財貨與勞務的總市價歸因於生產要素，這叫做國內生產毛額（勞動、資本與自然資源起源於一個給定的國家）（在下一部分中將詳加

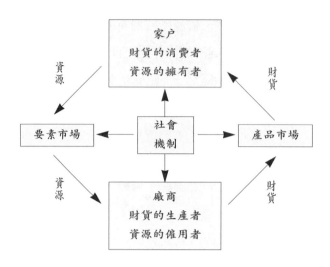

圖1.1 經濟過程之流程圖

論述）。

　　3.非市場公共與私有機制——市場並非憑空起作用，即爲了使市場有效地操作，需要清楚地定義所有權，這需要公共部門訂定私有財產權的規則和規定，作爲得到、轉移和加強私有財產權的規範（在第2章和第5章中將詳加論述）。此外，在一些例子中，市場會被公共干預打擾。設定資源所有權和管制市場競爭程度的公共和私人部門（社會機制）以圖1.1中的中央框框表示。從這個框框流動到家庭、廠商和市場的不是實質財貨而是資訊服務，一般而言，這些資訊流動的主要功能是要確保經濟代理人（家庭和廠商）以社會預設的遊戲規則在競賽。在這一點上，社會機制像交響樂團的指揮或交通指揮者一樣。

　　以這個看法，社會機構有重要的經濟功能，然而，他們不應該被認爲是完美或不花錢的（North 1995）。當他們起不了好作用時，透過他們傳遞的資訊會扭曲市場價格訊號，且如此行爲將大大影響稀少資源的分配，在第2章和第5章中將更明顯。

　　到現在爲止討論了：⑴資源和它們的大致分類；⑵資源稀少性和它

的社會經濟含意（選擇、機會成本、效率和社會機制）；和(3)一個市場經濟基本公共機構部分的架構，需注意這些是來自純粹新古典經濟的觀點。下一節試圖更深入瞭解此種資源觀點的「世界觀」並集中於自然資源──本書的主題上，以哥斯大黎加作實例研究，探討一個國家最近努力「保留」它極為重要之自然資源（參見〔範例 1.1〕）。這個範例，連同下一部分的討論，進一步說明了自然資源和一般資源標準經濟觀點的人類中心說之趨勢。

〔範例 1.1〕

生態旅遊、森林地保護與哥斯大黎加的經濟社會

哥斯大黎加，一個以農為主的小國家，因保留荒地著名。這個國家總土地範圍大約 35% 被原始熱帶森林覆蓋。這些森林地支援許多種類的樹，包括豐盛的黑檀、白塞木、桃花心木與西洋杉──它們都有重要經濟價值；動物族群包括美洲獅、美洲虎、鹿和猴子。此外，哥斯大黎加的森林是縱使沒有經濟價值也有重要生態價值的動植物之重要避難所。報告指出，哥斯大黎加的森林生態系統儲存成千上萬種的植物和動物，同時，森林地含有源源不斷的許多河流，提供哥斯大黎加最重要的能源來源──水力。

森林和它的產物對哥斯大黎加的經濟除了其商業價值外，近年來又逐漸增加另一項特別的服務──生態旅遊，保護森林生態系以吸引對大自然有興趣的遊客。此種發展需對哥斯大黎加自然資源有相當不同的使用──保護林地以維持其服務價值，而非開拓為農牧用地。近年來，哥斯大黎加已經被視為生態旅遊的聖地，且它是哥斯大黎加服務部門快速成長的主要貢獻者，最近，服務部門的產值佔國內生產毛額的 58%（World Resources Institute 1998），而在 1985 到 1995 年，哥斯大黎加的經濟平均每年成長 4.5%。

生態旅遊是哥斯大黎加最近發展的產業，生態旅遊對哥斯大黎加近二十年砍伐森林的近似遊牧經驗造成壓力，在 1970 到 1980 年早期，哥斯大黎加

試圖以強調畜牧產品來增加經濟多樣性，加速了森林的砍伐（Meyer 1993）。這種趨勢至少目前已緩和，且已由大牧場轉變為強調生態旅遊，此種轉變證實是成功的。在這方面，哥斯大黎加似乎已發展出與這個國家重要自然資產——森林及其多樣產物永續利用一致的新產業。

1.5 概念的應用：生態旅遊、大牧場和哥斯大黎加的經濟社會

　　圖 1.2 是生產可能曲線（PPF）的圖形描述，它代表在資源稀少性下，使用現存技術於生態旅遊服務和牧場之間的所有組合。例如，如果哥斯大黎加決定將所有資源用於生態服務的生產，而不生產其他東西，則為圖中的 E_3。生態旅遊服務可能為如賞鳥目的、鑑賞自然和美質享受、因生物觀點保存動物和植物物種、旅遊保留等等而保留森林枒。明顯地，生態旅遊是一個自然資源密集型的產業，且只用到自然資源為投

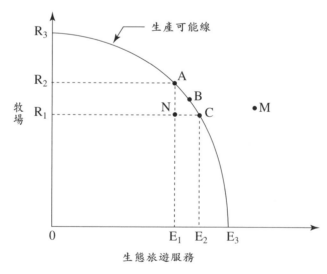

圖 1.2　哥斯大黎加之生產可能曲線

入要素。

同樣地，如果哥斯大黎加將所有資源用於牧場，則爲圖中 R_3。當然，這是一極端情況。較可能的情況是兩種經濟活動組合，使用它可用的資源，哥斯大黎加可能分別選擇生產生態旅遊服務和農牧場的活動數量如 E_1 與 R_2 的選擇。

由使用生產可能曲線觀點中，我們能學到哪些關於選擇、機會成本和效率的知識？首先，在一個給定的時點，我們能夠將生產可能線看作在社會可行和不可行的產品之間選擇的邊界線。例如，在圖 1.2 中，在生產可能線外面的產品（生態旅遊服務與牧場）組合，例如 M，是達不到的。另一方面，在生產可能線內所有產品的組合（如 N）及沿著生產可能線上的所有點，都是可行的。在此意義上，雖然資源是稀少的，社會仍然面臨無限多的可行選擇。然而，從一個嚴格經濟觀點觀察，在生產可能線內和生產可能線外的產出產量選擇之間有一個重要差別，所有在生產可能線內的產品組合被視爲不效率的，例如，N 點被視爲不效率的，因爲哥斯大黎加能透過使用相同的數量資源，生產出生產可能曲線上的 A、B、C 點的生態旅遊服務和牧場的組合，如此，哥斯大黎加將能生產更多的生態旅遊服務或牧場的產量（點 C 或 A），或更多的兩個產品，如 B 點。

由定義，沿著生產可能線的所有產出組合被視爲有效率的，每一個點都在特定時點表示所有可用之稀少資源的完全利用（充分就業），因此，將沒有浪費或閒置的資源。然而，社會仍有無限多種選擇，沿著生產可能曲線的任何選擇構成機會集合。例如，在圖 1.2 中，從 A 點到 C 點移動意味從 E_1 增加生態旅遊服務到 E_2，哥斯大黎加必須把其他牧場的產量從 R_2 減少到 R_1。因此，除非國家是不效率的（如在點 N），使用它的稀少性資源，經濟選擇總是需要成本。

此外，在圖 1.2 提供的生產可能線正常的曲線下，當越來越稀少的資源致力於對某一特定產品進一步的生產，機會成本將大增。例如，如果進一步從E_2增加生態旅遊服務到E_3，這麼做將導致畜牧生產的機會成本從R_1下降至零。很清楚地，這個成本比從E_1增加生態旅遊服務到E_2時之機會成本更高。為什麼如此？這是由於生態旅遊的增加勞動需利用到較不適合於此目的之資本和土地，其原因為，儘管資源（勞動、資本和自然資源）通常是可取代的，他們不容易適用於各種不同用途。換句話說，有些資源比其他資源更適合於生產某些財貨。

哥斯大黎加的情況說明了資源使用機會成本遞增和它的含意。七〇年代和八〇年代早期，哥斯大黎加從事積極經濟策略，打算使它的畜牧部門膨脹，這個策略最值得注意的影響之一是——森林地快速轉換為牧場。除此之外，哥斯大黎加的土地僅10%適合牧場（Meyer 1993）。在此情況下，畜牧場的持續擴張僅能以遞增的機會成本來達成，即砍伐森林的速度增加，這正是一不爭的事實。

此外，哥斯大黎加在這段期間的砍伐森林問題，因其他經濟和制度因素更加惡化。這些因素包括了：(1)為了餵養快速成長的人口，邊際農地已被使用；(2)由政府補助畜牧場的政策，造成市場資訊的扭曲（在下一章節中將加以論述）；和(3)其他公共機構因素，例如，土地保有系統、政府部門無限的成長和由於外債成長造成資源錯誤配置。

目前為止已經介紹過的是社會的選擇切實可行與有效的產出選擇。此外，給定社會所面對的可行選擇的集合，受限於技術進步的發生，由生產可能線的向外移動描述了技術進步的影響。透過這個方法，技術改變使一個社會的可行機會集合膨脹。多種因素促成對給定社會能夠生產的產品與服務可行結合的擴張（成長），主要因素包括新資源的發現（例如一個新石油蘊藏量）、勞動力的增加、透過要素替代增加生產效率（將在第3章詳加描述）和代表完全新的生產技術之技術進步（將在第3章詳加描述）。正是透過此類的技術改變，使原先不可行的點，如圖1.2

的 M 點，在未來變為可行，「技術培養經濟成長」。

最後但不是最不重要的，在這個概念性框架之內清楚地理解經濟效率和最適性之間的差別是很重要的。效率只表明經濟社會在生產可能曲線運作，即資源被使用到他們的完全潛力。然而，如同利用生產可能線所表示的，並沒有一個唯一的效率點。然而，社會在特定時點如何沿著生產可能線選擇一個點？前面曾簡要提到，新古典經濟對這個問題的回應如下：對一個給定的國家，沿著生產可能線的最適點，最終乃由消費者偏好所決定，它從而決定最後財貨與勞務的市場價格。給了這些價格，沿著生產可能曲線的最適點是能產生最大市場價值的點。因此，例如，儘管點 A 與 C 同樣有效率，當 A 點市場價值較高時，哥斯大黎加可能選擇點 A（較少的生態旅遊和更多的牧場），這即是新古典經濟學之核心意識形態，即，對社會而言「最好的」最終是由消費偏好來決定。同時，這也反映經濟學家價值判斷是在無限多的效率點中尋找一個單一選擇。

1.6 摘要

這章的首要目標是要考慮新古典經濟學家在經濟學系統中，自然資源所扮演的角色之「分析前」概念：

1. 自然資源是稀少的，因而他們應該被節省。

2. 自然資源是生產的十分重要元素，一個經濟沒有某種最小數量之自然資源的使用是不能生產財貨與勞務的。然而，就資源是可取代的內容而言，自然資源不必被視為是決定經濟生產容量的唯一或甚至重要因素。例如，在原則上哥斯大黎加的經濟能夠在沒有森林地時照常運作，只要提供足夠數量的勞動和其他的資本，就可抵消資源的缺乏。

3.經濟學家對自然資源的觀點是嚴格的人類中心說，即自然資源沒有固有價值的經濟觀點。

4.一個自然資源的經濟價值最終是由消費者的偏好決定。

5.消費者偏好的最好表達方式是透過市場經濟，且由於這個原因，市場系統是資源配置的較佳機制。

6.資源的稀少性問題（包括自然資源）由技術進步持續不斷地被改善。

7.在人類經濟中，如圖1.1所描述的，自然資源的價值由這些資源對經濟貢獻的流量來決定，例如，哥斯大黎加的森林有價值，是因它適合作為如林木、飲用水、一個吸引遊客或從事科學實驗的地方等基本資源的不斷來源。

8.在這裡強調資源流量而非自然資源的存量有兩個深刻含意：

■在經濟過程中的物質——能量流動與自然環境的關聯被過度輕視。此事實和自然資源的標準「人類中心」觀點，會使自然資源的總價值（包括經濟和非經濟的）被低估，例如，哥斯大黎加保留更多森林（如圖1.2，由A點移到C點）的評價，傳統上是以其市場（商業）價值來衡量，然而此種方法並未明顯考慮森林對生態系統而言很重要，但卻為一具少許商業價值之稀有動植物棲地。

■經濟過程持續依賴資源世界為原料「投入」和吸收廢棄物「產出」的事實被視為理所當然（Georgescu-Roegen 1993）。

人類經濟與自然環境之間此種特殊本質的關係之全面理解，需要某些基本生態學知識——第4章的主題內容。對經濟學有深厚底子的學生可直接進入第4章而跳過第二部分的兩章（第2章和第3章）——主要設計提供關於環境與資源經濟的經濟學理論和概念的全面回顧。

第二篇

市場、效率、技術和其他自然資源稀少性的經濟指標

第 1 章談到自然資源是稀少的、且必須謹慎的使用，此外，尚提出自然資源由家庭擁有、且透過市場交易機制。然而，由流程圖（第 1 章的圖 1.1）提供的經濟過程，只是人類經濟純粹敘述性的描述。第二篇（第 2 章及第 3 章）打算在資源稀少及他們的分配和衡量方法上提供理論基礎，這是想清楚理解新古典經濟學觀點不可少的基本理論基礎。

第 2 章有兩個目標。第一、要顯示在市場中如何形成價格及價格如何能夠用於衡量資源稀少性的程度；第二、要提供完全競爭市場分配效率之福利含意的一個清楚理解──所謂的「一隻看不見的手」定理。此章說明爲什麼主流經濟學家如此深信市場可以有秩序且有效分配稀少性資源。

第 3 章把第 2 章的範圍擴大，這章的焦點是要素（資源）市場，特別是影響資源價格的變數。這章的主要目標如下：(1)提供一個決定自然資源市場價格的理論；(2)比較自然資源稀少性的測量方法及評價幾個理論的相對優點；(3)說明如何能夠透過原料替代的可能性和／或技術的進步，以減輕自然資源的稀少性。

重複在第 1 章末已經陳述的論述，已修過個體經濟學的同學可以跳過第 2 章和第 3 章。這兩章也可針對需要來研讀，例如，第 2 章的 2.5 節對於有興趣瞭解產品市場價格爲何是資源稀少性的眞實衡量方式的同學而言是非常有用的。另一方面，第 3 章的 3.6 節對想瞭解經濟學家在資源稀少性如何受要素替代可能或技術改變影響的爭論之同學則很有幫助。最後，對於第 2 章及第 3 章選擇性使用的這個建議，絕非打算減少這兩章所討論主題內容的重要性。他們是在自然資源稀少性和長期的人類技術進步上，清楚理解經濟情勢所不可缺少的理論背景。

第2章
資源稀少性、經濟效率與市場：「看不見的手」如何運作

學習目標

閱讀本章後，你將熟悉下列各項：

- 理想市場經濟的前提。
- 產品市場需求與供給的決定因素。
- 以市場需求作為衡量消費者支付意願的指標。
- 邊際效用遞減法則。
- 平均成本和邊際成本的概念。
- 邊際報酬遞減法則。
- 短期相對於長期的概念。
- 消費者和生產者剩餘的概念。
- 經濟效率或柏萊圖最適條件的概念。
- 價格在衡量絕對和相對稀少性所扮演的角色。
- 以價格衡量產品稀少性的「真實」價值。
- 以產品價格來衡量自然資源稀少性的充分性。

市場對價格訊號有所回應，如有一個資源，不管它是一個油桶、一塊路易斯安那沼澤或是老的森林或是新鮮空氣，只要它真實和完整的社會成本能反映在價格上，則市場會保證資源的使用是在最適效率的方法上。

—— Alper 1993: 1884

2.1 緒論

在第1章中試圖瞭解新古典經濟學派對資源稀少性和經濟過程所持的「分析前」觀點，我們發現這些分析前觀點不僅對經濟過程中資源如何被使用有其含意，也瞭解到新古典經濟學所認為的人類經濟和自然界之間的關係。

本章和第3章均有系統地發展新古典學派研究資源稀少性和資源的配置及衡量的分析（理論）基礎，本章針對產品市場分析而第3章針對要素市場來分析。

本章的目標有下列各項：(1)設定亞當斯密對於個人在自利心下工作會使整體社會福利達到極大的觀念之條件；(2)正式的說明在哪些條件下市場價格可用以衡量資源稀少性。要有系統的說明這二個內容，本章先以描述完全競爭市場模型的基本條件為開始。

2.2 基本假設

如同在第1章所討論的，消費者和生產者在市場導向的經濟上占有重要的地位，這些實體被視為在他們的經濟行為上只有自利心。就消費者而言這表示他們追求消費最終財貨與勞務是為了達到最大效用，因此，至少在加總層面而言，經濟社會可用的財貨與勞務愈多，由社會一般大眾所反映出的滿意度將更高；從生產者的觀點，自利心隱含他們追求從服務社會獲取最大所得報酬率。我們可立即見到生產者的利潤會受市場上的競爭程度影響，生產者希望自己致富的慾望和消費者希望效用極大化是一致的，畢竟，在其他條件相等的情況下，較高的利潤將使生產者更有能力去提供更多的財貨與勞務，因此可以增加效用，這是經濟學家能夠得到一般有關任何經紀人（家庭）的目標：效用極大化，這是市場導向經濟社會的重要原理。

在一個理想的資本市場經濟的有效社會裡，消費者滿意是首要考量的，這個意思是衡量經濟社會的有效性是以人民——消費者獲得滿足的程度來判斷，因此在資源稀少之下，有效的經濟社會是指在給定的基本資源（勞動、資本和自然資源）下能使產出極大化，當然如在第1章所討論的運作，必須在資源充分利用下，才能達到此目標，換句話說，如果經濟社會在生產可能線上運作，則能保證效率的達成。因此經濟社會的第二個原理是以效率為最主要的標準，縱使它不是唯一用來衡量制度表現的指標。

因此，問題在於市場體系需滿足哪些條件才能使資源分配達到效率。換句話說，與理想市場結構一致的條件有哪些？根據盛行的經濟想法是，為了達到有效的資源分配，市場必須滿足下列條件：

1.立基於自利和理性行為的自由選擇：買方和賣方須具充分訊息且表現理性的行為，在這裡「理性」是指買方或賣方的行為與其自利心一致，這些人在市場上有自由表達他們選擇環境的權利，如同在第1章所討論的資源稀少下做選擇是不可避免的。

2.充分的訊息：假設經濟個體有充分的市場交易訊息，也假設他們對未來的經濟事件可以完全預測。

3.競爭：對於各項市場交易的主體，買方和賣方的數量很大，因此沒有任何一方（買方或賣方）能夠單獨影響交易條件，以現代經濟上的專門術語來說，這表示是買方與賣方兩者均是價格的接受者，在產品和要素市場上都如此假設。

4.資源的流動性：在一個動態的經濟社會，改變是正常的。由於各種因素（如消費者偏好、所得、資源的可用性和技術）的改變，經濟條件也會改變，因應這些改變，資源必須快速的由一部門移轉到另一個部門，只有在沒有進出障礙的情況下，才可能達到此流動性。

5.所有權的權利：所有的財貨與勞務，也包括生產的要素，都有清晰定義的所有權，在下列特別的條件下適用：(1)所考慮的資源之特質與特性被完整定義；(2)所有權人有權可以排除別人來使用；(3)所有權權利是可移轉的，所有權可在市場交易上經由雙方同意移轉資源的權利；(4)所有權有強制性——即財產權受社會規章和制度的保護。

當以上五個條件均符合時，經濟社會是屬完全競爭的市場，在此設定下，亞當斯密（現代經濟學之父）在兩個世紀以前宣稱：在自利心引導下的，市場系統是由一隻看不見的手在運作，對於社會整體而言是「好的」，所以完全競爭是一個理想的經濟市場，在下二節將有系統的分析需求與供給。

2.3 需求、供給與市場的均衡價格之說明

對於一個產品（財貨與勞務），市場需求用來描述假設其他條件不變，在市場的一個時點上所提供的數量下購買者所願付的價格。例如，圖2.1上如果產品市場的數量是 Q_0，那在其他條件不變的情況下，P_0 是消費者願意支付的價格；另一方面，如果市場數量變爲 Q_1，那消費者

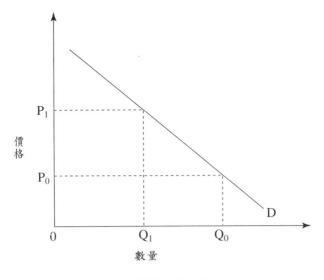

圖2.1　市場需求曲線

　　願意支付價格即為P_1。一般來說，在其他條件不變的情況下，數量與價格是反向關係，總體來說產品市場的需求線斜率為負。「在其他條件不變的情況下」是什麼含意？為什麼產品市場的需求曲線為負？

　　任何產品的市場需求架構都有一些變數維持不變，這些關鍵的變數包含所得、相關財貨價格及消費者對這些產品的偏好；任何一個變數的改變都會使需求曲線整條的移動。例如，圖2.2消費者的平均收入增加，需求曲線會從D_0向外移動為D_1，這隱含平均收入的上升，消費者的生活水準提升，當市場提供產品時，消費者願意支付較高的價格，因此，當市場提供的數量為Q_0時，平均收入增加消費者願意支付的價格會從P_0提升到P_1。

　　這裡的重要課題是，市場需求用來衡量消費者的支付意願，它取決於所得、相關財貨價格和消費者的偏好等關鍵變數，下一個需要追問的問題是，當市場生產的數量增加時，為何消費者願付的價格下跌？

　　這問題的答案是，需要探究人類消費的心理學，慣用的解釋是消費

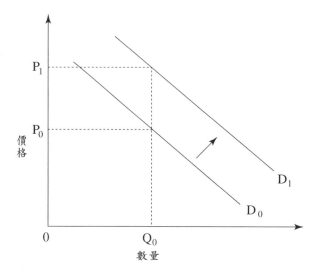

圖2.2　市場需求線之移動

是為了他們的滿足（效用），如果消費其他產品被視為常數，則消費某一產品的數量越多，所增加的效用將有減少的**趨勢**，這就是邊際效用遞減法則。因此，消費者願付的價格會沿著需求曲線往下移動，與邊際效用遞減法則是一致的。

　　在決定任何稀少資源的價值上，市場需求只占這個理論的一半，而另一半是市場供給，市場供給表示在其他條件不變的情況下，生產者願意在市場上提供商品的最低價格要求。因此，同樣的，如圖2.3，產品數量為 Q_0 時最低的價格為 P_0，生產者才願意提供產品；同樣地，數量增加到 Q_1 生產者願意接受的價格將提高到 P_1，市場的供給曲線斜率為正，如何來解釋供給的這個現象？在回答這個問題之前市場供給的前提為：假設其他條件不變。

　　在描述價格與數量之間的關係時，假設供給曲線的某些變數為常數，一些關鍵的供給曲線變數包含產品的要素價格（勞動、資本和其他基本資源），生產要素的生產力和技術，這些變數中任何變數的改變都

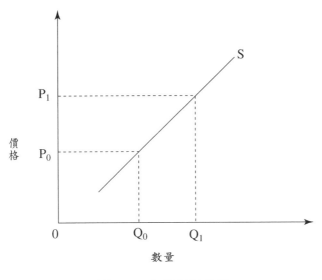

圖2.3　市場供給曲線

會使供給曲線整條移動，例如，其他變數不變，勞動價格（薪資）的增加會使供給曲線向左移動，即圖2.4市場的產出水準Q_0時，薪資的增加會使生產者要求的價格從P_0提升至P_1，這是易懂的，因爲薪資增加會使生產成本增加。生產力和技術的改變均類似薪資增加對供給曲線的影響。

　　現在讓我們再回到爲何產品供給線的正常形狀會是正斜率呢？首先，需注意到產品供給線與生產成本的關係密切。倘若其他影響供給的因素保持不變，則產出愈多需使用愈多的投入（如勞工、資本及自然資源），因此較多的產量會伴隨著較高的生產總成本。然而只是較高的生產成本不一定會使生產者如供給線所示般提高價格，例如，如果增加成本和產出呈比例的增加，則單位（平均）成本將會維持不變，換句話說，如果成本的增加是呈比例地使產出增加，平均成本及邊際成本將維持不變。

　　這可用一個簡單的數值例子來說明。假設總生產成本爲$1,000，

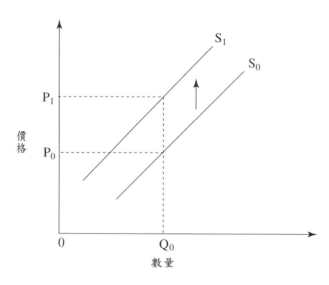

圖2.4　市場供給線之移動

而產出為 20 單位時，則每單位產出成本為 $50（$1,000/20），假設今產出擴充為 60 單位，而其結果是總成本增加為 $3,000，即產出增加 3 倍時，總成本也變為 3 倍。我們可以很明顯得知結果是，產出的每單位成本維持不變，為 $50（$3,000/60），而邊際成本，即每單位產出對於總成本的增量（等於總成本增量除以產出增量）也是 $50（$2,000/40）。

　　因此，如果成本對產出呈比例的增加，則在價格──數量空間內供給線為水平而非一條正斜率的供給線。應用於此處，表示當產出增加時，若供給線為正斜率，則總產出成本必定以高於產出的比例增加。為使此種情況發生，當產出增加時，可變的投入將會減少，這又是怎麼發生的呢？

　　這個問題的答案仰賴於此議題在長期或短期的考慮之下，在短期（時間太短不允許所有的投入改變），這種生產力減少的現象可以著名的邊際遞減法則來解釋，此法則簡單地陳述在生產過程中，至少用一個固定的投入，可變的投入終究會遇到報酬遞減──減少邊際生產力，這是由於固定的投入是生產過程中一個限制因素。想像10公畝的農地生產小麥，在這個簡單的例子中，我們不難發現一個特點，農地擁有者的員工及肥料使用的增加將不會增加實質地產出（小麥），因為10公畝的農地生產有其限制。在這個情況下，土地是限制因素。因此，基本而言，即可用來解釋短期供給線是正斜率的現象。

在長期下，所有投入除技術外均假設可變動，因此，既然沒有固定的投入，邊際報酬遞減法則就不能解釋為什麼長期供給曲線是正斜率。在這種情形下，可用二個例子說明如下。

首先，某些資源僅能獲得有限的數量，例如高技術的員工。在其他條件不變下，為了追求利潤，競爭廠商可能會擴充他們的生產來回應其增加的需求，這些生產要素種類的價格可能會提升，增加生產要素的價格可能是指廠商想要增加他們產品的數量而提升生產成本，結果其長期市場供給線為正斜率。這裡需認清，造成生產成本增加（當廠商增加他們的產出時）的主要原因是生產要素價格上漲，而不是生產要素的生產力降低。

第二，在長期下，增加生產供給量的方法是鼓勵新市場加入者。然而，不僅廠商有不同成本，且預期在任何一個產業，新加入者成本比原來在市場內的廠商成本高，因為這些新加入者有較高的成本，對他們而言價格必須提高使其有進入的利益。這種假設使得長期市場供給線，在完全競爭市場中為正斜率。

現在我們已經討論過市場需求與供給，是正式的說明價格在這個市場中如何被定位的時候了。從先前的部分，我們知道產品的市場需求及供給只是用來表達消費者和生產者的行為。舉例來說，在圖2.5中，假設 P_0 是市場價格，消費者將只購買 Q_d 的數量；另一方面來說，相同的價格下生產者將提供 Q_s 的數量，這不會是穩定的情形，因為在 P_0 下，生產者最終會有超額供給（賣不出去生產品），即數量 $Q_s - Q_d$。在這種情形之下，生產者的利益將會減少價格以減少其超額的存貨，當廠商在較低的價格時，它也可能使自利的消費者買更多的產品，這些相互地強化之下，消費者與生產者自願表現將會持續，直到市場價格使其超額供給消失為止。在圖2.5中，這將會是市場價格 P_e。在這個價格下，需求數量將會等於供給數量，換言之 $Q_e = Q_d = Q_s$。因此，在某一時點的市場均衡價格傾向於使生產的需求數量與供給數量相等。

由前述市場結果可以得到一些啟示。首先市場均衡價格為正，表示產品的稀少性這個事實，換句話說，正的價格表示此產品有其機會成本。在經濟文獻中，此特定的觀念為絕對的稀少性，這告訴我們特定的產品中在認知上是稀少的；第二，在不只一種產品的市場下，市場價格可被當做是相對稀少性的衡量指標，例如，假設每磅柳橙和蘋果在Kalamazoo的市價分別為 $1 和 $0.75，我們可知柳橙較蘋果稀少，這是因為，在特定的價格之下，1 個柳橙值 1.33 個蘋果。由此可知，相對稀少性是大部分經濟決策的核心。

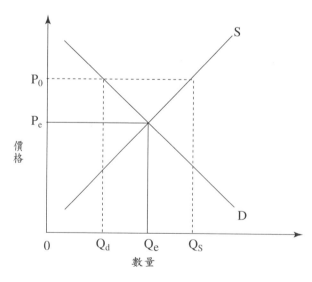

圖2.5　市場如何調整以趨近均衡

第三，產品的市場經常改變，此種改變將會變成影響需求因素的結果（像是所得、偏好及相對價格等）或是影響供給因素變動（投入價格、生產力、科技等）。

從以上的討論可知，在某一特定的時點中，有其證據顯示市場價格可能被使用當做另一個相對稀少性產品的測量指標。在此時點上我們需要問：在這些定義下市場價格表現為何？市場價格真的是資源稀少性的衡量指標嗎？我們所定義的真實稀少性所指為何？要恰當回答這些問題，我們需要更進一步的探究市場經濟的運作。

2.4 完全競爭市場經濟社會的評價

我們發現市場有一套制度，這套制度的運作不全然來自每日的活動，制度應該在建立長期的永續運作的結果。主流經濟學家們聲稱：假定模型為 2.2 節中討論的完全競爭市場（自由的選擇、企業家精神、消費者和生產者都是價格的接受者、資源變動性及清楚定義所有權），則在長期，市場系統有助於資源的有效分配，而且資源稀少性將會反映在市場價格。

利用有系統的方法來證明這些宣稱，讓我們假定如圖 2.6 的長期均衡是生產與銷售數量達到均衡，圖 2.6 中，P_e 和 Q_e 分別代表均衡價格與均衡數量，長期均衡中有超額利潤將會引誘新廠商的加入，但有虧損時，會使得原有的部分廠商退出這個產業；完全競爭市場的廠商僅賺取正常利潤。所謂正常利潤，隱含企業家在別處能賺到利潤，故利潤為零時，實已賺得他在別處賺得的最大可能利潤了。長期均衡狀態下，對社會的定義，就是個別分析消費者和生產者的經濟環境。

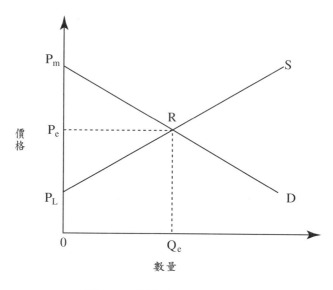

圖2.6　長期市場均衡價格

2.4.1 消費者剩餘

　　圖2.7與圖2.6是相同的需求函數，P_e 和 Q_e 代表長期市場的均衡價格與均衡數量，在 P_m 價格下，消費者購買商品數量為零，因此，可以解釋消費者願意支付的價格將會影響購買商品的數量。我們將會說明長期均衡與消費者福利有密切的關係。

　　根據上述討論知道，由需求曲線可以看出商品價格與其需求量之間的關係，例如，在 P_m 的價格之下，消費者購買商品數量為零；市場均衡數量為 Q_e，均衡價格為 P_e；均衡數量是由原點 0 到 Q_e 的範圍，消費者願意支付價格介於 P_m 與 P_e 之間。消費者願意支付價格會隨著商品數量增加而減少；需求法則是指物品價格與需求量的反向關係。

　　為闡述上述觀念，我們假設：消費者購買 1 加侖汽油願意支付 20 元，如果汽油價格超過 20 元，其需求量為 0，汽油價格低於 20 元，將會造成搶購；假定汽油市場價格為 1.50 元，而消費者願支付 20 元，則

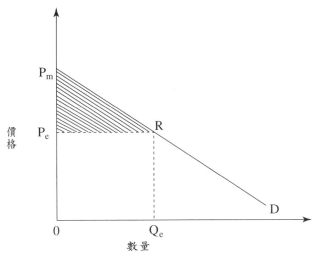

圖2.7　消費者剩餘

消費者購買每一加侖汽油可節省18.50元，而這節省18.50元的部分，則稱為消費者剩餘。

　　由消費者支付意願中可看出消費者的邊際私人利益，消費者為獲得最大效用，除非利益增加與市場價格一樣，才會去購買一單位的產品，價格或邊際私人利益將會隨著數量增加而減少，這與邊際效用遞減法則同理。

　　假使由價格可得知邊際私人利益，那麼，總私人利益可由加總在一範圍的需求量之邊際利益求得。例如，圖2.7市場均衡產量 Q_e，總消費者利益是從 P_m 到 P_e 之間所有價格加總而得，可由梯形 $0P_mRQ_e$ 代表總效益，在理想（競爭）市場，長期此區域會被極大化，這並不難看出。因為消費者與生產者都是價格的接受者，且資源可自由移動，這確保廠商有效地永續經營（成本減到最低）。此外，由於資源可自由流通，廠商沒有超額利潤。在無超額利潤下，市場均衡價格 P_e，代表廠商在長期可以索取的最低價格，Q_e 為市場最大產出。所以，梯形 $0P_mRQ_e$ 是消費者最大利益。

　　總消費者利益是由兩部分所組成。首先，矩形 $0P_eRQ_e$ 是實際支付取得 Q_e 的代價，第二部分是三角形 P_eP_mR，消費者願意支付價格的總額。三角形 P_eP_mR 就是消費者剩餘，消費者願意支付價格與實際支付價格的差額。消費者剩餘是總支付意願（$0P_mRQ_e$）和消費者實際支付（平行四邊形 $0P_eRQ_e$）之差。此處明顯的是，在長期，消費者剩餘達極大，因為長期下，均衡價格 P_e，代表生產者對產品的最低提供價格，這使得經濟學者的主張得到證實：長期，讓市場自由運作，對消費者而言是最好的——極大化其剩餘。

　　為了給消費者剩餘和整體願付金額一個簡單的數字說明，讓我們假定市場的均衡價格和供給量在圖 2.7 中是 5 元和 2,000 個單位，消費者最大支付意願 P_m 為 9 元。消費者剩餘是圖 2.7 中的陰影部分，可用底×高× 1/2 來計算，可得到 1/2（2,000 × 4）等於 4,000 元。其次，在獲得 2,000 單位中，消費者則花費了 10,000 元（這是產品的市場均衡的價格和數量），在圖 2.7 中， 10,000 元表示於矩形 $0P_eRQ_e$ 的區域中。以這兩部分決定為基準，它將可推測出全部的願付金額是 14,000 元（是屬於圖 2.7 中 $0P_mRQ_e$ 的區域）。在均衡數量為 2,000 單位時，消費者花費 10,000 元，而消費者剩餘為 4,000 元。

2.4.2 生產者剩餘和淨社會福利

　　圖 2.8 是圖 2.6 供給曲線的複製，如之前所陳述，供給曲線可以解釋為生產者在市場中所提供的各類產品其所願意接受的最低價格，例如， P_L 表示生產者在進行各種生產活動前所要求的最低價格，相同地， P_e 是生產者提供均衡產出 Q_e 的最後一單位所願意接受的最低價格；同樣地，如先前所述，供給曲線與生產成本有密切的關係，更具體地說，供給曲線代表生產的邊際成本。因此，假如我們使用這兩種對供

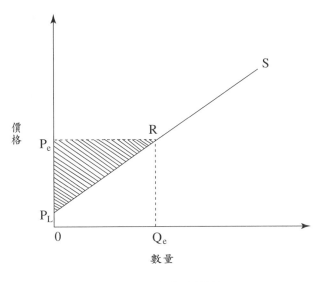

圖2.8　生產者剩餘

給曲線的說明，P_e 可以由下列兩種方式得知，首先，它表示生產者在
市場中是一單位產出 Q_e 所願意接受的最低價格；同樣地，它也表示在
一個給定產出下生產的邊際成本。請注意這些雙重的解釋同樣可應用在
沿著供給曲線上的所有價格。

　　假如供給曲線事實上表示生產所增加的成本，圖 2.8 梯形地區
$0P_LRQ_e$ 表示達到長期均衡 Q_e 時的總生產成本，此區域是由相關產出範
圍的邊際成本（或生產者最低可接受的價格）加總所獲得。在一個競爭
的市場模式（生產者為價格的接受者且資源可自由移動），長期生產成
本為最小且完全反應使用於生產過程中稀少性資源的機會成本。

　　圖 2.8 我們已假設 $0P_LRQ_e$ 區域表示在均衡產出 Q_e 水準下的總生產成
本。然而，在產出和價格的均衡水準下，生產者的總收入（收益）可由
$0P_eRQ_e$ 區域表示，即總收益和總生產成本間的差異，在圖 2.8 中三角形
P_LP_eR 區域是生產者剩餘，此生產者剩餘可被歸因於何？這個問題在目
前的經濟學文獻中並無明確的回答。

對於生產者剩餘與生產成本的觀念，我們以數字來說明。再一次令市場的均衡價格和數量分別為 5 元和 2,000 單位，再令生產者可接受的最低價格 P_L 為 2 元。給定此資料後，生產者剩餘（圖 2.8 三角形陰影地區）為 \$3,000（$1/2 \times 3 \times 2,000$）。此外，生產者銷售 2,000 單位的總收入（收益）為 \$10,000（$5 \times 2,000$）或 $0P_LRQ_e$ 地區。因此，總生產成本為 \$7,000（$10,000 - 3,000$），或梯形 $0P_LRQ_e$ 地區。此總價值是表示生產者所願意接受的最低價格的總和，或是表示生產 0 到 2,000 單位邊際成本的總和。

最後，與之前的圖 2.6 一起比較，我們已經討論很多有關在競爭市場模式下長期均衡的情形。在圖 2.6 我們提到 $0P_mRQ_e$ 區域表示消費者在均衡產出水準 Q_e 消費之支付意願（個人利益）的總額。如先前所討論，在完全競爭市場模型下此利益是最大的；在另一方面，$0P_LRQ_e$ 區域表示在均衡產出水準 Q_e 的生產成本，如之前所討論，此成本為最小。因此，P_LP_mR 區域表示淨剩餘，此剩餘是由生產者和消費者剩餘所組成。由上述所論證可發現，社會的（消費者的和生產者的）剩餘為最大化——在一個理想市場系統下的一項品質證明。

2.4.3 柏萊圖最適與隱形手定理（黑手定理）

為了達到上述的結論，一個常被使用的見解為柏萊圖（Pareto）最適。柏萊圖最適為一均衡的狀態，不可能在不使任何人變差的情況下作任何改變。為了瞭解此情況，我們假設圖 2.9 中 P_e 和 Q_e 分別表示長期均衡的價格和產出，並假設產出增加到 Q_1。產出的增量從 Q_e 到 Q_1 將有何影響？答案是相當明確的。剛開始，產出從 Q_e 增加到 Q_1 將需要額外的生產成本，如 Q_eRTQ_1 區域所示（在相關產出範圍的供給曲線下的區域）；同樣地，產出增加的收益為 Q_eRUQ_1 區域（在相關產出範圍的需求曲線下的區域）。所以，在此情況下成本超過收益的地方為三角形

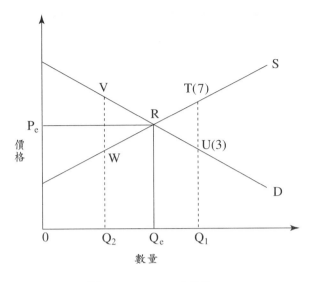

圖2.9　Pareto最適

RTU區域。

　　喜歡討求究竟者應試著去進行以下數字上的驗證。如同前例,假設圖2.9的均衡價格和數量為5元及2,000單位。假設產出現在由Q_e增加到Q_1,或從2,000增加到2,100單位。此外,我們給定供給價格在Q_1(供給曲線上的T點)為7元,且相同產出水準(需求曲線上的U點)下的需求價格為3元。此訊息表明以下的觀點:(1)生產成本的增加是產出增加100單位的結果(從2,000到2,100單位),其增加部分為圖2.9中$Q_e RTQ_1$區域為600元;(2)消費者收益增加400元是因為產出增加100單位(圖2.9$Q_e RUQ_1$區域)。最後,由(1)與(2)可明確地表示產出從Q_e到Q_1將產生200元的淨損失(400元－600元＝－200元)。

　　在另一方面,假如限制產出使產出由Q_e減少到Q_2,此行為所減少的收益可由$Q_e RVQ_2$區域表示。然而,產出減少的結果將節省$Q_e RWQ_2$的成本。在此例中,收益的減少超過成本節省的區域為三角形RVW。因此,到目前為止所提出的證明,在均衡的兩方向變動都會產生淨損失。由此可明確證實在完全競爭市場模式下長期均衡的結果爲柏萊圖最適。請注意在柏萊圖最適表示達到經濟效率——生產者與消費者淨收益爲最大化的一個情況。

2.5 以產品價格爲衡量自然資源稀少性的指標

在本章的最後一節，我將概述在理想市場模型中價格的主要角色，尤其是測量自然資源的稀少性。在討論之前，以到目前爲止我們所建立的基礎來說，下列表示由市場價格所傳達的重要訊息。

價格爲訊息的指標

市場經濟中，價格最主要的功能之一是提供產品或資源的買者與賣者間交易的相關訊息，需求曲線爲消費者在市場中對各種產出水準的支付意願；同樣地，供給曲線爲生產者在市場中對其提供的各種產出水準所願意接受的價格。此意義爲，價格可作爲消費者和生產者願意進入一個特定市場交易的一個指標。例如，在**圖2.10**中，假如在交易考量下的相關產出水準爲Q_0，任何在P_s與P_d之間的價格爲在市場交易過程中消費者和生產者交涉的工具。請注意，價格低於P_s對生產者是絕對無法接受的，而價格高於P_d將會被消費者所拒絕。

價格爲市場結清的指標

價格不只爲談判過程的開始，也可作爲進一步交易的手段。當價格能使需求量、供給量相等時，此價格即爲成交價。在**圖2.10**，P_e就是這樣的價格，換言之，這是一個市場結清或使市場均衡的價格。

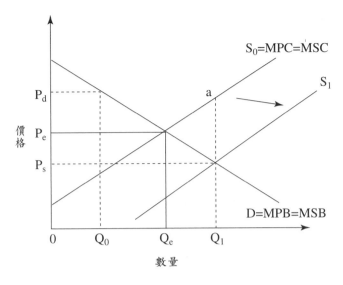

圖2.10　市場價格的角色

價格可衡量資源的稀少性

　　如我們先前所討論，因為產品一般（均衡）市場價格為正的，它表示所考量的產品是稀少的，但何謂稀少性？為確切地回答此問題，我們再一次參考圖2.10。在圖中，給定市場均衡價格為 P_e，S_0 為對應的供給曲線，從消費者的觀點，此價格可測量其對最後一單位均衡產出 Q_e 的支付意願，換言之，可測量消費者在均衡產出水準下的邊際私人效益（MPC）；在另一方面，從生產者的觀點，一般市場價格 P_e 可測量生產者在市場中其提供最後一單位均衡產出所願意接受的最低價格。在一個理想市場中，邊際生產者只是賺取正常利潤，此與生產者最後一單位產出的邊際私人成本（MPC）是相同的（MPB ＝ MPC）。

　　在上述的論證下，在一個理想市場模型中，長期均衡價格不僅隱含市場結清條件，此價格還表示與邊際私人（消費者）效益與邊際私人（生產者）成本相等。其為：

$$P_e = MPB = MPC$$

此外，假使所有權被明確地定義，私人與社會的效益和成本將無不同（第 5 章有更多相關訊息）。因此，在一個理想市場狀態，產品的長期的均衡價格可衡量邊際社會利益與邊際社會成本，其為：

$$P_e = MPB = MSB = MPC = MSC$$

在此內容中，主流經濟學者其長年的主張為：在一個完全競爭市場中，市場價格反應我們所考慮資源的「真實」稀少性價值。「真實」是什麼意思？它的意思是在長期中，市場價格反應使用資源於生產的邊際社會成本。

請注意，假如市場價格表面上低於或高於市場均衡價格 P_e，市場價格將無法反應社會成本，假如不是這些情形之一，其結果就為一般經濟學者所提到的資源錯誤配置。為瞭解此重要性，我們假設使其低於市場價格，如圖 2.10 中的 P_e 到 P_s 所示。為確保可行性，供給曲線必須從 S_0 移到 S_1。此外，P_s 將不是市場結清價格，假設可透過市場干涉策略，如透過政府補貼（減稅或現金補貼）廠商來生產，此時，將會產生社會資源配置錯誤造成何種結果的問題。

在新建立的均衡價格 P_s，市場結清的產出將從 Q_e（社會的最適產出）增加到 Q_1。因此，在考量的產出下有更多的資源（勞力、資本和自然資源）被配置。然而對於任何超過 Q_e 的產出水準，使用這些資源的 MSC（供給曲線 S_0）超過一般的市場價格 P_s。很明顯地，這些資源並沒有在社會最大利益下被使用——這些資源為錯誤的配置。假如圖 2.10 中的市場價格從 P_e 增加到 P_d，其結果也將類似。這些可以透過如農價支持政策等計畫來執行。

從本書中我們看到，「資源錯誤配置」的觀念在環境和資源經濟學中是很普遍的。例如，〔個案研究 2.1〕顯示巴西政府為了阻止進口，如何補貼（投資稅抵減和免除進口稅）牧場經營者，且最後造成在亞馬遜河過度的土壤流失和森林過度開發。看待此問題的其他方法中，有一方法和本章節所提出的分析架構一致，其為假設在圖 2.10 中，其生產利益為漢堡。在此情況下，將較容易瞭解對巴西牧場經營者的補貼，漢堡的供給曲線如何由 S_0 移動到 S_1。實際上，假如其他影響供給的因素持續不變，補貼將低於生產漢堡所需主要原料（牛肉）的成本。結果，社會（巴西的社會和從巴西進口肉類國家的社會）將在較低的價格下有更多的漢堡。然而，由〔個案研究 2.1〕很清楚地顯示這是因為人為環境或生態價格所造成，因為牛肉價格和漢堡價格無法反應用於生產他們的資源的社會成本。

價格為資源稀少性的指標

在此，我們的焦點為檢視在長期下（例如，可表示資源的稀少性或豐富的一段二十至一百年期間）產品價格的趨勢。例如圖 2.11，假設一產品隨著時間其資源稀少性遞減的價格趨勢，表示使用在生產產品的所有要素其總價格（或成本）減少（勞力、資本和自然資源等）。

然而，此種自然資源稀少性的衡量是總合水準，即此種性質的產品價格趨勢只提供我們在一般情況下隨著時間資源成本變化的訊息。例如，假設我們所考慮的特殊產品為電力，在此情況下，圖 2.11 表示電力價格下降的趨勢，此價格減少的趨勢也許是因為增加勞動或資本或自然資源（如煤）的使用量（因為較低的價格）來生產電力。事實上，當電力價格有下降趨勢時，生產的特殊要素如煤的價格增加是可能的。在此情況下，可能會產生煤價格的增加（因為煤的稀少性增加）超過其他用來生產電力的生產要素（如勞力和資本）價格的減少。因此，可說明

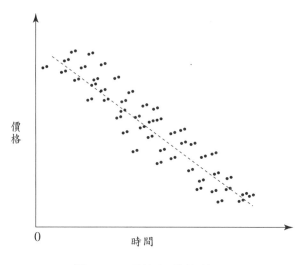

圖2.11　長期價格趨勢

當產品價格遞減時，自然資源價格增加的可能性。請注意，此觀察結果並未考慮到技術上的因素。例如，假使有能力的工廠能不斷地改進煤的燃燒效率，則隨著時間煤變得稀少（因此更貴）電力的價格減少是可能的。

〔個案研究 2.1〕

巴西的牧業補貼

—— Theodore Panayotou

　　在 1960 年代，巴西政府採用密集的法令，目標在於發展亞馬遜河地區。在接下來的二十年期間，新的財政與金融刺激的結合鼓勵了森林轉成牧草地。在 1970 年代，每年有 8,000 至 10,000 平方公里的森林被清除成為牧草地。在 Rondonia 的亞馬遜河州的土地被利用變成牧草地的比例從 1970 年代的 2.5% 增加到 1985 年的 25.6%（Mahar 1989）。

　　現在清楚可見的是，把亞馬遜河地變成牧地在經濟上是不可靠的，而且在環境上是有害的。沒有樹木的覆蓋，脆弱的亞馬遜河地區的土壤常喪失其肥沃度，且至少20%的牧草地也許會惡化（Repetto 1988b）。的確，牛隻的飼養被認為將是森林砍伐中最重要的原因之一。再者，農牧的經營提供少數長期的工作機會，而牲畜計畫所提供的工作機會只限於初期縮減林地的階段。例如巴西核桃的木本作物就被砍除作為牧場，所以就觀察到巴西核桃就業人數減少（Mahar 1989）。

雖然如此，因政府的一個 SUDAM（Superintendency for the Development of the Amazon）政策而設計出吸引牧場經營的誘因是強大的。財政的誘因包括：十至十五年的免稅、投資抵減或免出口稅或進口稅。SUDAM 評估計畫並融資高達75%的投資成本給那些適用免稅基金者。

1974年開始，補助性貸款在鼓勵無數牧場（經營計畫）上也扮演了一個決定性的角色。一項針對農業、牲畜、礦產在亞馬遜地區的方案（Program of Agricultural, Livertock and Mineral Poles in Amazonia, POLAMAZONIA）提供牧場經營者12%利息的貸款，相較於45%的市場利率，依帳面價值的47-76%的補助貸款仍是八〇年代早期的典型代表利率。

這些補貼和免稅政策鼓勵農牧經營者去進行利潤微薄的計畫。一項世界資源機構的研究顯示那些傳統的補助投資所產生的經濟損失相當於55%的初型投資。如果把接受補助的私人投資者列入計算的話，傳統投資所產生的正面經濟回收相當於250%的初型支出。經濟及金融的誘因隱藏了本質為劣等的投資並且作為由高價值產業（即熱帶森林）轉為低價值產業（即農牧業）的獎勵。此外，一項對 SUDAM 計畫的調查顯示出5個接受免稅基金的研究計畫甚至沒有被執行。

Source: Green Markets: The Economics of Sustainable Development, *San Francisco: International Center for Economic Growth* (1993). Case reproduced by permission of the antho.

此外，其他需考慮的因素為要素的分配——最終產品價格（如電力價格）與有關的特殊生產要素價格的百分比（如勞動、資本或自然資源）。假設煤的生產成本只占電力價格的2%到5%，在此情況下，煤在生產電力時雖然重要，但並非構成市場（最終）價格的主要因素。因此，即使煤的價格可能會大幅增加（例如增加10%），但仍對市場中電力價格的影響非常小。

上述的說明已十分清楚，即使世界處在完全競爭市場的模式下，產品價格的趨勢仍然無法適當地指出自然資源的稀少或豐富性。這是因為產品價格的趨勢仍會被其他資源所影響（例如勞動和資本），如自然資源在各要素中所占比例等。對於測量自然資源的稀少性的存在有哪些替代方法？這些方法對測量自然資源稀少性有何好處？在下一章將針對這些重要的議題，從自然資源價格形成（市場價值）的觀點來探討。

2.6 摘要

本章的目的有二：第一，清楚界定使自利的個人能達社會整體福利極大的制度條件；第二，說明價格的各種角色及以產品價格作為資源稀少性指標：

1. 為完整且有系統的探討這些議題，做了下列三個主要假設：

   - 市場為完全競爭。
   - 經濟社會以其長期表現為評估基礎。
   - 評估市場表現的準則是基於：(1)市場達到資源配置效率的能力，因此長期總社會剩餘極大；和(2)市場正確傳達資源稀少性訊息的能力。

2. 在上述假設下，市場體系可使用價格訊息來促進財貨與勞務的生產和交換，這些價格是經由市場需求（衡量消費者願付價值）和市場供給（衡量生產者出售意願）的交點形成。

3. 此外，當我們假設存在清楚定義的所有權時，市場需求和供給分別反映邊際社會利益（MSB）和邊際社會成本（MSC）。因此，長期均衡在滿足下列條件下達成：P_e＝MSB＝MSC，式中P_e是長期均衡價格，這個條件有下列重要含意：

- MSB＝MSC的事實表示在長期完全競爭市場資源配置可使淨社會效益（消費者剩餘和生產者剩餘之和）達極大。這是因為沒有任何一種重配置可以不對淨社會效益有負面影響，因此在長期完全競爭市場是柏萊圖（Pareto）效率。
- 市場價格是社會對產品價值的衡量，即P_e＝MSB。
- 產品的市場均衡價格P_e是使用基本資產（勞力、資本、土地等）以生產所要的產品之社會成本，即P_e＝MSC。
- 市場價格P_e是資源稀少性的真實衡量，因為產品的社會價值（人們願意支付的）和資源使用於生產產品的社會機會成本一致。此觀察的重要意義是由補貼或價格支持的市場扭曲會造成社會機會成本扭曲而導致資源錯誤配置。

4. 最後，可觀察到最終產品的價格趨勢（如彈性）可作為「一般」資源稀少性的指標──「一般」是指用於生產特定產品之資源（土地、勞動、資本）的機會遞增或遞減。然而，以產品價格趨勢作為特定資源稀少性的指標可能不可靠，這在自然資源經濟學是重要考量。產品價格趨勢是否可作為自然資源稀少性指標，取決於要素替代性、要素份額、技術和要素市場的一般條件──下一章將討論這些。

第3章
自然資源稀少性的市場表徵：資源價格、租和開採成本

學習目標

閱讀本章後，你將熟悉下列各項：

- 影響自然資源需求的關鍵變數。
- 推導需求的觀念。
- 影響生產要素供給與自然資源的關鍵變數。
- 以市場均衡價格作為社會機會成本的衡量。
- 自然資源物理與經濟稀少性的觀念。
- 自然資源稀少性的其他衡量指標。
- 純租、差別租和李嘉圖稀少性的觀念。
- 要素替代性、技術進步及其在自然資源有效性的廣泛應用。

如果某種東西在某處比在他處稀少，或在某時比在其他時候稀少，我們知道這是因為它的價格在稀少情況下較高。此種基本的經濟論證適用於自然資源，如果自然資源的價格越來越高，就表示它越來越稀少。

—— Brown and Field 1979: 227-8

因此，價格和相關的衡量，如生產成本和所得配額，是在任何時候對稀少性恰當的檢驗方式。以我們作為消費者而言，重要的是對我們提供特別服務的商品需付多少錢，從這個立場，鐵或石油在自然界中有多少，對我們也是同等重要的，因此，要瞭解自然資源經濟學，就要瞭解稀少性的經濟指標是自然資源相對於相關基準的價格。

—— Simon 1996: 26

3.1 緒論

這章的主要目的是更深入地探討能夠作為衡量自然資源稀少性的其他經濟指標。根據新古典經濟學家的看法，自然資源只是生產的因素，參照第 1 章的討論，顯示如下：第一，自然資源是生產要素，所以是非常重要的，沒有任何產品可以在沒有自然資源下生產出來；第二，資源具稀少性，故有正的價格，問題是：資源的價格是如何決定的呢？資源的價格用以表示什麼？一般而言，有什麼經濟的變化可影響資源的價格？資源的需求和資源所生產的最終產品之間存在何種關係？資源價格可以衡量稀少性到什麼程度？有其他衡量稀少性的方法嗎？這些問題反映出本章的重點。

3.2 生產要素的需求

　　生產要素的需求顯示出在某一特定資源數量下生產者願意支付的最高價格，在圖 3.1 中，如果現在在市場上可使用的煤的量在 C_1 點，r_1 表示生產者願意支付的最高價格，相同的，如果可使用煤的量增加到 C_0 點，則生產者願意支付的價格將下降到 r_0 點，因此煤的價格和需求的數量呈反向的關係，清楚的表示生產要素的需求線是負斜率。這種關係的經濟道理很直接，當某一資源的使用越來越多時，根據邊際報酬遞減法則（見第 2 章），以產量衡量的資源之邊際貢獻減少。

　　假設煤被使用在生產電力，依照邊際生產力遞減法則，當越來越多的煤被使用在生產電力，煤的邊際生產力將會下跌，因此，在其他條件不變的情形下，生產者只有在資源（例如煤）價格降低到足以彌補邊際

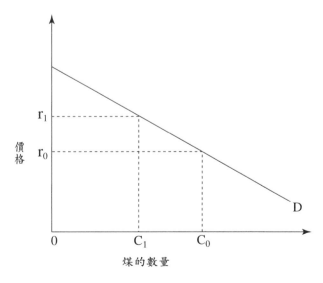

圖 3.1　煤的市場需求

生產力的減少時才會購買更多的資源。和產品需求市場不同的是，此處是由生產力而非效用來決定生產要素的需求（價值）。

　　另一項產品需求與生產要素需求的差異是，生產要素需求是一種引申需求，而其需求決定於消費者對產品的需求，比方說，如果使用煤最主要是產生電力，煤的價格依賴電力的需求，一般而言，電力的價格較高時，煤的需求也較高，如圖3.2和圖3.3，在圖3.2中，原來的需求和供給曲線是 D_0 和 S_0，電力的市場均衡價格是 P_0，相同地，在圖3.3中，原來的需求和供給是 D_0 和 S_0，P_0 是電力的均衡價格，在這個情況下，煤的市場價格是 R_0，如圖3.2所示，電力的需求增加到 D_1，由於消費者所得的增加，電力新的均衡價格將是 P_1，如果其他條件不變，電力價格的上漲將造成煤的需求由 D_0 移動到 D_1，於是，電力價格的上漲最後造成煤價格的上漲，如圖3.3煤的價格由 r_0 上漲到 r_1。

　　除了產品價格和生產力外，另有兩個重要因素也會影響要素需求，其他要素價格和技術，這二個因素其中一個改變的影響會顯示在需求曲線的移動上，例如，如果資源和煤是相互代替的，資源價格的下跌將造成煤的需求曲線向下移動，在其他情形不變的條件下，將使煤的價格下跌，相關生產要素的價格呈反向的移動。

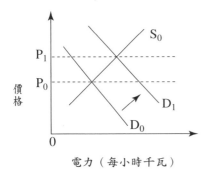

圖3.2　電力產業的市場條件

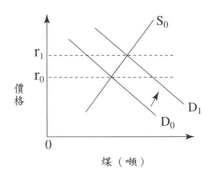

圖3.3　煤產業的市場條件

技術改變在許多方面影響生產要素的需求，一方面是經過所考慮的資源生產力的影響；例如，技術改變會提高煤的生產力，在生產電的過程中，煤的化學添加劑會幫助煤有效的燃燒；另一方面，技術的改變藉著提高替代品的生產力會影響生產要素的需求；例如，在生產電力上，天然氣的技術相對提高，其他情形不變下，會造成煤的需求減少，因此使用天然氣的技術提高會影響煤的需求。要素替代的可能性是一個很重要的分析。

簡而言之，許多因素影響生產要素的需求，其中最重要的是價格、生產要素價格與技術，現在可將注意力移到影響生產要素供給的因素上。

3.3　生產要素的供給

在市場導向的經濟社會中，假設生產要素為家戶所擁有，家戶使用生產要素產生所得，所得使用在購買最終的產品。在其他條件不變下，因為所得越多代表最終財貨與勞務越多，家計單位會追求他們所擁有資源達最高可能價格。然而，如我們下節將看到，資源擁有者最終得到的價格決定於所考慮資源的需求和供給雙方面。

在此階段我們有興趣的是有系統的認定影響生產要素（例如煤）供給的重要變數，為此，我們首先要知道生產要素的供給曲線（如圖3.4）要告訴我們的是什麼。我們可以說明如下：供給曲線是所有煤的所擁有者在不同的數量所願接受的最低價格所連成的一條曲線，例如，在煤的市場上所提供的量在C_1點，最低價格在r_1點，供給曲線是正斜率的。

我們知道像煤這類的資源，在抵達市場之前，必須從地底下開採出來，在煤的定價中，煤礦的擁有者需要將開採和運輸的成本納入考量，這個資源的擁有者將堅持他們收到的價格應該包括開採和運輸的成本。

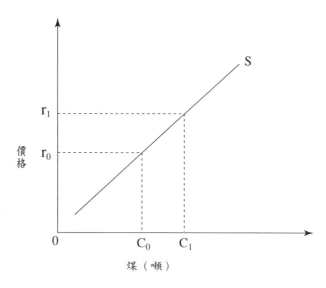

圖3.4　煤的市場供給

由於這一原因，擁有者要求最小價格以便使他們賣煤一單位應該與開採和運輸煤一單位的費用一致。如果我們假設運輸費用是可忽視的，對於煤的正斜率的供給曲線意味著煤的開採費用增加。如何解釋它呢？

　　對於煤或者任何其他開採資源，開採成本遞增的一個可能解釋是這樣的，資源在空間上或數量或金屬的分類上的分布不一致（Brobst 1979），首先找到品質優良的煤（Norgaard 1990），如果繼續開採，因為低等級的煤需要進一步處理，其他條件不變下，將使開採成本增加。因此，根據這個解釋，開採成本遞增是指自然本身的限制（第17章將有更多討論）。

　　這裡還需討論的是，影響如煤的自然資源供應的關鍵因素。依據新古典經濟學，可以把影響自然資源供給的因素分成二種，一是自然界因素，另一種是屬於技術的因素。

　　就算不是所有經濟學家，也有多數經濟學家認同，在決定自然資源的有效性時自然界所扮演的角色。至少，自然界在特定資源的再生能力上有一個上限，此外，由於經濟考慮的目的，在某些資源（如煤）的再生能力僅能產生於地質時間（指很長很長的時間）的前提下，資源供給有限觀點漸被多數人接受，因此，透過對一個特定自然資源供給的上限，自然資源是稀少的。換句話說，最終耗盡一個特定自然資源的可能性是真實的。然而，除此之外，經濟循環中的常規知識是自然界在決定自然資源供應時僅扮演次要角色（Barnett and Morse 1963）。根據主要經濟觀點，決定自然資源的供應的關鍵因素是技術。

技術以許多方法影響自然資源的供應。首先，在資源開採的方法中可以透過技術的改進提升自然資源的供應，它的一個例子是從某種已知集中的給定岩石中開採這些有用礦物的可能性更高；第二，透過技術改進可保護自然資源的供應，例如，能借助於能量節省的技術有效地增進煤的供應；第三，只要經技術創新能找到替代資源，自然資源的供給將會受到影響，例如，透過改進太陽能直接使用於住宅和產業部門的技術，能源的供給將可增加（在3.6節將更廣泛的討論關於元素替代、技術變遷和他們對自然資源有效性的影響）。仔細審閱最後這點告訴我們，如果我們對能量的供應感興趣，狹隘的集中焦點於特定資源（煤、石油、天然氣、日光及地熱等等）的能量供給發生什麼，會誤導且有危險性。對於技術樂觀主義者，認為用完一個特定自然資源不是主要考量（Solow 1974），「自然資源有特定的稀少性，但沒有一般的稀少性」的觀點是主流經濟學家普遍的觀點（Barnett and Morse 1963）。

3.4 生產要素的長期市場評價

到目前為止，我們的討論集中於瞭解影響生產要素的供給和需求的因素；簡要說明生產要素的長期市場均衡價格是非常直覺的。為了顯示它，圖3.5表示在理想市場設定下煤的長期市場均衡。如同先前討論，

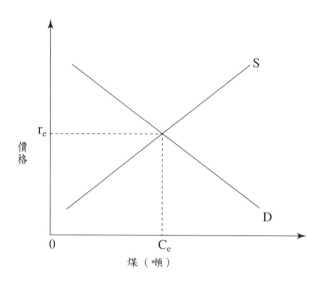

圖3.5　煤的長期均衡價格

市場需求顯示生產者的邊際支付意願；市場供給描述開採和運送煤的邊際機會成本。因此，在市場均衡，生產者願意支付於煤的最後一單位是r_e，等於開採煤最後一單位的邊際機會成本。以此種方法，在理想市場條件下，自然資源的長期均衡價格所測量的是將資源帶到市場的邊際機會成本。此外，假定這些資源有清楚定義的所有權權利，將沒有社會和私人的機會成本之間的差別（第5章有更多討論），在這種情況下市場價格反映社會和私人的機會成本。

　　在這個時候很直覺的會提出下面的問題：對於以市場價格作爲衡量自然資源稀少性可以討論什麼？前文談到，在理想的市場環境和資源清楚定義的所有權下，自然資源的長期均衡價格衡量將資源帶到市場的邊際社會機會成本。在此理想的條件之下，一個特定自然資源正的價格趨勢顯示出資源稀少性問題，然而要特別提到的是，這是自然資源稀少性的純粹經濟衡量，換句話說，因爲技術和需求因素影響資源的市場價格，在觀察到的價格趨勢和所考慮之自然資源物理豐富性之間可能沒有完整（一對一）的關係。很有可能隨時間過去，自然資源的物理量減少，但其價格有下降趨勢，換句話說，以價格衡量的經濟稀少性與物理稀少性可能不一致。問題是假設我們對衡量物理稀少性有興趣，有別的衡量資源稀少性的指標嗎？本章下一個部分就是考慮這個問題。

除了特定資源的觀察價格趨勢外，有數種衡量經濟稀少性的方法（由圖3.6）。有一個方法是比較資源價格（例如：煤）和跨期的勞動價格（成本），這個價格比使我們考慮相對於勞動的煤的機會成本。另一個方法是以所有財貨與勞務價格平減煤價，這將是衡量煤的實質價格：一噸煤所能獲得的財貨與勞務的數量。

3.5 以租和開採成本作為自然資源稀少性的其他指標

一個和特定因素的供給議題有關的重要觀念通常是租。我們很快會

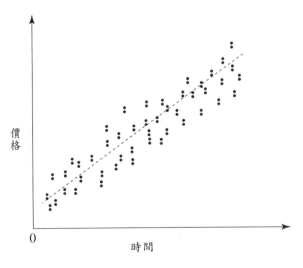

圖3.6　煤的長期價格趨勢

看到，這個觀念可作為自然資源稀少性的另一個指標。圖 3.7 中 r_e 和 C_e 分別代表市場均衡價格和煤的數量。在第 2 章已看到，$0C_eM$ 區域（在供給線以下的區域）代表開採和生產的總成本，在一個理想市場模型裡，這成本代表用來達到煤的均衡 C_e 之所有生產要素的機會成本（勞動、資本和其他資源，如土地的資本價值），另一方面，$0r_eMC_e$ 區域代表煤礦所有人的總收入（所得）；擁有者的收入和開採成本的差別為三角形 $0r_eM$ 的區域即為租，它代表對要素擁有者的總支付超過將資源變到市場的最低成本。換句話說，這是高於資源擁有者可接受的最低價格的支付。這種支付歸因於什麼呢？

仔細觀察會發現，租是對資源自然存在狀態的一種支付。換句話說，擁有者得到租只因他們擁有考慮中的資源，擁有者在資源的創造中不起作用。因此，租與自然資源現況的（價）值密切關聯，這隱含租可用以衡量物理稀少性。下面以一種特別的「租」的概念——差別性租來說明。

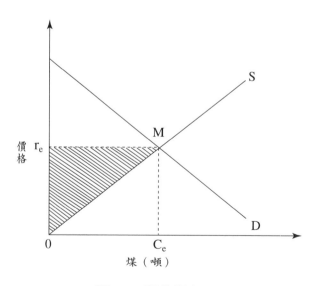

圖 3.7　租的概念

3.5.1 差別性租

對於多數的開採資源，例如，煤、黃金、鋁和甚至農地，正常利用或開採這些資源依其品質或易採性而有順序，最高品質的礦或農地首先被使用。為了說明這點，在圖 3.8 煤的供給有三段。第一段是水平線 P_0 － A。這個供給曲線與最高品質及最易開採的煤礦相對應，因為這個資源的品質均勻，水平供給曲線 P_0 表示單位生產成本（抽取和運輸的費用）為常數。用另一條水平線，B － C 表示供應曲線的第二段，P_0 － A 到 B － C 供給曲線平行向上的轉變反映煤礦品質的變化，從高等級到低等級，因此，第二等級的單位成本高於第一等級，第三等級以後可依此類推，得到 E-F 線，討論至此，我們看到當煤礦的開採由高等級到低等級時，生產成本（以開採、運輸等表示）遞增。

以上討論和租有什麼關係？為了回答它，讓我們合併考慮議題的需求面，在圖 3.8 中，D_0、D_1 和 D_2 代表對煤需求的三個不同水準。在 D_0

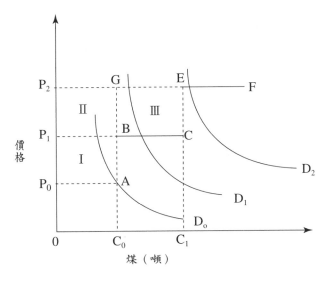

圖3.8　差別性租的情況

需求曲線或者在 D_0 下面，對應的市場價格是 P_0，因為供給曲線 P_0 － A 是水平的，在此情況下租是零。這是因為 P_0 既表示市場價格也是煤的單位成本，因此，煤礦的擁有者沒有得到超過他們生產成本的收入。

然而，假設對於煤的需求增加到 D_1，在此情況煤的市場價格將增加到 P_1。現在，由於這個發展，第一層煤礦的擁有者將開始賺得租，因為他們的生產費用仍然是 P_0，而煤的市場價格是 P_1。另一方面，第二層煤礦的擁有者將不會得到租，因為他們收到市場價格和他們的生產的單位成本沒有差別。因此，從這個討論明顯看到第一層煤礦的擁有者，得到的租是 P_0P_1BA 區域（或者矩形的地區 I），歸因於煤的品質，因此稱為「差別性租」。

應該注意的是差別性租隨需求的增加而增加。在圖 3.8，如果需求進一步提升到 D_2，由第一層擁有者獲得的租也從 P_0P_1BA 區域為增加到 P_0P_2GA 區域（或者矩形地區 I 和 II 的結合）。此外，第二層煤的擁有者得到 BCEG 區域（或者矩形的地區 III）的租。因此，由於 D_1 移動到 D_2，總租從 P_0P_1BA 區域（矩形的地區 I）增加到地區 P_0P_2ECBA 區域（或者矩形 I+II+III 的地區）。

能用來說明差別性租的概念的另一個例子是農業土地。農業土地在它的自然生產容量肥沃方面變化，在圖 3.8，水平線 P_0 － A 表示具有高和均勻品質的可耕地之供給曲線（按照肥沃順序）。在 D_0 或 D_0 下面沒有得到租。當需求超過 D_0 時，農地擁有者開始得到租。

同樣地，B － C 線和 G － E 線代表邊際和近邊際的耕地供給曲線，從圖 3.8 可觀察到，如果耕地的需求提高，租會增加，並且進一步使劣等土地也被栽種。在這裡注意到使租增加的不是因農地的絕對稀少性，而是因農地品質漸差使種植成本提高，這個現象最早是由李嘉圖（1772-1823）所提出。由於它，現代經濟學文獻把這個特定現象稱為李嘉圖稀少性。

最後，上面所討論的一個重要含意是租的增加與自然資源稀少性的程度密切關聯。因為租的增加與考慮中資源的物質條件（數量和／或品質下降）密切關聯，它可作為物理稀少性的測量，由煤和農地的例子我們都看到此現象。由於這一原因，一些經濟學家主張以租作為自然資源稀少性的替代衡量方式（Brown and Field 1979）。

然而，我們也不難說明租也會明顯受技術變遷所影響，技術會減低以租衡量物理稀少性的有效性。如果不審慎將技術因素抽離，很可能在資源減少的情況下仍得到遞減的租，對於租，如前面所討論，我們也因注意租會受供給和需求條件的影響，因此，租並非資源稀少性的純粹物理指標。此外，由於缺少容易辨別和一致的市場資訊，以它作為衡量自然資源稀少性的實際（價）值是有限制的（Brown and Field 1979）。

3.5.2 開採成本

最後，開採成本是自然資源稀少性的另一個可能指標。在某些情況下，開採成本可說明許多自然資源總（價）值的主要部分。在這種情況下，有時可將增加開採成本看作出現自然資源稀少性的訊號。在某種程度上，與市場價格比較，開採成本也許對資源稀少性是更好的測量指標，因增高成本表示從它的原始自然產地提取這個資源的困難程度提高。此外，在開採成本上獲得資訊，比在租上容易得多。然而，縱使在這種情況下，技術也可能使開採成本扭曲。

3.6 要素替代可能、技術變遷和資源稀少性

在3.2和3.3節中注意到要素替代和技術變遷在決定生產要素的供給和需求上都扮演主要角色。3.5節中，觀察到當租和開採成本用作自然資源稀少性的其他衡量指標時，其衡量力對於要素替代和技術相當敏

感。因此在這小節中將試圖瞭解如何有系統的分析要素替代可能性和技術的變化減輕資源稀少性，以自然資源為重點——這是自然資源經濟學一個很重要的主題。

3.6.1 要素替代

假設我們以下面簡單關係表示一國的生產函數：

$$Q = f(N, K, T)$$

式中Q是產出，N是以某種標準單位表示的自然資源投入，K通常指資本，是代表生產之所有其他投入的組合要素，T代表現在的生產技術。在這個總合生產函數的表示下，要素替代可能性的觀念可用等產量線來說明。等產量線代表在現行技術水準不變下（T為常數）生產同一水準產出的兩種要素的所有技術效率組合。圖3.9為三種不同程度的要素替代的等產量線。

在等產量線為負斜率下，圖3.9a和圖3.9b，可用其他要素K來代替自然資源N而生產相同產量，然而，儘管二者皆允許要素替代性，二者的替代可能性卻截然不同。圖3.9a中，直線型的等產量線代表自然

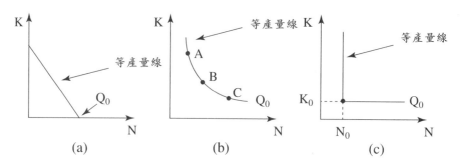

圖3.9　要素替代可能性

資源和資本的替代性呈固定比例關係，其固定比例即為等產量線的斜率。例如，若圖 3.9a 中等產量線的固定斜率為－ 2.0，則表示自然資源 N 減少 1 單位，資本 K 需增加 2 單位以維持相同產量。這是指必須以 2 單位 K 代替 1 單位自然資源。更進一步的說，我們可說 1 單位自然資源的機會成本是資本的 2 倍，即為彌補減少 1 單位自然資源的損失，需以 2 單位資本為代價。也要注意在等產量線為固定斜率下，自然資源的使用可能在不增加機會成本下減少到零，因此其含意為自然資源稀少性增加不會反應在機會成本的增加。雖然此情況在觀念上很有趣，卻不切實際。

在圖 3.9b 中等產量線顯示自然資源仍可以其他生產要素代替，但並非固定比例替代。在此特定情況中，當生產的其他要素進一步代替自然資源，等產量線的斜率單調遞增。例如，如圖 3.9b 由 C 到 B 和從 B 到 A，斜率增加。如同在上面討論那樣，因為這個斜率乃在衡量犧牲資本（K）的機會成本，可以看到自然資源需以遞增的其他生產要素（資本）來替代以保持 Q 的相同的水準。換句話說，使用自然資源的機會成本，以犧牲的其他投入計算，當自然資源變稀少時，其增加遞增。根據標準的個體經濟理論，這個情況（情勢）是最合理的。

最後，在圖 3.9c 中的等產量線代表要素完全不可替代的極端例子。在這個情況，自然資源 N 和生產的其他要素 K，以一預定的固定比例生產某一特定的產量。例如，如同在圖 3.9c 所顯示，為了生產產量 Q_0 的水準，需自然資源數量 N_0 及其他投入數量 K_0，沿著等產量線的右邊，只增加 K 不會使自然資源的使用減少，即，為了生產特定水準 Q_0 的產量，不管 K 的投入量為多少，都必須有 N_0 的自然資源。因此，這個情況的一個重要含意是，為了生產某一產量，需要某一最小量的自然資源投入。在我們上面的例子，為了生產 Q_0 的產量，至少需 N_0 的自然資源。給定生產技術的目前狀態（沒有技術改變），任何自然資源數量減少將導致產量減少，無論另一投入使用數量如何都是如此。

　　由迄今的討論，我們可將之一般化為：關於自然資源可用性的考量，非常倚賴對自然資源和其他生產要素替代可能性的假設。若自然資源可完全以其他生產要素替代，則它的可用性就不需擔心，這是圖3.9a描述的情況。另一方面，如果一個自然資源和生產的其他要素之間的置換可能性是零，如圖3.9c則為生產一定水準的產出，必須有一最小數量的資源投入。在此情況下，資源的可用性將是主要考量，因為低於此一最小量的自然資源，將會使生活水準或產出降低。

　　如同先前的陳述，現實狀況下最可能的情況是自然資源與其他要素具有某些替代性，如圖3.9b。在此情況下，自然資源能以其他要素替代，但機會成本遞增。亦即，自然資源的持續減少將需要越來越多的其他要素以維持固定的產出。因此，自然資源的稀少性（可用性）將是重要考量。

3.6.2　生產技術的改變：技術進步

　　在我們討論替代可能性時，我們假設生產技術（T）是常數。換句話說，在要素替代可能性的分析中，假設技術不變。然而，在一個動態經濟中，技術進步是常有的經驗，如果情況是這樣，可提出三個下面相關問題：

　　1.生產技術改變如何影響要素的使用？

　　2.技術改變對所有要素都有相同的影響嗎？

　　3.生產技術改變對資源稀少性有何更廣泛的含意呢？

　　生產技術T變化的影響可由圖3.10的兩條等產量線表示。兩條等產量線表示生產相同的產量Q_0，較右邊的一條等產量線代表技術改變前為了生產Q_0的產量所需投入的自然資源和另一要素（資本）的組合。技術改變後，同樣產量的等產量線往內移，隱含產量不變，但可用較少

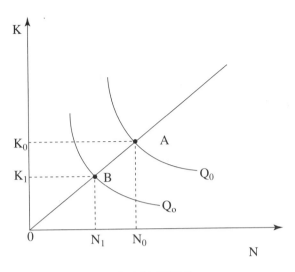

圖3.10　生產技術進步

的投入生產相同的產出。如圖3.10所示，技術進步前以N_0、K_0的自然資源和另一要素生產Q_0的產量，技術進步後則以N_1、K_1的自然資源和另一要素生產Q_1的產量，因此技術進步可少用資源。

　　圖3.10中假設等產量線平行內移，因此，此二等產量線與從原點出發的直線之交點，如A與B，在等產量線上的斜率相等。前已論述，等產量線上的斜率衡量的是兩種要素間的替代可能性，此斜率也表示兩種投入的相對生產力。為瞭解此解釋，假設A點的等產量線斜率為-2，這表示在此特定的資源與資本使用量下，需以2單位的資本來替代1單位的資源，另一方面，如果需以2單位的資本來替代1單位的資源，則表示資源的生產力是資本的2倍，因此，等產量線斜率可代表兩種要素的相對生產力。如圖3.10等產量線水平移動，對等產量線斜率沒有影響，因此資源（N）與資本（K）的相對生產力未因技術進步而有改變，表示技術進步未偏向任何一邊，即為中性技術進步。

　　然而，技術進步很少是中性的，通常造成生產力偏向另一邊，在此情況下，等產量線不會平行移動。

圖3.11a是偏向資本型的技術進步。技術進步使等產量線內移，但不是平行移動，而是變平坦。因此在等產量線上與原點出發的射線相交的 S 點與 R 點之斜率不同，R 點的斜率較小，表示為維持相同產量，替代資源的資本投入之增量變小。例如，假設圖3.11a中 S 的斜率是-3，R 的斜率是-2，技術進步前減少 1 單位的資源需增加 3 單位的資本，技術進步後減少 1 單位的資源需增加 3 單位的資本。因此，這種技術進步使資本的生產力增加的較多。因此認定為偏向資本型技術進步。偏向資本型的技術進步間接減少了以另一要素衡量的自然資源的機會成本，會使資源稀少性問題更惡化。

最後，以類似的方法討論，不難瞭解圖3.11b代表偏向資源型的技術進步。在維持相同產量Q_0的前提下，此型的技術進步會少用自然資源。例如，由標準的白熾電燈泡改變的生產技術，複合型的螢光燈泡是維持一定亮度的節省資源之技術改進。由此節的討論應已清楚，自然資源稀少性問題必須同時考量技術因素，如要素替代可能性和生產技術進步。此處的考量對評估自然資源稀少性對未來生活水準之影響是很重要的。

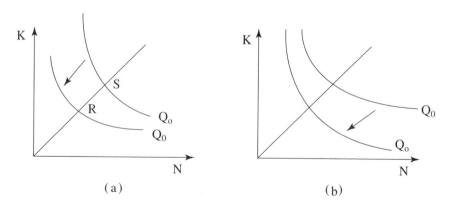

圖 3.11　偏向某一方的技術進步

3.7 重要警告

　　第2章和第3章所提出的主流經濟學對資源稀少性及其衡量的論述有其限制，最主要有下列幾點：

　　第一、到目前為止的經濟分析完全是靜態的，沒有考慮時間因素。自然資源以它的本質而言，跟時間上的配置有關——即在時間過程中如何管理自然資源。第16章和17章的課題即為再生性和非再生性資源的跨時配置。

　　第二、產品市場和要素市場皆假設為完全競爭。在此制度設定下，私人的決策會導致資源的最適社會配置，我們更假設私人與社會的效益及成本沒有不一致，但如果完全競爭市場的條件不成立，會發生什麼呢？第5章我們將看到，其結果之一是會使社會和私人對成本和效益的評估不一致，這點很重要，因為自然資源充足性的評價只有在效益和成本能反映社會而非私人考量下才是充分的。在此情形下會令人懷疑只依據私人效益和成本評估的資產配置市場系統之有效性。

　　第三、到目前為止的分析沒有論及有價值的資源在市場上可能無法衡量其價值，例如保護美國西北部貓頭鷹的價值，此種物種很少有使用價值——由人類直接使用而產生的滿足，因此在市場過程中不會被計入，尤其當我們瞭解市場價格只基於人類偏好來形成，此問題更嚴重。第14章將探討此問題。

　　第四、第2章和第3章探討最終產品和生產要素的價格如何由自由市場機能來決定，未詳細討論現在市場價格的訊息如何用於預測資源未來稀少性問題。更確切的說，由過去價格趨勢預測未來稀少性情況的「不確定性」問題尚未討論。到目前為止，現在價格是未來稀少性很好的預測依據，在競爭市場，經濟主體有完全的預測力，訊息零成本的情況下，如 Simon（1996）所說：

> 如有足夠理由判斷未來獲得某特定資源的成本將提高，投機者
> 會將物質窖藏起來以獲得較高的未來價格，因此就會使現在價格提
> 高。因此，價格是現在和未來稀少性的最好指標。

—— Simon 1996: 30-1

第五、到目前為止，我們的討論仍屬一般性討論。自然資源用於描述不同性質的各種資源，這會誤導因為在很多情況下，不同的資源其充足性差異性很大，尤其是不可回復（超過一定門檻後，使用自然資源會造成不可回復的損害）議題的考量。然而，探討自然資源的不可回復性及其他重要性質需要生態學的基礎，這即是第4章的主題。

3.8　摘要

1. 前一章我們檢視市場價格如何作為資源稀少性增加的訊號，特別注意產品價格的長期趨勢如何作為一般資源稀少性的指標。然而在某些情況，某一特定生產要素的稀少性可能是欲探討的課題。第3章的焦點是探討其他衡量自然資源稀少性的經濟指標。

2. 在完全競爭市場下，自然資源的長期均衡價格衡量的是，將資源帶到市場的邊際機會成本。此外，若此資源的所有權清楚定義，則社會與私人機會成本一致，因此價格可反映社會及私人機會成本，可作為經濟稀少性的正確衡量指標。

3. 然而，經濟稀少性可能並不反映物理稀少性——此種所考慮資源的物質豐富性。經濟與物理稀少性不一致的原因可能在於技術和／或需求因素。例如，在開採技術持續進步之時，開採性自然資源（如煤）在存量逐漸減少的情況下，可能觀察到價格遞減的趨

勢。

4.一項試圖探討上面問題的嘗試是,以租(自然資源現存量的價值)和開採成本作為自然資源稀少性的其他指標。這兩種方式對資源的物質豐富性較懷疑,因此較能反映物理稀少性。若其他因素維持不變,預期租和開採成本會隨時間而增加——表示隨時間過去,稀少性增加。這可用差別性租的觀念來說明。

5.然而,其他因素並非不變,特別是技術。技術進步會使租和開採成本較不適於作為物理稀少性的指標,因為,例如縱使有限的存量進一步耗竭,技術進步仍有可能使開採成本降低。因此,開採成本長期下降趨勢與所考慮資源的物理豐富性可能沒有很大關係。

6.要素替代和技術變遷在未來自然資源可用性的決定上扮演重要角色,這兩種技術因素對保存自然資源提供重要的機會,如第7章將看到,這是瞭解主流經濟學家對自然資源稀少性和它對經濟成長觀點的主要關鍵。

生態學：大自然的經濟學

人經常想知道爲什麼兩個聰明且受尊崇的學者，對於自然界未來狀態會有全然對立的觀點。然而，學者意見的分歧，理解起來並不那麼困難，其根源在於他們分析和瞭解事物時所做的假設不同。如果這個觀察是有效的，則要使兩個人對未來自然狀況的觀點達成協調，就必須先瞭解各方所做的主要假設。

近年來，似乎生態學家及經濟學家對人類與自然界共存之能力的看法有明顯的不同。無疑的，此發展最重要的原因是兩種學理基本假設的不同。在第一篇中，我們仔細檢視了現代經濟學家對這個自然世界的基本理念及它與人類經濟的相關性。第三篇只有一章，提供爲瞭解自然資源的生態觀點所必須的假設──維持人類經濟社會的重要元素。

更確切的說，第三篇要求經濟學的學生研讀生態學的一些基本概念和原理，首要意圖是要瞭解生態概念並熟悉學者們所提供的原理，至少能以人類經濟和自然世界的關係，清楚理解生態學家的觀點評價。

第五篇（第6至第9章）將看到，第三篇是對於全面的徹底理解經濟學家和生態學家之間辯論的先決條件。此外，生態概念和原理的瞭解可增加除了標準的經濟方法分析和討論之外，對環境經濟學（第五章和第10至第15章）與自然資源經濟學（16及17章）的洞察力。由於以上原因，在這裡所介紹生態課程，對任何一個嚴謹的環境與資源經濟學學生而言，是不可忽視的。

第4章
自然資源的概念：一個生態觀點

學習目標

閱讀本章以後，你將熟悉下列各項：

- 以生態學作為一研究的科學領域。
- 生態系和它的結構與功能。
- 自然資源起源的生物觀念。
- 支配物質再循環與能量轉化的自然法則及其在經濟學的含意。
- 動態生態學：生態演替、穩定性、平衡性、恢復性及複雜性。
- 生態限制的觀念和它們對人類經濟社會的意義。
- 人類經濟社會的生態觀點：視經濟社會為自然生態體系的一個子系統。
- 人類對於自然界之歷史觀點。
- 勾畫生態學與經濟學學門間聯繫的遠景。

沒有一個嚴謹的環境經濟學學生可以忽視研究生物及其棲息地的生育區交互關係的生態學課題。

—— Pearce 1978: 31

自然資源可指所有地球原賦生命與非生命的既有資源，但是傳統用法是指自然發生或在合理技術、經濟和社會情況下對人類有用的資源或體系，然而，今天我們必須特別定義為包括環境和生態的體系。

—— Howe 1979: 1

4.1 緒論

生態學是科學中有系統研究生物體（living organisms）與其生活的物理和化學環境之間關係的一門科學分支，過去一世紀以來有很多人參與討論，至今已有各種發展。在這章中，並不嘗試探索生態學的全部內容，主要目標是要針對生態學中下列的專門目標作初步探索：

1.更深入瞭解自然資源創造與維持的自然過程。

2.瞭解生物體（包含人類）與其生命及非生命環境間受自然法則制約下的交互關係。

3.人類與自然不相容的產生。

4.確認生態學與經濟學之關聯。

4.2 生態系的結構

　　探索生物系統階層的生態系經常被視爲生態研究的起點。生態系包括在特定的物理環境中的生物體，這些生物體間交互作用的程度，和環境中限制生物體成長和繁殖的非生物性因子，例如空氣、水、礦物和溫度。簡單的說，生態系實際上可視之爲「生命之屋」（Miller 1991）。生態系的邊界定義和空間尺度可變換不同，生態系可能小至池塘或大至整個地球，因此池塘或地球都可以是一個生態系。在各種生態系的區別下，重要的是邊界之劃分恆能對系統的能量與物質之輸入及輸出進行測量（Boulding 1993）。

　　生態系一般由四個部分組成：大氣圈（atmosphere）（空氣）、水圈（hydrosphere）（水）、岩石圈（lithosphere）（土地）和生物圈（brosphere）（生命），前三者爲生態系中非生物的部分，而生物圈是由生物組成（biotic component）的部分。認知生態系生物和非生物的組成之間彼此的交互作用是很重要的，這些組成的動態交互作用對生態系的生存和功能極爲重要，正如呼吸和攝食對於動物生存的重要性。此外，這些組成能夠和平共存，因此生態系本身是活的（Schneider 1990; Miller 1991）。例如，土壤是由於植物、動物和部分微生物（生物組成）與母岩礦物質（非生物組成）之間的相互作用所產生的系統。又如溫度和溼度等非生物因子影響土壤的發育過程。

　　在生態系中，非生物要素提供幾個功能。首先，這些非生物要素做爲生物體的棲息地，提供水和氧氣的直接來源；第二，它們是生命組成六大重要元素的貯存庫：碳（C）、氫（H）、氧（O）、氮（N）、硫（S）和磷（P）。這些元素占所有活著的生物體的95%。此外，這些元素在地球僅有一固定的數量，生態系需要使這些元素再循環，因爲他們對生態系的持續運作極為重要。

生態系的生物部分由三個截然不同的生物體組成：生產者、消費者和分解者。生產者是可以利用太陽光和二氧化碳行使光合作用製造有機物者。這些有機物是轉換為能量和礦物質養分的來源，所有活的生物體都需要它，例子包括陸上和水生的植物。消費者的生存取決於由生產者製造的有機物，消費者從大的掠食性動物到如蚊子的小蟲種類齊全。消費者倚賴生產者的形式不同，有一些消費者（例如，兔子是草食性動物）直接依賴初級生產者獲取能量，其他（例如，獅子是肉食性動物）則間接地依賴初級生產者。最後一群活的生物體是分解者，這些包括微生物，例如，真菌、細菌、酵母等等，以及蚯蚓、昆蟲和以生物遺骸維生的許多其他小動物。在努力求生和獲得能量過程中，它們會去分解植物和消費者，使植物和消費者腐爛，釋出分解他們的原始元素（C, O, H, N, S, P），這就構成了生態系的物質循環。

4.3　生態系的功能

如之前所述，可將生態系本身視為一個有生命的生物體。生命在這個系統中從哪裡開始？結束於何處？在這個系統中如何控制和調節物質搬運與轉換？生態系的各個相互關聯的成分為何？這個自然生態系會自己調節嗎？如果會，如何調節？在這個小節中，將試圖回答這些和其他相關的問題，並努力清楚地確定一般原理及控制自然生態系的功能。

前一小節中描繪了生態系組織架構（生態系中生命和非生命元素間如何交互作用）的輪廓。然而，生態系中任何能量和物質的發生運動或轉換，均需要外來的能量方能達成。在我們的行星，這種能量的首要來源是太陽輻射（solar radiation）：這個能量來自太陽，太陽能驅動生態系中的能量流動（energy flow）。

透過水圈、大氣圈和岩石圈的交互作用，由太陽能的推動和加速使大氣和水循環（例如，風、潮汐、雲、水流）得以產生，經由長期的大氣和水循環的影響，產生：⑴地球的地殼運動和變貌（例如，沈積作用和侵蝕作用）；和⑵水的流動與深潭形成（河流、湖和瀑布）。基本上，這些類型的自然和永久的循環過程，創造了自然資源的價值（如同水、礦物、燃料和土壤的資源和自然環境的價值）。

儘管前一段簡要地將生態系中正在進行物質循環描繪出輪廓，但是尚未提到收關生物的食物鏈關係，這可用圖4.1表示之。

生態系中的生物成分依靠生產者的能力（陸上和水生的植物），將太陽能直接轉化為化學或貯存能量的有機物形式。如上所述，能量由一個形式轉換至另一形式的過程是藉由光合作用達成的。基本上，它藉由太陽輻射的能量將基本元素（C, O, H, N,.....）合成有機物。由此明顯的把生態系的非生物部分與光合作用過程連接，透過這個過程支援生命能量的生產基礎，將物質循環與能量流動聯結在一起。

認識生產者對生態系的生物組成之重要性是非常重要的，沒有這些

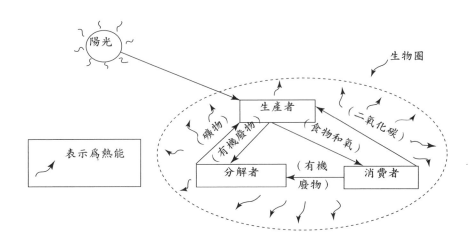

圖4.1　生態系能量流動和物質循環

生物體，不可能創造有機物（植物組織），這對於其他生物體的成長和繁殖（消費者和分解者）是不可缺少的。在基本層面（由生產者到消費者到分解者的物質循環），生態系整體而言在每一階段都是相互依存的，生產者和其他生物體的依存本質可能是線性的（例如，自生產者、消費者、分解者的物質降解過程），生態系的整體功能可由各類生物間相互依存的特徵表示，並形成食物網（Miller 1991），如圖4.1顯示那樣，消費者對生產者的依賴在於能量、各種養分和氧氣，氧氣是光合作用的副產品；而生產者則依賴消費者和分解者的二氧化碳（CO_2）以及分解者在生物過程釋出的礦物元素（P、S等等），二氧化碳是由所有生命成員透過呼吸所釋放；最後，在分解動、植物遺骸的過程中，分解者將有機化合物轉換為植物能夠使用的無機礦物。這樣，在自然生態系內，生態功能適當地規範了各生物體與其非生物環境間的相互影響依存的關係（Miller 1991）。

4.3.1 物質再循環

從上面所述中，我們可明顯的看出，自然循環的過程是透過光合作用和生物合成的過程以植物組織的形成開始。先期階段，氧氣經光合作用釋放至環境當中；第二階段時，許多生態系經由動物的作用，將植物內貯存的能量代謝推動再循環，而釋出CO_2和有機廢物。然而，主要循環（分解）工作由微生物來做。這些微生物最終將有機體遺骸分解成為簡單無機分子。此種循環特別重要，因為在生態系中，礦物元素的數量（尤其N和P）是有限的，並對生物體的生長和繁殖具有限制作用。

然而，分解也許不完全。分解中所涉及的氧化過程，取決於氧氣的有效性和環境中的能量流通。例如，熱帶森林中的氧化速率高於湖的底部。因此，在自然界中，物質再循環沒有100%的效率，而且部分數量的有機物將會留存，僅部分物質分解，這些不完全分解的有機物，經過一段時間的堆積和腐化，變成泥炭、煤和石油等化石燃料，這對現代人類經濟而言是收關緊要能量來源的起源。當燃燒化石燃料時，就會有大量的二氧化碳釋放到大氣中，造成全球溫室效應。

生態體系中的物質循環並不限於上面所討論的生物和物質的循環。眾所周知的大氣循環（例如，碳、氮和硫等等）對生態系中各種不同媒介的這些元素之流通也有貢獻。此外，透過大氣循環，在特定環境媒介下這些元素的集中量被維持或規範。例如，大氣由大約20%的氧氣、79%的氮、0.9%的氬（生物上不重要）和0.03%的二氧化碳所組成。當我們考慮生態系的功能時，大氣循環不能被獨立於其他循環（即地質和生物循環）之外。例如，在大氣中有氮的儲備，並且許多微生物透過固氮作用將大氣中的氮轉變成植物能夠利用的形態。在岩石中沒有大量氮的儲備，如此，固氮作用是將大氣中無數的氣態氮轉換爲可供植物吸收的有效無機態氮的關鍵過程。此外，與火山活動和化石燃料燃燒有關的物理化學過程，能夠增加可用氮的有效性到生態系。

除大氣循環以外，地質循環過程也對生態系中物質的經常循環有影響。例如，透過侵蝕作用和水的運動釋放出在土壤、岩石和沈積物中的硝酸鹽、硫酸鹽和磷酸。這個過程對磷酸鹽的再循環特別重要，因爲大量的磷貯存在岩石中，大氣中並不貯存磷。因此，將岩石中的磷轉換爲可供植物利用的磷酸鹽之過程，主要是物理和化學過程（侵蝕作用）。

因此，基於上面所討論的基礎，生態系的再循環過程無所不包，且要求生態系每個細微處的相互作用，嚴格地說，這些循環有利於生態系中物質的分解和流通（Miller 1991; Pearce 1978）。

4.3.2 演替、平衡、穩定性、恢復性和複雜性

生態演替涉及在一特定地區一段時間以上的物種組成（植物、動物和微生物種類）之自然變化，也包括生態系統動力學，如前面討論的能

量流動和營養循環的變化。在一特定地區，在一定的氣候和土壤型態下，演替的階段（典型的是以物種組成的變化來辨認）多少是可預測的。

任何生態系的發展階段看來都依附下面的一般模式。在先驅階段，生態系內只有少數不同物種的生物群落，且特徵爲不太複雜的交互關係。這個階段有不穩定的傾向且易受環境逆壓（stress）。然而，嚴重環境干擾逐漸在種類和生態系統動力學中改變，直到它到達所謂的極盛相。在這個階段，生態系是穩定的，並有大量具複雜和多樣化交互關係的生物體。換句話說，一個成熟生態系特點爲多樣性，而其能量流動和營養循環持續進行。這個內在的多樣性即構成生態系（Holling 1997），在這最後的階段，對物理環境的變化有相當大的恢復性。

在美東的廢耕農地可作爲演替的良好例子。於廢耕後第一年入侵雜草稀散地分布於農地上，更多土壤承受降水與接受日照強烈受熱，產生日夜溫差的增加，並引起蒸發作用的增強。相當小的植物數字，透過腐蝕的過程或化學過程，使土壤營養物產生。如果放任幾年，這個田地很有可能成爲多數草類覆蓋的濃密溼草原，如 Queen Anne's lace 或菊科植物。後期，木本的灌木如藍莓樹或漆樹開始出現，這些灌木種類通常都比溼草原高，且對草類產生遮蔭並影響它們的生長。同時，這些木本灌木不像草本植物，每一年都枯死、養分回歸土壤，生態系的礦物質營養保存於現存生物量（生物體）中而非經由死亡的生物量回到土壤中。

在幾年以後，能夠看見落葉性樹木種類，一塊一塊的在草地上面出現。隨著這些樹木在灌木上方的生長，對灌木產生更多的遮蔭，最終這些灌木也將死亡。眾多樹種形成森林，也使更多生態系的營養保存於現存生物量中，減少土壤中保存量，避免了物理、化學的土壤流失過程。

在這個例子中，描述了不同演替階段：(1)放任雜草的田地（先驅階段）；(2)溼草原或老荒原長出豐富草地和其他的草本植物階段；(3)灌木繁多的群落；和(4)森林。隨時間演變，森林的種類有可能也改變。但是最終，發展出一種森林類型，除了受人類影響或氣候變遷影響外，在長時間很少變化（例如，冰河作用或全球的溫室效應），這樣的一種群落類型常被稱作極盛群落。

由極盛群落覆蓋的地區經常被稱作為生物群系。大部分美國東部地區是由「東部落葉森林群系」所構成，如同 Appalachian 山部分山區從未受砍伐的古老森林一般，抑或當紐約或底特律荒廢後所可能發展成的落葉森林一樣。其他北美洲生物群系包括中西部的大草原、洛磯山的針葉林和西南的沙漠等。

生態系的演替是一連串的不斷改變。問題是生態系如何在演替期間保持它的平衡？換句話說，一旦生態系達到某種開發層（例如，極盛相），生態系要如何保持自身的平衡？

在一個生態系中，平衡是指沒有顯見的生物組成變化，儘管許多重要的交互作用持續發生。如前所論述，生態關係在生物體中有明顯的生物依存，取決於特定生態系的生態發展階段，生物相互依存可簡單的以食物鏈表示，或複雜的以食物網表示。以簡單例子來說，一個隨機自然事件使某種生物體的族群（例如，兔子）以超出正常的比率增加，這時雖然對兔子的影響只是數量的增加，但從而引起整體系統的干擾。然而，兔群不均衡的成長終將受制於食物的限制；或是由於兔群數量上升，引起兔子天敵數量增加而限制了兔群的成長。一般而言，生物圈的平衡是透過各個生物體間對於食物與其他物質的交互需求而達到的。此外，於大氣、水氣和岩石圈中，在長期透過各種運行的物質循環，形成動態的平衡。然而，人類活動卻能破壞這些自然的平衡過程。

在此小段我們討論包括了演替、多樣性、穩定性、恢復性和平衡的一些關鍵生態概念，這些主要的概念和自然界與人類共存有相互的關聯。在這些概念中，我們個別清楚的去理解，有助於發現他們彼此的聯繫，也幫助我們發現重要的許多爭議性的自然界生態問題。

　　早期我們把演替定義為生態系中自然發生的變化。一般而言，是以數十年和數百年來測量這個時間長度。同時，演替最終也將導引至極盛群落，此最後的演替階段所表現出來的特徵是多樣性、複雜性和許多多樣的生物種類關係。於是在極盛階段交互關係和物種數量都靠近最大值。此外，多樣性的增加，在生態穩定性中被看作一個重要元素，尤其在這個極盛階段。直覺的解釋是，當一生態系內眾多的物種間形成廣泛的物種間關係時，將可減少單一物種消失對於該生態系整體之結構與功能的影響（Holling 1997）。

　　穩定性，就是指自然生態系有能力在變化或干擾以後回到它的原來狀況。動態平衡系統比不平衡狀態存在的系統更穩定。系統的恢復性指從干擾系統回到原始狀態的速率（Holling 1997）。以一般常識而言，演替進行時將導致穩定性、恢復性、多樣性和複雜性的增加。

　　然而，許多生態爭論的產生是由於對這些歸納結果缺少普遍的共識（Holling 1997）。這些爭論是由實驗與大自然所顯現的結果不同所產生。導致歧見加深的爭論是系統內組成間的交互關係加深，反而引起系統更不穩定。緊密關聯的物種間的主要衝擊，可能產生「ripple effect」而波及全系統。另一個情況是，多樣性並不一定導致穩定性。有些具有恢復性的生態系實際上是非常單純的，例如，北極的寒帶。要能夠解決這些爭論我們必須做相當多的研究。我們對於與自然有關的知識不夠清楚，同時對於主要影響環境變化造成生態系破壞的知識也很少（Holling 1997）。由人為干擾導致的森林濫伐和全球的溫室效應就可看出人類的無知。我們不可能預料到人類在活動進行中，還有什麼因素會導致生態系的改變。令人憂慮的是，像全球暖化這樣的環境問題，受長期效應的科學不確定性因子影響，進一步使事實混雜而導致不當作為。例如，Nordhaus（1991）進行的經濟研究指出，即使是最謹慎的國際二氧化碳減量計畫，也是建立在許多不明確的全球暖化長期影響因子之上。

4.4 物質與能量的法則

討論至此，我們應該檢視自然生態系在運行時能量所扮演的角色。支持生物體生命的化學能量和維持生態系內物質循環的有效性——這對恢復自然生態非常重要——需要連續不斷由外部來源提供能量。以我們的星球而言，這個外部能量來源是太陽輻射。

為什麼自然生態系需要不斷的外部能量？對這個問題可以由物質和能量轉換的定律討論，來做充分的回答。以現行定義而言，物質是指占有空間且有質量的任何東西，能量則是沒有質量但有移轉或轉變東西的能力。

活的生態系統的特點就是物質和能量的不斷轉換。由物理學的幾個定律可知物質和能量是能控制流動和轉換的；在這些定律中，有兩個定律對自然生態系功能尤其有關，這兩個定律（熱力學的定律）我們將在下面對各自含意做說明。

熱力學第一定律涉及物質和能量的守恆原理，這個定律說物質和能量既不能創造也不能毀壞，僅僅轉變，這個定律直截了當的清楚說明物質和能量無法真正丟棄於生態系。這在圖4.1中已清楚地表示每一條生態路徑釋放能量的情形。同時，第一定律指出在能量失去的過程中所失去的能量必由周遭環境獲得，因此，以數量的角度來看，能量的總合是不變的，這就是物質能量守恒定律。

熱力學第二定律論述能量轉換與能量品質（可用與不可用能量）的觀念。能量能夠以不同的形式存在，例如，光是能量的一種，還有其他各種類型的能量，如化石燃料、風、原子能、火藥和電能等。化石燃料的能量轉變成熱能，沸騰水和產生蒸氣、且能轉動渦輪機而後產生電使燈泡發亮或開啓電動機。我們可能認為能量有用，是因為他們產生的形式能夠用來轉動渦輪機、發動汽車或提供能照明的光。熱力學第二定律說明有用的能量從一種狀態轉變到另一種狀態時，在下一種狀態能使用的能量恒小於前一種狀態的能量。因此，依據熱力學第一定律和第二定律，每種能量在轉換時會有一些能量會轉變成沒有用處的能量（Georgescu-Roegen 1993; Miller 1991）。就一個白熾的燈泡來說，它們使電轉變成有用的光能，我們可透過觸摸一個已經打開幾分鐘的燈泡來探查燈的熱度。同樣地，一輛汽車用化石燃料來發動也會產生大量無用的熱，必須透過「冷卻系統」散熱，例如，散熱器和水泵，否則馬達將燒毀。因此，在能量的轉換中，會有明顯的可用能量損失，這個現象稱為能量退化或熵（熱力學函數變數）原理（Georgescu-Roegen 1993）。

第二定律的重要含意如下：

1.能量品質或效用的改變可以用來作功。

2.所有能量轉變作功的過程，必定會有部分能量浪費或消失掉。因此，我們不可能設計完美的能量轉變系統，或恆動機。

3.能量的移動是單向性的，例如從高溫到低溫，意涵著高度集中的能量源（如一塊煤中的能量）是不能被再利用的。我們不能回收能量。這也就可以清楚地解釋，為什麼自然生態體系需要由外部不斷地提供連續的能量了。

第2點和第3點所要表達的是技術和地球能源資源所存在生物物理的限制（參考〔範例4.1〕）。

恆動機，一種科學上的「原罪」

—— Garrett Hardin

　　恆動機是反享樂主義的觀念，Derek Price 認為，雖然不確定、但相當可能「恆動機」並不會變成「成長產業」，直到西元 1088 年某些中古時代旅行者拜訪中國的上海。此地展示了一個不可思議的水鐘，這個水鐘似乎不需動力、不需補充水就可永不停息的轉動。這個旅行者怎會知道每個晚上有一大群人轉動幫浦，讓數以噸計的水由底部上升到上層儲水槽，才能讓時鐘在第二天似乎不需動力就能轉動？

　　這可能是 Price 所稱「恆動機」的妄想之歷史起源。這種錯覺一直持續到 19 世紀物理學家提出物質與能量的守恆了後才普遍被科學家接受。需注意的是，當巴斯德（Pasteur）與其他人推翻活著的生物體可自發性繁殖的假設時，生物學在當時也有了長足的進步。現代公共衛生理論相信享樂主義是正確的，實際上我們的世界所萌現的病徵是其來有自的。

　　關於有限性的「心靈定罪」是真實的，在自然科學中已很肯定，但在正統經濟學的整合上尚待確認。1981 年 George Gilder 在他的暢銷書「財富和貧窮」中說：「美國必須克服物質的謬誤，資源和資本是會用完的東西，不是人類取之不盡用之不竭的意志和幻想下的產品。」翻譯成白話是：「祈禱就會讓它變成如此。」

　　六年以後，一個小型會議上，兩個經濟學家告訴環境學家他們享樂主義觀點的錯誤，其中一個說：「必須拒絕有不能以資本處理的限制之觀念。」（這表示資本無限嗎？）另一個說：「我想你們那方的負擔是如何證明限制是存在的，限制又在何處。」將證明的負擔轉給別人只是策略上的奸巧，但經濟學家是否同意證明的負擔應置於「天下沒有白吃的午餐」的公理上？

　　幸運地，未來經濟學發展的風向轉變，標準（新古典）經濟學認為世界的永久成長沒有止境，Allen Kneese 在 1988 年說：「因此，事實上新古典系統是恆動機。」Underwood 和 King 由此下結論：「熱力學定律至今沒有例外

4.5 生態學基本課程

前述生態學的討論可讓我們學到不少，以下所列出的都是對自然資源經濟學最主要的：

1.常被我們認定為自然資源的物質是由許多生命和非生命的有機體相互影響所合成的，它們的力量來自太陽能，如：空氣、水、食物、溪谷、山、森林、湖泊、河流、荒野地……等。以此方法觀之，自然資源是指所有構成生物圈的物質。換句話說，自然資源包含所有提供地球的自然系統：水圈、大氣圈、太陽輻射揉合在一起。而且，甚至純粹由人類為宇宙中心來看，一些自然資源所提供的服務都由表4.1中可以看到。但很重要的是：若認為自然資源只是直接用於人類經濟社會生產和消費過程的要素，那就錯了。

2.在生物圈的構成要素相互影響有三個基本原則：第一個原則是所有生態圈中的物質都互相聯結（Miller 1991），而且因為所有東西都有關係，生物圈的生存需要各個構成生物圈的要素要互相配合。嚴格而言，由生態學的觀點來看，人類經濟社會不能獨立於生態系之外，經濟體是環境的子系統，不論在原料投入來源或廢棄物排放方面都是，如圖4.2所示（Boulding 1993）。在第8、9章中視人類經濟社會為生態系子系統的觀點將加以討論，特別在「最適規模」的議題上。

表 4.1　自然的生態系服務

原料生產
（食物、原料、遺傳資源）
授粉
害蟲及疾病的生物控制
棲息地及避難所
水的提供和水資源控制
垃圾回收和污染控制
營養循環
土壤建造與維持
干擾調節
氣候調節
大氣調節
遊憩、文化、教育/科學

Source: *Worldwatch Institute*, State of the world 1997, p96. Copyright © 1997. Reprinted by permission.

第二個原則是關於物質循環對成長的重要性（Miller 1991），在每個自然生態系中，對於一個生物體是副產品（垃圾），對於另一個生物體而言卻是資源。在此意義上，在自然界沒有廢棄物這樣的東西。此外，在自然界中，物質在生物圈中因大氣、地質、生物和水循環而不斷循環，這些循環對於保持大氣、水圈和岩石圈中元素的長期營運平衡必不可少。

第三個原則關於不同生物圈成分的發展階段，成熟的生態系以交互作用網支持許多不同的物種，這些多樣化關係對自然環境中的變化使這個生態系非常有彈性。因此，根據此種看似常規知識的看法，在自然界中正是透過多樣性保持特定生態系的穩定性。

3.生物圈不能逃避物質和能量的基本法則。熱力學的第一個定律意涵生物圈的組成物質為一常數，自然界中的活動不是物質的創造而是轉換（Georgescu-Roegen 1993）。第一定律清楚地指導我們自然資源的有

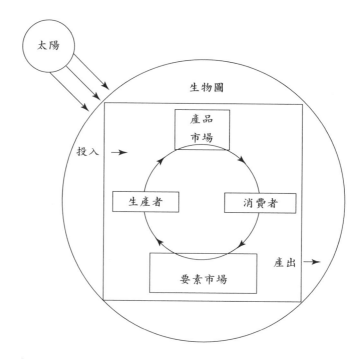

圖 4.2　包含生態的經濟觀點（完整世界情況）

Source: Reproduced with permission from J. Collett and S. Karakashian (eds.) *Greening the College Curriculum*, p.77.

限性（Boulding 1993; Georgescu-Roegen 1993），此外，它通知我們物質轉換不能去掉任何事，其重要含意是污染是物質能量任何轉換的一個必然的副產品（當然包括人類經濟）。

　　生物圈在第二定律限制之內操作，對於任何在生物圈中發生的活動（即物質的轉換），都需要外部能量來源。如同前面所討論，這是因為第二定律說能量是不能再利用的。此外，不能使能量再循環的事實也造成土地能量資源如化石能量的重要課題。這些能量資源不僅有限，而且不可重複使用。如同本章節和第 8 和第 9 章將顯示，這些是對於生態經濟學的理解和對於永續經濟發展的爭論是不可少的核心概念（圖 4.2）。

4.6 極盛相的破壞者──人類

　　從一個純粹生態的觀點，人類是自然界的一個部分，和在生物圈中其他有生命的生物體一樣，他們的生存依賴生物圈所儲存的能量和礦物質（植物、動物、土壤等等）。因此，在一個活的生物體相互依存的環境中，人類使用儲存的財富只是爲求生存，然而人類和其他生物的區別在於他們有能力透過技術方法操縱自然（Georgescu-Roegen 1993; Hardin 1993），尤其是，因爲火的使用使人類不斷和快速地進步，其意義有兩個：

　　1.簡化生態系：整體而言，人類活動將生物關係簡化，以對人類有利（Miller 1991）。透過清理土地和播種，複雜的野生植物相變爲單一的作物栽培（參見〔範例4.2〕），爲了增加收成，對土壤施肥，加速營養循環，再用除蟲劑減少與其他生物體的競爭。

　　2.工業污染的創造：沒有任何生物體能在不製造廢棄物下運作。在自然生態系中，生物體製造的正常廢棄物（垃圾）並不會造成問題，因爲一方的垃圾是另一方的食物。一般而言，生態系有自我修復、自我維持、自我調節的功能（Miller 1991）。因此我們可由此推斷生態系可處理多數人類所製造的環境逆壓。但，爲什麼人類製造的垃圾會造成生態系的問題？人類人口快速成長，人類所製造的垃圾已增加到警戒量，人類持續簡化生態系更加強增加的垃圾之影響，因爲這會使分解者減少。此外，超過某一門檻後，垃圾增加會使生態體系完全崩潰或造成不可回復的損害（第8章會有更多說明）；第二，因爲有技術上的進步，開始製造對自然生態系而言新的垃圾（Commoner 1974），這些人類製造的廢物，例如化學合成物、大劑量輻射，縱使有，也僅有極少數分解者，因此這些化學品對自然生態體系持續造成嚴重壓力，其他的情況如二氧化碳這類相對無毒垃圾也可能大量產生以至於正常生態體系無法分解而開始累積（造成溫室效應和氣候變遷），如此環境逆壓的最終影響會減少自然生態系的生產力和多樣性。〔範例 4.3〕中顯示，泰國極盛的蝦產業所製造的垃圾如何造成生態災害。從純粹生態觀點而言，科技化的人類扮演極盛相破壞者角色，此種角色明顯的與自然生態系的永續性不一致。

〔範例 4.2〕

愛爾蘭馬鈴薯饑荒

—— Catharina Japikes

超過一百萬的愛爾蘭人——大約每九個就有一個——死於 1840 年代的馬鈴薯大饑荒。對愛爾蘭而言，這種大規模的饑荒是空前且無法想像的。

在 1845 年饑荒發生時，愛爾蘭已種了二百年以上的馬鈴薯——從南美洲植物抵達愛爾蘭開始。在這個時候，低階層的人越來越依賴它。馬鈴薯提供豐富的營養，所以像壞血病和玉蜀黍疹的疾病不常見；它也很容易種，只需些微的勞力、訓練和技術——鐵鍬是唯一需要的工具；儲存也很簡單，塊莖放在地上的坑洞或挖洞存放即可。此外，馬鈴薯的熱量比北歐其他作物更高。

為增加收成，農夫強烈依賴 lumper 這種品種，雖然它不美味，但收成多，每公畝收成量高於其他品種。經濟學家 Cormac O Grada 估計在饑荒的時代，lumper 和另一品種 cup，收成最多，對大約三百萬人而言，馬鈴薯是唯一重要的食物來源，很少以其他東西補充。

由於對單一作物——尤其是單一作物的單一品種的依賴，而使愛爾蘭遭遇饑荒，我們現在瞭解，作物有變化，可保護作物免於全體遭到病蟲害或氣候條件損害，愛爾蘭農業歷史是最好的例證。

在 1845 年，Phytophthora 真菌意外由北美洲侵襲愛爾蘭，一個輕微的氣候改變帶來溫暖、潮溼的天氣，大多數的馬鈴薯在田地腐爛，由於馬鈴薯不能存放超過12個月，所以沒有餘糧可依靠，所有依賴馬鈴薯者必須找其他食物來吃。

作物似乎沒有完全被摧毀，許多人以各種不同方法渡過冬天。第二年春天，農民又種下馬鈴薯，看起來好像長得不錯，但一下雨，在幾個星期內作物就全毀了。

雖然馬鈴薯全毀了，那年，愛爾蘭種了許多食物，但多數是要外銷到英格蘭的——在英格蘭賣的價格比在愛爾蘭可以賣的高，事實上，愛爾蘭人的飢餓不是因為沒有食物，而是因為買不起。

根據 O Grada 的研究，1845 年愛爾蘭種了超過200萬公畝的馬鈴薯，但到1847年只有30萬公畝。許多農民改種其他作物，馬鈴薯緩慢地逐漸恢復，但愛爾蘭人擔心只依賴一種作物的下場，不敢再大量栽種。愛爾蘭已得到教訓——一個值得記取的教訓。

Source: *EPA Journal* Vol. 20, Fall 1994, p.44. Reprinted by permission.

〔範例 4.3〕

泰國蝦產業以高生態成本達興盛

—— John McQuaid

兩年前，Dulah Kwankha 仰賴稻田，以每年美金 $400 的收入養活太太和三個小孩。後來，他成為企業家，開始時年收入是以前的六倍。46 歲的 Dulah 從事在泰國 1980 年代和 1990 年代經濟波濤中起伏的養蝦業。

由一家泰國公司的資助，他借了美金 $12,000 元將一年收成三次的稻田改為養蝦池，賺了美金 $2,400 元。現在他大多數的時間花在管理餵蝦村民、維持水的流動和循環，及當達到完全數量時捕捉黑虎龍蝦。

多汁的龍蝦由像 Dulah 這樣的農田便宜的生產，過去十年來在美國市場泛濫且持續廣受歡迎。為了獲得現金，泰國、厄瓜多爾、中國、台灣和其他開發中國家投入幾十億的金錢於蝦田。瘋狂養蝦顯示全球市場對另一邊世界人類生活的改變，通常是變糟。

養殖蝦已使墨西哥灣野生蝦的價格下跌，使曾是重要產業的經濟萎縮，而它使資本主義的力量在歷史上首度踏上農民和漁民的生存階梯，泰國的養殖業在海岸有數千平方哩，其他國家也大量生產蝦。

但此種新發現財富的成本相當高，文化和價值都改變了，通常是蹂躪的結果，在許多地方，數以百萬計的人們賴以維生的生態已因世界養蝦的景氣而遭破壞。

每一個蝦產品都會在池底產生一層污泥——一種不健康的渣滓、蝦殼、腐敗的食物和化學物質的組合，必須以某種方式清除——推土機、管子或鏟子，才能開始下一循環的養殖。

沒有地方放這些垃圾，所以到處堆積——在路旁、溝渠、溼地、泰國灣、蝦池間的狹小沙洲上。一下雨，垃圾就流到河流，造成健康問題。漁民說，整個海岸都被未處理的蝦廢水污染，岸邊的魚都死了。一段時間以後，蝦池因廢物堆積太多而無法再使用，不能養蝦、也不能種稻。

農民還有其他成本 在幾年內可能還看不到。幾乎蝦池附近的每棵樹都無法生根、或因水污染而死，許多殘存的也逐漸枯死，沒有樹根穩固土地，居民說，海岸在過去十年侵蝕十分嚴重，鹽水的侵襲毀滅了稻田，且情況越來越嚴重。

Source: *Kalamazoo（MI）Kalamazoo Gazette/Newhouse News Service*, Nov. 1996. Copyright © The Times-Picayune Publishing Corporation. Reprinted by permission.

4.7 摘要

1.在這章中觀察到生態學主要議題是處理生物體和它們的棲息地之

間的相互關係。因爲關鍵議題在於交互關係，「系統」的觀念在任何嚴謹的生態研究中是最基本的。採用生態系爲架構，生態學家試圖解釋主宰生物圈運作的一般原則。

2.生態學的課程很多，就純粹生物物理的角度而言，最主要的有：

- 生態體系中有生命和無生命的成分間沒有從屬關係，因爲自然環境和生物體是相互影響的。
- 生態系的活力來源是能量。
- 自然生態系運行的特徵是物質和能量持續轉變。可從下列得知，例如：生產、消費、分解和生命的本身。
- 任何重要能量的改變都受自然定律影響——熱力學第一和第二定律，第一定律告訴我們資源存量有限。第二定律提醒我們任何系統的持續運作皆需外來的能量。
- 演替中的自然生態系其物種組成會逐漸改變，一個成熟的生態系支持眾多相互依存的物種。
- 然而生態環境也有不連續的改變。由外在因素(如：溫室效應)而產生分裂，影響了廣闊的區域。對生態系的物種構成和結構功能有害。

3.本章強調生態學和經濟學的結合。綜合言之是：

- 經濟學和生態學涉及共通問題。即，皆涉及共同的物質和能量的變化，這和這兩門學問的原理一致。希臘語的：「eco」之意義爲「家計單位的學問」。
- 然而，這意指和自然界的生態系一樣，人們的經濟社會是以連續的物質及能量轉變來運作。因此，人們的經濟社會需依靠自然系統來滿足其物質和能量的需要，人類經濟社會只是整個地球系統的一子系統。

4.除此之外，基於本章所談論基本要素，我們能有以下的推斷：

■自然資源是有限的。以此而言，人類經濟社會受限於不會成
　長、有限的生態圈，這隱含自然不可能無限擴張。

■污染是經濟活動中不可避免的副產品。

■科技明確的受限。

■從歷史觀之，人們行動的趨向就似極盛相破壞者一樣。其方法
　為引進簡易的生態系和丟棄工業廢棄物。

第四篇

環境資源經濟學的基礎

　　第一篇和第三篇分別討論了自然資源的經濟學和生態學觀點，及他們分別對於經濟和自然世界的含意。在許多方面兩種觀點極為不同，簡要的說，這兩個觀點之間的差別可以顯示是不可調和的。然而，務實的考慮需要識別的是，當議題為處理人類與自然的共存時，兩個觀點都有關係。這在環境經濟學中是最重要的。

　　第四篇只包括一章——第5章。此章處理以環境作為人類活動排放廢棄物功能的經濟學——污染經濟學。這是一個相關的經濟議題，因為環境自我分解垃圾的涵容能力雖不一定固定，但有其限度——受限於分解的自然生物過程。它意味著環境污染問題不可能在不充分瞭解問題的經濟與生態層面下就獲得充分的討論。此種結合生態與經濟方法的需求，將在第5章中加以討論。在這方面，此章提供生態與經濟觀點如何一起協助我們瞭解和解決社會嚴重關切的資源問題之初探。

　　第5章的討論局限於一般叫作「環境經濟學」的基本元素，強調下面兩點：(1)瞭解經濟活動增加和環境惡化間取捨的重要生態和技術因子；和(2)為何立基於個人自利心的資源配置體系無法將環境損害的社會成本納入，及其解決之道。討論課題包括環境的涵容能力、共有資源、公共財、外部性、交易成本、市場失靈和環境稅等。第5章也簡要地討論環境管制所造成的總體影響。

第5章
市場、外部性和環境品質與經濟財貨的「最適」取捨

學習目標

閱讀本章以後,你將熟悉下列各項:

- 自然環境的垃圾涵容能力。
- 影響自然環境的垃圾涵容能力之經濟、生態和技術因素。
- 清楚界定私有財產權的條件。
- 共有資源和經濟問題。
- 交易成本的觀念。
- 外部性的觀念。
- 環境外部性的根本原因和經濟結果。
- 市場失靈。
- 環境品質與經濟財貨的「最適」取捨。
- 以環境稅矯正環境外部性。
- 環境管制的總體經濟效果。

自然界多數環境問題起源於環境資源的共有性質，例如大氣資源所有權是共有的，沒有人有所有權。在當廢棄物需求增加超過他們的涵容能力限制時，會導致環境資源的惡化。當資源有共有性時，個人極大化的行為會導致無效率，因此政府須設定財產權，才能達資源的效率分配。

—— Seneca and Taussig 1984: 103

5.1 緒論

　　儘管或許有一些異議，環境和資源經濟學皆視自然環境為一種具有品質屬性的商品或資產。讓我們來舉個沿著河流邊森林區的例子。對貪心的釣魚者來說，這條河是有資源價值的，因為有河才有魚；對一群喜好自然界的人來說，這條河有滿足他們心靈需求的價值，此外，對這些人來說，這條河不能獨立於他的周遭環境來看它；從另一個角度來看，還可將廢棄物傾倒河裡。

　　這個例子表示環境是一個多層面的資源或者商品，它可以是精神上的、是美質的消費財，是像魚這樣的再生性資源，也是可以傾倒廢棄物的地方。這章的主要焦點在於自然資源（以水、空氣或者景觀）以其分解或儲存垃圾的潛在服務而言之經濟管理，以此目的而言之適當的環境管理包括下面兩個考量：首先，對於環境廢棄物在自然界的涵容能力要有一個好的認知；第二，應該有判斷自然環境所帶來之成本（環境品質的惡化）和利益（更多財貨與勞務的生產）的一個機能。換句話說，經濟商品和環境品質惡化之間的關係必須小心地評價，並考慮環境資源選擇的機會成本問題。

　　為了徹底並有系統地提出這些問題，在下一節中試圖使用一個簡單模型來解釋經濟活動之間的關係（財貨與勞務之生產和消費）和自然環境的廢棄物之涵容能力。這個模型的主要目標是要確定增加經濟活動時的生態和技術之間的關係，我們在〔範例 5.1〕中將詳細介紹之。

〔範例 5.1〕

最理想的污染標準是什麼？

　　目前，主張零污染之團體主要探討之主題是「零污染是可行的嗎？」參加這個討論的成員包括著名的環境經濟學家和著名的生態學家。

　　主張零污染團體所恐慌的是，經濟學家和生態學家研究結果均同意零污染是不可行也不理想的。另一方面，生態學家和經濟學家非常認同這個團體，因為關心社會環境惡化而提出討論的議題。

　　在討論零污染的觀點時，生態學家說明我們不能忘記環境有處理廢棄物的有限能力，當我們排放廢棄物超過環境涵容能力時，環境污染就會增加。因此，在零污染的觀點中，廢棄物排放的社會理想標準是與環境的涵容能力一致的，換句話說，社會最理想的污染標準是廢棄物排放量與環境涵容能力相同。

　　經濟學家與生態學家之爭議在說明因污染而獲得之利益與環境惡化之涵容能力和廢棄物排放量所造成之成本的評價。因此，最理想的污染標準：邊際社會成本＝邊際社會利益，其引發的問題有：

　　1.你是否同意零污染是不可行的且不理想的？為什麼？詳述之。

　　2.如何符合生態學家和經濟學家所表達的觀點？如果你認為他們是有衝突的，為什麼如此？請解釋。

　　3.目前，環保機構禁止在國內所種植的柑橘上使用二溴乙烯薰蒸劑（Ethylene Dibromide, EDB，是一種致癌毒物），這和上面的兩個觀點一致嗎？

5.2 自然環境的經濟過程與涵容能力

我們大家想要保護空氣、水和自然風景的淨化和自然力。然而，儘管我們的希望如此，我們致力把生產要素(土地、勞動、資本和原材料)轉變成經濟商品，不能避免剩餘的物質和能量的第二定律，一般我們把經濟過程的這個剩餘稱作污染。

此外，根據物質和能量的第一定律，我們知道剩餘的能量會轉移到某一地方，這個「某一地方」是由自然環境——空氣、水和自然風景等的各種媒介所組成。就是透過自然環境作為廢棄物之儲存。然而，假如適度的處理就不會產生問題，這是因為，如同第4章所提的那樣，自然環境有充分的時間將對生態系統中的廢棄物轉變成無害的或者又回到自然界中之養分，一般我們將自然環境能容忍惡化程度之能力稱作它的涵容能力。

在進一步討論自然環境的涵容能力時，應該注意下面幾個要點。首先，像自然界中的其他事物一樣，環境的涵容能力有其限度，因此，不能認為自然環境是沒有底部的水坑。就涵容能力能夠忍受惡化的能力而言，自然環境確實是稀少性資源的；第二，自然環境的涵容能力取決於生態系統的恢復力和廢棄物的性質。亦即，自然環境在惡化時，對於不同廢棄物的效率並不相等（Pearce 1978），例如，自然環境能夠處理可分解的污染，像下水道的污染、食品殘餘、紙等等；另一方面，在持久或儲存性的污染方面則是無效率的，像塑膠、玻璃、大多數化學製品和放射性的物質。對於大多數這些廢棄物元素，並不只有生物有機體能夠加速分解過程，廢棄物要變成無害的是需要很長的一段時間；第三，廢棄物的排放率大大地影響環境之淨化能力，這暗示污染生態作用之累積，更確切地說，污染會使環境預防未來污染的能力減少（Pearce

1978）。

　　明白的說，在管理自然環境時，對廢棄物品質、量和價格比率須小心考慮。為了理解這點的重要性，需使用下面的簡單模型。假設廢棄物和經濟活動之間存在著線性關係，此外，我們預期廢棄物與經濟活動水準是呈正向關係。數學上，環境中廢棄物排放與經濟活動之間關係，可以下面式子表達。

$$W = f(X, t) \qquad\qquad (5.1)$$

或者，以清晰明確形式表達，例如：

$$W = \beta X \qquad\qquad (5.2)$$

　　式中 W 是廢棄物排放的產生物，X 是經濟活動的水準，〔5.1〕式中的變數 t 表示技術和生態因子，〔5.2〕式中描述我們在廢棄物和經濟活動之間所採取的簡單線性關係，變數 t 保持在某種預定的水準。在〔5.2〕式中，β 表示斜率參數，假設其為正。並且，上面線性方程式沒有截距項，表示只有從經濟活動 X 中產生的垃圾在本模型才是相關的。〔5.1〕式的關係也可以用圖來說明，如圖 5.1 中，X 軸表示經濟活動的水準（以財貨或勞務的生產），Y 軸表示排放到環境中的廢棄物數量（體積），水平的虛線 W_0 表示這個模型基本架構的額外假設，這條線假設特定時點時環境能夠淨化的廢棄物總量。注意 W_0 為正之情況，嚴格地說這個模型只處理可分解污染物。從這個簡單模型能夠得出什麼結論？

　　首先，假設涵容能力 W_0 是不變的，X_0 表示經濟活動不會顯著影響自然環境的最大量。在這個經濟活動水準產生的廢棄物將可完全透過自

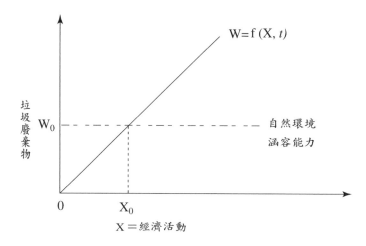

圖5.1　經濟活動與排放量之簡單關係

然過程而分解。因此，從這個觀察我們能夠得到某特定最小數量經濟商品之一般觀察，像圖5.1中X_0的產量在自然環境是沒有損害的。因此，X_0表示經濟活動的一個生態門檻。

　　第二，增加經濟活動到超過X_0水準時將累積自然環境中無法分解的廢棄物。雖然這個簡單模型沒有辦法完全表示累積情形，但是這個廢棄物的累積對環境品質的影響將更嚴重，如同之前表示那樣，廢棄物的排放會使得環境預防未來污染的能力減少。在圖5.1中，生態的最終影響會改變環境的涵容能力，使水平的虛線向下移動。如果其他因素保持不變，這種轉變將對X_0有降低經濟活動之生態門檻的影響。

　　第三，傳送的意義是使用上面所述模型，技術如何影響經濟活動的生態門檻。技術變化的影響有下面兩個形式：⑴透過技術可能加速分解過程，在我們的簡單模型中以變數t表示涵容能力的改變，例如，都市垃圾的分解過程可經由增加下水道的炭而加速。因此，在圖5.1中這種類型的技術變化影響是使虛線向上移動，表示環境涵容能力的增加。假設其他因素不變，這將會增加經濟活動的生態門檻的效果而使經濟活動

超過 X_0；(2)技術的變化也可以改變經濟活動水準與廢棄物之間的關係，我們的簡單模型中由斜率參數 β 中的變化表明之，例如，在產生電力過程中高硫煤轉變成低硫煤可使產生每千瓦電力 X 排放到大氣中的硫減少，在此情況下，最終效果是使斜率參數 β 值減少，這表示廢棄物的性質和經濟活動之關係往順時針方向旋轉。再次，如果維持其他因素不變，這種類型的技術變化的總影響為增加經濟活動的生態門檻。這樣，這裡的含意是我們能夠借助於技術加強自然環境的生態門檻的程度。如同在上面討論那樣，技術進步能夠改進廢棄物處理過程或者是投入的轉變。

然而，如 Commoner（1971）警告我們，技術可以解決環境問題，但會產生有害結果（在第 6 章會有更詳細的介紹）。例如，在「地區」層面，增加廠商煙囪的高度雖會減少二氧化硫排放增加的酸性沉積物，其預期結果是污染排放到更高的大氣層中，它等於透過稀釋來解決污染的問題。然而，這結果將變成另一問題，這麼做是要把本地污染問題變成整個地球酸雨之問題。此處的重要課題是，技術的計畫不應把環境當成工具，而沒有考慮到他們可能造成的影響。

最後應注意的重點是，自然界環境並非以同等效率使所有廢棄物分解，在一些情況下自然環境的涵容能力縱使不是零，也非常的微小，在圖 5.1 中，此種情況的水平虛線會非常接近 X 軸或與 X 軸重疊，在此情況下，經濟活動的生態門檻 X_0 是零。

我們可以從這節的討論中學到一些課程：第一，我們觀察自然環境的環境淨化能力是有限的，這個觀察的含意是，在純粹物理（不一定是經濟）的術語，自然環境的垃圾涵容能力是一種稀少性資源；第二，可以在不造成環境損害的情況下生產的經濟財數量極有限，因此，零污染不僅是不可能，而且甚至在純粹生態的考慮方面，這是一個不必要的目標；第三，雖然這簡單的模型不能捕捉全貌，但自然環境裡廢棄物排放的累積影響是非線性的，這是因為在污染排放得更多時，環境的涵容能力通常會減少。最後，我們觀察到經濟活動的生態門檻也可以技術方法來改變。

上述的觀察中乃透過一個簡單模型來分析影響其經濟活動所產生的水準與其所造成之損害之關係的因素。然而，到目前為止並未特別說明經濟活動（財貨與勞務的生產）和環境品質的取捨問題。當經濟活動的水準超過生態門檻時，此問題更為重要，過了此點，任何額外的環境必須考慮到效益與成本，這即是下一節的重點。

5.3 共有資源、外部成本和市場失靈

至此所討論的重要課程是自然環境分解廢棄物的容量有限制，以此而言，自然資源是稀少的。在此情況下，任何社會管理其自然資源的主要課題是最適性。在第 2 章指出，對所有稀少性資源而言，以自然環境作為廢棄物的貯存庫之服務應考慮所有的社會成本和效益。由市場體系能達到其正常運作嗎？為完整回答此問題，我們首先要瞭解自然資源所有權的建立，這是下一子節的重點。

5.3.1 共有資源經濟問題

在第 2 章中說明在完全競爭市場透過私人市場經濟之資源配置會達到社會最適的目標，也說明當所有資源達到社會最適分配時，每一個所考慮資源的最後一單位其邊際社會利益等於邊際社會成本。

一個以個人自利為前提的市場經濟如何達到社會最適的結果？換句話說，將個人自利轉為社會最適的「魔術」是什麼呢？亞當斯密曾說，這是「看不見的手」的魔術，然而亞當斯密「看不見的手」機能運作的前提是，資源所有權必須是被清楚定義的。

何謂清楚定義的所有權呢？從資源配置的角度而言，清楚定義的所有權是指滿足下列情況的所有權：第一，資源的所有權是完整定義的，即它的質、量和邊界都有界定；第二，須具完全排斥性，所有由行動產生的利益和成本直接發生於採取行動的個人；第三，所有權是可移轉的，其資源可以交換或做簡單的轉換。最後，所有權是有強制性的，所有權受到法律上的保護。當四個條件都符合時，可顯示取決於個人自利的行為會確保資源將以最有價值的狀況被使用。

符合這四個條件的例子之一是私有轎車，轎車的所有權狀和汽車登記設定了這輛車的內容物、型號、顏色和其他相關特徵。由於汽車的登記文件，車主可以有排斥他人使用這輛車的權利，因此，在沒有獲得車主同意之前是不能使用的。當此排他性達到時，汽車的平常維護就由車主決定，其成本是車主應付的。最後，車主可出於自願來賣車，如果他要賣車，他最希望能賣得最高可能價格。這個過程的最終效果是使車主以對自己最有價值的處置方式處理他的車子。

在真實世界，並非所有資源都滿足以上的所有權設定。例如在湖周圍的住戶共同分享這個湖，就不符合前述的第二、三個條件，此情況下湖是周圍住戶共同擁有的。另一例子是在某位置或環境中的空氣，在此情況下，前述四個條件都不滿足，環境空氣是每個人所擁有的一種，如同從兩個例子能看到，如空氣和水體（湖、河、海岸）的環境資源通常是共有資源，其本質為，此種資源的所有權不能清楚定義。

當不能明確的描繪資源的所有權時，私人的資源市場會發生什麼問題？我們透過一假設情況來分析此問題，假設現在你是只有150,000人口的一個小島嶼的居民，國家的家庭在經濟上都很好，大多數家庭都至少有一輛車，國民很少使用公共運輸。假設有一天早上你和平時一樣大約早上六點半起床，聽到收音機說政府通過一項法令，撤銷汽車的私有權，這個公告也說政府製造一把萬能鑰匙，可以開動所有的車子，家家戶戶都有一把這種鑰匙。當然，你們的第一個反應是這僅僅是個夢。然而，政府公告是如此堅定，以致於你們沒有機會去忽視這個事件，而僅僅認為這是個夢。

這個事件可能很衝擊、很干擾，假設這個國家的國民不反抗，沒有明顯的抗爭發生，人們很理性的努力處理此情況。目前的情況為何呢？首先，人們需要一輛車子去工作、娛樂……等等；第二，他們沒有公共運輸工具；第三，政府頒布每人對島上所有車有自由駕駛權，社會上車子的使用和保養會發生什麼情況呢？

剛開始時，人們會開他們容易取用的車，到達目的地後，他們知道下次要用車時，車子可能不在那兒可供取用。這種情況會持續多久？不會多久，因為沒有讓人們妥善管理車子的誘因。在明知回程不一定會開到同一輛車的情況下，誰會為車子加油？在高速公路上沒油的車子會發生什麼事？誰會有誘因去付平常維護（如換油、調整保養等）的錢？車子故障不動了，會發生什麼事？答案是，一段時間之後，車子會由很有價值的東西變成沒有用的廢物，到處散布在這個國家的道路上。當然，造成這個不好的結果之根源在於車子變成共有資源，每個人都可以自由取用。如 Garrett Hardin（1968: 1244）所提出：「在相信共有資源之自由的社會中，個人以自利為目標時，所有東西的終點是毀滅，共有資源的自由將為所有東西帶來毀滅。」從環境和自然資源管理的觀點來明確瞭解，這個結論的含意非常重要。終究在所有群體中，在這自然環境中，全球共有資源如大氣、海洋、海岸線、大海等都是此議題下的例子。

考慮以上所述有下面兩個重要的觀點。首先，對共有資源而言，以個人自利出發的經濟體系不會導致社會整體福利的極大化。換句話說，這違反了亞當斯密的「看不見的手」的原理；第二，如果要避免悲劇，共有資源的使用需要由看得見的手來調節，下一子節將進一步討論此課題。

5.3.2 環境外部性及其經濟結果

我們注意到當私人沒有將其效益與成本完全納入考量時，亞當斯密的「看不見的手」基本定理將不成立。當成本或效益不眞實時，就會發生此情況，在此情況下，成本和效益具外部性，其術語爲「外部性」。正式定義外部性爲，當某一些個體的行動對其他個體的福利或效用有直接（正的或負的）影響時，而受影響的一方無法直接控制之現象。換句話說，外部性是並非有意的對其他人造成效益（或成本）的情況，由下面兩個典型的例子可描述外部性。第一個是熱心的園丁爲了美化花園而對其周圍作美化的投資，使其花園周圍更有其價值；第二個例子是在河流使用中，養魚場必須忍受造紙場所排出的廢棄物。在第一個例子中，鄰居得到眞實有利的效益，卻沒有付出成本或行動，而有正的外部性，而在第二個例子中，養魚場的清理成本是負的外部性，因爲這是第三者（造紙場）的行爲所帶來的結果。

外部性的主要來源是什麼？利用上面的兩個例子來回答，在第一個例子中，假定園丁所作的有益效果不是出自於他的公德心，相反的，假定園丁用於美化所花費的成本和時間的投資都立基於自己的利益。然而，這投資結果是美質的提升或環境的改良。這些消費上無敵對性的商品一旦生產了，這些商品的消費，對鄰居或路人應不會減少效用，所以當生產了此商品後，就不能排除其他人使用它。當然，在我們的例子中，如果此園丁希望可以透過築高圍牆排除鄰居們，然而，這些不會在不花費額外成本就達到。將外部性內部化的成本稱爲交易成本。廣義的交易成本包括排除他人使用、執行所有權的設置，如果事實上，在此例子中園丁已決定了建造圍籬清楚定義其所有權，這是故意達到的效果。

第一個例子可以得到，當資源的使用難以排他時，會發生外部性。

這個困難造成的原因有二個可能來源：第一，此資源的本質是在消費上沒有敵對性，因此受限於聯合消費；第二，以自然或技術的理由，將外部性內部化的交易成本可能相當高。

在第二個例子中，由於造紙廠的負責人並沒有合法的權利去傾倒工業廢棄物在河中，而發生外部性。由於河流可視為共有資源，沒有人可以去排除別人使用，因而，與第一個例子相似，河流的無排他性造成外部性，唯一不同的是無排他性的來源。在第一個例子中，無排他性是因為所考慮的資源無敵對性，因此可共同消費；第二個例子，無排他性是因為所考慮的資源之所有權無法清楚定義——即共有資源。因此，這兩個例子，概括的說最後的結論應是缺乏基本的排他性（無排他性），導致產生外部性（Randall 1983），如果不是這樣，其環境資源無外部性。

外部性的經濟結果為何？對目前為止我們所討論的而言，這是一個簡單的問題。在外部性存在的情況下將在個人與社會評估成本與效益間有所偏差。大致而言，我們可以預期以下的關係：

a).正的外部性情況下（如上面的例1）：

社會利益＝個人利益＋外部利益

而外部利益＞0

因此 社會利益＞個人利益

b).在一個負的外部性的案例中（如上面的例2）：

社會成本＝個人成本＋外部成本

而外部成本＞0

因此 社會成本＞私人成本

我們由以上的關係來推斷正的外部性存在時，預期能清楚的觀察到社會與私人效用及社會與私人成本不同。在這些情況下，市場機能的資源配置將是無效率的，如果不理它，缺乏管理外部成本與收益的機能時，就是市場失靈的一個清楚例子。

當可以清楚瞭解促成市場失靈的因素時，我們可以檢視爲什麼環境的財貨與勞務透過市場機會使配置無法達到最適。以整個造紙廠而非單一廠商爲例，假定這個產業的所有廠商都設在河岸邊，且把工業廢料倒到河裡。

在圖5.2中，需求曲線D代表市場對紙的需求。在第2章中討論的需求線代表消費者的私人邊際收益線，即MPB。此外，在外部收益是0的情況下（沒有確實的外部性），需求線也代表社會的邊際收益線，在圖5.2中D＝MPB＝MSB。

當我們考慮紙的供給線時產生複雜的情況。在造紙產業方面，供給線S代表生產不同的紙張之私人的邊際成本。這些成本表示廠商所有投入的費用（包括這個產業裡廠商所擁有的任何勞動、資本、生產原料及勞務）。然而在紙的生產過程中，假設廠商把生產後的廢料倒到河裡而不需花費任何成本。如此，沒有這樣的成本出現在此產業的平衡表裡，因此廠商的供給線裡沒有處理廢料的成本。

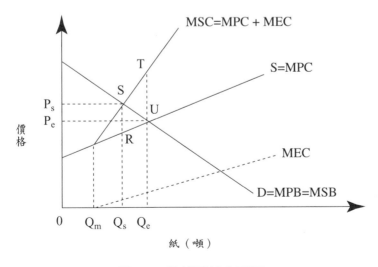

圖5.2　柏萊圖社會最適

然而，如5.2節所解釋，廢棄物倒到河裡可能會產生超過特定門檻（圖5.1的 X_0）的損害成本，在圖5.2中損害成本是以虛線MEC——邊際外部成本來表示，這成本表示造紙廠污染社會成本的幣值化。

　　在這個階段，重要的是注意這下面二個關於圖5.2 MEC曲線的重要特徵。首先，在 Q_m 以前並沒有邊際外部成本，這是因為我們之前就討論過，在生產某一數量之前不會產生對環境有影響的物質；第二，邊際外部成本曲線（如圖5.2所示）是正斜率的，在 Q_m 之上，未來增加紙的生產（因此，更多廢料將排出）將造成外部成本以遞增的比例增加。就如我們之前提到的，污染增加時，環境對污染容量會降低。

　　就如第2章所說的，資源的效率分配即柏萊圖最適分配就在MSC等於MSB的時候。在圖5.2中，就是當紙的生產在 Q_s 的情況。邊際社會成本曲線是經由圖5.2的MPC與MEC垂直加總而得。然而，如果由自由操作的市場機能決定產量，那麼理想的產量將會在MPB=MPC的 Q_e。然後，很明顯的，市場將無法達到社會最適生產水準。更明白的說，市場將會生產比這個社會期望的還更多，若生產由 Q_e 減少到 Q_s 時，社會將獲利。換句話說，這個市場並不是柏萊圖最適的情況。

　　如果紙的產量由 Q_e 減少到 Q_s 時，總成本將會減少在 MSC 以下 Q_eTSQ_s 的這塊範圍。那總社會成本將是 Q_eURQ_s 這塊總私人成本及 UTSR 這塊總外部成本所構成的。在另一方面將紙的產量由 Q_e 減少至 Q_s 將會為社會帶來效益的損失。社會效益的損失是經由邊際社會福利曲線以下 Q_eUSQ_s 這塊範圍精確的移動所造成的結果。不同的是，消費者利益的損失是將紙的生產由 Q_e 減少至 Q_s，很明顯的，將產量由 Q_e 減少到 Q_s，總成本減少 Q_eTSQ_s 這部分，超過了整個利益的損失 Q_eUSQ_s。最終的結果表示，淨成本減少了UTS這塊三角形。再者，從移動產量有市場的獲利來看，Q_e 非柏萊圖最適解，而由於這個社會沒有自動調節外部成本的機能，故這個社會才沒有有效率地達到社會的最適解。在圖

5.2中UTSR這塊是表示沒有被市場計算到的外部成本，這個成本是表示假如紙的產量由Q_s增加至Q_e額外環境服務價值受損的指標（河流）。

這項分析對環境品質之問題有何含意呢？這個答案是很直接的。假定傾倒廢料的量與生產紙的量是成比例的（看圖5.1），市場的產出Q_e將高於社會最適的產出Q_s。若聽任市場自由運作，將導致較低的環境品質。

在這個階段，可以看到目前為止我們分析的結果。在外部性出現時，經由自由市場機能的資源分配將導致無效率。更明確的說，因為市場缺乏計算外部成本的機制，所以廠商會生產過量的財貨與勞務而造成自然環境的損害，因此外部性使得社會資源錯誤配置。

問題是，如何矯正經由環境外部性導致的資源錯誤配置？這是一個大或小的市場修正系統呢？回答這個問題發現，最有效的關鍵在於如何最有效的將外部性內部化。有些人認為，整體而言，對環境外部性沒有技術上的解答，換句話說，外部性不能夠透過參與的主體間自願私人協商予以有效的內部化。根據這樣的看法，要有效的解決環境外部性只有用強制的方法了。其中，這樣的方法包括：環境資源公共擁有的選擇、課徵環境稅或設定排放標準。這些措施可能會對自由私人市場經濟的操作造成一些直接或間接的干擾。為了這個理由，主流經濟學並不喜歡這麼做。假如所有權定義清楚的話，很多經濟學家認為會有效補救環境外部性。因此，若財產缺乏所有權，政府的角色是設定所有權，一旦設定之後，看不見的手就可以有效地引導市場配置資源。根據這個看法，環境外部性的內部化，只需要很小且間接的政府干預。

第11章及第12章將說明環境外部性內部化的方法。在下一節試圖說明何以對製造污染廠商之產品課稅以矯正由環境外部性造成的扭曲，這裡會再用造紙廠這個例子做說明。

5.4 以皮古稅將外部性內部化的方法

　　圖5.3，除了一點之外與圖5.2完全一樣，在這個圖中Q_e表示紙的均衡量。然而就如前面所提及的，這個產出並不是最適的，因為這個廠商並沒有支付把廢料排放到河裡的費用。當然，這是因為河川可以處理此產業的廢棄物才發生的，也是因為河川是共有資源才會發生的。假若，法令通過中央政府可完全管理這些河川，政府的能力即確定所有的河川一致地被使用在符合公共利益上。在我們的簡單例子中，公共利益就是造紙廠必須一致的考慮何謂社會上的最適。如圖5.3所示，會在Q_s達到產出的均衡。所以生產要達到社會最適，投入需要由Q_e減少至Q_s，中央政府為了達到這個目標，可能要加課每生產一單位產出的稅。圖5.3是稅t的課徵，這個稅的名稱就是將環境外部性內部化的皮古稅，由經濟學家Arthur Pigou（1877-1959）所提出。在這章中討論一種皮古稅的特別類型，即對造成污染的每一單位產出課稅。如圖5.3所

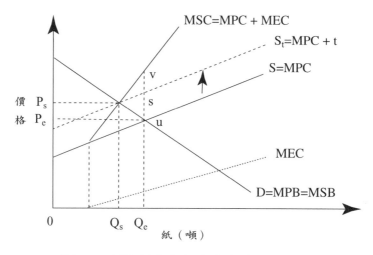

圖5.3　透過課稅後的產出來看社會最適

示，課稅將使供給線 S 移到 S_t。這新的供給線與需求線相交在 Q_s 這個社會產出上。

　　這種方式為什麼行得通？因為這表示生產者認為這個稅是因為他傾倒廢料到河裡的一個費用。換句話說，這稅有使生產者支付使用河川的費用之力量，因此，河川不再是自由財了。這麼一來，皮古稅即矯正市場的過度使用環境（第 11、12 章有更詳細的介紹）。

　　在這個簡單的例子中，皮古稅如何使外部性內部化是很簡單可以表示的。但在現實生活的情況中就難多了。比如，政府將如何決定課多少稅？稅的分配效果又如何呢？換句話說，就是消費者與生產者是如何分攤這個稅？政府監控及徵收稅負的成本是多少？即，設定及執行財產所有權的交易成本有多高呢？這種做法難道不會導致政府不必要的侵入到私人企業的業務嗎？這些問題暗示必須要小心評價皮古稅。

　　皮古稅的優勢之一是在監控及徵收上相對較容易。這是因為它是基於最終產出的稅，可以很容易由多種會計報表得知，因為這些是廠商一定會有的。只要知道產量，就只需調整稅率。以此觀點而言，皮古稅很好用，因為執行和監測的交易成本相對而言很低。儘管有這項優點，皮古稅卻有一些嚴重的缺點。

　　1.皮古稅之用途在於改善環境的品質，這些稅的基礎在於產出量，而不是廢棄物的排出量，因此可能不會達到社會最適的環境品質。為瞭解此點，讓我們開始考慮為使依賴產出所訂的稅率能達到環境品質的社會最適水準所需的因素：第一，我們必須對產出量與廢棄物排放量之間的關係有正確的認知；第二，我們需要知道每單位的廢棄物排出量有多少。另外，我們要認清哪些產業的產出和廢棄物改變之間是穩定的，在沒有此類知識的情況下，要建立每單位皮古稅和廢棄物關係的指標是很困難的，在管制廠商排放廢棄物的行為與其排放量關係時，排放量是很重要的，以污染單位數量為基礎的皮古稅將在 12 章中論述。

2.假如環境稅可以有效的達到社會最理想的環境品質標準，所有的稅負應落在所有排放廠商身上——污染者付費原則。這個原則的基礎概念是如果他們可以找到一個將稅負轉嫁到社會其它成員的方法，廠商沒有足夠誘因去減少產出（因此，釋放廢棄物）到社會認為理想的標準。

3.因為對廠商的處罰是基於產出而非污染排放，廠商在以產量為基礎的皮古稅下會沒有改進其污染排放方法的誘因。

4.環境稅由於其基於非經濟因素基礎而被批評，一些經濟學者提出的論點是，由其定義，一個以稅為基礎的環境政策賦予太多權力給公共部門，最主要的反對不只是將錢由私人手中轉讓到公共手中，更令人擔心的是，管理不善的官僚政治介入，可能導致市場扭曲，因此導致資源錯誤配置，以此觀點，政府失靈確實有可能。

5.最後但非最不重要的，圖5.3顯示，為達最適產出 Q_e 需要唯一的稅率（u-s 部分），因此，Baumol 和 Oates（1992）指出，其含意為要知道達到這個最適產出所需課的稅，需要事前的訊息。例如，如果以課稅前的水準來看，稅率是 u-v 的垂直段，比 u-s 還高，如此會造成產量低於最適水準。此處真正的課題是，在課稅前就需知道最適水準 Q_e，而為了獲得此訊息所需的額外技術和經濟訊息的成本可能相當高（第12章有更多的討論）。

5.5 環境管制的總體經濟效果：概論

目前為止我們觀察到，如果未經矯正，環境外部性將造成資源錯誤配置。更確切的說，以社會觀點而言，致力於生產財貨與勞務（如紙、汽車、草坪刈草的人、電視安裝、餐館、自助洗衣店等）的資源（勞動資本和未加工物質）將投入太多，而保護環境（如大氣層、水氣、荒野面積、動物和農作物種類等）的資源將投入太少。這是大致公認環境外部性的個體經濟效果。如前論述，矯正（內部化）的方法是需對環境負責者課稅，前面所討論皮古型態的稅是一個例子，以我們的目的而言，環境管制眞正的本質並不重要（不同環境保護政策工具的進一步討論將在第 11、12 章中進行）。

然而，環境外部性內部化的政策可能有經濟層面的效果，例如在圖 5.2 和圖 5.3 中，社會最適的產量下價格較高（P_s 而不是 P_e）、產量較少（Q_s 而不是 Q_e），以整體經濟現象而言，可能隱含通貨膨脹（財貨與勞務價格提高）和失業（因爲較少的產出表示較少的勞動和資本投入），這些是環境管制對總體經濟表現的可能影響。在 1970 年代停滯膨脹時期，這的確是很重要的考量。很多經濟學研究對環境管制的總體經濟影響提出實證估計（Gary 1987; Portney 1981; Crandall 1981; Denison 1979），一般而言，這些研究的結果尙無法下結論。有關這個主題，在〔個案研究 5.1〕中，提供了 1990 年清潔空氣法案的總體經濟效果。

環境管制確實會使生產減少（因此，失業日漸增多），經濟部門立即受此管制影響，例如，其他條件不變下，爲了保護環境對汽車產業課稅，將導致汽車售價的提高，並可能導致產業失業廣泛地增加。然而，課稅的目的是改善環境品質。由於清理環境的產業部門可能會擴張，因此，環境管制對失業的整體影響並不確定，因爲某一部門就業減少可由另一部門來彌補。一些經濟學者甚至認爲，清理部門的工作機會比污染部門的減少還多（Hamrin 1975; Sullivan 1992），其理由爲：一般而言，環境控制是較勞力密集的；有些人主張環境管制對生產力有負面影響（因此也對總產出——GNP 有負面影響），其理由很多，例如，有人主張污染控制的支出取代新廠房設備的投資，需以更多投入來彌補，因而對勞動生產力增加率有負面影響（Crandall 1981）；此外，又有人認爲管制會增加私人產業的不確定性，因此對產業整體投資水準有反效果。

然而至少在理論上，環境管制的價格或膨脹效果是沒有爭議的。因為環境政策強迫社會將原本被忽略的成本納入考量。然而，尚不清楚的是，環境管制的膨脹效果程度有多大。在美國，各種實證研究似乎認為其影響非常小（如 Portney 1981），最主要的原因是，污染控制的總支出相對於 GNP 而言，很小。然而，對特定經濟部門，環境管制的價格效果可能很大，例如，紡織業的環境管制可能會使紡織品的價格顯著增加，而對整體財貨與勞務的價格效果則非常小。

在上述論爭之外，最近 Porter（1990, 1991）假設，嚴格的環境政策可能會有迫使廠商採用較有效率生產技術的效果。長期而言，此效果會使生產成本降低，刺激經濟（World Resources Institute 1992 中對此種目前稱為「Porter 假說」的現象有實際的例子）。

〔個案研究 5.1〕

經濟衝擊：1990 年清潔空氣法案修正案

—— Keith Mason

國會和媒體最近對較強的清潔空氣法案爭議中，質疑修正案對經濟的衝擊，主要是修正案所需的成本、對就業的潛在衝擊及可能削弱美國產業的國際競爭力。

這項爭議的主要部分在於空氣污染控制計畫的成本。美國環境保護署（EPA）和總統經濟諮詢委員會估計新的法案到 1995 年每年會花費大約 120 億，到 2005 年完全執行時每年大約花費 250 億。這是外加於已經相當嚴格的空氣污染控制水準的：EPA 估計，1988 年空氣污染控制的年成本大約是 270 億。

把它視為人頭稅，這項成本會使任何人躊躇。然而，事實上其經濟衝擊會在十五年內逐漸遍及全美國，而當新標準完全執行時，估計每人每天約需支付 0.24 元。

然而，如同所有複雜法案的一部分，其執行需一段長時間，成本估計的不確定性是常態而不是例外，預測未來污染控制方法是很困難的，空氣污染控制技術和此技術之成本會隨時間而改變。

在此前提下，預測污染控制支出的增加如何影響諸如就業、成長、生產力和貿易等指標，更加困難。在 2005 年大約 7 兆的經濟中， 250 億占不到 1%。

根據經濟諮詢委員會的估計，實質經濟成長和生產力的衝擊似乎會很小，生產力利得輕微減少，衝擊應是短暫而不是長期的，諮詢委員會認為由此法案會有某些暫時性失業，但應該不會對美國總合就業有顯著長期的負面影響。

此外，污染控制支出增加會帶來美國產業成長，這是美國經濟的重要部分。污染控制支出創造高技術工作（據估計，每 10 億的空氣污染控制支出會創造 15,000 到 20,000 個工作），而空氣污染水準降低會使工作者的健康和生產力改善，則是一項外加的效益。

至於對國際貿易的影響，有關新法案對競爭力衝擊的研究尚未完成。然而由先期比較得知，貿易國中有較強經濟力和貿易順差的國家，其對某些產業的空氣污染控制程度更甚於美國的新法案。例如將對美國電廠實施的二氧化硫和氧化氮排放控制要求比現行德國的控制還寬鬆。環境保護會使國際貿易遭遇危機的觀念不一定正確。

現在已經確定的是，有很多污染控制設備和專利的貿易機會，例如，蘇聯最近訂了 10 億元的通用汽車（GM）污染控制設備就是一個例子。

Source: *EPA Journal* Vol. 17, Jan./Feb. 1991, pp.45-7. Reprinted by permission.

5.6 摘要

1.本章討論瞭解標準環境經濟學的概念及原理之基礎。

2.環境淨化能力是稀少的（在經濟活動中廢棄物增加，使自然環境的淨化能力惡化），它受生態及技術因素的影響。

3.我們觀察到，如多數都市廢棄物這種可分解的污染物，有某特定極小數量的經濟財能在不對自然環境造成損害之下生產出來。例外的是像 DDT 這種有毒且有持久性的化學物品，零污染可能才是最恰當的──如美國禁止使用 DDT。

4. 然而，大部分的經濟活動都超過保持自然環境完整性的生態門檻（如圖 5.1 超過 X_0 的數量），增加經濟活動與維持環境品質間的取捨是不可避免的。

5. 我們已注意到尋找經濟與環境財貨兩者間的「最適」取捨必須充分考慮所有社會成本和效益。可惜的是，環境資源未能透過一般市場機能來處理，其理由簡述如下：

   ■ 環境資源，如大氣層、水體和共有的土地，是共有資源，對所有使用者是開放的。

   ■ 因此，環境資源有助長外部性的傾向──偶發成本會加在第三者上。

   ■ 外部性存在時，經濟是以追求自利為基礎（即私人市場），而未能導致社會最適，這是因為自由操作的私人市場不具自動計算外部成本的機能。因此，稀少性環境資源被視為自由財。

   ■ 當外部成本無法計算時，經濟財貨與勞務的生產會超過社會最適，導致環境品質的惡化。

6. 當外部性存在時，市場價格並無法反映「真正的」稀少性價值，價格是衡量真正的稀少性，當市場均衡價格 P_e 等於 MSC ＝ MSB，然而在外部性存在時，這市場的均衡價格 P_e 是等於邊際私人成本，但是不等於邊際社會成本（P_e ＝ MPC ＜ MSC）。這是因為市場輕易忽略社會成本的外部性成分（MSC ＝ MPC ＋ MEC），因此 P_e ＜ MSC，市場價格無法反映真正稀少性的價值。

7.一旦瞭解這類型外部性問題，則可找到計算外部成本跟矯正被扭曲價格的機制的解答。

8.皮古稅──對產業所產生的污染課稅──是此種機能的例子。社會最適的產出水準是 $P_s = MSC = MPC + t^*$，t^* 是最適稅率，也是用來測量邊際外部成本。因此，市場價格再次反映「眞正的」稀少性。不論如何，找到最適稅率不是一件容易的事。皮古稅是接近環境標準的，但仍有瑕疵。

9.最後，考量環境外部性而管制市場時會伴隨經濟財貨減少和價格上漲。因此，讓我們提心吊膽的是環境管制的總體經濟效果。一般而言，環境管制會被懷疑有負的效果是基於下列二個原因：第一，廠商的私人成本增加；第二，它們會降低經濟的生產力，因爲資源會從財貨與勞務的生產力轉移到污染控制的投資。若不管這些主張，環境政策的總體變數，諸如 GNP、通貨膨脹、生產力和失業等這些效果的研究尚無定論。

第五篇

生物物理學限制對經濟成長影響之論爭

在第三篇，我們從一個純粹物理的觀點觀察到自然資源是有限的。此外，我們得知控制這些資源轉換和再生容量是某些不易改變的自然法則。例如，能量的流動總是單向的，能量資源不能再利用，這些定律的另一個例子是物質能量的轉換，它總是會增加熵。因此，污染是任何經濟活動必然的副產品。此外，第四篇也顯示結合於環境問題不可避免經濟問題。單從這兩個例子就不難瞭解，在有限的世界中，經濟的成長可能會有一些負面的效果，如引發資源的稀少性或造成自然環境過度污染。亦即，經濟成長可能有其生態極限。

在第五篇，我們將有系統地考察生態極限和經濟成長的關聯。提出的主要問題是：我們能夠以「有限」資源的世界期望無限經濟成長嗎？如果生態極限是決定經濟成長未來趨勢的重要元素，我們應該採取何種防範措施以避免超越這些生物物理學的極限？很明顯的，這裡關鍵性問題是規模——相對於自然環境的人類經濟社會的大小。就這方面來說，焦點不在效率方面而是在永續性上。

在學術界中，經濟成長和生物物理學的極限之間的關聯程度之本質是本世紀最值得爭論的話題。在接下來的四章中，徹底地並有系統地檢查了這個爭論的本質。第6、7、8章考察對經濟成長與生物物理學的極限中三個不同觀點——馬爾薩斯觀點、新古典方法和生態經濟學。第9章介紹永續發展的經濟學。

多數環境與資源經濟學教科書中對規模的問題討論不足，一般而言，與這有關的主題常被放置在課文和討論的最後面。這本書不僅用了四章在這個特定議題上，而且，在我們著手於分析環境和資源策略處理課題以前，徹底討論這個課題。

第6章
經濟成長的生物物理限制：馬爾薩斯觀點

學習目標

閱讀本章以後，你將熟悉下列各項：

- 簡單馬爾薩斯理論的經濟成長模型：人口成長、資源稀少性和經濟成長的限制。
- 馬爾薩斯成長模型現代的變化。
- 人口及人口對資源利用和環境品質的負面影響。
- 每人消費對資源耗竭和環境品質惡化的影響。
- 馬爾薩斯理論對技術及技術對人口、資源和環境相互影響的觀點。
- 馬爾薩斯經濟成長模型的基本政策含意。
- 馬爾薩斯成長模型對同時代地球的人口、資源和環境問題的相關性。

如果現在世界人口、工業化、污染、食物生產和資源耗竭等成長趨勢維持不變，這個星球在一百年內將面臨成長極限。最可能的結果是突然且無法控制的人口和產業容量減少。

—— Meadows et al. 1974: 29

6.1 緒論

馬爾薩斯學派代表在資源稀少性和長期人類經濟成長的期望下的某一特定觀點。這個觀點已經有長遠的歷史和軌跡，它起源於英國經濟學者馬爾薩斯（1766-1834）的最初想法——因此有了馬爾薩斯理論。馬爾薩斯理論對資源稀少和經濟成長的基本主張如下：

1.以絕對量而言，資源具有稀少性，亦即，人類的原賦是有限的物質資源。

2.人口若不控制，會以幾何方式成長。

3.不應以技術來作為逃避資源稀少性的最終手段。

在此事實下，馬爾薩斯理論論稱：不能預期經濟活動可以無止境的成長，除非人口成長和資源使用率被有效控制。經濟成長的限制可能源於其他重要資源的消耗或是大自然環境大規模的惡化（Meadows et al. 1974）。

這一章在馬爾薩斯成長理論與它發展的時間上有詳細的介紹，下一節將使用一簡單模型來檢定馬爾薩斯理論中不可缺少的元素。

6.2 簡單的馬爾薩斯成長理論：人口與資源不足

最早企圖有系統解釋生物物理學限制對人類希望改善生活水準的效果，是藉由人口成長與可利用食物和其他生活必需品的歷史關聯來證明。在1798馬爾薩斯出版的《人口論和人口對未來人類進步的影響》一書，或許是第一個與人類的人口問題有關的理論基礎。在解釋他的人口論時，馬爾薩斯使用了三個假設：(1)農業上可利用的土地（可開墾的土地）總數是固定不變的；(2)人口成長受生存所需食物量限制；(3)人類人口將必然增加，其生活必需品亦將增加。

然後，他指出假若人類不藉由一些方法來防止的話，人口將呈幾何級數成長（2, 4, 8, 16……），而生活必需品呈算術級數成長（1, 2, 3, 4……），除非人口成長率和生活必需品增加的不均衡情形藉由道德上的克制來解決（例如，晚婚或節慾等），否則最後疾病和窮困將是約束人口與生活必需品一致的力量。換言之，假若人口成長沒有約束的話，將會導致生活水準下降到只足夠生存。這被稱為馬爾薩斯的悲觀主義，或正式說法為「馬爾薩斯的報酬鐵律」。

這個學說本質上可用圖6.1來解釋：假設L代表勞動和人口，Q/L代表平均每人實質產出。從圖6.1可看出人口與每單位所得間的關係，這樣的關係是由資源（如土地）數量的限制與技術所構成的，目的是提供一個選擇來說明上述的馬爾薩斯簡單模型，令產出Q代表農業或一般食物生產。

從圖6.1可知，剛開始，當L增加時，Q/L持續上升到L_1，超過L_1後，依邊際產量遞減法則，可知當勞動連續增加會使其農場勞動生產力開始下降。因假設肥沃的土地供給固定，使用較多的勞動於同質或較不肥沃的土地，其產出率會減少（見第2章與第3章李嘉圖租的討論），因此，當人口增加，相對的食物與纖維的需求都會增加，於是農場產出需增加較多的勞工數。

　　圖6.1中Q*/L*——這條較粗的水平線表示僅足夠存活的每單位勞力之產出（或實質工資率），換言之就是基本生存水準的食物。因此，當勞動力（即人口）增加至L_2時，則達到馬爾薩斯邊際，這將是個長期的均衡，因L_2之後的每一人口，除非可以加強限制人口成長的公共政策開始實行，只要每人食物超過最低維持生命所需最低的食物，根據馬爾薩斯理論，人類人口持續增加是自然趨勢。其他方法是任何人口增加超過了L_2，將會受到疾病和窮困的限制。因此長期來說，疾病、營養失調和饑荒使人口成長停在L_2，最後，上述這簡單模型有一有趣特色，是它建議了一個最理想的人口數（勞動力）。在圖6.1，最理想的

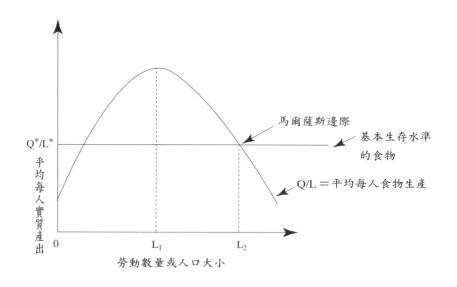

圖6.1　簡單馬爾薩斯模型

人口數是達到 L_1；在 L_1 時每單位食物水準是最大的。

　　當然，馬爾薩斯的人口論因過於簡單而受到批評。首先，他忽略了影響人口成長的制度因素，人並不像兔子一樣的增加，人類有社會，且在不利的經濟條件之下會去檢視他們自己的人口成長（Cole et al. 1973; Simon 1976）。

　　第二，馬爾薩斯太小看技術進步對改善資源稀少性的重要性（Cole et al. 1973; Ausubel 1996; Simon 1996），例如，根據傳統馬爾薩斯理論，一塊土地在一定時間內只能生產固定或絕對的食物，但透過農場技術的改善（例如，透過技術找到新作物），可能從相同的土地上生產出更多食物。另外，技術可能使之前不能生產的地區變成可從事生產。在圖6.1，經由發現新土地或透過農業進步的技術改變之影響，將會使平均生產曲線（Q/L）向外右移。因此，這個移動將使馬爾薩斯邊際向右移，就某種意義來說，技術改變的結果，使得馬爾薩斯邊際移動。然而，光是這一個事實，並不足以否定馬爾薩斯所說，在長期下人性是決定實際生存的到達與否的關鍵。

　　第三，馬爾薩斯模型被認為在生態上太天真，亦即無法超越自然資源存在絕對限制的體認。因此，從整體而言，他無法解釋經濟成長對自然生態系統與居住者的影響。就經濟面、技術面和生態學來看，馬爾薩斯理論在人口和資源的看法是不夠完整的。

　　然而，儘管它過於簡易，馬爾薩斯的理論在人口和資源及有關長期人類經濟命運特殊的悲觀預言，到今日仍是個重要的議題。一方面，從馬爾薩斯的悲慘理論正式發表至今已過了二百年了，而我們也已從資源快速成長的使用、人口成長與平均每人基本生活水準顯著提升得到了經驗，很容易忽視這個簡單理論對土地的預言。另一方面，很難完全懷疑馬爾薩斯，因為它悲慘理論的預期到現今仍可適用，尤其仍是開發中國家與未開發國家的主要考量。馬爾薩斯悲慘論的觀念在二百年後仍與我們一起（有關最近實證案例參見〔範例6.1〕）。

〔範例6.1〕
餵養世界：供給減少、需求增加

—— Charles J. Hanley

年復一年，土地提供麥田、稻田、玉米田以維持遞增的世界人口，但現在穀物的收穫已減少，人口卻未減少，人們開始擔心下一世紀的食物要從哪裡來。1990年代正斜率的穀物生長現象已顯示經濟、政治和天氣可能是全球產出減少的原因。

但有些專家相信較長時間的力量，從堪薩斯州大草原到中國河流三角洲仍在運作——而此遠景令人困擾。更困擾的是，特別是在非洲，這星期糧食與農業組織（Food and Agriculture Organization, FAO）在羅馬召開的全球高峰會議，為幫助貧窮國家尋求食物成長的方法。

FAO主席Jacques Diouf說：「我們現在處於危機狀態。」這個聯合國組織預測，到2025年，為了配合人口的成長，世界農業生產必須增加75%，現在的情況並不好。新的FAO圖示全球穀物收穫——1996到97預測為18億2千1百萬噸——從1990年算起已成長2.3%，但人口成長10%，由於此種生產上的落後，穀物價格上升而使世界小麥、稻米和其他穀物的存量緩衝減少，現在只剩下2億7千7百萬噸的存量——比危急時所需量少了4千萬噸。有一些因素造成本世紀收成減少。

華盛頓世界展望研究所（Worldwatch Institute）的Lester Brown認為，維持各種穀類的施肥以獲得高產量，在許多地方反而造成自己的極限。此外，世界展望研究所將中國視為一個大問題，果田縮小、所得增加和偏好吃肉——一種不足彌補穀類熱量的方式，已使中國幾乎在一夕間成為世界第二大穀物進口國，只在日本之後。Brown說：「中國的進口需求超出美國及其他輸出國的出口能力，只是時間問題。」

以更廣泛的全球觀點，世界展望研究所發現，一些主要研究的共同點是出生率的下降可能可減緩「有效」需求——有錢可以購買的消費者之需求。但此預測有一附註：在非洲和其他沒錢的貧窮區域，數以百萬計的人還是沒有食物。

對 Luther Tweeten 而言，結果並不清楚。眺望 2030 年，俄亥俄州立大學農經學者認為，每公畝收成的全球趨勢上升會非常慢——與聯合國的人口預測相反。Tweeten 說：「在這個議題上，我不願採用 Lester Brown 的方法，但世界不會滿足，它會萎縮。」

FAO 估計高價格使國際糧食救援斷絕，使救援由 1993 年以來減少一半，直到今天每年僅有 770 萬噸穀物的情況下，全世界有 8 億人口營養不良。高峰會議將試圖鼓勵增加救援，在非洲和其他食物短缺區域實施農業研究及政策。

但 Brown 看到另一個解決方式——控制人口，他說：「我認為我們現在所處的情況是，平衡食物與人口的主要任務在於家庭計畫，而不是漁民和農民，而我不認為世界已領悟到此點。」

Source: Kalamazoo（MI）, *Kalamazoo Gazette/The Associated Press*, Nov. 10, 1996. Copyright © 1996 The Associated Press. Reprinted by permission.

6.3 修正的馬爾薩斯模型：人口、資源利用和環境品質

隨著時間過去，馬爾薩斯理論對於人口—資源已經經過許多修正。因應經濟學家和生態學家的批評，新馬爾薩斯理論已發展出可以處理人口成長和資源可利用性的技術和人類制度考量的效果之觀念。此小節中，主要的架構是 Ehrlich-Commoner 模型。採用這個模型的目的是要發展對瞭解人口成長、資源耗竭和污染——這些我們相信是限制經濟成長最終原因間之相互關係最重要的基本元素。有一點必須注意，此模型是連接了兩位著名的環保論者的名字，但不能認為他們提出的關於人口

成長、資源利用和環境之間的觀點是一致的。相反的，他們的觀點和結果有顯著地不同。

Ehrlich-Commoner 模型首先假設人類活動受到自然環境某種程度的限制（Ehrlich and Holdren 1971），以數學式表示如下：

$$I = P \times F \qquad \qquad \qquad [6.1]$$

變數 I 代表的是總環境效果或單位價值，P 代表人口數，F 為一種表示每人對環境影響之指數。

〔6.1〕式說明的是，在任一時點人類活動對於整體環境的衝擊是人口數 P 及每人對環境影響 F 的乘積。換句話說，總體環境影響等於人口增加數乘以個人對環境的影響。然而，這個式子並不能告訴我們哪些因素會影響 F 的百分比，或是人口數與影響程度之間是否相關。換句話說，在這模型中還有很複雜的成分仍被蒙蔽。因此，為使此模型更加顯著並表示其實際價值，將它們影響變數表示如下：

$$F = f \left[P, c, t, g(t) \right] \qquad \qquad [6.2]$$

c 表示消費或生產，t 表示技術，g 表示經濟社會所使用原料投入及產出的組合。

因此，我們將〔6.1〕式及〔6.2〕式結合，得到人類活動對環境的總效果（I）決定於總人口（P）和影響每人損害函數的其他相關變數。在此前提下我們所面臨的挑戰是以系統的方式解釋這兩個式子中對總環境衝擊有影響的主要變數之相對顯著性。例如，人口是環境惡化的主要因素嗎？每人資源消費增加對環境有何種程度的負面影響？有哪些技術可用以改善經濟活動對環境的衝擊？技術會加深環境破壞嗎？在下面兩小節中我們將試圖說明這些問題。

6.3.1 人口及其對資源利用和環境品質的衝擊

Paul Ehrlich 認為，人口在說明人類活動對於環境和資源利用的衝擊上扮演基本的角色。他提出，當人口成長時，其總效果 I 會因兩個理由增加：首先，人口數 P 增加；第二，F 會隨 P 增加而增加。因此，根據公式〔6.1〕，總環境影響隨著 P 及 F 的擴張而增加，如圖 6.2。

為什麼個人對環境的影響 F 是人口的增函數呢？Ehrlich 以邊際收益遞減來解釋這個現象。他表示，一國的經濟決定於最大產出水準，因此，他們生產活動的收益會遞減，而且這個理論也可用於以農業為主的國家，農業為一國的主要經濟來源，如此限制了農地的生產效能，使該國收益減少。

在這些情況下，如果所擁有的要素數量固定不變，在人口持續的增加下，資源需求也繼續增加，如水、肥料、農藥和其他可再生及不可再生之資源。因此，人口持續成長下，對環境的影響、破壞也會持續下去。

Ehrlich 理論的主要缺點在於，有許多被認為對所得有影響的因素

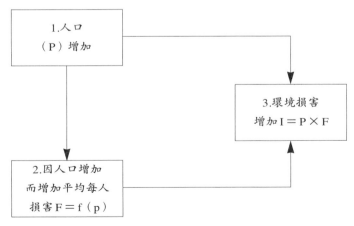

圖6.2 Ehrlich's 模型——人口對環境的衝擊

F，如每人資源消費量、技術和產出組合，被視為常數，此外，並未解釋為何這些因素對每人損害的影響不重要。因此在下一小節中我們試著說明Ehrlich的理論除了人口對環境的影響外，還考慮了消費的影響，這將在技術因素之後被考量。

6.3.2 每人消費及它對人口─資源─環境交互關係的影響

每人消費c是指在一定期間（通常是一年內）每人對財貨與勞務之消費。以總合水準而言，消費被視為與產出相等，因此，每人消費可作為福利或每人平均所得的指標。每人消費的改變會直接且顯著的影響每人對環境影響F嗎？這是一個實證的問題，但首先我們提出一個預設每人消費c與每人對環境影響F有關的解釋。

假設人口、消費者偏好和技術是不變的，那麼c的增加，可能源於資源利用率的增加，資源利用的增加包含生產的增加。在沒有技術進步的情況下，這將會造成污染增加或資源消耗。一般而言，我們將會預期每人消費c的增加會與每人對環境影響F的增加同時發生（如圖6.3）。

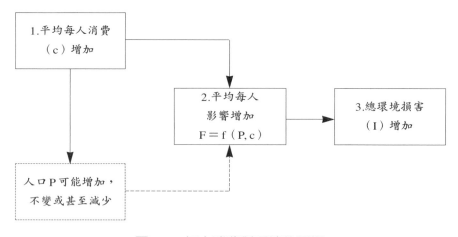

圖6.3　每人消費對環境的影響

這個結果有一個有趣的含意。

首先，如同Ehrlich的想法，假設每人對環境的影響F是人口P的函數，然後，每人消費的增加會增強當人口增加時每人對環境影響的程度。在此情況下，因為人口P與每人消費c對每人環境損害函數F的影響方向相同（如圖6.3），沒有辦法單獨看出兩個變數個別對F之影響程度，除非有完整的實證證據。這個情況對Ehrlich所主張的人口成長是唯一影響總體環境破壞程度I的因素，是嚴重挑戰。換句話說，我們不能如Ehrlich在沒有實證證據下將每人消費視為次要角色。

再者，在既定的情況下，每人消費增加會導致每人對環境影響增加，這是很容易想像的。總環境效果I，會因人口不變或緩慢衰退而增加。換句話說，在公式〔6.1〕中P和F是反向變動的，造成無法確定總效果I的方向。這點支持了某些學者所提出的主要破壞環境和資源消耗的原因是過度消費（Durning 1992）。如果這個理論是可信的，則它認為多數全球性的環境問題是因為已開發國家每人資源消費量成長所引起的（第18章將有更多的討論）。

6.3.3 技術及其對人口—資源—環境交互關係的影響

現在讓我們開始解釋到目前為止被視為常數的分析變數——技術t——之改變如何影響人類對自然環境的影響。技術改變可以下面兩種特殊方法保護資源：(1)規模經濟，可使聯合使用於生產和組織能力的資源使用更有效率；(2)技術進步，意指在生產上完全使用新技術。這個特性如何改變人口、資源、環境的交互關係呢？

規模經濟

規模經濟是指同比例增加投入會導致超出投入比例的產出，例如，

2倍的投入會有超出2倍的產出。明顯地,規模的優勢是增加產出量最好的證明。基本上,其觀念為人口成長會增加產品需求,導致規模經濟的成效(Simon 1996)。如果如此,則人口(勞動來源)增加將會伴隨著生產效率增加,在這種情況下,假設其他因素不變,增加人口會導致每人對環境影響F減少。換言之,當規模經濟出現時,會連續增加勞動來源(人口),而使以平均每人產出為基礎的所有資源減少。如果從規模經濟節省的資源很顯著,則有可能觀察到人口總增加時環境影響I減少。即〔6.1〕公式中規模經濟產生時,人口增加P可能由每人影響F的減少來彌補。

此處再度顯現,Ehrlich認為人口成長對環境和資源利用有不成比例的負面影響,就算不是完全無效,也是存疑的。然而Ehrlich的主張並非完全無效,因為規模經濟有其限度。Meade表示(1967: 235):

> 並不能充分證明只有人口增加會引起規模報酬增加,若每一種投入要素——包括土地、自然資源和資本設備都增加1%,遞增的規模報酬會使產量增加超過1%,但這並不保證只增加1%的勞動會使產出增加超過1%;這是規模報酬在此十分重要的意義。

因此,除非人口是不相關的因素,一個國家不可能無限度的以與資源同比例增加方式增加人口,反之亦然。在此情況下,Ehrlich預料的報酬遞減遲早會發生。

技術進步

就我們的目的而言,技術進步是指應用於工業和管理的科學發現和技術。技術進步通常是投入和產出混合,但不需要改變經營規模。規模經濟既不是技術進步的充分條件也不是必要條件(Nicolson 1998)。因此,技術進步可在無規模考量下增加產量的事實,意指技術進步是可以克服報酬遞減的方法。明顯地，技術進步意味著生產力的增加。亦即，使用較少投入量可以產生相同的產出水準（第3章）。以這種方式來看，技術進步對人口—資源—環境相互關係的影響與上述我們討論的規模經濟相似。就算人口增加，技術進步會減少每人對環境影響F。此種每人損害的減少是可能實現的，因爲由於技術進步使生產力增加將伴隨潛在資源節省。如果此種每人影響很顯著，當人口持續增加時，仍可能看到對環境品質的總負面效果減少。

不幸地，技術進步對資源利用和環境的影響未停止於此正面記錄上。在已開發國家，現代化技術是增加環境問題主要原因。Barry Commoner是持此立場的領導倡議者，然而，Commoner反對現代化技術的立場與Ehrlich不同。Ehrlich認爲技術是固定的，因爲大部分工業國家經濟活動已經是報酬遞減階段，換句話說，技術固定源於某些特定重要資源的限制。另一方面，Commoner認爲現代技術進步是病態的構想，且不智的使用在生產財貨與勞務。爲什麼Commoner持這種立場？他所依賴的證據是什麼呢？

爲了瞭解Commoner反技術立場，瞭解技術進步常是由改變投入和產出組合或混合的關係是很重要的。根據Commoner的說法，經濟上投入和產出組合改變是以利潤爲基礎，因此，投入和產出的決策是立基於技術效率（增加每單位產出），而不是這些決策對環境的可能影響（見第5章）。爲了說明這個，設想Commoner（1971: 101）如何描述工業國技術進步的演變。工業國家過度使用「合成化學原料及其產品，例如，清潔劑、合成纖維、橡膠、殺蟲劑和除草劑、紙漿和紙類產品；能量總生產，特別是電力；主要動力，特別是交通工具使用的石油；水泥；鋁；使用水銀於氯產品；石油和石油產品。」這表示原料投入和產出情況改變，即，公式〔6.2〕變數g（t），有增加每人對環境損害F的效果。因此，根據Commoner，技術對人口壓力（P增加）的回應無可避免地引起總環境損害 I 增加（因為 I ＝ P × F）。而且，對 Commoner 而言，現代工業國家明顯的環境損害不是因人口增加 P 引起的，而是因改變投入和產出組合 g（t）造成每人對環境影響 F 增加所引起。

這的確是對現代技術的嚴重控告，而它需要有實證驗證。Commoner 以 1946-68 美國環境資料證實他的推論。基於他的資料分析，他的結論是：「工業社會環境惡化增加的因子不是人口也不是財富（每人消費），而是由於技術改變所引起每單位產出的環境影響增加。」（Commoner et al. 1971: 107）。Commoner 等人觀察到：

> 人類人口增加對環境的壓力在如美國這樣有高度技術的國家更為嚴重，因為使人類對空氣、食物、水的環境造成影響的是現代技術。就是因為技術，才會製造煙霧、合成殺蟲劑、除草劑、清潔劑、塑膠，提高環境中水銀和鉛的濃度、輻射、高溫、累積垃圾和廢物。（ibid.: 97）

當然，也許我們懷疑所引用內容有點老舊。過去二十年來工業化國家多能改善某些環境問題，特別在地區和區域程度。無疑的，嚴密管制和發展污染排放控制技術在改善環境中扮演重要角色。然而，細觀某些案例可看到地區性環境污染問題在技術上雖獲解決，卻似乎造成跨地域和跨國境的污染問題。例如，在中西部燃煤電力計畫，可以安裝煙囪減少本地污染問題，改善本地環境，但卻造成美國和加拿大東北為酸雨付出代價（Soroos 1997）。在新世紀，環境和資源所考慮的是整體，像討論臭氧破洞、溫室效應、熱帶雨林砍伐和魚類耗盡等。

6.3.4 Ehrlich-Commoner 模型基本理論

到目前為止的討論，我們學到的主要課題是：很難清楚記述人口、資源、環境交互關係。儘管如此，利用簡單的觀念架構，我們可以找到一些在資源利用和環境品質上不利於人口成長的關鍵元素。

首先，我們觀察到人口經由其大小及成長，對資源利用和環境造成不利影響。例如，Thomas K. Rudel 的森林研究案例。Rudel 報告他的發現：「分析結果支持馬爾薩斯理論，人口成長直接（因人口增加而清理土地）或間接（一國的林產物增加）造成高森林砍伐率」。儘管如此，大家並未完全同意人口成長對自然資源造成的負面影響。例如，Ehrlich 和後繼者主張已開發和開發中國家人口增加是加速污染和其他資源問題的主要因素。另一方面，Commoner 和他的同事認為，人口成長之於環境和資源條件只扮演次要角色，尤其在經濟先進的地區人口在環境和資源變化。

第二，縱使在人口穩定的情況下，增加每人消費仍會導致資源快速消耗和環境惡化。

第三，一個國家隨著經濟活動及因應人口壓力所產生的生產和消費組合會強化一國的資源和環境問題。特別是有效環境管制機構尚未發展或完全缺乏的國家（第5章）。根據Commoner，在美國和其他工業國家這是主要造成快速污染的成因。

最後，但並非最不重要的，如〔範例6.2〕所示，應用技術解決由人口壓力所造成的環境和資源問題必須非常謹慎。應用不好，技術可能不但不能解決環境和資源問題，反而有害。

〔範例6.2〕
超越拯救之神

—— Garrett Hardin

誠如歐洲民俗所言，這世界上每一張新嘴巴的到來，都會帶來一雙手，那麼，要如何看待兩百年產業——科學革命所帶來的奇異改變呢？我們難道還沒到「每一張新嘴巴的到來，帶來超過一雙手」的階段嗎？空想之士可能會想起印度教的拯救之神 Shiva 有好幾隻（通常是四隻）手臂。

如果科學家有意擁護新上帝（事實上他們沒有），Shiva 神會是一個很能代表科學和技術的神。就算在馬爾薩斯以前，技術也已使人類開始增加產出（如發明獨輪手推車），但這種改變長期以來受人類重視。而現在每個人都發現到了，特別在已開發國家，每人物質所得已明顯增加，西方技術的 Shiva 神是多手上帝。

超過兩百年來科學與技術快速成長的善行，很難說服大眾他們需為未來的人口和環境擔憂。但別忘了，Shiva 神既是創造之神，也是毀滅之神，我們不是沒有理由認為一個多手之神是可怕的。

Source: Living within Limits: Ecology, Economics, and Population Taboos
（1993: 100-1）. Copyright © 1993 by Oxford University Press, Inc.
Reprinted by permission.

6.4 馬爾薩斯曾被懷疑嗎？

就算是簡單馬爾薩斯理論模型的修訂版本，在裡面已考慮技術和人類制度的影響，人類長期的困境仍保持不變。所有馬爾薩斯理論的分支，一致的相信生物物理學限制經濟成長是確實的，並且他們透過許多研究繼續支持這個假設。

在七〇年代初期，受到高度爭議的「成長的限制」（Meadows et al. 1971），作者使用電腦模擬，明確的說明在工業世界之下所遇到各式各樣的限制狀況。這本書的基本結論正好是這一章的序言：「如果目前世界人口、工業化、污染、食品生產和資源損耗的成長持續不變，百年內將達到成長極限。最可能發生的結果將是突然且無法控制的情況下，使得工業和人口數將減少數量（p.29）。」雖然有爭議，這本書可怕的警告已被當真，因為它反映了一群有影響力的科學家和世界的領導者的一致觀點。十年後，回應七○年代後期的能源危機，卡特總統的管理委員會對全球資源進行全面評估研究。最後的結果以「對總統的全球2000年報告」為題發表。這個報告的主要結論如下：

> 如果這個趨勢繼續存在，2000年的世界將變得更擁擠、更多污染、生態更不穩定、比現在的生活更容易受到破壞。人口、資源和環境的嚴重壓力清楚地擺在眼前。儘管物質的生產增多，世上的人們在很多地方將變得比現在更貧窮。

> 對成千上萬的窮人而言，食品和生活的其他必需品將不會變得更好，就許多情況而言會變得更差。革命除了促使技術進步外，在2000年生存在地球上的大多數人們變得比現在更不穩定，除非世界各國以決定性的行動改變目前的傾向。

清楚地，這報告基本上對十年前「成長的限制」是一呼應。另外，最近很多實證研究支持「對總統的全球2000年報告」的結果。尤其特別值得一提的是由世界展望研究所（一獨立非營利環境資源組織）定期出版發行的刊物。這些出版物包括每年出版的 *State of the World* ——目前用27種語言出版；*Vital Signs* ——每年出版的全球環境和自然資源關鍵變因趨勢之報告；環境警告書系列；*World Watch* 雜誌；和世界展望論文系列。世界展望研究所是由才能兼備的領導者 Lester Brown 所帶領，而這些私人出版物的首要目標為期望深度報導影響永續社會屬質與屬量的分析。

我們應如何處理此種馬爾薩斯學派長期的恐懼？對多數馬爾薩斯學派學者而言，在未充分體認促進物質生活水準的生物物理限制之前，無法充分討論此問題。一旦有此體認後，對治療這個古老問題的方法，將非常明顯。特別在為使經濟永續發展至未來方面，必須設計並執行足以確保環境和經濟穩定的社會和技術條件（Meadows et al. 1974），在第9章永續發展的經濟學中將有更多討論。

在政策選擇方面，馬爾薩斯設定嚴格的人口成長和環境污染管制，而且主張調整每個人對商品與勞務的消費，使其必須與基本的物質達到一致水準。此外，因為隨著時間過去，資源稀少是必然的，馬爾薩斯要求現代社會需要在物質上有所犧牲，使後代的福利不至於過度的犧牲。

一般而言，馬爾薩斯學派堅信人口和污染問題都和社會中所有人共同擁有的稀少性資源之使用有關，這些大家共同擁有的資源包括空氣、水和大量的公有地，以人口問題而言，問題可視為「從共有資源拿走一些東西」，即開採或採收資源以提供成長的人口食物、衣服或房子。另一面，污染問題可視為「放一些東西到」共有資源中，如產業、農業和家庭廢棄物。因此，解決人口和環境問題都有賴有效機制的使用，以處理外部成本或外部效益問題。

因此，馬爾薩斯學派通常對市場有所懷疑。他們懷疑的論點是基於如同在第5章所述，私人市場通常會造成共有資源的過度開採和惡化。另一方面，馬爾薩斯不排除用強制方法控制人口成長或改善環境惡化（Hardin 1993），這包括正式和有效地加強執行法律制度。

6.5 摘要

1. 這一章介紹關於馬爾薩斯理論對一般的資源稀少性和它涉及人性長期的物質福利的分析。

2. 馬爾薩斯的觀點已有悠久的歷史，它假定自然資源的有限性，因而最終將限制人類經濟的進步。

3. 其結論由歷史上人類人口和每人消費呈幾何級數成長的觀察更加強化，幾何級數成長的關鍵特性，是它開始時似乎緩慢，然後快速的成長。馬爾薩斯理論因此強調指數（幾何級數）成長的危險（Ehrlich and Holdren 1993）。

4. 典型的馬爾薩斯理論以最終會耗盡某些關鍵資源（如：油、氣體、適於耕種土地、鈾等等）爲他們的考量。

5. 馬爾薩斯理論對於技術的能力通常是懷疑的，乃是由於兩個有關生物物理學限制的原因：

- 他們相信技術進步受限於報酬遞減。
- 他們注意到技術治療的長期成本，某些人甚至把不當的技術視爲現代環境危機的主要原因。

6. 在尋找解答時，馬爾薩斯理論贊同需求管理的嚴格管制，它包含了人口控制及減少平均每人資源消費。

7. 一般而言，馬爾薩斯理論傾向強調人口控制爲一個關鍵策略變數，他們相信，如果人類社會沒能有效地提出人口問題，將來是無望的。

8. 對馬爾薩斯理論而言，未來世代的福利是最重要的考量，這需要放棄長期的幾何成長文化，一種強烈依賴在持續的指數成長上的文化（Hubbert 1993: 125）。

第7章

經濟成長的生物物理限制：
新古典經濟學的觀點

學習目標

閱讀本章以後，你將熟悉下列各項：

■新古典經濟學派對自然資源稀少性觀點的基本前提。

■為何新古典經濟學派懷疑馬爾薩斯學派的憂鬱預言。

■為何自然資源的有限性或絕對稀少性不能視為經濟持續成長的阻礙。

■區分「一般性」和「特定」自然資源稀少性的重要性。

■反駁古典學說稀少性遞增的實證證據。

■對新古典經濟學家所提出「自然資源豐富性隨時間而遞增」之實證證據及他們對資源節省快速技術進步之樂觀觀點的一些主要批評。

■新古典經濟學對人口和環境問題的觀點。

生產所必須的資源存量是有限的，此一事實並非暗示著經濟社會終將變得蕭條且衰退。如果有持續不斷的資源技術上的進步，我們將可能可以永久保證一個合理的生活水準。但是，即使我們假定缺乏技術上的進步，也不能太依賴資源替代的可能性。如果在非再生性資源和再生性資源之間有合理的替代可能性，那麼資本累積將可抵銷非再生性資源對生產可能的限制。

—— Dasgupta and Heal 1979: 197

7.1 緒論

正如第1章到第3章所顯示，新古典經濟學對自然資源的稀少性、配置和衡量的觀點是基於下列的假定：⑴資源配置需要依賴市場來當媒介；⑵當決定資源價格之時，其資源的價值決定於個人的喜好及原賦；⑶對於私人擁有的資源來說，市場價格對資源稀少性是最真實的指標；⑷因為外部性所造成的價格扭曲，可以經由適當的機制調整之；⑸資源稀少性可以持續的以技術上的手段來改善；⑹人為資本（像機器、廠房、道路等）和自然資本（例如森林、煤礦、溼地、原野等等）是可以替代的。

在這些基本原則的基礎上，大多數的新古典經濟學家，傳統上對於對人類未來經濟狀況持悲觀預言者持強烈懷疑態度。事實上，從新古典經濟學的角度而言，去論述「當人口繼續增加，因為資源的供應有限，所以資源稀少性持續增加」是累贅的。相反的，重點的議題在於瞭解在何種情況下，技術上的進步可以繼續改善資源稀少性。要做到此點必須相信，在正確的情況下，技術不僅會節省資源而且可以增加我們的活動範圍。的確，這見解對於技術及資源稀少性之悲觀的馬爾薩斯學派的特點，是強烈的對比。

這章包括了古典經濟學對於悲觀主義者在經濟成長的限制看法上的回應。對他們而言，在這裡的基本議題，與其說是生物物理學限度的存在，不如說如何經由技術上的進步和適當的制度安排，才能夠克服這些限制。為了要瞭解這個問題的本質，本章藉著質疑馬爾薩斯對於人類智慧、資源稀少性、以及技術的基本假設為開始。

7.2 資源稀少性、技術和經濟成長

如前所述，大部分新古典學派的經濟學家對於未來人類經濟情況的憂鬱預言持懷疑的態度。他們相信在動態經濟社會中經濟波動（或商業循環）是正常的事件，在經過兩個世紀以來，全世界的經濟有向上的趨勢。因此，就算在強烈關切能源和環境的 1970 年代早期，對大幅改革經濟制度以因應資源危機的呼籲也未被新古典經濟學家認真考慮。其原因在第 2 章和第 3 章已經談論過了，主流經濟學家對人類可以透過調整技術、資源替代及消費習慣克服經濟成長上自然資源的限度，抱持著不可動搖的信念。

基本上，主流經濟學家提出下列二點說明憂鬱的馬爾薩斯主義性質。第一點，一般而言馬爾薩斯主義認為人類有天生的自我毀滅傾向，其結果為傾向於低估人類自我保存的智慧和本能的可能性（Cole et al. 1973; Simon 1980）；第二點，馬爾薩斯學派的學者有把所有資源混為一談的現象，沒有注重最終豐富度以及替代能力的重要性（Simon 1996）。地球上的物質和資源都是有限的——絕對的稀少，這些要素都要被考慮（這個議題討論請見〔範例 7.1〕）。馬爾薩斯主義不認為世界

上有無限的資源替代性的可能性，縱使在資源原賦有限的世界（Goeller and Weinberg 1976）。

〔範例 7.1〕

資源、人口、環境：一個供給過量的錯誤壞消息

—— Julian Simon

自然資源供給的有限性，是「成長的限制」（Meadows et al. 1974）及廣受討論的模型基本假設。

乍看似乎不能採信，從實際和哲理的觀點，「有限」不僅不恰當，且對自然資源的含意有誤導。相對於世界上許多重要的論點，這一點「只是語意上的」。迄今資源稀少的語意混淆大眾的討論，而且帶來錯誤的政策決定。

資源數量的定義在操作上必須可成為有用的定義，它必須能告訴我們未來可用資源數量如何計算。但像銅這類自然資源的未來數量連原則計算都有困難，因為新的礦脈、新的採銅法和銅礦脈等級的不同；因為銅能從其他金屬製造，且因為銅可能被發現的範圍並不明確──包括海和其他星球。更不可能合理計算現在習慣上由銅得到的未來服務的數量，因為回收及因為其他的替代金屬，如人造衛星的例子。

至於能量，特別明顯的是地球不會限制供給我們的數量，我們的太陽（也許有其他太陽）在長期是我們基本能量來源，我們從植物（包括化石的植物）和來自太陽的能源獲得能量。至於實際上的資源有限性及稀少性，將我們帶回成本和價格，且經由歷史衡量顯示稀少性是遞減而非遞增的。

為什麼「有限的」這一詞困擾我們？這是一個有趣的心理、教育及哲學問題，不幸地，此處無法深入探討。

概括來說，因為我們發現新的礦脈，發明更好的生產方法，發現新的替代物，最終限制我們在可接受的價格下享受無限原料容量的是知識，知識的來源是人類的意識。最後，關鍵的限制是人類的想像力和運用教育的方法。因此人類福利的增加是由資源存量的增加，從而導致資源消費的增加。

因此，如果以恰當的遠景來看人類的智慧和資源的可利用性，我們不應該恐懼特定的資源（或一部分資源）可能會被耗盡，因為當資源變得更不豐富（或稀少），它與其他資源的相對價格將開始增加，如果這種情形繼續持續，我們將會尋找替代資源，1931 年 Harold Hotelling 的有關最適資源開採的論述是此種觀點的開端。其基本的理論為，在完全競爭市場環境裡，資源稀少性增加將伴隨價格穩定的增加，最後導致適當的替代品出現（詳細請看第 17 章）。因此，由這個步驟，市場將自動地決定最佳的資源利用率。

再者，經過二個世紀以來，主流經濟學家提供豐富的實證，證明一個特定資源可經由技術進步過程來避免（或改良）稀少性問題。最早的嘗試於 1963 年出版《稀少性和成長：自然資源可用性經濟學》，本書的作者 Barnett 和 Morse 是杜魯門總統任命於物質政策實驗的成員，他們的任務是廣泛的研究美國第二次世界大戰以來物質缺乏之有效性。此一研究仔細的設計美國統計趨勢分析，它包含了從 1870 年的南北戰爭到 1957 年時期。Barnett 和 Morse 使用這些資料來檢驗馬爾薩斯主義學說的核心原理「資源稀少性會隨著時間遞增」的有效性。

7.3 資源稀少性增加的古典學說——實證現象

Barnett 和 Morse 把稀少性增加定義為實際成本增加，以生產每單位開採資源所必須的勞動和資本總數來衡量。他們提出以下的假說：

> 每單位開採產量的開採成本將隨著時間而遞增，因為自然資源

開採的數量和品質是有限制的。開採成本在這裡是指勞動（工作日、工時）的價格或每單位開採產出的勞動加上資本。

—— Barnett 1979: 165

Barnett和Morse提出經濟稀少性增加的強假設。當每單位開採產出的勞動和資本（$aL_E + bK_E$）/Q_E有增加的趨勢時（見圖7.1）則有資源稀少性增加的現象，注意，L_E和K_E分別代表開採部門的勞動資本，Q_E代表總開採產出，a、b分別是影響勞動和資本的參數。開採成本的定義與在第3章所討論李嘉圖租非常地相似，兩者的觀念都是找尋自然界資源稀少性程度的物理指標。

利用上述模型設定，Barnett和Morse進行統計趨勢分析，推斷出下面結論：

美國從南北戰爭到1957年，開採部門（包括農業、森林、漁業和礦業）顯著地增加，到目前為止統計記錄無法證實古典學派的

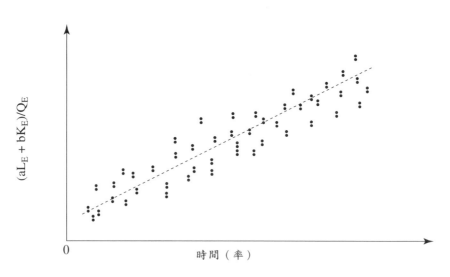

圖7.1　自然資源稀少性增加之強假設

假說，且事實上與古典學說相矛盾。以勞動加資本每單位衡量的每單位開採產出的實質開採成本並沒有上升，他們是下降的，除了森林之外（開採小於10%）。事實上，實質成本的下降率在第一次世界大戰以後比以前更大。

—— Barnett 1979: 166

為何如美國這樣已經歷快速經濟和人口成長的快速開發國家，到現在還未經歷日益增加的自然資源稀少性？這不會很令人驚訝，因為在那時期有快速的技術進步。特別是資源的使用效率增加，如能量以較豐富的資源替代較不豐富的資源、改善運輸和貿易及改善開採技巧與發現新的積存及資源再利用等（見〔範例7.2〕）。

〔範例7.2〕

能量

—— Jesse H. Ausubel

透過煤礦生產和電力傳輸，能量系統擴展成為人造光，使讀者能看見這一頁。對於環境技術人員，兩個主要問題定義了能量系統。首先，效率增加了嗎？第二，用於傳送能量到最終使用者的碳是否遞減？

能量效率大量的增加已有數千年了。想想看所有改良火爐和煙囪的設計和策略，或看看馬達和燈泡的改良。效率引擎的建立開始於1700年，最先是蒸氣，三百年來發電機的效率已由1%增加到50%的極限，完成了今日最好的蒸氣渦輪機。燃料能改進效率達70%。如果社會技術時鐘以其過去的速度轉動，大約需要五十年去做這些事。三百年內自然的法則最後可能阻止我們的機械發展。

由於改進發電機的努力，每隔十年燈泡變得更明亮。一個新的設計是使用微波去砲擊硫礦。一個如高爾夫球大小的燈泡據稱能產生一百個強烈水銀

——水汽燈泡相加總的光線，相當於日光。由最近一百年進步的脈動……將可確定未來照明的創意將不會被消滅。下個世紀可能會發明相當不同的在昏暗中能看見的方法。例如，夜用望遠鏡，凸透鏡的反射，只要少量電力就能在夜間看見物體。

能源經濟社會部分已進步到100%效率的頂點，然而現代社會仍將繼續運作，不會受到系統效率的限制，因為系統效率以乘法增加而非以加法增加。事實上，如果我們定義效率，例如相同的財貨與勞務實際消耗的能量在理論最小比率內，由原始能源傳送為最終使用的完整關聯中，現代經濟的效率可能少於5%，所以距頂點還很遠。自1800年起美國每年平均有約少於1%的能量去製造財貨與勞務。在此進步腳步下，到2100年大約也只能達到15%效率。因為在每一環結中避免損失是困難的，熱力的效率在總體系統中實行可能從未超過50%。

Source: *American Scientist* Vol. 84, 1996, pp.166-76. Copyright Sigma Xi, the
    Scientific Research Society 1996. Reprinted by permission.

然而，基於到目前已經詳述過的，若還有不明瞭的就是關於技術對開採部門相對於非開採部門的影響。直覺地，由於自然賦予的嚴格資源限制，開採部門的產出因報酬遞減將比非開採部門更低。假如這是事實，可以預期到技術的成長對開採部門的影響比非開採部門為小。或，如Barnett（1979: 170）所提出：

因稀少性遞增所造成的開採部門實質成本增加趨勢大於經濟社會動態力量，開採部門實質成本的減少趨勢可能會小於其他部門。

以上的陳述構成了Barnett和Morse提出經濟稀少性增加之弱假設。然後，在此假定下，稀少性增加可藉著測試開採部門和非開採部門每單位勞動及資本，即$[(aL_E + bK_E)/Q_E]/[(aL_N + bK_N)/Q_N]$（下標

的 N 是表示經濟上非開採部門）的**趨勢**來考察。因此，如果弱假設是
有效的，開採產品的單位成本相對於非開採資源之**趨勢**，將如同圖7.2
所示。

　　然而，結果卻與預期相反，Barnett 和 Morse 的結論是「弱假設在
開採、農業和礦物上不成立，這些部門每單位產量成本之下降不會比整
個經濟社會慢。稀少性的弱假設只有在森林成立。事實上，在許多例證
上，開採部門單位成本下降率比整個經濟更顯著（亦即，與圖7.2的預
期**趨勢**相反）」。

　　因此，根據此研究，強假設與弱假設皆一致，與古典學說的資源稀
少性遞增相矛盾，唯一的例外是森林。事實上，強假設與弱假設的實證
證據建議的是資源稀少性遞減。然而，認知這個結論只適用於美國在一
個特定時間的歷史是很重要的。將這案例研究的結果用於全球普遍化的
資源條件是不適當的。儘管它的範圍有限，以整體而言，這研究在設定
經由實證的方法分析一般的資源稀少性的架構方面特別重要。

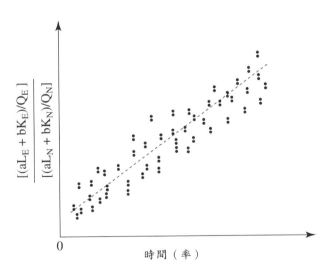

圖7.2　自然資源稀少性增加之弱假設

7.4 資源稀少或豐富：幾年來的跡象

就大眾對生態有限及其不同含意的公眾覺醒而言，此一發展的分水嶺是在1970年代，1970年代常被視為環境年代。1970年4月制定了地球日，這件大事的意義深遠，因為它明示了全球性的生態環境的覺醒。在同一年，美國政府設置新的政府機構——環境保護署（Environmental Protection Agency, EPA），此機構具有內閣層級的地位，而且是根據美國重要環保法令而設立。在1970年有很多書和文章警告大眾，在不久的未來自然資源的缺乏將會愈來愈迫近，這些出版物之中最有影響力的是，由Meadows等人在1971年發表的《成長的極限》（*The Limits to Growth*）。雖然引起了爭論，但是書中令人毛骨悚然的警告已嚴肅地被採用，因為由世界各地有聲望科學家所組成的羅馬俱樂部（Club of Rome）支持這個論述。由於以阿戰爭，阿拉伯在1973年禁油和OPEC在1978年聯合壟斷石油的供給造成能源斷缺，清楚地顯示工業化國家經濟的弱點在於一個重要但卻有限的資源——石油。

1970年代的一些事件，使得Barnett和Morse以觀測全球資源稀少的證據之方法，再度為經濟學家所關注。1970年代的末期有許多實證研究，努力於研究近年來資源稀少的趨勢。Manely Johnson等人更新Barnett和Morse的最初研究，並且擴大研究期間為南北戰爭發生至1970年，以再次驗證強假說和弱假說。1979年Kerry Smith以精確的統計技術分析美國在1900至1973年的資料，儘管Smith對以Barnett和Morse的純理論做為研究方法的團體有些許的批評，其整體結果和結論與Barnett和Morse的發現相當一致，即為，顯示了美國的資源稀少性問題隨著時間的流逝而減緩。但是，這研究只局限於一個國家的經濟表現，關於美國的經驗是否適用其他國家的疑問仍是無解。

1978 年，Barnett 採用美國所出版的時間序列資料，對不同國家做了類似的研究，這些特定國家研究結果無法支持礦物稀少性會不斷增加的強假說和弱假說。事實上結果顯示和強假說反方向的假說，即資源可用性遞增。然而，如 Barnett 建議，「此種國際性結果應視爲初步的結果，因爲所引用的時間序列資料只有很短期（從二次大戰以後），且在某些例子資料的品質也有問題。」

1982 年 Barnett 等人檢視了 1979 年的資料，此次，在 1970 年代有一些資源稀少增加的證據，但這是因一般市場結構改變造成，尤其是 OPEC 石油卡特爾組織。

上述研究的整體含意是全球和美國的經濟走向是正在改善當中。因此，1970 年代所擔憂的壞消息──污染、能源危機、土壤加速侵蝕、沙漠化、砍伐森林等，已經不存在，一般相信透過制度的調整和科技的方法能夠解決這些問題。套句俗語，「需求是發明之母」。這種特殊的信念在 1980 年代早期 Julian L. Simon 和 Herman Kahn 所寫的《資源豐富的地球──對全球 2000 年報告的回應》一書中再度被肯定：

> 我們確信物質世界的本質允許長期不斷改善人類的經濟。當然，由於氣候或污染和所得的增加，通常有新的地區性問題、短缺和污染的發生，有時會有臨時性大規模問題的發生。但是，一個有很好機能的經濟和社會系統，能夠使我們克服這些問題，而通常解決後會使我們比未發生問題更好，這是從人類歷史學到的一課。
>
> —— Simon and Kahn 1984: 3

如同這本書的副標題，這是對「對總統的全球 2000 年報告」的批評，如前一章所討論，此種新馬爾薩斯報告的結論非常令人驚駭。Simon 和 Kahn 回應說馬爾薩斯報告的結論太果斷。在很多部分，依賴統計趨勢分析是與 Barnett 和 Morse 相似，他們的一般結論是在有關的

主題中，全球整體和美國的走向是看好勝於看壞。此外，針對「全球
2000年報告」的結論，Simon 和 Kahn（1984: 1）認為：

> 如以目前這種趨勢持續到 2000 年，到時世界上將會較不擁擠
> （雖然人口較多）、污染較少、生態環境更穩定以及未來資源的供給
> 較不會受到損害和中斷，人口、資源和環境的逆壓在未來會比現在
> 小……。在很多方面，未來會比現在更富有；食物和其他的生活必
> 需品的發展會比現在更好……在未來地球上生活的人們之經濟將會
> 比現在更穩定。

在此世界觀下，尤其是世代間公平分配的考量，將不會是問題。一
位卓越的經濟學家，William J. Baumol 說：「如果我們以過去的趨勢和
現在的發展為指南，對未來提供較多的重分配可以與羅賓漢相反的行為
來描述──劫貧濟富，一世紀後的平均每人實質所得可能是現在的好幾
倍。為什麼我們要放棄一部分的所得去幫助所得是我好幾倍的人？」
（Baumol 1968: 800）

最後，雖然 Barnett 和 Morse 和其他人的實證研究是強烈的暗示，
隨著時間的經過稀少性會越來越小，我們可由這些研究一般化至未來自
然資源的稀少性嗎？這個問題的答案因以下四個理由而充滿變數。

第一、長期自然資源的稀少性能以經濟指標用實證方法評估，這在
邏輯上有瑕疵（見 Norgaar 1990）。且一項 Barnett 和 Morse（1963）原
始模型的資源稀少性運用之更新研究重新思考他們的原本結論（Hall
and Hall 1984），清楚地，其觀念基礎和模型實證發現的豐富性是存疑
的。

第二、以統計趨勢分析為基礎的研究並未考慮到環境品質，這是因
為外部性使得環境財的價格被低估。因為這遺漏可能引起爭論──在過
去半世紀，開採型式的改變已增加自然資源物質投入組成（即自然資源

商品）的有效供給，而減少此些資源的美質及維生服務。即，過去所顯現的高度技術替代可能性，可能是由很多的有市價之勞務與財貨取代無市價的勞務、財貨和美質而來的（Brown and Field 1979）。

第三、上述的實證研究期間內，能源使用的主要轉變已經發生。更確切的說，較高品質的燃料代替了品質較低的燃料，首先，煤替代了木材；之後，石油和天然氣替代了煤。根據Culter Cleveland（1991）所言，在Barnett和Morse的研究中所描述的美國情況是此種高品質燃料減少了勞動資本費用。換句話說，Barnett和Morse的研究中觀察到資源開採實質費用降低的趨勢並非由於技術進步，而是由於高品質能源的代替而使資源開採的勞動和資本減少。

為了證實這點，Cleveland進行與Barnett和Morse研究相似的實證研究。他計算美國開採部門（礦、農業、林產和漁業）生產一單位資源所使用的直接和間接燃料，採用下面方法：$Q/(E_d+E_I)$，Q為總開採產出，E_d和E_I分別為用於開採之直接和間接能量。因此一般趨勢顯示每單位能量投入的產出（即能量投入之生產力）減少，表示物理稀少性增加或單位能量成本增加，這是因為當高品質資源被用盡時，進一步開採資源需更多的能量。在1970至1988，Cleveland的實證研究顯示在美國的金屬開採、能量的取用、森林業以及漁業稀少性增加，例外的是非金屬產業。

第四、如下章所將討論，熱力學定律對以人力資源取代自然資源有特定的限制，這暗示了以技術彌補能量耗竭和劣化是有物理極限的。

此外，技術進步的腳步在過去是很不平均的。事實上，在過去五千年間的技術進步並不平均，大部分集中在過去的三百年左右，因此，用過去的證據去推論未來是危險的。如果這論點被採用，在二百年前技術快速的進步，未必顯示技術在未來會不斷的進步。

7.5 經濟成長、環境和人口：新古典學派的主張

到目前為止，幾乎很少有任何有關於環境的東西被特別的提起。經濟的成長與維持一個健康的環境品質能夠協調到什麼程度呢？由經濟成長所伴隨的經濟活動的增加難道不會產生更高程度的污染和因而導致更大的環境逆壓？新古典經濟學者對於這些問題的標準回答是很直接的，他們辯稱環境品質的重大改善和經濟的成長是可並立的，因為下列原因：

首先，經濟成長的利益之一，是能增加每人所得，每人所得增加將會增加改善環境品質的需要，這代表環境清潔工作的開支增加。

其次，繼續改進減少環境污染的技術，將不允許環境的清潔費用無止境的增加，也就是說，在一個健康且成長的經濟中，用於減少環境污染的花費將會因為技術上的進步而持續的減輕。而且，即使不是這種情形，除非環境污染清潔的花費的增加占了 GNP 的一大部分，否則那不會成為我們關心的主題。大體上，環境污染清潔的花費在 GNP 所占的比例非常的小。

根據以上的論述，可見得經濟成長對於環境是利多於害的。而且，這個假設已經被一個對於每人所得及環境品質間的關係之一般實證觀察所支持。這個特定的宣稱是每人所得的增加，剛開始是與日益惡化的環境情況相遇到某個程度，但接著是環境品質的改善，這樣的關係在圖上被繪成倒 U 型。就它的表面價值言之，它所提出的建議是一個國家在它對於改善環境品質的關心提出回應之前，必須達到一個特定的生活水準。這個倒 U 型有時候也被稱為環境 Kuznets 曲線，因為它和首先被 Simon Kuznets 所提出的每人所得與所得不平均的關係有相似性。

最近，倒U型曲線或所謂的環境Kuznets曲線假設已經因許多理由被批評。對於這個假設的主要爭議是有效的被 Rothman 和 de Bruyn 有效地整理出來如下：(1)倒U型曲線只適用於少數污染的型態，主要是那些有地方性健康影響且可以不必用很高的費用處理的污染；(2)現存的實證工作把焦點放在所得和污染排放間的關係，或集中在因為由環境問題所造成的污染上面，並未完全考慮環境的衝擊。舉例來說，生態學層面如負載容量和生態系統容量等等，已經被忽略；(3)並不是所有現在的實證研究都完全支持此假設；(4)沒有一個好的理由可以解釋，為什麼在達到一個特定的所得水準之後污染會減輕。基於這個觀點，最近一項由 Torras 和 Boyce（1998）所做成包含比所得更多解釋變數的實證研究發現：社會因素像是所得品質、較廣泛的識字能力和比較大的政治自由，對於環境品質有重大的影響，特別在那些低收入的國家，這研究包括了比只有收入一項更多的解釋變數。

以上所提出的缺點本身不能用以推翻倒U型假設，然而，它們警告我們，在發展中的國家不能將經濟成長視為解決環境問題的藥方。

至於人口問題又如何呢？新古典學派的經濟學者也相信經濟成長不只是對環境有益，也對於治療國家人口問題有幫助。這個爭論點被已知的人口統計轉變理論所支持，這理論是奠基於一般化實證經驗，而且它宣稱正如同國家發展，它們最後也會使出生率下降（Leibenstein 1974）。換句話說，在長期工業化的過程終將伴隨人口成長的持續減少。這是因為在工業化的過程中，平均家庭收入的增加減少了擁有更多小孩的欲望。

這個實證觀察到家庭收入與家族大小的負向關係，可由系統化的個體經濟學來解釋。有關於人類生育力的個體經濟理論明確地處理了有關於父母如何決定是否生小孩議題，及這選擇如何被家庭的收入所影響（更多的討論請看第18章有關於人口統計學的轉變理論和關於人類生育的個體經濟理論）。

大體上，下列理由是一個國家平均所得和人口成長呈負相關之解釋：

1.當一個國家經濟上成長（所得增加），就有能力提供人民改善健保設備，則降低了嬰兒的夭折率，而因為嬰兒夭折率的減低，就不會有生很多小孩的慾望。

2.當家庭變得較富裕時（所得增加），他們養兒防老的需求就變得比較淡。

3.持續的經濟成長，提供了較多的機會讓母親工作以賺取所得，通常需要教育程度較高的人，因此，基於母親的機會成本和教育小孩的成本之考量，造成家庭對小孩的需求減少。（見〔範例 7.3〕）。

〔範例 7.3〕

出生率降低象徵不同生育世界的訊息

—— Michael Specter

斯德哥爾摩，瑞典—— Mia Hulton 是二十世紀末的一個真實婦女。說話溫和、有好的教養和思想，她在唱詩班唱文藝復興的音樂，安靜地與她愛的男人生活，而且一週七天工作得像魔鬼。

她現年 33 歲，從事研究工作，住在瑞典，沒有其他國家比瑞典能提供更多的支援給想要子女的婦女，Hulton 不明白在她生命中有什麼可能為小孩留下一席之地——也許未來有可能，但不是最近。

「我時常想，如果我沒有孩子，我將會錯過某些重要的事」，她慢慢地說，試著用簡單的字敘述她複雜的願望。但是今日的婦女已經有很多選擇去擁有她們想要的旅行、工作及學習的生活，這是令人興奮和要求過度的。

「我發現很難找到可以安置孩子的地方」。

　　Hulton 從未考慮她自己的本質，但是她已經變成這個世紀基本社會改革的支柱。

　　為了成就與自由，在已開發國家有數百萬計的婦女比過去有較少的小孩。

　　人們求學時間延長了、更強調工作、更晚結婚，結果是，許多國家現在出生率正急速且持續下降。

　　除了天災、戰爭和嚴重的經濟蕭條，從來沒有過這麼低的出生率。

　　在歐洲，不再有任一世紀，當他們死亡時會有足夠的小孩去替代他們。義大利成為國際歷史上第一個60歲以上人口多於20歲以上人口的國家。今年，德國、希臘和西班牙將會達到同樣的結果。

　　此種情況轉移到歐洲以外國家。去年日本婦女一生中平均孩童生產率達1.39的最低數字。

　　在美國有一個很大的新移民聯營幫助維持高過其他繁榮國家的出生率，此數據仍然些微低於每位婦女平均2.1個小孩——一個需要防止人口開始萎縮的奇異數字。

　　甚至在開發中的世界，那裡過度擁擠仍是自暴自棄及疾病的主因，幾乎所有地方的成長步調都是緩慢的。

　　自從1965年，按照聯合國人口資料，第三世界的每位婦女的生產率下降了一半，從6個變成3個小孩。最近十年，根據數據每位婦女生產的孩子已經由6.2個下降至3.4個。這個降幅已經大於前兩個世紀了。

Source: *Kalamazoo Gazette/New York Times*, July 10, 1988. Copyright © 1988 by
　　The New York Times Reprinted by permission.

　　結果是明確的，根據新古典經濟學家的觀點，當國家面對改善人口和環境問題，更多經濟成長是需要的。然而，此處欠缺基於全球觀點的生物物理學限制的考慮。全世界的資源可以作為並支撐全球經濟無限制發展的基礎嗎？這是不可能的，此一想法就是最近生態經濟學的復興並且支撐其發展背後的理由──這也是下兩章的主題。

7.6 摘要

1. 在本章，我們在「一般的」資源稀少和人類長期的實質福利中討論新古典經濟學的遠景。

2. 新古典經濟學家不完全拒絕自然資源是有限的觀念。然而，不同於馬爾薩斯主義，他們不相信事實包含有限的經濟成長。下列五個理由支持新古典經濟學家的態度。

   ■ 他們相信經由發現替代物、新資源的發現和增加資源利用效率的技術，在改善自然資源稀少性上幾乎沒有界限。

   ■ 「一般」和「特殊」自然資源稀少性是有差別的，就他們來說，一般的或絕對的稀少性（即，因為注意到「只有一個地球」且就物質需求而言是一個封閉體系）並沒有探討的意義，重要的是某些特定資源的稀少性或相對稀少性。

   ■ 然而，相對稀少性的確會限制成長，因為要素替代可能性問題。

   ■ 相對於馬爾薩斯學派的強烈對比，新古典學派相信經由平均每人所得和技術進步，經濟成長提供環境和人口問題解決辦法。

   ■ 新古典經濟學家相信市場系統能及時提供資源稀少性的訊息，由外部性引起的價格扭曲只需要些微的市場調整。

3. 在社會資源由功能順暢且有遠見的市場來配置的前提下，維持人類物質進步的關鍵資源是知識。經由知識，人類技術進步（規避生物物理限制的必要要素）可永遠持續。

4.因此，留給子孫最好的遺產即是知識教育（累積關於過去所發現的資訊）與有形資本。

5.在遺留教育及有形資本給後代時，不考慮未來世代繼承的自然資源，因為新古典學派主張，人為資本（道路和工廠等）和自然資本（森林、煤礦和荒野地等）是可替代的。尤其這二百年來，人類所製造可代替自然資源的技術有很大的進步。

6.根據新古典學派的成長主張，在未來技術仍會持續進步。因此，人類的物質發展情況將決定於技術成長的速度。由近二百年的證據預測人類有更光明的未來。此外，此種預測不因自然資源有限的事實而有所不同。

第8章
經濟成長的生物物理限制：
生態經濟學觀點

學習目標

閱讀本章以後，你將熟悉下列各項：

■生態經濟學及其與眾不同的特色。

■生態經濟學的發展歷史。

■對經濟成長之生態限制的論爭。

■能源作為經濟成長的限制因素。

■對於「為何新古典經濟成長模型是不能維持的」
之生物和道德／倫理之論點。

■穩定狀態經濟社會（the steady-state economy,
SSE）。

■穩定狀態經濟社會的生物學、經濟學和倫理層
面。

■經濟成長和經濟發展之性質上的差異。

■穩定狀態經濟社會與其政策上之關聯。

■穩定狀態經濟社會運作的實際問題。

經濟活動所依賴的環境資源包括產生各種不同服務的生態系，但此資源是有限的，而且，輕率使用環境資源將會減少其未來資源的再生能力；在此前提下，為使自然資源能永續利用，環境資源的開採應有其限制。

—— Arrow et al. 1995

將來的封閉型經濟可能可以叫作「太空人經濟」，地球成為單一太空船，沒有用不完的任何東西，不管在資源的開採或污染方面，我們都會處在這一環境中；因此，人們必須找到即使不能避免資源的輸入，但原料能夠不斷複製、延伸、再生產的一個循環生態系的地方。

—— Boulding 1966

8.1 緒論

在第6章我們看到馬爾薩斯對經濟成長限制的論證主要是基於擔心一些重要資源耗竭，其中包含了自然環境分解垃圾的能力；而在第7章中我們學到，這種恐懼被主流經濟學家挑戰，因為主流經濟學家認為資源在一定範圍內可以替代，並且經由技術方法而改善，即，由於資源的替代是可能的，某一種資源耗竭不一定會是重要的警訊（Solow 1974）。再者，如果自然資源和人力資本有無限的替代可能，則自然資源的絕對限制就將變得毫無意義了（Rosenberg 1973; Goeller and Weinberg 1976）。不幸地，縱使在極端的情況，只有對某些特定礦物資源如鋁、銅等，才能忽略絕對限制。當考慮能源的可用性或自然生態系容納的彈性之限制時，技術進步並不能解決生物物理限制問題。事實上，以爲技術進步可以解決生物物理限制問題，是誤導的，甚至會帶來危機（Georgescu-Roegen 1986）。這就是生態經濟學對自然資源稀少性的觀點，也是本章的主題。下一節將概述生態經濟學與眾不同的特色。

8.2 生態經濟學：性質與其範圍

生態經濟學研究在生態與經濟系統間之關聯；基本的組成原則包括生態和經濟系統複雜性和適應性的觀念及維生系統需以整合方式研究（Costanza et al. 1993）。在此意義上，生態經濟學試圖整合生態學和經濟學這兩門在本世紀中一直各自發展的學問。

關於經濟研究的生態經濟學，其方法與新古典經濟學的方法有多種不同之處：

首先，生態經濟學將人類視爲是自然生態系的子系統（見第4章，圖4.2）。生態經濟學的首要著重焦點爲生態系和經濟子系統之間物質和能量的交換。

第二，在第一點前提之下，在生態經濟學中，生產（主要是物質和能量的轉換）被視爲是經濟活動的開端（Ayres 1978）。生產的基本要素是原料、能量、資訊的流通與生態系中維生的物理和生物過程；因而，除資訊之外，經濟子系統中所有原料投入的最終資源是自然生態系。在此觀念下，自然是財富的最終來源。而且，在生態經濟學中，由能量和物質轉換的物理定律所產生的自然生態系之再生和涵容能力存在清楚的限制 （Georgescu-Roegen 1993）。所以自然資源並非我們所想像的取之不竭、用之不盡。

第三，在生產（物質和能量轉換）是主要焦點的課題上，生態經濟學家使用熱力學與生態原理以描述自然資源在經濟程序的適當法則，因為所有的轉變皆需要能量，並且無任一替代品可代替能量，生態經濟學致力於在整個經濟過程和經濟系統中有效地提高能量資源的重要性（Odum and Odum1976; Costanza 1980; Mirowski 1988）。

第四，另一個生態經濟學的主題是生產要素的互補性。在生產過程中所有投入均被視為互補品，而非替代品，此處主要意義為，既然資本或勞力都不能創造自然資源，開採自然資源不能無限地以勞力或資本來替代。事實上，熱力學的法則同時挑戰新古典經濟生產分析的樂觀「技術假設」。

最後，生態經濟學致力於強調規模議題的重要性，此處規模是指人類經濟子系統相對於整個自然生態系的大小（Daly 1992）。生態經濟學家相信在現在的情況下，人類經濟社會相對於全球生態系已大到對自然生態系支持經濟子系統的涵容能力限制造成逆壓（Goodland 1992），其證據是 1980 年早期以來，一些以環境與資源為大標題的議題，如有毒垃圾以驚人的速度增加；熱帶雨林的快速減少；稀有動物或植物呈現快速滅絕的跡象；同溫層的臭氧消耗；海洋資源的無限制剝削──垃圾的丟棄、資源的抽取；溫室效應（全球溫度的上升）。

因此，根據生態經濟學者的想法，尋找「最適」規模最迫切需要的是認知經濟成長的生物物理限制（Daly 1996），因為經濟子系統的成長受限於不會成長且有限的生態圈。這需要流量產出（throughput，即低熵物質─能量）減少，它有深遠的含意，因為傳統上，經濟成長的實現是以增加使用流量產出為手段。事實上，很快將看到，這也許需要對常見的「經濟的成長信條」修改為「永續性的風氣」。

在生態經濟學這被視為需要全新於經濟分析的方法來探討的下列問題：

1.不應單獨由效率的考量來判斷一個經濟社會的表現，應明確的考慮到現在與未來世代之間變化的分配和公平問題（Daly 1973）。此外，為確保非人類生命受到保護，資源的價值也不應完全以人類的偏好為判斷基礎。

2.就人類經濟社會被視為自然生態系的子系統，及這兩個系統間的交互關係被認為是複雜的內容而言，經濟問題應以系統架構（使用非線性數學、一般系統理論以及失衡熱力學）和有中心學說焦點來分析（Norgaard 1989; Costanza et al. 1993）。這和靜態或比較靜態的均衡分析——大多數標準經濟適用的分析手法互相抵觸。

3.對長期自然資源可用性的經濟評估應假設基本上有不確定性；因為這種本質的問題涉及不可回復過程的複雜系統之相互作用（Arrow et al. 1995）。認真考慮此點，可確保在導入技術和物種、污染控制衡量和稀有種、受威脅或瀕危生態系和棲地的保護時更加小心。換言之，預防是對自然資源最有效的管理方法。如McGinn（1998）如此說明：一般而言預防原則成立，社會應採取特定行動以防止未來世代的不可回復和嚴重限制的結果，縱使目前並無有力的科學證據證明會發生如此嚴重的結果。

預防原則的應用有意義深遠的政策暗示：例如Cline在全球溫度上升之研究（1992），大多建構於風險趨避的基礎（因此為預防原則），其結論為問題的答案需採取國際合作的積極計畫以顯著且有效減少溫室效應。另一方面，Nordhaus對相同主題的研究（1991）使用標準之成本效益分析（Cline和Nordhaus的研究在第10章將進一步討論）建議的政策太溫和了。預防原則在資源管理中的應用越來越多，我們將於第10、15和16章中作詳細介紹。

8.3 生態經濟學的發展：簡要歷史概述

生態經濟學的現代版本是一個相當新的領域，若認為生態經濟學是一個次要的課程，那是完全錯誤的。如果往回尋求根源即可追溯到古典學派之前的重農學派——17世紀中的法國經濟學派（Cleveland 1987; Martinez-Alier 1987）。在重農學派想法的基本原理前提之下，認為所有經濟資源剩餘的起源都來自於「土地」的生產力或是相當於現在的自然資源。在這方面，自然資源應該視為物質財富的最終來源。最著名的重農學派經濟學者之一的William Petty （1623-83）論點即表示「土地是財富之母，勞力是財富之父」。這種視土地為最終資源的處理方式在古典經濟學的文獻中也很著名，例如：李嘉圖（David Ricardo）提出土地具有原始的及不滅的力量。在重農學派與古典學派二者間均都認為土地是有限的資源。因此，瞭解支配此種資源的「自然法則」被認為是探討人類長期經濟社會命運的重要因素，就此目的而言，李嘉圖報酬遞減律的發現是相當重要的。

　　在19世紀初期，熱力學定律的公式化是生物經濟學歷史發展的另一個轉折點。這個發現的貢獻是更清楚的瞭解支配物質和能量轉變的自然法則。從此以後，熱力學法則被用來解釋為從自然資源轉變成最終財貨與勞務的「自然限制」。

　　在經濟領域的範疇內，熱力學法則使用至今有二個特殊的目的。第一，使用能量流動與經濟活動的關係，熱力學法則被用來幫助瞭解經濟的運作和在生態系下的相互影響。這導致我們更清楚的瞭解經濟學的生物物理基礎。一些由仔細檢驗熱力學法則的主要課程可用來補足要素投入、技術的限制、自然環境的再生與涵容能力的限制、一般生物的生存限制和經濟的成長。這些議題在後面將以Georgescu-Roegen的研究來做更進一步的探索。

　　第二，在19世紀末，一些自然科學家與經濟學家開始提倡以能源作為價值理論基礎。所有的轉換都需要能量，它的流動是單向且沒有東西可替代。因此以能量作為標準物是有意義的——作為所有資源價值權重的分母（Odum and Odum 1976）。這就等於試圖將經濟活動的價值以其所耗用的能量來衡量（Costanza 1980）。即使到今日，仍有一群學者強力主張「價值的能源理論」。

生態經濟學發展最近的突破從第二次世界大戰和太空紀元的出現開始，尤其是 1960 年代，在很多方面是生態經濟學議題上的分水嶺年代。這十年間，生態限制明顯提高大眾的注意。有幾件事情的發生是重要的，其中有兩個具有特殊價值的因素值得一提：第一，人類社會已經進入了太空時代，地球是一個有限的區域，這已經變成了一個常識了；第二，環境的破壞被大眾注意的程度是非常低的，直到 1962 年 Rachel R. Carson 出版《寂靜的春天》（Silent Spring）。由於農藥的濫用造成了世界環境的破壞，這本傳統的書負起開啟美國和其他地方現代環境改革的責任。除此之外，這本書的影響不僅限於大眾對生態病態覺醒的增強，也改變了學者對成長、資源和環境的討論性質。

在 1960 年中期，Kenneth Boulding 的作品「來臨的太空船地球的經濟學」（The Economics of the Coming Spaceship Earth）造成現代生態經濟學的演變。在 1970 年間，Nicholas Georgescu-Roegen 和 Herman Daly 這兩位非傳統的經濟學家在生態經濟學上的重大發現中，有一些深具洞察力的想法。這三個經濟學者的作品所傳達的訊息是經濟成長的極限不能單獨以慣用資源用罄可能性的基礎來探討──如傳統馬爾薩斯人口論；也不能將技術看成逃避生態限制的最終理由──像新古典學派主張的經濟理論。取而代之的，高品質能源的供應和生態系恢復力的損失是人類追求物質極樂世界的兩個關鍵限制因素。像在〔範例 8.1〕中所討論的，生態系的恢復力是相當重要的考量。它涉及具下面性質的問題：因長期環境污染帶來的生態逆壓，其效果是生物生產力的突然損失、不可回復的改變（如生物多樣性的損失）、經濟活動環境效果的不確定性。

〔範例 8.1〕

負載容量與生態系的恢復力

—— K. Arrow, B. Bolin, R. Costanza et al.

　　所有經濟活動最後依賴的環境資源基礎包含支援一個多樣廣闊服務的生態系。這個資源基礎是有限的。此外，在我們欠考慮的環境資源基礎上在未來會造成生產原料數量無法回復的減少。所有的事情暗示著在地球上有負載容量的限制。

　　負載容量的本質不會是固定的、靜止的或是單調的。它們有技術、偏好、產品結構和消費量的條件限制，它們也有和自然界間任何改變狀態的相互影響和生物環境的條件限制。因為人類的改革與生物學的演變是天生未知的結果，所以代表人類負載容量的一個數據將是沒有意義的。儘管如此，人類經濟和生物圈關聯的現有規模或強度的一般指標仍是有用的。例如：Vitousek 等人計算地球上適合一般生物圈人類消費量的主要產量總和的淨值是 40%。這是一個估計人類在地球上遠景的規模。

　　環境系統的恢復力是環境維持的另一個更有用的指標。思考有關恢復力的方法之一是集中於具有多重（區域性）穩定平衡的生態系動力學。恢復力在這方面而言是干擾在由一個區域性穩定均衡到另一個均衡前被吸收的程度。經濟活動只有當維生生態系有恢復力時才是永續的。雖然生態恢復力難以測量，且由一個系統到另一系統、從一種干擾到另一種干擾的變化很大，它仍可作為環境逆壓上的指標與預警。例如：不同的生物體有著不相同特性的生態功能，這代表著環境系統恢復力的特徵。但最後，系統恢復力只能以智慧性干擾來測試，並觀察其所謂「適應性管理」之反應。

　　生態系恢復力的損失至少因下面三個理由是很重要的：第一，生態系由一均衡到另一均衡不連續的改變可能與生物生產力突然損失相結合，因此降低維生容量；第二，在現在和未來的選擇上，它意涵不可回復的改變（例如：土壤的腐蝕、地上水水庫耗竭、沙漠化和生物多樣性的損失）；第三，由熟悉變到不熟悉狀態的間斷的與不可回復的改變增加了經濟活動環境影響

　　今日的生態經濟學在哪裡？隨著世界逐漸地但又確定地由「空世界」
移到「滿世界」，關心全球環境與資源的生態學經濟學已廣泛被承認
（Cleveland 1987）。在生態學經濟有趣議題已在過去十年特別地引人注
目了。在1988年，生態經濟學國際學會（International Society for
Ecological Economics, ISEE）正式成立。現在它的會員人數已超過一萬
人，且在使命和會員組成上的確是國際性的。

　　最近生態經濟學的發展對整體經濟學領域有何影響？整體而言，生
態經濟學對主流經濟學思想的影響並不顯著。主流的經濟學者繼續抵制
任何由生態經濟學者提出的新古典成長範例（Young 1991）。仍有不少
經濟學者，如Boulding、Georgescu-Roegen 和Daly（下一節將討論）
等重要生態經濟學家的研究被認為是雖有趣但僅是老舊的新馬爾薩斯思
想而已。

　　儘管有此懷疑，有越來越多的學者雖不一定認定自己為生態經濟學
家，但正致力於將生態限制融合於主流經濟分析的架構中。在1970年
代起越來越普及的經濟學領域──環境與資源經濟學領域中特別明顯。
在過去十年中，沒有一本嚴謹的環境與資源經濟學的教科書未包括此種
觀念的討論，如物質平衡方法（第一熱力學定理）、第二熱力學定理、
自然環境涵容能力的限制及負載容量，只是其中一些例子。

8.4 生物物理限制及對經濟成長的含意：生態經濟學的觀點

本節將深入討論人類對物質生活水準持續增加的關懷之實際生物物理限制的性質，在此以三位著名經濟學家Kenneth Boulding、Nicholas Georgescu-Roegen 和Herman Daly的研究來說明，這三位經濟學家共同的特色都是使用熱力學和生態原理去證明「經濟成長」生態限制的存在，在處理過程中，他們強烈地對新古典成長模型的基本原則提出質疑。更進一步的說，這三位非主流的經濟學家討論生態永續的經濟社會，Herman Daly 甚至提出自己的成長模型。

8.4.1 Kenneth Boulding（1909-93）：生態的限制

Kenneth Boulding 所寫的「來臨的太空船地球的經濟學」（The Economics of the Coming Spaceship Earth）（1966）是早期由生態觀點批評現代經濟成長理論的代表。從文章中使經濟學家瞭解生態觀點與經濟有密切關係，而在此一方面，是第一個在主流經濟學中激發生態學觀點的人。

Boulding 的文章告訴我們過去拓荒心理（frontier mentality）的特色：「當所有的東西取得困難時，不管是因為自然環境的惡化或社會結構惡化導致人類居住的問題，總會發明新東西」（p.297）。因此，地球是一個開放系統或是無限的星球，而 Boulding 引用「牛仔經濟」（the cowboy economy）來描述經濟系統與資源有效性是可以同時存在的，在這情況下，資源可用性被視為理所當然，同時消費和生產亦被視為有用的東西。依據上述，自然生態可以任意的開採。此外，一個經濟社會的成功是以流量產出（物質和能量）用於生產財貨與勞務的數量來衡量，而不考慮資源耗竭或污染。因此，根據Boulding的觀點，任意的開採自然生態，代表我們過去行為與牛仔（cowboy）行為完全相同。

但是Boulding對於未來是採取完全不同的看法，他特別警告我們目前是處於在一個由開放轉變為封閉的地球的事實。我們正進入這個有限範圍的地球中，更要有能力去突破。因此，

> 地球是沒有任何一種東西具有無限性的太空船，甚至會排出污染，因此人們必須去發現一個能夠持續再生產物質，儘管無法避免必須有能源投入之週期性生態系。
>
> —— Boulding 1966: 303

根據Boulding的觀念，在未來是個「太空人」（spaceman）的經濟，也意指地球是有限的，與以往的地球是無限的觀點不同：

> 在這個太空人經濟中，流量產出（物質和能量）並不是希望之物，事實上應被極小化而不是極大化。因此，經濟成功的必要衡量條件不是只有涵蓋生產量和消費量而已，亦包含其本質、內容、品質、複雜的總資本存量，包括系統中人類的身心狀態。
>
> —— ibid.: 304

Boulding接著論述主流經濟學家難以接受太空人經濟社會的含意，因為生產與消費是厭惡財而不是喜好財的建議違反主流經濟學家的自然原則。

依據這些想法，Boulding的觀點是相當明顯的。首先，地球是一個封閉的生態圈，當人口少且技術能力未過度擴張時，將地球視為一個無限的星球，縱使不對，也是可瞭解且可接受的。然而，目前人類在人口、技術、消費習慣和生產方面的條件下對社會價值和經濟系統應有新

觀點。我們需要加強接受社會價值和建立經濟系統的概念——在物質方面——更多不一定更好。在其最後的分析中，Boulding 所要表達的觀念只是：人類的未來取決於自己設計調整流量產出經濟系統的能力，對其生態限制充分認識，才能建立一個永續的經濟社會。

8.4.2 Nicholas Georgescu-Roegen（1906-94）：以能量為受限制要素

另一個經學家 Nicholas Georgescu-Roegen 對主流經濟學家的評論更勝於 Boulding，他對經濟學有種種的貢獻。他的專長是消費者選擇、效用理論、可衡量性、生產理論、投入產出分析和經濟發展，也對主流經濟學的研究提供良好的方法。Georgescu-Roegen 對一般經濟學家的學術貢獻反應在他的《經濟分析》（*Analytical Economics*）一書中（1966）。而 Paul Samuelson 在經濟分析的序言提到 Georgescu-Roegen 是個「學者中的學者，經濟學家中的經濟學家」（Daly 1996）。

Georgescu-Roegen《熵法則和經濟過程》（*The Entropy Law and the Economics Process*, 1971）一書對資源經濟學有重大貢獻。此著作代表對標準經濟學的資源稀少性和經濟成長的洞察力與批評。他使用熱力學的基本原理——物質能量的移轉會受到自然法則的影響，介紹新的經濟分析概念結構，在此結構中，生態系與經濟系統之間會相互影響。對 Georgescu-Roegen 而言，從物理的觀點來看，人類經濟制度和自然生態系的特徵是物質能量不斷的替換，物質能量流動的分析主要是瞭解經濟過程中物理的限制。基於此原因，他表示熱力學是「經濟學中重要的自然法則」。他對一般經濟感到失望，因為在資源配置分析時，完全缺乏基本概念的考慮。

Georgescu-Roegen 觀察到新古典學派仍然延用「牛頓動力學」（Newtonian mechanics）的動力原則，此經濟分析基於相當簡化的觀念架構。為了證明此理論，他引用了一般經濟學的教科書描述經濟過程的流程圖（第1章，圖1.1）。從純粹的物理觀點來看，這圖表代表在生產和消費之間的封閉系統中的物質能量流程。另一種說法是物質能量的流程以非物質的成本和收益的現金流取代。在物質能量或現金流假設不是由自然與超自然來控制，而是基於效用和自利控制。因此，很清楚地，在經濟過程中的物質──能量流程和物理環境之間並沒有明顯關聯（見第2章）。換言之，經濟過程可以看作是一個與所抽取物質的自然環境無關的「獨立的循環事務」，根據Georgescu-Roegen的理論，我們知道有下列三個原因使經濟過程的方法不但過於簡化而且容易產生誤解。

第一、它使經濟學家只注重經濟價值，因此，容易導致忽視經濟過程中物質能量的物理流量（生物物理基礎）。相反的，Georgescu-Roegen利用熱力學第二定理告訴我們，「從完全的物理觀點，經濟過程將有價值的自然資源（低熵）變成垃圾（高熵）」（1971: 265）。此種進入經濟過程和從經濟過程出來的是什麼東西的差異，應足以認定「自然在經濟過程中也和形成經濟價值扮演同等重要的角色」（ibid.: 266）。Georgescu-Roegen並非主張經濟價值僅建立在自然上，他用需求（效用）與供給（技術和自然）來達到經濟價值的不變性。為了證實此點，他表示：

> 經濟過程中的實際經濟產出不是垃圾的物質流量而是非物質的流動：生命的享受。如果我們不認定非物質流動的存在，那我們就不是在這個經濟的世界裡。若我們忽視非物質流動的事實，就不會有完整的經濟過程輪廓。所以只要熵能在環境的法則繼續不斷的循環，我們就可以享受生活。

—— ibid.: 80

因此，根據Georgescu-Roegen，低熵是經濟價值是必要的但不是充分條件，然而並不能忽視低熵的物質能量在經濟價值的形成中扮演重要的角色。

第二、它引起一般經濟學家過度看重能量在經濟過程的角色。利用熱力學第二定理，Georgescu-Roegen 論述能量不僅對一般物質生活水準是一限制要素，而且最終對經濟過程也是限制。他表示：

> 環境低熵是稀少的且不同於李嘉圖（Ricardian）的地租論，李嘉圖的地租論和煤的存量都是有限制的數量。不同的是，煤僅可以使用一次。經濟過程在物質基礎上是根深蒂固且受限於一些明確限制，因為經濟過程是單向且不能逆向運作。

—— ibid.

第三、主流經濟學家不承認經濟過程中的自然限制而成為第一級的技術樂觀者。他們相信人類面對任何物質的問題都可以技術的方法來解決，所以經濟學家把它視為理所當然的，但這只是期望，因為：

1.根據熱力學第二定理，不可能發明恆動產業機器，在經濟過程所受限的物質能量轉變中，從沒有「自由重複使用而沒有廢棄物的產業」（ibid.: 83）。換言之，生產出任一產量都有能量和物質的熱力學絕對極小限制是不可能以技術來改變的。

2.Ayres（1978）解釋，熱力學定律對人為資本與自然資本的替代性有所限制，技術改變彌補自然資本耗損的能力有限。事實上，在長期，自然與人為資本是互補的，因為後來的生產和維持皆需要物質和能量。這確實是對新古典成長模型人為與自然資本間可以無窮替代觀念的否定。

在此有很重要的觀點，就是Georgescu-Roegen 和 Boulding 並不是反對技術和技術進步的想法，在這個部分中，他們有二個主要的論點：第一，我們必須知道技術進步有其限制；第二，技術可能被濫用或誤用。

另一方面，有效的運用技術會帶來效益，例如，技術進步可以減少所需要的流量產出，當物質生活水準維持在一個適當的水準之下，的確是可以用技術進步來達成，在另一方面，如果技術進步無限制，就能直接生產出更多的財貨與勞務。因此，技術的使用首先要對自然的基本限制有所認知。

Georgescu-Roegen 和 Boulding 可認為是現代建立觀念性和理論性的生態經濟學的主要兩個人。然而，就提供不同於傳統經濟成長具體模型而言，無人能媲美 Herman Daly ── Georgescu-Roegen 的學生。

8.4.3 Herman Daly：穩定狀態經濟社會

Herman Daly 是一個有理想的學者，他特別為大家所知道的是他堅定且有力的批評新古典經濟學。他曾在世界銀行裡工作，在這幾年間同時嘗試矯正生態發展計畫的矛盾。目前，他是馬利蘭大學公共事務學院的教授。

Daly 在提出有別於新古典主義的論點上特別受到重視，即穩定狀態的經濟社會（Steady-State Economy, SSE）。Herman Daly 的 SSE 是一個概念上的模型而不是全新的主義，因為它和早在一世紀以前和 John Stuart Mill 的穩定狀態有共通之處。Daly 的模型特別強調資源的限制──Boulding 和 Georgescu-Roegen 所強調的生態和物理之關係。事實上，SSE 是一個將 Boulding 和 Georgescu-Roegen 生物物理學的限制和倫理道德的的限制納入考量的「成長」經濟理論模型。

方法與目的論

Daly（1993）聲稱，新古典主義的經濟成長理論不可靠，因為它並未基於永續的生物物理和倫理考量。Daly 透過使用方法和目的順序的觀念來解釋這個現象，如圖 8.1。

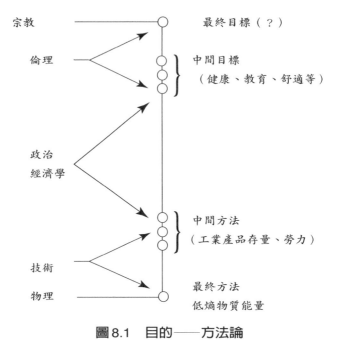

圖8.1　目的──方法論

Source: V. K. Smith, *Scarcity and Growth Reconsidered,* Copyright © Resources for the
Future (Washington, D. C., 1979), p.70.

　　根據Daly的說法，標準經濟成長模型忽略達到生活物質標準成長
的最終的方法，這裡最終的方法涉及生態圈的低熵流量產出（low-
entropy throughput）。主流經濟學認為基本資源有絕對稀少性且受限於
自然法則並不重要，取而代之，主流經濟學家因盲目信任技術而專門集
中於中間方法的可用性：勞動、資本和傳統的自然資源（原料）。在此
過程中，中間方法的可用性終究取決於最終方法的可用性此一事實，為
主流經濟學家所忽視。由於這個原因，經濟學家集中於中間方法，討論
相對稀少性和價格，乃是基於資源分配於不同的社會用途（見第2和3
章）。

　　在這個生物物理事實下，難怪傳統經濟學家被中間目的（有市場價
值的財貨與勞務）不斷成長沖昏了頭，不僅認為生物物理的限制不相

關，而且不考慮世代內和世代間的公平。換而言之，在一個既定的歷年裡所生產的財貨與勞務總量如何分配於現代的人們（世代內）及現代經濟活動如何影響未來世代的福利（世代間），是未被考慮的問題。這不是認為傳統的經濟學家否認世代內存在所得錯誤分配或現代生產對未來利益的可能負面影響（如污染），而是，如第7章所討論，傳統經濟學家認為治療現代和未來經濟與生態疾病的唯一有效的萬能藥是持續中度至高度的成長率，此即「成長萬能說」。

Daly和其他人的立場是，以實際觀察時，發現成長萬能說至少有二個危機。

首先，人類的心靈不受限於累積物質財富，人類是有感情和理想的社會群體。同時，人類也是有求生存本能的生物群體。這些是定義人類與物理或心靈世界關係的元素。人類對後代的關心程度取決於非物質基礎。Daly稱這是最後的目的。依據Daly所言，主流經濟學家沒有考慮最終目的，因為他們的心思全被物質世界占有。

第二，假如盲目的追求成長，可能有突然的經濟和生態災難結果。因此，有關成長萬能說的爭論不在於避免人類無可避免的毀滅，而是保衛人類免遭突然的經濟和生態災難，因而免不了對資源管理採用預防措施。

總結Daly的論點：Daly認為新古典經濟學家提倡的經濟成長，忽略了最終方法和最終目標（ultimate means and ultimate ends）。最終方法被遺忘乃是由於強烈堅信資源稀少性總是能以技術解決，最終目標被忽略則是因為傳統經濟學家的心靈被物質世界占滿。所以圖8.1顯示經濟考量只占方法—目標範圍的中間部分，即新古典主義成長範例集中於中間方法（如勞動、資本和原料）與中間的目標（如有市場價值的財貨與勞務），因此，在此狹隘和不完全的物質與非物質現實觀點中，不難瞭解為何主流經濟學家熱衷於相信經濟成長是永無止境的。

如果基於其不完整的物質和倫理考量，拒絕上述的成長假設，應選擇何種替代學說？Herman Daly 對這問題的反應是穩定狀態的經濟社會（SSE）。什麼是 SSE？它和新古典成長模型有何不同？

穩定狀態經濟社會的生物物理、經濟和倫理層面

Daly 定義穩定狀態經濟社會（Steady-State Economy, SSE）為物質財富和人口的不變存量。注意，在此定義下，SSE 是以純粹生物物理內涵來定義，其意義為所有中間方法與目的，包括人口，都凍結在某一所希望的常數。換句話說，社會運作所需的物質數量在任何時間都是常數。因此，在 SSE，其主要焦點為 Daly 所說的存量維繫：維持中間方法和目的之存量固定。從現在起，存量一詞將用於指此固定的中間方法和目的存量。

但是，在熵世界中，存量的維持不可能沒有成本：持續的取用最終方法。問題不在於我們應如何避免此成本，而是如何使它極小。Daly 建議可透過「維持效率」來達到，它包括兩個關鍵因素：固定存量和流量產出（存量／流量產出）。流量產出指用以取代存量耗損的低熵物質—能量之流量。在存量固定下，存量／流量產出比率之極大化即為流量產出之極小化。因此，在 SSE 維持效率的達成可透過下面二種方式：(1)耐久財——生產耐久加工品（中間目標）；(2)可替代性——生產容易被取代或再利用的產品。技術在維持效率的這兩個成分之實現扮演關鍵角色。因此，SSE 不是反對技術，而是堅持技術應該被使用於特定用途上。如同一般規則，任何技術改變可使固定的存量導致流量的極小化。〔個案研究 8.1〕提供一個公司，在此例是全錄公司，如何使用常識和技術建立耐久財和可取代的設備和部分資源再利用。

〔個案研究 8.1〕

全錄公司資產的再利用

—— Jack Azar

　　在工業社會裡，面對固體垃圾掩埋空間的日益減少，固體廢棄物的繼續擴散是一件急需解決之事。對於這項挑戰，有些國家，如德國，已經提出立法要求製造商和配銷商電子設備回收和再循環利用。歐盟也考慮類似的立法，加拿大也表達了對這樣立法的興趣，在日本由1991年國貿和產業局頒布的條例中，不僅推動使用回收物質於某些耐久項目，也回收這些耐久項目。

　　回應未來傾向回收的世界趨勢，全錄公司在1990年開始一項公司環境策略圍繞在設備和零件回收，此計畫是「資產回收管理計畫」，如其名所隱含，它包括所有公司的產品和零組件——不管是出租或在公司——都是資產。

　　全錄公司「資產回收管理計畫」的主要特徵是強調以非傳統的方法來製造零組件，這表示公司的設計和製造機器都必須以全新的方法來運作，為了提供這種設備，公司又成立「資產回收管理部門」，此部門的工作是持續認定使設備和零件使用最適化的領域。

　　早期，他們發現公司工程師需要設計加強製造和物質回收的指引，特別是反應下列設計準則的指引——延長產品和零組件壽命，即使用較豐富的物質並設計使資產恢復更切實際，選擇相對上易回收的物質、簡化物質以利於回收、和組裝一樣容易拆裝、可逆轉的再製造——如使用較平常的零件以使未來能適用於不同型號。

　　全錄第一個環保設計的問世是客戶可換裝的影印碳粉匣，有許多複雜複印機器的特性，為使用於公司小型方便影印機而設計，但擁有主要複印機器的要件。

　　為較舊複印機設計的碳粉匣是特別的挑戰，它們未設計為可回收，事實上，它們的塑膠外殼由超音波焊接，為了取得裡面的成分，需破壞的塑膠外殼。

新的方便型 5300 系列有一個新設計：由一些固著劑組合的碳粉匣，它可以再製造，其成本遠低於重新做一個新的，而 90% 以上的物質可以恢復，也達到所有產品品質設定標準並和新製碳粉匣有同樣的品質保證。

　　現在，全錄公司的資產回收計畫在環保和商業考量上都相當成功，在商業上，公司每年節省了 5 億元成本，這些省下來的錢作為設計環保產品之用。此外，和過去幾年比起來，只有非常少量的物質耗損掉。

Source: *EPA Journal* Vol. 19, 1993, pp.15-16. Reprinted with permission.

　　迄今，SSE 以生物物理性質被描述，然而 Georgescu-Doegen 希望提醒我們，經濟世界不僅由物質流量或物質—能量的轉變來定義，也由「無形的流量：人生的享受」來定義。SSE 如何強調經濟世界這個重要的層面？

　　依據 SSE 的設計者 Daly 提出經濟社會目標是在固定存量限制下求服務的極大。服務之定義為當需要被滿足時的效用，或更廣泛的來說是所有經濟活動最後的利益。需注意只有存量能夠產生效用。這種情況下，服務可被極大化到何種程度？根據 Daly，這個目標可以透過服務效率來完成，服務效率定義為服務和存量的比例，將比例變到最大的方法是分母不變而分子變大。Daly 有兩個明確的方法說明達到服務效率的方法是配置效率和分配效率。

　　要達到配置效率必須滿足兩個特殊情況：第一，生產財貨與勞務應使用最少量的中間方法（勞動、資本和自然資源）——生產效率；第二，所生產的財貨與勞務應能提供給人類最大的滿足。在標準經濟學縱使未特別強調，這些也是基本的效率因素。考慮這點，在過去五十年標準經濟學已經在發展觀念架構和達成這種效率要求的準則上跨了一大步。

　　另一方面，分配效率要求此固定存量的分配應該是以少數人的瑣碎需求不超過大多數人的基本需求在這種方式去完成。這個要求不單是由道德因素引起的，如果邊際效用遞減被接受，則分配效率將會造成總社會福利增加。

再者，應注意分配效率不限於現代的公平問題，另一個值得考慮的重要議題就是世代間的公平性。重要的是，現代人的享受不應變成未來子孫的負擔。一般而言，公平的問題很難評斷，因其涉及價值判斷。更大的挑戰是在時間與空間上探討公平問題。然而，因為並沒有一個眾所接受的公平或正義標準存在，一個正在漸漸流行的標準指出，「至少後代不應該比現代得到較差的東西」。

在SSE，我們預期，在不變存量下追求總體最大滿足的一般原則應該完全考量時間與空間下的公正與正義。在圖8.1裡，需要一個連接中間目標與最終目標的倫理原則。這種觀念在標準經濟學並未提出，一般的態度認為世代間的公平是沒意義的。根據一般的觀點是「子孫為我們做些什麼？」而且如在第7章討論過，過去二個世紀的經驗得到的證據指出在每一個接續的世代物質生活標準都改善──有力的證據讓關心未來世代變得毫無必要。

針對以上的討論，有三個觀點主導SSE：第一，在SSE裡，必須總是使流量產出（低熵物質─能量）的使用極小。這表示SSE裡，所有可能的技術應使用於生產耐久財和易收回的財貨與勞務──達到維持效率（見〔個案研究8.1〕）；第二，服務極大化應該透過生產效率和分配效率兩組的組合來完成。

最後且最重要的，SSE要求存量（中間方法和目的的總庫存量）必須保持不變，因為在資源（低熵物質能量）有限的世界，以時間和空間考慮公平性問題，固定存量成為SSE的必備條件。

穩定狀態經濟的實用性

　　SSE是否隱含經濟衰退？在SSE裡物理存量的總數要保持不變，這是一個自然的問題，但是Daly對以上問題的答案是否定的。Daly說經濟成長和經濟發展二者之間是有差別的。經濟成長意思是生產更多的產品和服務去滿足人們不斷想要的慾望，或者如同Daly所解釋的「創造更多的存量符合更多的要求」。因為存量保持不變，經濟成長在SSE是不可能的。然而，這不應是值得關切的原因，因為在物理範圍裡經濟社會可以不需要數量的成長而達到品質的成長。要如何達到呢？

　　第一，因物理存量在SSE裡保持不變，應強調在非物理的產品改良之經濟衡量；第二，強調應該在技術進步上發展增加休閒活動（如環境美質、友誼等）此等非物質密集的產出。經過這些調整，在固定資源存量下以增加滿足（效用）衡量的經濟成長是很有可能的。Daly指出，這種經濟福利的質的成長相當於經濟發展，因此在完全沒有傳統的經濟成長下SSE的發展是有可能的。

　　無疑的，物理和倫理兩者的要求下SSE與新古典成長模型是完全不一樣的。問題是，SSE行得通嗎？任何理論模型的生存力相當依賴讓模型實際運作的實用議題。在這裡SSE確實執行需要數個有革命性的社會制度的建立，但從某些方面來說是不切實際的。

　　第一，SSE要求存量保持不變，如何決定此不變的存量？由政府法令中獨自執行嗎？如果是，要求政府在經濟活動中扮演的角色應該是微不足道的民主政治，能接受嗎？一旦存量決定後市場能扮演分配的角色嗎？Daly對這些問題的回應是相當簡單，他提出以開採配額為控制總流量產出的策略，這個策略背後的意義是控制開採率間接的限制污染與流量產出——低熵的物質流量的大小。最初，政府將拍賣有限制的資源配額，有了很多買者之後，資源將被預期在競爭市場中達到最佳使用的配置。

第二，在SSE，人口是以低出生率和死亡率保持不變，我們如何決定最適人口？如何使用社會和技術方法來管制人口成長？人口管理策略能不能有效且一致的在文化多元化的社會裡執行？Daly所提出的解決方法是可轉讓生育許可證的人口政策。這是一個結合政府許可和市場的策略。這裡，政府發給每個女人和夫婦一定數量的生育許可證來代替正常的繁殖，即每對夫妻可生2.1個小孩。這些出生許可是可以轉賣的，希望生育兩個子女以上者可以用市場價格接受其出售，由於人口生育率不能大於替代的繁殖率，人口總數將能保持不變。

第三，在SSE要求有條理的規劃所得和財富的機構。依據之前的討論，這是很重要的，縱使沒有公平考量，所得重分配是可以增加總社會福利的方法。然而對財富和所得加以限制是可行的嗎？此種制度和共產主義兩者間有不同嗎？Daly提供無形資產申請去解決重新分配的問題。

就實用立場而言，SSE是極難自我辯護的，然而這並不表示Daly的見解與建議是錯誤或者是誤導，僅表示我們的社會尚未準備好這些必須的政治、道德及心理適應來完成SSE。它讓我們正視人類經濟所無法逃脫的生物物理極限，警告我們不能再持續「一切照舊」的態度。相反的我們必須擴展新的社會與道德的覺醒，使我們致力於改善這一代的物質生活時，不至於危及後代子孫的福祉。當然此一目標無法自動地或在毫無犧牲的情況下完成，它勢必要求我們適應某些有可能限制個體自由的經濟與再生產決策之公共政策行動，但即使我們不同意他所提出的解決方案，訂立生物物理極限與個體自由選擇間之清楚環節，乃是Daly的主要貢獻之一。

8.5 摘要

本章討論生態發展是建立在廣泛資源稀少性以及人類長期物質福利的情況中：

1. 生態經濟觀點比新古典經濟學涵蓋的範圍更廣。大致來說，環境主要受到生物物理限制的影響。

2. 生態經濟學家視人類的經濟在自然生態系內是很微小的子集合。因此，生態經濟學家把重點放在經濟與生態系之間相互影響的關聯上。

3. 從生態發展來看，人類活動（人口數量及資源總消費量）的增加成為一項重要的前提。因此，生態經濟學家一致認為在有限自然界人類發展的增加是有所限制的——以整個世界觀點來看。

   在它們之間有下列幾種含意：

   ■ 總資源的投入以生產或消費為目的，且有限制的必要——為了存量的維持。

   ■ 在這個系統中，經濟成功的必要衡量條件，不是只有涵蓋生產量和消費量而已，亦包含自然、內容、品質、總資本的複雜性及人類的身心。

   ■ 盡可能的生產耐久財貨與勞務，因為它易於重複生產，才會減少流量產出的使用。因此，技術在此方面扮演相當重要的角色。

4. 另一方面，技術不能改變能量、污染和其他自然資源的限制，其原因如下：第一，自然和人為資本是互補的；第二，自然資源可用性對經濟的持續成長是一項限制因素。

5.因此根據生態經濟學的觀點，人類社會應致力於確保人類活動的規模是生態永續性。需要考慮到生物物理的限制及世代間的公平。這種考量也擴展到人類以外，包括其他物種的未來福利和生物圈整體。

6.在各方面，生態經濟學家主要的貢獻之一在於將自然資源稀少性論爭的焦點由經濟成長的限制轉移到永續發展——這是下一章的主題。

第9章
永續發展經濟學

學習目標

閱讀本章以後，你將熟悉下列各項：

- 生物物理限制和永續發展經濟學的關聯。
- Brundtland 報告定義的永續發展。
- 定義永續經濟發展的問題。
- 永續性和人類與自然資本之關係的本質。
- 世代間的效率和公平的取捨。
- Hartwick-Solow 對永續性的看法。
- 生態經濟學對永續性的看法。
- 最低安全標準（SMS）對永續性的看法。
- 永續國民所得帳。

永續性問題的根本是有限性問題。假如物質的經濟成長可經由技術無限的永續發展，則所有環境問題都能夠（至少理論上）以技術解決。公平、平等與分配（介於我們人類的子群體和世代間及我們人類和其他物種之間）議題同時也是有限性問題。我們不用擔憂太多關於如何分割一個變大的餅的問題，真正問題是一個固定或變小的餅。最終，根本的問題是處理關於有限性的不確定。如果我們對未來限制不確定，謹慎的課題是假設它們存在。我們不會盲目的通過含有裂縫的黑暗，我們通常會睜開眼睛，至少可以看到更多的情況下才通行。

—— Costanza et al. 1997: xix-xx

生態永續性的問題需以偏好或技術的層次解決，而不是以最適價格層次解決。只有當經濟行為的偏好和生產可能集合是生態永續的，所對應的最適和跨時效率價格才是生態永續的。因此多數傳統經濟解所立基的「消費者主權原理」，只有在消費者利益不威脅整個系統及不威脅後代福利的前提下才是可接受的。

—— Costanza et al. 1997: xv

9.1 緒論

仔細閱讀上列兩段引言告訴我們下列幾點：第一，永續性的問題是關於生物物理的限度。所以，這章和先前的三章自然會有所重疊。

第二，永續性的經濟學超出新古典的稀少性環境資源的效率配置焦點。它需要考慮公平、平等和分配的問題。這些問題具時間考量（且常涉及好幾個世代），並應考量人類以外的其他生命。

第三，生態學永續性問題需要仔細檢查我們的技術的選擇，且同時我們社會也需要再檢查影響人類偏好的社會和價值系統，這對通常以偏好為外生變數而言是一個問題。

第四，永續發展經濟學處理在不確定情況之下的決策流程。不確定性是一個永續性經濟學中的重要考量，因為隨著時間，技術、所得和偏好會改變，因應相對稀少性和知識，技術可能大量改變，所得不會是常數，偏好也會隨世代而改變。問題不在於會發生改變，而是不確定這些改變如何、何時發生（即，從我們的觀點，這種改變有隨機的本質），且我們不知道這些變化對未來的資源可用性隱含的意義。此外，永續性經濟學中對現在水準和型態的不確定效果特別加以注意（Krutilla 1967; Perrings 1991）。對於此特定內容，重要的問題是不可回復性，即超過一定的門檻，自然持續被人類開發或經濟成長會對自然生態系的某特定主要成分（如森林、溼地等）引起不可回復的損害。

這章提出上面四個關鍵問題的系統分析，即物理限度、世代間的公平與經濟效率、技術選擇與社會價值觀和自然資源跨時管理下的不確定性和不可回復性，這四大類的問題在假設社會目標在於追求永續經濟發展的前提下加以分析。

最近幾年，學術界和公共政策者對永續發展似乎有高度興趣，因為永續性假設對長期經濟成長存在生物物理限制的認知，有關「經濟成長限制」（第6至第8章的主題）的爭論迭起，換句話說，生物物理限制的存在不再是明顯的課題。然而這並不表示經濟永續發展不再有異議，相反的，永續性的爭論主要以其觀念存在。

這章使用三種不同永續性的觀念來檢視永續性，即Hartwick-Solow永續性、生態經濟學永續性及最低安全標準永續性。Hartwick-Solow永續性基本上代表新古典學派對永續發展經濟學的觀點，而且它的定義特徵是假定人力資本經濟基礎（如機器、建築、公路系統知識等等）和自然資本（周圍條件資產的存量，如森林、溼地保護、水、漁池等等）是替代品。因此，自然資本對永續性不必被認為是絕對必要的。為此緣故，Hartwick-Solow方法被看成弱永續性。相反的，生態經濟學假定生態系永續性是永續經濟發展的必要條件且視人力資本和自然資本為互補品。強永續性是另一個常使用於描述生態學持續性的方法。最後，第三個永續性——最低安全標準（Safe Minimum Standards, SMS），其中心的主題牽涉不可回復的環境損害和它對長期資源管理的含意，因此，其主要焦點不在人力和自然資本之替代或互補，而在於資訊不確定與不可回復下的管理策略。

在進一步考慮這三種方法前，對永續發展下一個定義是很重要的，從下一節的討論將看到這不是很容易的。指出永續發展的關鍵特性是相當重要的，期望能釐清對此主題的混淆。

9.2 永續發展：一個有用的名詞？還是不明確且空洞的概念？

從1980早期以來，永續發展廣泛且無異議的被使用，當越來越流行以「永續性」討論全球環境考量時，這個名詞開始普遍起來（例如：全球溫室效應、生物多樣性、臭氧耗竭等等），無意間使這個名詞似乎有點太廣泛且模糊。事實上，一些學者（包括經濟學家）已經宣稱永續發展的觀念太模糊且缺乏分析內容，當然，這是一個相當極端的立場。然而學術界的質疑指出定義和瞭解永續發展的必要性。

聯合國的世界環境與發展聯盟以永續發展為主題加以研究，出版了〈我們共同的未來〉一篇報告，它定義永續發展為「在不犧牲未來世代達成其需求的前提下，使現代達成其需求的發展」，此定義不僅眾所皆知，且在很多情況下被接受為永續發展的標準定義。

上面的定義有一些主要的特色值得指出：第一，這定義清楚地建立永續發展的公平問題，如此，它傳達的永續發展經濟學原則上有規範性的目標；第二，在 Brundtland 報告中，永續發展提供一個相當特定的倫理規範定義，目前的需要不能以犧牲將來需要（福祉）為代價，它因此處理世代間的公平：處理兩代之間的公平；第三，Brundtland 報告經由強調公平，提出關於標準經濟分析特別重視的效率之有效性問題。

事實上，Brundtland 報告的永續性定義對永續發展原則上是倫理問題的觀念很有幫助。但是本章第一節所討論的永續發展特性並未為 Brundtland 報告的定義所涵蓋。此處討論這些遺漏的特性並不在於指出此報告定義的缺點，因為沒有一個定義可以完全涵蓋永續發展的所有特性。

首先，在 Brundtland 報告定義的永續發展並未說明永續性的物理和技術層面的資源限制。換句話說，永續所需的資源限制之本質為何？人力資本是自然資源的替代品還是互補品？技術對於改善資源稀少性的角色為何？各種資源限制應如何衡量？即，用物理還是貨幣方式衡量？

第二，Brundtland 報告的定義對於「發展」一詞的含意或若將之用作衡量跨世代「福利」指標時應如何衡量，並未清楚說明。發展指經濟成長的傳統構想嗎？或是指財貨與勞務的數量增加呢？或者它指出第 8 章所討論的 Daly 的經濟成長的穩定狀態經濟概念？衡量發展可採用傳統國民會計制度（國民生產毛額，GNP）嗎？如何處理人力的折舊相對於自然資本存量的折舊會影響結果嗎？

第三，Brundtland 報告的定義不能精確地表示公平和效率之取捨的本質，本報告只強調在任何永續發展考量中公平的重要性。這個觀點與新古典經濟分析有不同的訊息，但它表示效率無關緊要嗎？圖 9.1 說明這問題的重大意義。圖9.1是由許多簡化的條件所建構出來。曲線代表生產可能曲線（Production Possibility Frontier, PPF），類似於第1章出現的，但它以GNP所有生產出來的財貨與勞務的貨幣價值衡量。換句話說，GNP被視為福利的指標（9.6節將討論更多）。這生產可能曲線在給定的偏好、技術與資源原賦下，建構兩代的GNP。它同時也假設市場價格反應「真實的」稀少性價值且所有財貨與勞務的市場存在（見第2章）。

從圖9.1可以看到哪些效率和公平之間的取捨問題呢？讓我們假設從G點開始，G點是無效率的，因為這點位於生產可能線的裡面，移向I或J點或在IJ之間的點，會導向柏萊圖最適，即，如此移動會在至少一世代沒有影響下，增加另一世代的福祉。討論至此似乎建議效率（PPF的點）是好的。然而由G點到H點是什麼呢？清楚地，H點是有效率的，因為它在生產可能曲線上，但移到H點使未來世代經濟惡

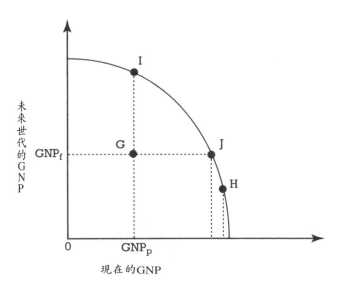

圖9.1　跨世代效率和公平的取捨

化。因此，在公平考慮下不做如此移動。必須強調的是：假如公平是考慮永續發展時一個重要的問題，並非全部都有效率的點都是永續的。

上面所述的結果非常清楚。儘管 Brundtland 努力的研究，還是不易找出明確且足以涵蓋所有瞭解此重要概念的特徵之永續發展的定義。然而，如同上面所述，永續發展的觀念遠超過世代公平的敘述，還包括小心考慮資源受限的性質、技術選擇和物理限制、經濟效率、世代公平、與永續發展一致的人類價值和制度。在一定範圍努力的去達到這些，即使我們不能精確的分析定義，但眾多的描述足以爲我們提供理解永續發展的含意。

本節試圖認定理解永續發展目標的重要元素，接下來解釋和評估 9.1 節的三個永續發展定義，需注意的是「永續性」是在特別的內容下所使用——即，作爲永續經濟發展的條件。

9.3 Hartwick-Solow 永續性

Hartwick-Solow 永續性的定義爲，在資源原賦限制下維持固定的（財貨與勞務）實質消費永遠爲常數，非再生性資源的限制在這個方法中特別重要。事實上永續性的核心問題爲如何在有些資源潛在會耗盡的前提下維持財貨與勞務的消費超過好幾個世代。

上面所述消費觀點 Hicks（1946: 172）和淨所得的觀念一致：

實務上所得計算的目的是要給人們能夠使自己不會變貧困的一個消費指標。我們應當把一個人的所得定義為一個星期間能夠消耗的最大值，與他之前預估的差距作比較，這樣，當人儲蓄時，將來會有更多財產。記錄所得的實際目的是要作為謹慎行為的一個指南，我認為這一定是主要的意思。

因此，Hicks早已有永續淨所得的概念：不會使未來變窮的前提下，現在可以花的量。以這個方法觀之，永續發展有下面兩個重要含意：

首先，由於資本資產（建築物、機器、公路等等）的折舊和自然環境的惡化，永續性的經濟發展需要由自然和人力資本組成，即維持「適當水準」的固定資本存量是定義永續性的關鍵，也應注意取代折舊的資本資產需不斷攝取自然界的再生性和非再生性資源（為清楚區分再生性和非再生性資源，可參考本書前言）。

第二，永續性需要重新檢視傳統國民所得帳，根據傳統所得帳系統，國民生產淨額（NNP）用來作為測量總社會福利的指標，由國民生產毛額減去人力資本折舊（機器、建築物、道路等等）得之，在這個式子中沒有說明的是自然資本資源的消耗和降低（森林、漁業、礦藏等等），因此，永續性國民生產淨額為國民生產毛額減人力資本的備抵折舊（9.6節將詳細說明）。

不應輕視此種傳統國民所得會計帳的調整，因為國民所得帳對於經濟如何成長是很重要的，例如Dieren（1995: 189）的論點：

在多數開發中國家……開採自然資源的所得被視為所得，越快速開採，這個國家看起來越繁榮，但損耗也越快速，表面經濟成長非常快速，這樣的繁榮是短暫的，其表面的成長都是誤導的，事實上是多數經濟學家將此國的國民所得帳算錯。

Hartwick-Solow永續性特性為它有資本存量的概念，在這一點上，第7章新古典學派對自然資源的觀點已討論過，它認為自然和人力資本互為替代性，這是最主要的假設，如果人力和自然資本具替代性，非再生性資源的損耗和環境品質的大規模惡化沒有什麼關係。根據這個觀點，永續經營發展僅需要維持固定資本存量維護，但是資本存量的組成分子並不重要。因此 Hartwick-Solow 準則有時稱爲弱永續性準則——它不要求維持經濟成長的絕對自然資本數量。在此情況下，相關的議題是能否有足夠的補償性投資來保護未來世代。

這很清楚地是一個倫理問題，且只局部由 Hartwick（1977）所發展的簡單永續性法則之應用來討論，這個法則只是敘述維持固定的財貨與勞務之消費或實質所得（以 Hicks 的觀點）是可能的，縱使在面對非再生性資源時亦然，只要由「跨時有效使用」所引起的資源的租（見第 3 章）能再投資於再生性資本資產。因此，關心的焦點在如何使用由非再生性資源產生之收益，而不在於這些資源具非再生性的事實（見〔範例 9.1〕）。

〔範例 9.1〕

當石油儲量最終完全耗盡時，沙烏地阿拉伯會發生什麼事？

沙烏地阿拉伯是公認世界上擁有最大原油蘊藏量份額的國家，它也是人民生活完全依賴石油的國家。輸出石油是其 GNP 的重要部分，因為沙烏地阿拉伯主要是沙漠，不適合務農。此外，沙烏地阿拉伯除了石油外，其他礦藏卻不多。因此對沙烏地阿拉伯來說應思考如果石油耗盡了該怎麼辦。

這是沙烏地阿拉伯的基本問題，經濟永續性完全依賴非再生性資源，如果以 Hartwick-Solow 永續性觀點來討論，下面將是確保國民生活水準的方法：

首先，石油開採率應能使總原油蘊藏量跨時使用的租之現值極大，一般而言，這種跨時使用效率會與現在開採率極大化一致，因此必須有保存資源的特定原則（見第 17 章）。所以沙烏地阿拉伯不能只是以現在世代生活水準的提升為目標而開採更多石油。

　　第二，永續性需要將現在開採得到的租再投資於其他型式的再生性資本資產，例如，以沙烏地阿拉伯為例，可投資於海水淡化計畫，如果成功，就可灌溉農田、生產農產品以滿足國內糧食需求，甚至可出口。這是沙烏地阿拉伯使用非再生性資源的另一個不會使後代福祉惡化的選擇。

　　此處的訊息是，沙烏地阿拉伯只要能使其豐富的石油蘊藏能永久使用，就可維持無限遠的後代合理的生活水準。當然，這不會沒有困難地自動達成，它需要長期、自律的規劃使用石油。

　　然而，Hartwick 推演前述「永續性原則」主要是追蹤最適跨時永續路徑，其推演乃基於數個假設，其中包括偏好和資源所有權為外生決定及市場價格假設可以反映資源的真實社會價值，即隱含永遠存在完整的完全競爭市場。嚴格而言，這個法則與其說是永續性，不如說是跨世代效率條件。嚴格地說，此法則更可說是世代間效率的條件而非永續性。

　　此外處理世代間生產效率，不能忽視貼現的問題，貼現的觀點為相當於將來消費（利益），人們偏好目前消費（利益），一般認為人有正的時間偏好，即，在其他條件不變下，他們更喜歡現在消費，而非以後。人們願意犧牲現在消費換取未來消費，必須有貼水，換句話說，目前為了犧牲一元的現在消費，需要在將來消費中補償超過一元。例如，目前消費的犧牲 $1 的價值，可能在將來消費中需要 $1.10。這暗示未來消費的價值低於現在消費，此比率為貼現率，表明犧牲目前消費所需的未來消費比率，例如：前面簡單的例子，意味 10% 的貼現率（第 15 章有更深入的探討）。

　　人們為什麼要貼現未來？標準回答是因為關於將來他們是短視的或不確定的（或者二者），故人們傾向於貼現未來，一般而言，人被看成是自私和短視的，他們大多數關心自己現在福利，很少去關心未來的福利，其含意為一般人較喜歡目前消費，因此會產生大於零的貼現率。

　　此外，一般預期私人貼現率會大於社會貼現率，這是因為私人對於未來和社會的看法不同，社會是私人的集體關係，因此社會很有可能比個人關於未來有較少的短視及不確定性（見第15章）。

　　因此，貼現率的選擇是很重要的，如同上面所述，正貼現率自動隱含現在消費慾望比未來消費慾望多，也就是未來的價值比現在低，然而Hartwick-Solow永續性並沒有將之視為一個嚴重問題，因為正貼現率的影響可由技術進步成長率來彌補，這樣，正貼現率就沒有內部錯誤或不道德。

　　接下來簡要討論Hartwick-Solow永續性的弱點。首先，此理論主要假設人力和自然資源具替代性，如我們在第8章討論過，此假定在新古典學派和生態經濟學家之觀點不一，生態學家以目前人類經濟活動水準來看，人力和自然資本為互補品，不具替代性。

　　第二，如同上面所討論的，世代間的效率需要所有財貨與勞務的價格能反映其社會價值，然而，此類安排的實務問題並未明顯加以討論（見第5章），換言之，忽略了由於環境外部性造成的價格扭曲。

　　第三，一些經濟學家和生態學家認為，正貼現率的概念是錯誤的（Perrings 1991）。單單由於這一原因，他們認為Hartwick-Solow永續性對有關像未來一代福利的倫理問題的考量是不足的。

　　第四、在Hartwick-Solow決定永續性限制（非遞減的資本存量之真實大小）假設與現在人類經濟發展的水準與型態無關（Daly 1996）。目前的財貨與勞務的總合消費水準（初始位置）會受限於向下調整嗎？這個所建議的是Hartwick-Solow對永續性沒有考慮規模（現存人類相對於自然生態系的大小）的問題（Daly 1996）。

　　在這一點上，如同我們在下一節中將看見，生態經濟學家認為新古典的永續性是基於相當狹隘的自然環境觀。事實上，自然資源在經濟過程可扮演的角色在其觀念化中並沒有明確瞭解經濟和生態系之間複雜的相互作用。就這樣的內容來說 Hartwick-Solow 永續性的觀念是不完整的。它僅涉及經濟永續性或者一經濟系統的永續性。然而經濟體系的永續性和生態系（經濟體系只是其中一部分）有關的事實，似乎未被 Hartwick-Solow 模型具體認知。

　　第五、Hartwick-Solow 對永續性的觀點因在長期資源評估和管理上不確定之本質的處理不周而遭受特別批評。超出特定門檻後，人類經濟活動的規模會造成不可回復之損害的事實並未被認知。這可能是嚴重的遺漏，因為其代價可能是人類維生系統的損失或人類生活品質大幅下降（如因大氣層臭氧層破壞導致癌症增加）。不可回復性環境損害的不確定性及其對長期資源管理的含意將是 9.5 節的中心議題，該節處理永續性的最低安全標準方法。

9.4　生態經濟學永續性

　　大部分的生態經濟學永續性的基本概念和它的缺點已經在第 8 章 Herman Daly 的穩定狀態經濟社會（SSE）中討論過。因此，為避免不必要的重複，在這部分的生態永續性之討論將簡短並且限制其範圍，焦點將在釐清新古典經濟學和生態經濟學之間不同的永續性概念。

　　生態經濟學對永續性的觀點為：自然不僅有限，且不會成長，亦是封閉的，而自然已受到壓力。此外，由於人類經濟社會規模擴大，有限自然世界的一般容量已經開始承受壓力——以流量產出（低熵物質—能量）的總使用量衡量。所謂「完整世界觀」的支持者主張這個新事實隱含人類經濟體系與其自然世界如何關聯的觀點需要改變。越來越多的證據顯示「經濟成長」的非永續性，特別是如果立基於增加使用自然生態系的流量產出。為何如此呢？

在「完整世界」情境中，自然資本和人力資本不再是替代品，事實上，自然資本和人力資本這兩個資本成分之間是互補品。它建議的是在生產過程中需要兩類型資本資源的結合。因此，與 Hartwick-Solow 的永續性相反，一個經濟社會不能一直持續沒有自然資本而運作。此外，自然資本將是未來的限制因素。即，漁業將不是受撈船的船數限制而是受所餘的魚存量限制；石油的使用將不是受抽提容量限制而是受地質學沉澱和大氣吸收二氧化碳的能力限制。所有最重要的人力資本（機器、建築等）不能沒有限制的代替地球上的稀少能量，某種極小的能量會在轉換中變質流失（Dieren 1995）。然後，就此內容而言，自然資本的永續性在任何方面都是考慮的關鍵要素。因此，自然資本被視為是未來經濟成長的一個限制元素，生態經濟學永續性有時稱為強永續性準則。

所以，生態經濟學所定義的永續性是指「自然」資本維持不變。世代間之公平考慮是為了此特殊的需要，其因如下：若將現行的資源有效配置看成是一個問題，則自然資本將強制保持在適當的安全水準，未來世代所擁有的自然資本至少不少於現代。

然而，上述是在較為狹隘的人類倫理的考量下所定義，是傾向於以人類為中心的說法。有人主張生態永續性需要超過人類利益，至少在原則上，生態經濟學永續性涉及超出人類種類的關係，是以整個生態系的福利為考量。由於這一原因，永續性的生態角度具有生態層面與經濟層面的意義。因此，自然資本存量不遞減的水準不僅與經濟永續性一致，且與生態系維持存量的能力一致：生態學的恢復力（參見〔個案研究9.1〕）。所有這一切的最終效果將為保障未來世代的自然資源的保存，以對抗大規模不可回復的生態損害（如生物多樣性損失、全球溫室效應等）。

從公共策略觀點，永續性準則常受到生態經濟學永續性的倡導人所擁護，其性質如下：

1.再生性資源的採收率不應高於再生率。

2.廢棄物（污染）排放應控制於低於環境涵容量。流量可分解廢棄物排放率應小於生態系吸收率，存量或不可分解廢棄物（如DDT、放射性物質）排放量應等於零，因生態系無法吸收這些廢棄物。

3.非再生性資源（如石油）的開採應與替代性再生性資源的發展一致，這和Hartwick的彌補性投資原則相同。

〔個案研究9.1〕

永續森林經營實例：Menominee印地安保留區案例

威斯康辛州的Menominee印地安保留區是聯邦政府承認的主權「國」，這個保留區在1854年設立，占地234,000英畝，大約95%被針葉闊葉混生林覆蓋。現在大約有8,000人，有一半的人以保留區維生。大約25%的勞動力之工作直接與木材的管理、砍伐和處理相關。

他們宣稱從有這個保留地開始，他們即是以永續的方法在管理森林，至今已一百四十年了。事實上，永續森林管理是現今這個保留地的一部分。一般而言，永續森林是指砍伐速度在森林更新容量之內（見第16章）。此外，此處的永續森林經營不僅針對林產和社會利益，也包括其他生命、生產力和生態系功能（Menominee Tribal Enterprises 1997: 9）。

為了確保如此，Menominee印地安人遵循依賴他們對自然的傳統信仰及森林技術的森林管理原則，每年保留森林允許砍伐量是以一百五十年計畫的十五年砍伐循環為基礎，擇伐、除伐及小面積皆伐等經營作業，只有在能改進林木品質和促進多樣性的情況下才被實施。林木材積和生長量改變的最新訊息乃透過連續森林蓄積量調查（Continuous Forest Inventory, CFI）方法提供。

林木的生產、行銷和產品分配是由Menominee Tribal Enterprises（MTE）來處理，MTE宣稱決定砍伐多少林木的是育林「成果」，不是市場力量，估計保留地剛設立時有12億板呎的林木，到現在，有20億板呎已被砍伐，仍有15億板呎繼續生長，現有材積比1854年時還多。

　　雖然還有包括賭城的幾項使 Menominee 經濟基礎多樣化的努力尚在進行，森林及它的產品仍是就業和所得的主要來源。Menominee 森林是管理最完善的森林，也是五大湖區保持多樣性最好的例子，從天空中俯瞰，它像一張綠色大郵票或像大海中的樹島嵌在一大片的農田中，除了由空中可發現如此對比外，經由55號高速公路進入保留區往往形容為進入「一片樹牆」。雖然 Menominee 的規模很小，它卻是21世紀永續發展的成功典範。在1995年聯合國慶祝地球日時正式表揚 MTE 森林永續發展的成就，一年後高爾副總統頒發「永續發展的總統獎」給 Meneminee。

　　事實上，由於幾個原因可能把這些看做是很不清楚的操作規則。首先對再生資源的再生力（或自然成長）並沒有明確的說明。譬如魚的情況，將會在16章中顯示，可能有無限多種永續採收（年收穫等於年魚類族群或者生物量），取決於魚類族群大小。在這種情況，社會必須作出關於「最適」永續的採收率的決定，上面所述一般規則未提出這個重要議題；第二，敘述「廢棄物排放量應控制低於環境涵容能力」的原則完全忽略經濟考量。如第5章論述，污染的「最適」水準可能超過環境的涵容能力；第三，一般而言上列只考慮生物物理層面，未討論經濟及制度層面。就此而言，以此作為公共政策的準則之用處是有限的。

9.5 最低安全標準（SMS）之永續性

　　最低安全標準（Safe Minimum Standard, SMS）起源於 Ciriacy-Wantrnp（1952）和 Bishop（1978）。在極端不確定性的條件下 SMS 以作為自然資源管理的實用指南為開端；例如，太平洋西北斑點貓頭鷹物種的保存。此性質的問題，表明不可回復性成為關鍵性問題，即，超過某一門檻（臨界區域），自然資源的開採會造成不可回復的損害。例如太平洋西北斑點貓頭鷹，假如它的族群超出某種最小量就會宣布絕種，而且這個最小量比零更大。因此，在管理這種本質的自然資源時，擴展資源使用要注意不超出某種最低安全標準（SMS），否則，社會機會成本可能成為無法接受地大。然而，關於自然環境特定人類衝擊的成本和不可回復性有相當大的不確定性。因此，在某種意義上，不確定性是最低安全標準的核心概念。

SMS對資源管理永續性有何特殊關係？這個問題的答案在理解不可回復的含意及與它關聯的潛在社會機會成本。在人類對自然的影響具不確定性及不可回復性的情況，SMS提議人類和自然的資本不能安全認為是替代品，即，當從長久資源管理觀點觀察時，在自然和人力資本之間的替代可能性有不確定的本質。在這方面，永續性保證維持非遞減的自然資本。

以此方式理解，SMS並未完全否定標準經濟對資源評價與管理的方法，也不否定永續性觀念，它只是將標準經濟觀念縮小為人類對環境的影響，此一影響在過去被認為很小且可回復。處於這個情況，Hartwick的補償性投資是可適用的，並且能使用標準的成本利益分析來評估社會機會成本（見第15章）。

在某種程度上，很明顯的SMS和生態經濟學有共同特性。兩個方法在人力和自然的資本之間的替代都具有限性。然而，這兩個方法在元素置換中的極限有不同解釋。SMS使用不可回復，而生態經濟學方法則取決於物理原則（不可回復只是其中一部分）。

在許多方面，SMS介於新古典和生態經濟學之間。SMS並不排斥新古典的基本理論，同時，它和生態經濟學觀點有關要素替代性限制的觀點是一致的（見〔個案研究9.2〕）。

最後，指出SMS的操作性規則是很重要的。當不確定性的水準和目前活動的社會機會（例如對於全球溫室效應、臭氧損耗和保護瀕危生態系和棲地）二者皆高時，謹慎的課程在未知的方面也易犯錯。即，事實上，與第8章所討論的預防原則一致。最終，其重要訊息是社會對自然資本大規模、不可回復的惡化之保護能力。

〔個案研究9.2〕

Virgin河系統瀕危魚類棲地保留：最低安全標準方法之應用

這個個案的基礎是土地經濟期刊的一篇文章（Berrens et al. 1998），這篇文章處理美國西南部兩個區域性案例——科羅拉多和Virgin河系統。這些研究的主要目的是分析美國聯邦法庭對規劃地區瀕危魚類保留之判決的區域性經濟衝擊，法庭判決的原則是基於1973年瀕危物種法案，這些原則與最低安全標準（SMS）方法一致。只有在保留物種的經濟衝擊被判定為極端嚴重或不可忍受下，才能將某一區域排除在重要棲地之外，允許物種滅絕。

為了簡化，此處只敘述Virgin河研究區域的經濟衝擊分析。研究區域包括兩郡：內華達州的Clark郡和猶他州的華盛頓郡，這個區域的魚群顯著減少，減少的原因是引用Virgin河的水於農業、市區和產業目的造成河流系統的物理和生物改變，為保存Virgin河系統於瀕危魚種可恢復的條件，考慮將之規劃為重要棲地。

執行這項考慮會導致河水對商業或人類用途多樣性減少，其經濟結果可用產出和就業的改變來衡量。為了衡量這些，比較有考慮和未考慮瀕危魚種的經濟活動之差異，Virgin的研究包括45年（1995-2040）期間，而經濟衝擊分析係以投入產出（I-O）模型進行。

重要棲地規劃的整體經濟衝擊為負但不顯著，損失產出現值估計大約在基線0.0001%-0.0003%，基線是沒有宣布為瀕危魚類重要棲地的區域經濟發展。以就業而言，估計減少9到60個工作。對於子區域變化，也觀察產出和就業衝擊。以歷史觀點探討，1959到1994年Virgin區域的經濟大約成長

3.01%。

　　整體而言，重要棲地規劃的經濟衝擊遠低於建議排除的門檻（低於線1%）。因此，就區域經濟衝擊而言，並沒有足夠的理由建議排除 Virgin 河流域的魚類保護。

9.6　永續的國民所得帳

　　如9.2節提到的，永續的經濟發展需要對國民所得帳概念加以修正，尤其是國民生產毛額。主要的議題是以GNP衡量的國民所得並未將所有用於生產財貨與勞務的資源成本皆計入，因此不能反映所得水準（El Serafy 1991; Daly 1996）。因此，相關的問題是，GNP的國民所得帳觀念應如何修正以計入永續性的所得或經濟活動？

　　如之前討論的，永續的基礎是維持不遞減的資本需求，資本是決定國民生產力的主要因素之一。只有在恰當計算資本消費或折舊下，才能達到資本完整保存。換句話說，假設資本是國民生產力的一個主要因素，永續所得的保持——一國在資本固定下所能達到的所得水準——需要將現代所得的一定量放在一旁，以保存資本給未來世代，使他們免於受負面影響。從國民所得測量的觀點，這含意是很直接的，試圖保持資本完整的所得會計帳系統需要特別考量資本折舊（El Serafy 1997），因此，相關的所得衡量是國民所得淨額（不是毛額）。

　　在傳統上，以上的考量由人力資本（機器、建築物、總量等等）的折舊可得到國民所得淨額：

國民生產淨額＝國民生產毛額－人力資本的備抵折舊　　　〔9.1〕
　（NNP）　　　　　（GNP）　　　　　（DHC）

式中NNP是國民生產淨額，DHC是人力資本的備抵折舊。然而，雖然廣泛使用，但是這個性質的調整對他們沒能說明目前生產和消費的活動（El Serafy 1997），自然資本環境成本的價值折舊的程度仍然不完全。這些環境成本可分為兩大類。

第一類包括自然資產（森林、空氣和水質、漁業、油等等）直接用於目前生產和消費活動之淨惡化和開採的貨幣成本（Daly 1996）。這裡的基本論點是為了使環境資本保持固定，應該透過與人類資本的價值折舊相同的方法來計算它的惡化。然而，如何反映由經濟活動帶來的可用自然資源（再生性和非再生性資源）存量的費用於國民所得帳中，仍然是個爭議問題。儘管如此，因為這裡我們的關鍵性問題是自然資源是會折舊的（會惡化），並且任何測量從一個經濟活動產生的淨產出之勞力都應該考慮這個成本（Repetto 1992）。這就是這個成本的殘酷現實如何由Georgescu-Roegen以物理角度描述（1993: 42）：

> 經濟學家喜歡說我們不能沒有付出而得到東西。熵定理教我們生物體的規則，在人的情況中，對它的經濟延續影響更大，以熵的說法，生產任何產品的生物或經濟企業之成本必大於產品的價值。以熵的說法，任何這樣的活動必然導致赤字。

需要考慮的環境成本的第二類是防禦支出（Daly 1996; Pearce 1993）。防禦支出是社會為了防止或避免因正常生產和消費活動的副作用導致環境損害所引發的真實成本。例如因空氣污染而額外支出於健康醫療、裝備於汽車的催化器支出、為清理海中溢出的石油之支出等。普通的GNP計算中，此類防禦性支出都計入國民所得，但這是錯的，因為事實上它們代表不能再用於消費或投資，而只能用於修理或防範正常經濟活動造成的環境損害。事實上，一個環境保護的支出代表「從人類生產系統到環境真實所得移轉」。因此，如果目標是要估計真實淨收入的測量，應該從國民生產毛額扣除環境防禦性支出（不是如平常的加上），這不只是真實費用，而且與總國民生產毛額相關。

因而，為了求得經環境調整的國民所得，〔9.1〕式需要做如下的更改：

永續國民所得＝國民生產淨額－自然資本折舊－環境防禦支出　　〔9.2〕
（SNI）　　　　　（NNP）　　　　（DNC）　　　　（EDE）

式中SNI是永續國民所得，DNC是自然資本的折舊——自然資源儲備減少及環境惡化的貨幣價值，EDE是環境防禦支出。應該注意的是因為國民所得是流量，僅有與本期有關的DNC和EDE可算在SNI之中（El Serafy 1997）。在這個階段，假定沒有技術改變，SNI代表不以後代為代價下現代消費所能達到的最大所得（即保持資本存量固定）。因為，至少概念上，對於資本的折舊（包括自然資本）完全被考慮。此外，環境防禦性支出的考慮可避免將某種環境品質改善的支出作為所得。然而，儘管在〔9.2〕式中，在金融術語像永續國民所得那樣的概念是直截了當的，式中的DNC和EDE需加以估計。近年來，已有大量工作投注於發展以貨幣評估自然資源和環境的方法（Lutz 1993）。然而，由於這些經濟評價中涉及了主觀元素，似乎對國民所得帳的調整還沒有共識，因此，在這個部分中提出的所得帳方法，即永續國民所得，只是目前數種國民所得帳中的一種。

自從1980年代中期以來在自然資源和環境帳上已有許多研究（Lutz 1993）。世界資源研究所的Repetto做了先鋒工作（1989），其內容包括哥斯大黎加和印尼的實例研究。聯合國和世界銀行實施幾個聯合研究而以出版《環境帳的改善》為巔峰（Lutz 1993）。這個出版品包括對於巴布亞紐幾內亞和墨西哥的實例研究。在它的1993修訂版中，聯

合國的國民帳系統（System of National Accounts, SNA）提出目前以
「綠色會計帳」知名的調整方式。這些努力著實是爲永續發展而發展或
修改環境帳的重要起步（參見表9.1）。透過一些重要方法，這些努力也
反映國際組織對自然環境是一個需要謹愼管理的稀少性資源（不是自
由財）之覺醒。

讓我以具國家和國際重要性的綠色帳之含意來結束這一節。在傳統
上，GDP用於國際間的比較及衡量經濟成長。較高的GDP和較高的經
濟成長率通常被認爲是一國經濟表現強壯的指標。然而，這可能會誤
導。例如，一國以大量開採自然資本存量帶來繁榮，在此情況下，現在
的所得水準無法持續，除非對自然資本存量提適當的備抵折舊，這就是
在 *Taking Nature into Account*（Dieren 1995: 188-9），一本羅馬俱樂部所
出版的書中所說的：

> 就備抵折舊正確估計的內容及在私人部門被加以探究而言，國

表9.1　你的國家有多綠

國家	GNP	綠色NNP	相對於GNP
	1993年平均每人日		減少百分比
日本	31,449	27,374	－ 13
挪威	25,947	21,045	－ 18.9
美國	24,716	21,865	－ 11.5
德國	23,494	20,844	－ 11.3
南韓	7,681	7,041	－ 8.3
南非	3,582	2,997	－ 16.3
巴西	2,936	2,579	－ 12.2
印尼	732	616	－ 15.8
中國	490	411	－ 16.1
印度	293	242	－ 17.4

Soucre: *Nature* Vol. 395, 1998, p.428. Copyright © 1998 Macmillan Magazines Ltd.
Reprinted by permission.

民所得帳是正確的。然而，以開發中國家的大多數而言，自然資源由公共部門運作，開採自然資源創造了所得，開採得越快，國家越繁榮，經濟成長越快速。事實上這樣的繁榮是短暫的，多數的經濟學家好像不擔憂「表面上的成長是誤導的」之事實，他們仍繼續基於錯誤的國民所得帳來做分析。

9.7 摘要

在這章中討論了永續發展的三個不同的概念性方法：　Hartwick-Solow；　生態經濟學和；　最低安全標準（SMS）。

1.仔細檢視上面所述永續性定義之關聯，顯示出他們有下面的共通點：

- 在原則上，顯示出默認經濟成長有生物物理的極限。
- 永續性經濟發展是可實現的展望和所希望的選擇。
- 不遞減的資本存量（由自然和人為資本組成）是永續性的先決條件。
- 永續性需要考慮效率和公平。

2.然而，這三個方法有兩個很重要的不同之處：

- 他們透過不同的方法去理解人力資本和自然資本之間的關係。在 Hartwick-Solow 的方法中，認為人力資本和自然資本為替代關係，這意味著資本存量和世代公平是不相關的。相對的，生態和SMS 方法把人力資本和自然資本資源看作互補。
- 二法之差別在於強調公平與效率，在Hartwick-Solow 的永續性方法中強調世代間的效率；生態方法強調世代間公平；SMS

方法強調公平被懷疑目前行動造成對未來世代的不可回復效果的程度。

3. 這章介紹的三個方法，很難獲得決定非遞減資本存量適當大小所需訊息。

4. 決定「適當」的資本存量大小，至少需下列訊息：長期以來的價格訊息、非市場環境財、影子價格的估計、社會貼現率的決定、重新檢視國民所得帳、有效操作永續發展觀念的法律與政治制度。

5. 永續發展的進步相當慢，是由於不合理的大量行政、資訊和立法成本。

6. 另一個阻礙永續發展計畫之執行的實際考慮因素為是世代間公平（關心目前窮人）。在考量永續性上，其重點為強調世代間公平：未來世代的福利。永續性強調以目前消費為代價的長期投資計畫。然而，對現代窮人的關心，是消費的增加而非投資的增加。

7. 儘管上面所述的實際困難，近年來經濟學家對於永續發展研究著重於下面兩個重要問題：

- 世代間的公平：主要議題為貼現的倫理合法性。
- 永續國民所得帳：近年來，已逐漸注意傳統國民所得帳對環境防禦支出和自然資本折舊之忽略而加以改進。

第六篇

環境資源經濟學：環境損害和公共政策的成本──效益評估

　　第六篇是第四篇的延伸，主要涵蓋關於由人類活動產生廢棄物丟棄於環境的自然環境經濟學之課題，主要的議題是公共政策，理論的探討主要在於有助於瞭解環境議題的內容。

　　第六篇包括6章（第10-15章），第10章發展可用於指引環境污染控制的理論模型和經濟條件；11章和12章深入討論並評估一些環境控制政策工具；13章集中於跨國境和全球層面的污染問題──酸雨、臭氧層破壞和溫室效應，14章和15章處理環境的經濟評估，這兩章重要的觀念和議題包括用於衡量環境損害（效益）、成本──效益分析、時間偏好、貼現率和世代公平等技巧。

　　第六篇的各章和第5章，涵蓋一般稱為「環境經濟學」的教科書所討論的課題。然而，儘管這幾章的一般方法似乎和經濟學中處理這些主題的標準方式一樣，但仔細閱讀每一章會發現和標準方式有顯著不同，不同之處在於每一章都努力提出與主題相關的生態觀點，這些努力也不是隨意為之，一般而言，每一個主題都先介紹標準經濟處理方式，而後對其結論與生態觀點之分歧處提出質疑。

第10章
污染控制經濟理論：最適污染量

學習目標

閱讀本章以後，你將熟悉下列各項：

- 污染控制成本的主要特性。
- 污染損害成本的主要特性。
- 污染控制成本和污染損害成本的取捨。
- 最適污染量。
- 消費者對環境品質偏好改變如何影響最適污染量。
- 技術的改變如何影響污染控制的成本及最適污染量。
- 市場失靈及其政策含意的另一種解釋。
- 最適污染的策略：生態學上的評價。

> 清除污染總比什麼都不做的好，但污染的防治是在地球上更溫和行走的最好方式。
>
> —— Miller 1993: 15

10.1 緒論

第 5 章曾經藉著觀察社會上在經濟財和改善環境品質兩者間的取捨來看環境品質問題。除了認知這個取捨的存在，第 5 章也企圖假設一些條件以達到與社會最適環境品質的一致之產出（經濟財）的必要條件。這是一個間接的手段，因為最後決定環境品質的廢棄物排放量是假設經由產出的調整來管理的。如果廢棄物的排放和產出間的關係是穩定且可預期的，且市場情況的改變對產出之影響可預測的話，則沒問題。然而，在技術和經濟考量下不能視之為理所當然。

因為這些理由，這章將討論另一種直接以廢棄物處理成本本質的環境品質管理方法。由此來看，此時之經濟問題將是決定一個和社會最適環境品質一致的廢棄物數量（不像第 5 章所提到的產出），這就是最適污染水準。我們很快將看到，此種方法對一個財貨提供了有用的新視野，同時清楚的計算所有經濟、技術和生態因子考量下的污染控制與污染損害成本。

10.2 廢棄物處理成本極小化

如在第 4 章所討論的二個定理——第一、第二熱力學定律告訴我們污染是任何經濟活動都不可避免的一種副產品。而且，像在第5章5.2節所說的，經濟活動很少能不對自然環境造成損害，這是因為自然環境分解垃圾的能力有限，雖然對一些長久性的污染（如DDT、水銀、放射性廢棄物等）來說分解量是十分微不足道的。

很清楚的，當廢棄物的排放量超過環境涵容能力時，廢棄物污染的經濟考量變得很重要。超過這個門檻，就變成環境品質與污染間的取捨，換句話說，超過此門檻的污染，只會在降低環境品質的代價下產生，即污染的發生會有成本，因此產生污染控制策略或環境管理的問題。

從純經濟觀點來看，以廢棄物處理成本的極小化觀點，環境品質的管理或污染的控制是容易瞭解的。大體上來看，處理廢棄物的成本有二個來源：第一個來源是污染成本，這個成本是社會利用技術來控制污染達到清理效果而產生；第二個來源是污染損害成本，這是由於未經處理的廢棄物直接排放到環境中所造成的，因此：

排放廢棄物的總成本＝污染控制成本＋污染損害成本

在完全認知二個成本成分的取捨下，經濟問題是使廢棄物總處理成本極小化。這是因為從經濟觀點來看，任何在污染控制技術上的投資，唯有在避免環境損害所產生的利益足以彌補其投資之下才有意義。要對此種經濟邏輯有好的理解，首先，必須對這二種廢棄物的處理成本有清楚且深入的瞭解。

10.2.1 污染控制成本

污染控制成本代表社會為了取得資源以改善環境品質或控制污染所直接用貨幣表示的支出。污水處理設備、煙囪、隔音牆及汽車觸媒轉換器上的支出只是一些污染控制成本的例子。這些支出也許由個人支付，像居住在機場附近居民的隔音牆支出；相反的，污水處理設備也許是當地或聯邦政府的計畫共同承擔的。在此情況，這些支出由二個政府機構所分攤。在一些狀況下，一個計畫也許是由政府機構所補助的私人機構來承擔的。因此，這些例子說明污染控制成本計畫的支出分攤者也許會變更，還有一些例子很難去追蹤。儘管有這種可能的複雜性，但按照慣例是要看污染成本的全部。因此支出的特定來源無關緊要，重要的是對某一項計畫的所有支出都要能計算到，不管其經費來源是什麼。

一般而言，我們預期隨環境品質改善或清除活動增加，邊際污染控制成本會增加，這是因為較高水準的環境品質需要投資於成本遞增的技術。譬如，透過污水處理設備可達到特定水質的標準，這樣的設備是被設計來過濾固體和看得到的廢棄物，不能再多做些什麼了。假如我們需要更好的水質，那麼第二級或第三級處理的附加支出是必要的。如此額外的處理需要新的、昂貴的技術設計來完成，不是用化學就是用生物學的方法來處理。我們可想像邊際控制成本（MCC）如圖10.1。

圖10.1a和圖10.1b是以二種不同的圖形方式來描述污染控制成本

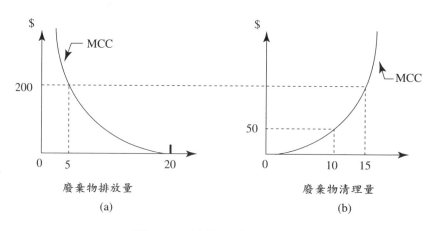

圖10.1　邊際污染控制成本

的方法。在我們進行下一步驟之前，確實瞭解這二個曲線是很重要的。首先，很明顯的，這二個圖傳達著相同的觀念，但是它們的 x 軸不同。在圖 10.1a 中，x 軸表示未經處理就排放到環境中的廢棄物的數量，而 10.1b 中 x 軸則是代表被處理的廢棄物之數量；第二，在圖 10.1a 中，當廢棄物的數量為 20 單位時，邊際成本是零。這個數字表示此廢棄物之基準或被考慮要處理的總量；第三，這二條曲線都是測量邊際成本的，例如，圖 10.1a 中，廢棄物的數量是 5 時，成本是 200 元。此成本究竟要衡量什麼？它衡量清除或控制廢棄物 15 單位時的成本。這是因為在 20 單位的廢棄物基準時，若只排放 5 單位，那就表示有 15 單位被清除了。從圖 10.1b 很容易就看出當廢棄物控制量為 15 單位時，其邊際控制成本為 200 元。在圖 10.1a 和圖 10.1b 中清楚的顯示，它們是用二種不同的方法來看同樣的事。最後，很重要的是，這二個例子是當我們需要一個較高的環境品質水準時，邊際污染控制成本是遞增的。以圖 10.1b 中的數字為例，控制第 10 單位的廢棄物時，其邊際成本為 50 元，然而，處理第 15 單位的廢棄物邊際成本增加為 200 元，為原來的 4 倍。

在這個階段重要的是認定決定邊際污染控制成本曲線位置之技術因素。更確切的，注意邊際污染控制成本線的構成是建立在污染控制技術、投入變更的可能、剩餘的循環以及生產技術等這類的因子保持不變的假設下。任何一個預定因素的改變，都會引起整個邊際污染控制成本曲線的移動。例如，一家電力公司使用煤來當作它的主要要素投入能量，藉著從含硫量較高的煤轉換成含硫量較低的煤來減少污染（硫）的排放。於此特定情況下，其效果將會使邊際污染控制成本曲線向下移動。假如有一個顯著改善污染控制的技術，例如發展一個新的高效率的汽車觸媒轉換器，也會產生相似的結果。

最後，因污染控制成本是外顯的，故假設沒有因未計入第三者效果而有明顯的市場扭曲發生，即沒有外部性。換句話說，就污染控制成本而言，在私人與社會成本間是沒有差異的。然而，這不是建議在評估污染控制成本時不會因市場不完全或政府介入而發生市場扭曲。

如之前陳述的，污染控制成本只計算對污染的總社會成本的一面。現在讓我們詳細的察看總污染處理成本的第二部分──污染損害成本。

10.2.2 污染損害成本

即使技術可以免除環境中的污染，但事情基於成本來考量的話是困難的。然而，就像在第5章談到的，當廢棄物的排放量超過環境涵容量時會降低環境的品質，未經處理的廢棄物排放到環境而造成各種的損害，若用貨幣價值來衡量，就稱為污染損害成本。

對環境品質的損害可以用很多方式來表示，而主要是看未經處理的廢棄物排放到環境中的數量。例如，當生物所能分解的污染產生，如牲畜飼餵場將含有磷、氮等成分的污水排放到湖裡，導致優氧化的產生，一段時間後，優氧化的結果就是湖水裡的水藻會繁殖過多，直接的結果就是湖水的景色減少。另外，對水中的有機物來說，這是一個負面的衝擊，因為水的功能是支持魚和其他有機體所依賴的溶氧量。因此，如果生物所能分解的污染未經處理就被排放到湖裡，那麼這對環境品質的損害為減少景色的吸引力及一些像魚這種有機體的數量。這些不利環境結果用貨幣價值來表示就稱為「污染損害成本」。

若是永久性的污染，估算其污染損害成本則更複雜化。譬如像一些有毒金屬、鉛、水銀與放射性廢棄物以及一些無機化合物像殺蟲劑和生產石化工業產品所產生之廢棄物。這些污染物的類型並不是真的危害到有機體及生態的生存，只是它們在環境中分解得非常慢，換句話說，它們對環境不利的結果超過目前的情況，例如，若有放射性物質從核能發電廠外洩，將會對好幾世代有不利的影響。要估算持久性的污染所造成的損害成本增加多少，是很困難的。

大致而言，污染損害成本是指對動植物以及其棲息地的損害、美質的損害、自然的惡化以及對人類健康和死亡率的各種有害結果。為了估算損害成本，我們必須要看的損害不限於實際帳面的損害成本。更明確的說，自然條件損害需要儘可能的用貨幣價值表達出來（見〔個案研究10.1〕）。

〔個案研究10.1〕
室內空氣品質的經濟效果

—— Curtis Haymore and Rosemarie Odom

　　室內空氣品質（Indoor Air Quality, IAQ）可由很多方法得到警訊，它會損壞我們的健康和一切，它會降低我們工作生產力和自然資源，它使資源分散以解決它所帶來的問題。雖然某些損害的經濟成本看得見且易評估，但中間的價值大部分是隱藏的，累積的衝擊動輒數十億元。

　　診斷、減輕及起訴IAQ問題是在工業急速成長下所發生的。近來環保署（EPA）調查指出，超過1,500家廠商在提供IAQ的服務，從1988年至今，已增加了25％。評估與平衡系統的中位數為250到1,500元之間，灰塵清理服務的中位數大約500元，而石綿的減少和革新大約是5,000元，在一些情況下成本最高可為50,000元。

　　另外，判定和解決之支付費用的成本和IAQ問題被起訴的件數一樣是增加的。雖然多數IAQ問題可由訴訟解決，但需要一筆龐大的金錢投資在研究、試驗及專家證明上，另外還有訴訟費用。這個方法本身通常要用上百萬、千萬不等。

　　惡劣IAQ之經濟成本包含對財貨所造成的污染物之實質損害。室內空氣污染會損害金屬、顏料、織品、紙和外觀的惡化和使用降低傢俱、內部裝飾織物及加熱、通風和空氣調節（Heating, Ventilation and Air Conditioning, HVAC）裝備的壽命。

　　有些物品是「人口敏感」且易受損害，譬如，古代的皮革、書籍和美術品特別易受到污損。電子設備對腐蝕特別敏感，代表在惡質的IAQ中的大投資有風險。

惡質IAQ問題更大的成本是傷害到人們，此問題仍是美國影響健康的最大風險。影響健康的範圍從溫和的刺激諸如頭痛和過敏反應，到對生命的威脅，諸如癌症和心臟病。由空氣污染所導致的癌症事件的醫療成本，估計約從 $1.88 億到 $13.75 億，由於環境的煙草污染導致心臟病患相當於另外的 $3 億。一項研究指出，每 100 個白領工作者，每年因惡質的 IAQ 看醫生 24 次，合計為另外的 $2 億。

惡質的 IAQ 一個「無形的」成本是，因頭痛、眼睛刺激、疲勞及其他症候而失去生產力，受雇者在工作上較無效率、花較多時間離開工作崗位或需要較頻繁的休息，都會使生產力降低。即使微小的活動如表面上較小的活動如吃止痛藥或者打開一個窗戶，都會中斷生產。更嚴重的情況，會造成曠職增加和士氣下降的結果。一項研究發現，一天八小時的工作中有 14 分鐘因惡質的 IAQ 而損失，除此之外，每 10 位工作者中，惡質 IAQ 導致 1 年需付出 6 天的生病日，假如這是真實的，那麼美國因此失去生產力所導致的成本為 $414 億。

Source: *EPA Journal,* Vol.19, No.4, 1993, pp.28-9. Reprinted by permission.

如以上的討論，估計污染損害成本是很難完成的一項工作，需要很多的想像力和創造的方法，此外，當其他條件不變，永久性污染物越多，損害成本的計算越難。事實上，我們在第 14 章中會看到某些污染損害超出經濟領域，不管這些困難，污染損害仍是存在的，因此，社會為了追求更好的生活，我們需發展一個為提供瞭解污染的損害成本所設計的程序。

圖 10.2a 和圖 10.2b 代表邊際污染損害成本（MDC）一般特性的兩種表達方式，如同MCC曲線，唯一的不同是在 X 軸上的標示。一個對損害成本曲線的基本假設是損害成本為污染排放的遞增函數，換句話

說，由污染增加導致的損害會隨排放量而遞增。

如圖10.2a數字案例指出，當廢棄物的數量從10增加到15單位，邊際損害成本從$125（第10單位廢棄的成本）增加到$500（第15單位廢棄物成本）。這當然是符合第4章和第5章中所討論生態原理中的環境污染累積（非線性）效果。

注意此二種表示方式對邊際損害成本曲線提供不同說明也是重要的，在圖10.2a，如前面所討論，損害成本曲線以貨幣衡量增加一單位廢棄物排放對環境造成社會損害的成本，此成本因廢棄物數量持續增加而增加。在另一方面，圖10.2b所代表的損害成本曲線描述社會願意付出於避免損害的邊際金額，換句話說，這是衡量社會改善環境品質之支付意願的基礎，或者說是指環境品質的需求。

為得到一個清楚的概念，讓我們如前面一樣假設需要處理或清理的廢棄物基準為20單位。此基準顯示在圖10.2b，其邊際損害成本為零，這就是說如果這20單位全部清理則沒有該損害。假設廢棄物處理使數量減少至5單位，這就是說有15單位的廢棄物在環境中未處理，在圖10.2b中$500的邊際污染成本可以下列兩種不同方式來解釋：⑴$500

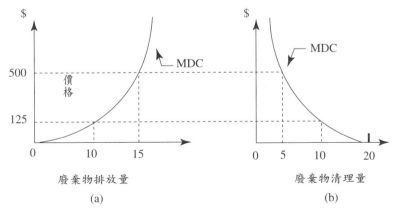

圖10.2　邊際污染損害成本

是用來衡量第15單位未處理之廢棄物的邊際損害成本，這與圖10.2a的金額一致；(2)$500是衡量社會清理這第5單位廢棄物的支付意願，以這種方式觀之，MDC曲線代表社會對環境品質的需求。此外，如圖10.2b，當社會的環境品質標準為較高水準時，人們願意支付的成本便會減少。例如，社會願意支付處理第10單位廢棄物的成本是$125，少於社會願意用來支付第5單位廢棄物的$500，這個觀察與需求定律一致（見第2章）。

一些因素會影響邊際污染損害成本曲線的位置。包括人們對環境的品質偏好的改變、人口的改變、發現新的損害導致環境污染的處理，如像醫學對特定癌症的突破，或環境涵容能力本質的改變，這些因素中任何一個改變都會導致邊際污染損害成本移動。在其他因素維持不變下，較高的環境品質偏好將使圖10.2a和圖10.2b的邊際成本損害曲線上移，即圖10.2a的成本曲線將向左移動，而圖10.2b將是往右上移動。瞭解之後很直接的可以明白，如圖10.2b所示，邊際污染損害成本曲線事件上代表人們願意支付的代價以避免損害，然後，選擇較高的環境品質將增加社會所願意付出的代價。

最後談論的是污染損害成本具外部性，根據定義，此成本是在污染損害發生之後對社會的成員產生的成本，這是決定最適污染標準（下一節的主題）的最重要因素。

10.3 最適污染標準

在本章中陳述，如果以求總處理成本極小化來看問題，則很容易瞭解環境品質的管理。我們也清楚總處理成本包括二部分：污染控制與污染損害成本，在10.2.1與10.2.2子節中我們瞭解這兩個成分的本質，有了此資訊，我們現在能正確地指出最適污染量的意義及最適污染量與總處理成本極小化之關聯。

在圖 10.3 中的邊際損害成本（MDC）和邊際控制成本（MCC）曲線位於相同軸上，從此曲線圖可明顯的看出，假如不採行任何污染控制，則總污染排放量應在 W* 點，然而，社會最適的污染排放量標準卻在 W_k 點，而那一點才是符合邊際相等條件——MDC 等於 MCC。在此點上，總控制成本的區域是 $W*SW_k$（位於 MCC 曲線下的區域），總損害成本則在 OSW_k 區域（MDC 曲線下的區域），而總排放成本是兩個成本的加總，為 $OSW*$ 區域，問題是，我們怎麼知道此點是表示總成本最小？或用另一種方式，我們怎麼知道 W_k 是表示為最適水準的污染排放量？

在第 2 章討論過，我們可以簡單的解釋在 W_k 時是柏萊圖最適，因在其點之上或下都會引導出總染污成本的增加，首先，污染量的標準如果由 W_k 增加至 W_i，如圖 10.3，則從 W_k 到 W_i 排放量增加之總損害成本，由損害成本曲線的下方 $W_k SMW_i$ 區域表示，然而此未處理廢棄物的

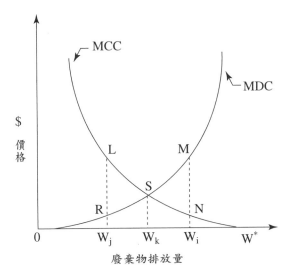

圖 10.3　最適污染水準

增加會減少污染控制成本，而此減少的區域為邊際控制成本曲線下方的 W_kSNW_i，最後的結果為當污染排放量由 W_k 增加至 W_i 時會使總排放成本增加為 SMN。利用相同的方法可看出若污染排放量由 W_k 降至 W_j，其結果是增加總排放成本 SLR。因此，污染水準在 W_k 是柏萊圖最適。換句話說，最適的污染排放量應是邊際損害成本等於邊際控制成本，因此總處理成本極小。

以下圖作為例子說明，讓我們對照由圖 10.4a 和圖 10.4b 中的邊際損害和邊際控制成本所組成的線段來研究，在圖 10.4a 中，最適污染水準是 150 噸，這是 250 噸的總廢棄物排放量下，為了達到最適污染的標準，需有 100（250-150）噸的廢棄物是需要利用技術來控制或清理的。

在圖 10.4a 中控制或清理 100 噸廢棄物的成本為圖中的三角形 B 區域（位於邊際控制成本之下的區域），這將會是 $2,500〔0.5（100 × 50）〕。

而剩下的 150 噸未處理廢棄物的損害成本（此為污染最適量）其組成區域為三角形 A，其貨幣價值會是 $3,750〔0.5（150 × 50）〕。

因此，總成本為 $6,250（2,500+3,750），即控制成本和損害成本之加總。因為這是最適污染，此時總成本極小的。為證實此點，現在讓我們看圖 10.4b，假設環境中未經處理的廢棄物排放量從 150 噸增加至 180 噸，需處理廢棄物的量將從 100 噸減少至 70 噸。其結果，總控制成本將從 $2,500（如圖 10.4b 中三角形 B）減少至 $1,225（如圖 10.4b 中三角形 D）。

然而，污染水準從 150 噸增加至 180 噸，其總損害成本將從 $3,750（如圖 10.4a 中三角形 A）擴大至 $5,400（如圖 10.4b 中三角形 A.C.E 之加總）。如此，當污染水準增加至 180 噸時，其總污染處理成本等於 $6,625（$1,225+$5,400）。總成本比污染最適水準 150 噸時的成本多出 $375（$6,625-$6,250），$375 是圖 10.4b 中三角形 E。

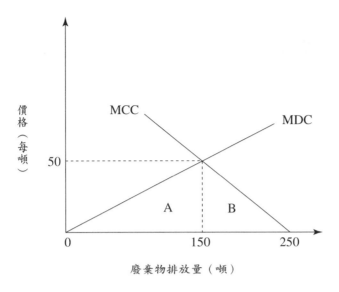

圖 10.4a　最適污染量的圖解說明：一個數字說明

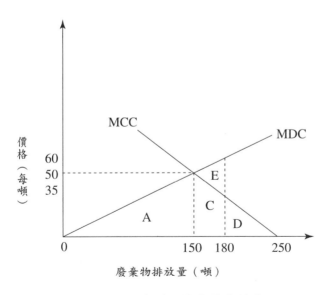

圖 10.4b　未達到最適會發生什麼？

10.4 偏好及技術改變與其對最適污染水準之影響

讓我們以圖 10.5a、圖 10.5b 和圖 10.5c 開始檢查環境品質的偏好和技術改變可能如何影響社會最適污染水準。在圖 10.5a 中，讓我們假設 MDC_0 和 MCC_0 代表最初的邊際損害成本和邊際控制成本曲線。在這假設下污染的最適水準為 W_k。現在假設因為新環境認知，使人對環境品質的需求增加。這效果將使邊際損害成本曲線向左移，因為如之前談論，邊際損害成本曲線表示人們為避免損害所願意支付的金額。在圖 10.5a 中，由邊際損害成本從 MDC_0 向左移至 MDC_1 表示，在其他因素不變下，邊際損害成本的改變將使最適污染水準從 W_k 變到 W_j。因此，我們從這觀察來下結論，在其他條件不變時，偏好較高的環境品質將導致較低的污染容忍或較高的環境品質，此點具重大的意義。然而，值得注意的是高環境品質在若干成本下才達成，在新的均衡下，總排放成本較高（0VW* 而不是 0RW*）。

以類似的方法可分析技術對社會在某一時點願意容忍的污染水準之

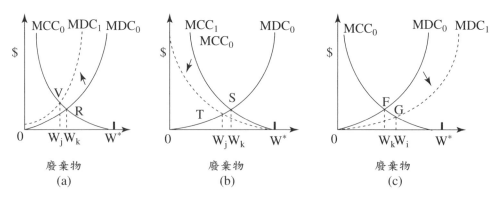

圖 10.5　最適污染環境技術效果和人們偏好改變

影響。為說明此點，假設在廢棄物處理的控制上有技術的突破。這會節省廢棄物的處理成本，其邊際控制成本將向左下方移動，如圖 10.5b 顯示，邊際控制成本曲線從 MCC_0 移動至 MCC_1。假設其他因素不變，這個移動將使污染的水準從 W_k 減少至 W_j。在這裡再次下結論，改善處理廢棄物的技術將減少社會污染水準或改善環境品質。此外，此改善將不會帶來總排放成本的增加，如圖 10.5b，當污染水準為 W_k，廢棄物的總排放成本由 0SW* 表示。然而，新的污染水準 W_j，不僅減少污染，同時減少廢棄物的處理成本。這是正如「你有蛋糕且能吃它」的技術奇蹟的一個好例子。

技術亦可能用其他方法影響社會希望的污染水準。為了瞭解此點，讓我們假設某個污染物所造成癌症之處理的技術有突破。在其他條件不變時，其明顯效果是邊際損害成本曲線右移，如圖 10.5c 從 MDC_0 移動至 MDC_1。其結果顯示，新的最適污染水準 W_j 將超過在技術改變之前的污染水準 W_k。這是一個改善技術導致污染水準增加而非減少（或降低環境品質）的案例。然而，技術改善將導致廢棄物總排放成本減少。由圖 10.5c 可證明，在癌症處理突破之前的總排放成本是 0FW*，在技術突破後其總排放成本減少至 0GW*。

顯然地，如上面二事件之舉例說明，技術改善將引起 MCC 或 MDC 移動，導致總排放成本的減少，故節省處理成本是改善技術的明確結果。然而，技術改善的效果對污染水準或環境品質之影響並不是直接的。如果廢棄物處理的技術進步使 MCC 向左移動，在其他條件不變時，將引起污染的減少，因此改善環境的品質。另一方面，若技術改變使 MDC 向右移動，假設其他條件保持不變，其結果為污染水準增加，所以，未來環境品質將惡化。這個結論給了我們一個深刻的警告後，必須謹記在心：技術對解決環境污染的問題不能提供我們明確的答案。

10.5 市場失靈

　　這節再次討論市場失靈——在第5章曾深入探討，主要的目的是說明市場失靈現象如何用本章模型來解釋，由圖10.6可做到。由圖，污染的最適水準為W_k，其邊際損害成本等於邊際控制成本。問題是，此污染水準是否可透過市場自由運作達到？其答案相當直接，只要我們認知損害成本與控制成本一個重要的不同，即損害成本具外部性而控制成本不具外部性。因此，對私人的廠商最便宜的不會是對社會整體最便宜的，亦即，就損害成本而言，私人與社會成本不同。一般而言，私人廠商完全忽略損害成本。如圖10.6中，社會最適水準W_k，其總排放成本是由$0SW^*$區域代表。總成本是由總損害成本$0SW_k$和總控制成本W_kSW^*所構成。然而，如果透過市場這麼做，廠商最佳的主張是控制成本極小而忽略損害成本（既然損害成本是外部性的）。市場的最終均

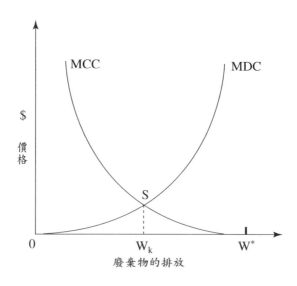

圖10.6　最適污染水準

衡會移到 W*。因此，最適的 W_k 將不會達到，除非市場能將私人廠商的外部性內部化。因此，這是市場失靈的一個明顯例子。

10.6 最適污染水準：一個生態評價

　　這節討論基本生態學原理與經濟學的最適污染水準概念是否一致，以完全不允許污染的極端如美國的 DDT 為例，生態判斷對這個的觀點是顯而易見的，以本章所討論的經濟模型如何說明此禁令呢？如果零污染被認為是社會最適，如圖 10.7 所示，其每個污染水準的 MDC 大於 MCC，則在任何造成此情況的廢棄物之禁令在經濟學上是合理的。在此例證中，經濟和生態的最適污染量並沒有不一致。

　　這是一個極端的例子。在多數例子中，經濟的最適污染排放量是正的，我們期望這與生態的原則沒有不一致（參考第 5 章的 5.2 節）。然而，有一些理由可以解釋經濟的最適可能不是生態上想要的。這議題可

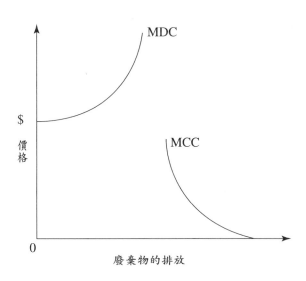

圖 10.7　零廢棄物排放量為最適的情況

由三個特別案例來說明：第一案例提出應用於環境時，只以人們偏好為基礎的最適化是不當的；第二案例是顯示污染控制的標準經濟方法強調污染清理而非污染預防；第三案例使用三篇實證研究充分證明在全球溫室效應的案例中，最適污染不能充分保護後世和整體的生態系。

1.到目前為止的討論顯示，估計損害函數只考慮人們的偏好，造成困擾之問題為完全以人類偏好為基礎來決定後世的人類生活（即世代間的公平）和自然生態系的整合程度（Funtowicz and Ravetz 1994）。沒有這樣的保證，經濟學和生態學的最適污染的分歧是必然的。以此觀點，會偏向污染過量是可預測的，因為損害函數的經濟估計會低估未來世代和生態系歧異度與恢復力的福利（第13章有更多討論）。

2.從這章的討論可見，最適污染水準的經濟準則是在假設預定的廢棄物排放量基準下發展出來的，例如在每一案例最適水準之決定中，W* 被視為基準——所考慮清理個別廢棄物的最大水準。在尋找清理的最適水準，並沒有考慮基準絕對數量的經濟基準。其焦點只在於在廢棄物預定水準下決定最便宜的排放方法。因此，最適污染水準之計算並沒有考量基準 W* 減少時的社會價值。標準的污染控制之經濟方法是強調污染清理，而不是污染預防。而污染預防的策略著重於在進入任何廢棄物系統之前在來源上減少廢棄物或減少廢棄物的數量。這被忽略或不被強調，而使污染控制的經濟方法可能不是最適的生態結果。在〔範例10.1〕中討論目前一些在應用污染預防時所涉及的管理環境問題之爭議。

3.在決定污染的最適水準時，假設我們有用以估計污染控制成本與損害成本所需的相關資訊。如之前討論，控制成本之估計可能相對容易地獲得，但是評價全部的損害成本非常困難，特別是當所考量的污染涉及生態學不可回復的改變和長期負作用之風險。本文將以 Nordhaus 和 Cline 兩人研究的結果來加以說明。以上三點都使我們想要尋找在下一世紀全球溫室效應緩和的最佳策略。

〔範例 10.1〕

一盎斯的污染預防？

「一盎斯的預防相當於一磅的治療之價值」是 Benjamin Franklin 的名言，雖然他謙讓的說他是由 Poor Richard's Almanack 中的諺語獲得的結論。理查同時也說：「預防壞習慣比突破它們簡單」，他是否因觀察事物而感到困惑並試著告訴我們某些事物呢？為了誰？為了什麼呢？污染防治的問題在於需面臨許多問題，通常不易認定。（我們如何將它運用到例如氪的問題中呢？）設計更完全的燃燒汽油的汽車引擎，因此排放出更少的一氧化碳，是污染預防，懸掛一個接觸反應的轉換器在排氣管則不是。EPA 的綠色計畫節省用電，是污染預防（發電對美國二氧化碳排放有 35％的責任），種植樹木則不是。

1990 年的污染防治法案創立一個較好的政府體系方式來保護環境。首先，污染應儘可能在來源處預防，若不能預防，應依回收、處理、安全的丟棄等優先順序來防治。以操作上來說，污染預防是來源減少，這在法規中另有定義，是指能減少任何污染量的任何方法。運用到我們社會的行為上，包括能量、農業、消費者實現和工業部門所實施的。限制發展來保護敏感的沼澤生態系是污染預防，正如農耕收成有自然的蟲害阻礙。將熱水器包起來是污染預防，正如使用有效能的燈泡。

污染預防不是可應用到環境管理問題的工具之一（May/June 1992 issue of EPA Journal），而是所有環境管理計畫試圖達到的理想結果。問題在於我們在執行污染預防上經驗不足。我們可能需比較產品的整個生命週期——開採、製造、使用、再利用、丟棄。現在紙袋和塑膠袋都可回收，我們應先使用何者？紙為生物所能分解，但並非在大部分土地，且它體積較大、也較重。塑膠的製造過程帶來大量污染，但紙的製造也是。事實上，當污染預防有此結果時，通常未被注意到的是因掩埋成本的提高而使許多廠商減少其固體垃圾的產生，如 Poor Richard 所說，「你會被說服，是因利益，而不是道理。」

Source: *EPA Journal* Vol.19, No.3, 1993, p.8. Reprinted by permission.

首先，提供溫室效應和其預期結果簡要背景或許是很直覺的。根據聯合國贊助的氣候變遷，政府間專家組織了第二篇報告（1995），從1860年工業時代開始，人類的活動已經引起全球平均溫度上升攝氏半度，此報告預測至本世紀末溫度將增加1到3.5℃，如果溫室氣體（GHGs）──二氧化碳、甲烷、CFCs和氧化氮以現在速度集中，若此趨勢持續，溫室效應預期會改變自然環境，例如：對世界農林的損害，海平面上升影響許多物種的容量（對於全球溫度上升的原因和影響參考第13章，13.4節）。在下面三個全球溫室效應的經濟研究，溫室氣體的排放被視為具全球外部性。

第一個研究（Nordhaus 1991）是依據和本章相同的分析架構，此研究主要目標是尋找一個對溫室效應「有效率的」對策，在這研究中，溫室效應的損害函數定義為氣候改變對社會的成本（如收成量、陸地變為海洋、人類的置換等等）。控制成本函數反映出為降低GHG排放，經濟社會所增加的支出，這些成本包含但不受限於，由煤礦轉換為非煤礦、尋找CFCs的替代品、保護海岸的性質和結構的成本。

此外，這個研究假設二氧化碳濃度是1860年代的2倍，評估對氣候變遷的影響，預測此情況下的CO_2會使室溫上升3℃。若什麼都不做，2050年就會出現此影響。

這研究的結果取決於數個因素，特別是評估損害成本。因此，三種不同水準的損害成本被考慮，基於中等的損害函數，最適減少（MDC=MCC）顯示是全部GHG排放的11%。假如將它具體化，來自氣候變化的損害將約略是國民生產毛額的1%，因此建議採用溫和的國際防治計畫。

Cline（1992）的研究認為以上的研究太溫和，此研究採用成本──效益架構以決定GHG排放的效率控制，Cline以不同方法估計損失函數。

Cline認為Nordhaus的研究低估溫室效應所產生的損害成本，因為它是基於相對短期時間。即Nordhaus建議假如能使GHGs減少排放的政策現在被採行，到2050年全暖的趨勢將緩和。然而，也許不是這樣，因為以「世紀」計算，溫室效應是逐漸累積與不可回復的（Cline 1992），因此應該考慮長期，也許長如三百年，溫室效應的長期潛在效應遠高於2℃至3℃範圍，只因為二氧化碳的排放水準不會止於2倍的水準，損害成本的估計應考慮此種全球溫室的動態效應。

此外，Cline在考慮損害成本的不確定時相當謹慎，他考慮社會為風險趨避者並在此風險因素下計算其結果，整體而言，Cline的研究是依據與第8章和第9章所討論的原理一致的架構。如預期的，Cline的研究為降低全球GHG排放推薦一個更積極的計畫。以下是其研究的摘要：

> 　總而言之，基於一些理由，但特別是因損害的非線性效果和非長期的溫室效應，本研究的政策結論與Nordhaus分析所發現的不同。此處之結果顯示維持每年二氧化碳於4兆噸的計畫——至2050年由基準減少71％的排放量，至2100年減少82％，至2200年減少90％——在風險趨避的考量下應被採用。
>
> 　　　　　　　　　　　　　　　　　　　—— Cline 1992: 309

第三個研究（Nordhaus 1992）是基於動態整合氣候——經濟模型（Dynamic Integrated Climate-Economy, DICE）。這模型的優勢是它允許不同減緩氣候變遷方案之效果的比較分析。Nordhaus調查五種政策，其中一個叫生態學的或氣候穩定政策，此政策選擇嘗試減慢氣候改變的腳步以預防主要的生態影響。一個計畫是自1950年後每十年溫度增加減緩為0.1℃，因此，目標是達成生態目的而不考慮成本。

其結果為，「生態政策」所決定的排放控制率比基於經濟效率的政策——最適的路徑更高，Nordhaus 敘述其結果：

> 不同政策的排放控制速率均不同，在這最適的路徑，GHG 排
> 放律未來約減少 10%，於下個世紀上升到 15%，假如要氣候穩定
> 則需要完全消除 GHG 的排放。

—— Nordhaus 1992: 1318

10.7 摘要

1. 這章主要的目的是探討「最適」污染水準，這是在兩種成本與污
   染間用封閉的方式來作取捨，這兩種成本是污染控制與損害成
   本。

2. 「污染控制成本」就是指社會用直接或明確的貨幣支出來降低現
   今的污染水準，例如：污水處理設備的支出。

3. 污染損害成本就是用貨幣價值去衡量未經處理就被排放到環境中
   的廢棄物所造成的損害。污染損害成本是很難用明確的貨幣價值
   去衡量對動、植物及其棲息地的損害、美質的降低、實質公共建
   設和資產的迅速惡化和各種對人類健康和死亡的有害影響。

4. 此外，污染損害成本具外部性。

5. 污染控制與損害成本之間存在取捨關係，在污染控制支出更多，
   將使損害成本較少，反之亦然。

6. 在這些取捨的觀點上，若每增加一單位的污染控制成本小於為了
   避免損害而增加每一單位的清除成本的話，即是有益的。當邊際
   控制成本小於損害成本時，即 MCC ＜ MDC，就值得增加污染
   控制支出。

7. 當邊際控制成本等於邊際損害成本時即是最適污染水準（MCC

＝MDC）。達到這個情況時，總排放成本（總控制成本與損害成本之加總）是最小的。

8.進一步分析這兩種污染成本的性質可知：

■邊際污染控制成本的增加是因增加對污染清除行爲，這是因爲提高環境品質水準需投資昂貴的成本技術。

■邊際的污染損害成本是污染排放的遞增函數。這可由生態學原理來解釋：污染會使自然生態系進一步分解垃圾的能力降低。

■邊際的損害成本可解釋成社會支付於污染清除的意願，即環境品質的需求。

9.對環境品質偏好改變或污染控制技術改變是影響最適污染水準的外生變數。對此議題的清楚瞭解提供污染控制政策洞察力。

10.另外在這章重要的議題是經濟和生態學觀點的不同，以下列三點來說明：

■經濟問題的敘述在於尋找排放預定廢棄物數量的方式，在尋找經濟最適目標時，強調的是污染清除而非污染預防。

■經濟和生態最適的不一致可能在所考慮的環境損害具長期不可回復性時發生。

■因爲損害成本是以人類爲中心決定的，不保證經濟的最適污染會保護其他形式的生命和整體生態系。

第11章
環境管制經濟學：
透過司法程序管制環境

學習目標

閱讀本章以後，你將熟悉下列各項：

- 環境管制的經濟合理性。
- 使用於評價特定環境策略制度的一般準則。
- 透過法律阻止環境的濫用。
- 環境管制的寇斯定理和它的含意。
- 以排放標準作為管制環境污染的政策工具。
- 美國環境保護署（EPA）和它設置排放標準的法令管制。

共有資源的悲劇因私有財產制而改觀，但是，沒辦法將空氣和海域圍起來，要避免共有資源的悲劇，需以其他方法如法令或課稅，使污染者認為處理他的污染物比直接排放它們更便宜。

—— Hardin 1968: 1245

11.1 緒論

第10章的焦點爲發展能指引達到環境品質社會最適水準的條件之理論架構，主要揭示之一（參考10.5小節）是環境資源外部性。由於此一原因，透過私人市場的自由操作無法達到環境品質的社會最理想水準。它建議的是，如同早先的討論，市場失靈和需有政策干預的情況。

然而，在下面兩章我們將瞭解，政策干預不是達到環境資源最理想分配的必要條件，也不是充分條件。充分條件所需達到最理想環境品質的方法，是成本有效——即成本最小。因此，以實用立場，解決環境問題需要的不止於僅是認知市場失靈或矯正外部性需有公共干預的必要性。考慮這點，在這章中我們將評估法律責任、財產權或者寇斯的方法和排放標準三種方法。這三個方法的相同主題是他們在系統合法方面的焦點，以阻止環境的濫用。在法律責任情況下，法庭對環境損害的認定基礎上予以罰款；寇斯的方法是使用合法系統指定和強制執行財產權；設置和強制執行排放標準由強制性法律來支持。在下面這些特定標準：效率、交易成本、公平、生態影響、精神和倫理的考慮基礎下，評估每一個政策制度。

11.2 環境管制法律責任

　　許多國家的法律責任為解決環境損害的一個方法，其法令制定後主要想法就是污染製造者對污染有責任（Starrett and Zeckhauser 1992）。更確切地說，污染者是被告，受影響的那些人是原告。因此，因為污染者如果被發現犯罪有訴訟和罰款之虞（參考〔範例 11.1〕），在他們污染時，最好對環境污染能有所處理。以此觀點，法律責任能用作使環境外部性內部化的方法。問題是法律責任能多有效的用於使環境外部性內部化？

　　我們可用造紙廠和魚孵化廠廠商之間的環境爭議的假想情況為例。如在第 5 章討論那樣，問題是因兩個廠商共同使用一條河。造紙廠用河

〔範例 11.1〕

ORE-IDA 食品公司為污染蛇河支付 $100 萬

　　被判五種違反乾淨水質法案罪名，Ore-Ida 食品公司在奧瑞岡州的波特蘭法庭被判以罰款 100 萬。罪名包括了到處排放馬鈴薯及其他蔬菜廢棄物到蛇河，違反在國家污染排放消除系統（National Pollutant Discharge Elimination System, NPDES）的公司許可證。環境保護署（EPA）的犯罪調查部由雇員關於資料的操縱、不合法排放廢棄物、不服從監測等開始調查。Ore-Ida 食品公司需立即付 $250,000 的罰款，且最終必須設置處理工廠廢棄物的設備。這個公司的設備已讓工廠花費了 $1,200 萬。Ore-Ida 食品公司的總公司在愛達華州，是 H. J. Heinze 股份有限公司所擁有的子公司。

Source: *EPA Journal,* Vol.20, 1994, p.5. Reprinted by permission.

來排放製造過程的副產品，而魚孵化廠依靠相同的河以養大幼魚。因位於上游位置，造紙廠的生產活動影響魚孵化廠。然而，沒有人能宣稱擁有這條河的主權，沒有一個機制可以讓造紙廠支付對魚孵化廠所造成的損失。如同我們在第5章節所見，如果沒有矯正造紙廠的生產活動，將不可避免地產生社會資源的錯誤配置。尤其是，相對於社會最適量，將使魚的生產不足。如何矯正此種情形呢？

如上面陳述那樣，對第三者引起損害者應負擔責任。它意味著要求污染者補償他們對第三者所造成的損害。就此處兩個廠商而言，它建議造紙廠應透過法令補償魚孵化廠。一般而言，對於關於環境的問題，法院以損害成本函數為基礎設定補償標準。我們假設法院對兩個廠商的損害成本有關的細節有精確的資訊。此時使用這個資訊，我們能夠引導出這條邊際損害成本曲線（MDC），如圖11.1顯示。

如果把河看作自由財，W＊代表由造紙廠排放的廢棄物數量，此時河流被視為共有資源；因此，造紙廠可自由使用河流。

然而，在此排放量下，紙廠對漁業所造成的損害為0TW＊──排放

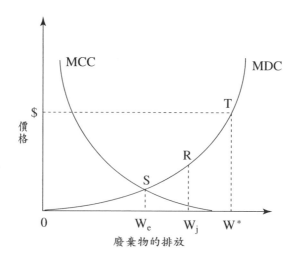

圖 11.1　造紙廠的邊際損害和控制成本

W*時邊際損害成本線以下之區域，因此，在一個嚴格法律責任下，法院以此貨幣金額作爲造紙廠彌補魚孵化廠的補償金，這個命令將迫使造紙廠的所有者重新評估造紙廠的廢棄物排放處理之決策。

因爲補償和損害成正比，造紙廠的擁有者知道他總是能夠透過減少流入河中的廢棄物排放數量以減少法令的處罰。例如，如果到河裡排放的數量從 W* 減少到 W_j，如圖 11.1 顯示，造紙廠必須付的處罰金額將是 0RW$_j$，比 0TW* 區域少。然而，這不會在沒有成本下達成，因爲造紙廠必須採用不同的方式處理它的廢棄物。假設在圖 11.1 邊際控制成本代表此廠可用的最佳技術下清理廢物的邊際成本，此時對造紙廠的最佳利益是將廢棄物排放由 W* 減少到 W_e。這是因爲，對於大於 W_e 的排放，MDC（造紙廠對生產所必須支付的補償）比 MCC（造紙廠因使用廢棄物處理技術而必須支付的金額）大。因此，在這個情形下，造紙廠排放到河裡的最大排放量是 W_e。這個結果和第 10 章所表示污染最理想水準的條件是相同的，即 MDC = MCC。這個含意是在一個理想的設定下（在此處管制者對損害成本有完全和精確的資訊），透過法律責任的環境管制能迫使污染者支付與它的社會價值一致的環境服務。

上面所敘述結果，在概念上清楚地建議，如果精心設計環境管制並透過法律責任嚴格加強控管，將確保污染的最適水準。此外，污染的最適水準不是由政府頒布決定；它是透過私人對財政上不利因素的考量來改變他們的決策過程，政府對法律責任嚴格執行。作爲用以調節環境資源使用的一個方法，法律責任如何有效呢？在正面的一方，至少在理論上法律責任能夠使私人污染製造者之決策者往社會最理想的水準調整。此外，它能夠在沒有事先認定最適水準下完成，只要法院對損害成本方面有詳細且精確的資訊可供參考。在某種意義上，法律責任在經濟誘因的前提下運作。此外，法律責任易於被重視，因爲他們基於懲罰損害的犯罪者的前提。換句話說，「污染者付費」原則嚴格地被適用。

然而，關於污染損害，以法院力量強制受害者權利有幾個缺點：首先，合法規範通常是緩慢且昂貴的；第二，如果這個受損害的個體沒有資源可借助，訴訟解決也許是不公平的；第三，當受影響者、污染者和被污染者很多時，決定誰損害誰及其程度可能很困難。例如，訴訟對解決在數量眾多的工業地區涉及污染的問題時，面對的幾乎是不可克服的困難。在少量污染者時，這個方法看來最好，而他們的犧牲是極少且容易確定的。

　　在這階段應注意以上所列的以法律方式解決污染問題之缺點，與交易成本有關，交易成本包括認定、定義和執行財產權的金錢花費。使用法律責任的主要缺點在於交易成本很高，尤其在有爭議的各方很多時。如果將這看作是一個有關的考量，依賴法律系統解決環境問題會使社會產生額外的廢棄物——超過社會最適水準。因為交易成本是對社會的機會成本，應包括在污染控制（清理）成本中，高交易成本會使 MCC 右移。由**圖** 11.1 容易說明之，其作用是使污染排放超過 W_e——社會最適污染排放量只有在交易成本為空的假設下才能達到。離開 W_e 多遠取決於交易成本的大小或使 MCC 移動的程度。

　　在多數國家中，法律責任很可能是用於使環境外部性內部化的最早形式的公共策略工具之一。這個方法用於早期環境訴訟也許有理由，因為問題易於辨別且通常涉及爭議的各方較少。此外，那時，法律處理的多是易於處理情況（例如，亂丟垃圾）而不是對人類健康和生態穩定性有所影響的環境損害。

　　因此，當環境考量變複雜問題時，新方法被尋找出來。在六○年代在經濟學界中產生一種相當強烈的觀點是以財產權或者以名經濟學家寇斯所命名的「寇斯原則」，此方法需假設交易成本很低。現在就來討論和評價這個方法。

11.3 私有財產權或寇斯方法

如第5章所言，因爲環境資源無明確定義的財產權，所以環境資源有外部性，認知此點後，任何補救環境外部性的努力都需要有一個有效的計畫來指定財產所有權，這是財產所有權的精神。更確切地說，這方式需要財產所有權要指定給涉及環境爭議的其中一方。根據Coase（1960），財產所有權的指定完全是隨意的，同時對最後的環境污染結果將不會有影響，Coase認爲，不管財產權是設定給污染者或被污染者，最適的污染水準都會達到。他主張財產所有權指派到特定的一方，對最適污染水準並沒有影響，這核心概念即是家喻戶曉的Coase定理。我們用一個相當簡單的方法來實證說明這定理的本質，我們使用之前所熟悉的二家廠商（造紙廠和魚孵化場）爲例說明於下。

先前我們談論過這二家廠商間的問題來自於他們共同使用一條河流。我們先假設孵化場有使用河流的法定權力，來實證說明財產所有權的方法如何來補救問題。基於此假設，如果孵化場願意的話，那麼，造紙廠將完全沒有接近河流使用的權力，也就是說，造紙廠將不被准許排放污染物於河流中。圖11.2以此原始情況爲原點，造紙廠倒入河流的污染量爲零。這意謂著造紙廠必須找到一個替代的方法來處理工廠現在所產生總共200單位的污染量。接下來這主要的問題將是，這是一個穩定的狀況嗎？就給定圖11.2的MDC和MCC線而言，這問題的答案爲否。

當造紙廠的污染量排放少於 W_e，我們將可觀察到MCC（造紙廠用其他方法來控制污染量的成本逐漸遞增）大於MDC（孵化場的損害成本）。以圖11.2舉例來說，在第70單位的污染量排放於河流，孵化場的邊際損害成本是$20。然而，造紙廠完成這相同的結果所花費的成本是

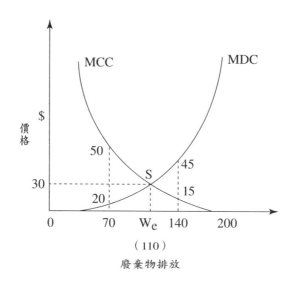

圖 11.2　Coase 定理的圖形說明

$50。而要注意 $50 是指邊際控制的成本，亦即清理 130 單位（200 至 70）的污染量所花費的成本。因此在這假設的情況，造紙廠將會賄賂魚孵化場把使用河流的權力給造紙廠來排放廢棄物。例如，在圖 11.2 顯示，造紙廠將支付給魚孵化場 $20 至 $50 之間的費用以排放其第 70 單位的廢棄物污染。而這應該是雙方都可接受的，對孵化場而言，為了補償傾倒第 70 單位污染量於河流而造成魚孵化場的損害，它要求支付超出 $20 以上。同樣地，這情況應該也有利於造紙廠，因為使用替代的技術來處理這第 70 單位的污染量（例如，清理 130 單位）同樣至少也要花上 $50。大致而言，這二家廠商將在雙方都獲利的條件下從事協商活動，只要 MCC ＞ MDC。雙方面的協商在造紙廠排放最後一單位廢水的 MCC ＝ MDC 時停止，而這情況事實上即是最適污染水準。在圖 11.2，就是指達到 W_e 的那一點或排放在 110 單位的廢棄物污染量。

　　如同之前所談論過的，Coase 定理不只是決定最適水準，他同時也說明了最適的結果與二家廠商對河流的擁有權完全無關。現在我們再考慮另一個假設——造紙廠對河流擁有法定使用權力，在此情況下造紙廠將能把他所產生的全部廢棄污染物倒入河流。假如造紙廠願意，則就如同圖 11.2 所示，造紙廠將能把總共 200 單位的污染量全部排放於河流中。然而，造紙廠並不是只局限於此單一選擇，由圖 11.2 顯示在第 110 單位至 200 單位中的每一污染排放量，MDC 是大於 MCC 的。而這狀況將使得魚孵化場和造紙廠雙方從事彼此互利的交易。現在讓我們把注意力集中在當支付 $15 時會發生什麼事，可以發現，$15 是造紙廠為了要控制 60 單位（200 至 140）的排放廢棄物之邊際成本。且排放第 140 單位時的 MDC 大於 MCC。此情況下魚孵化場將會提供在 $15 至 $45 之間的財務賄賂給造紙廠來清理其污染排放量。我們可以得到如下結論，造紙廠將可能會認真考慮接受控制 60 單位（200-140）的污染量，因其成本只有 $15。倘若魚孵化場能提供超過 $15 的費用給造紙廠，那麼造紙廠可達到魚孵化場願意接受的污染量。這狀況就類似 MDC 大於 MCC 的所有單位的部分，亦即 110 到 200 單位之間。而最適的污染水準又會是在達到 W_e 或 110 單位的哪一點上，此時 MDC ＝ DCC，這結果證實 Coase 定理是有效的。

在六○年代，大部分的經濟學家認為 Coase 定理是一個有趣且動人的新發現，此定理吸引人之處在於它可以減少公共管制者的角色，只需指定財產權，設定財產權之後，就如同之前所言，最適的污染水準是透過私人雙方自由談判和與私人的市場精神一致的方式來達到。

儘管 Coase 法很具吸引力，然而 Coasian 方式仍有一些缺點。第一，在上面的例子，污染河水的來源及爭議的雙方很容易認定。然而，在很多真正世界狀況，污染的來源很可能是來自於多方面的，同時他們的衝擊是影響深遠的；另外，環境方面的爭論通常涉及到很多地方。一個典型的真實世界狀況是，交涉談判和實施的交易成本可能會相當地高。如早先所談論的一個高交易成本可能會嚴重扭曲環境爭論的最後結果。在這樣的情形下，使用財產所有權的方式來達到的均衡點可能和我們所知的社會最適有一些差距。

　　第二，財產所有權的方式，特別是 Coasian 的變異，似乎是支持「由結果判斷方法」的方式，如上面的討論，這方式的焦點是放在達到最適的結果。不論這最佳結果的達到是因財產權歸屬於污染者或被污染者，都完全沒有關係。這似乎清楚地和我們一般所知的「污染者付費原則」相違背。

　　第三，根據 Coasian 定理，最適污染量的達到和最初的財產所有權屬於污染者或被污染者無關。然而，這定理沒有辦法解釋最初的財產權設定對所得分配的影響。大致而言，所有權被授權的那一方有正的所得分配效果。現在我們再回到圖 11.2，讓我們假設魚孵化場對河流有使用權力。在此情況下，我們已知道 W_e 將是最適的排放污染量。讓我們假設這結果是在造紙廠支付每單位排放污染量於河流補償費 $30 的條件下才能達成。造紙廠將很樂意為未處理污染廢棄物支付 $30，直到排放量到達 W_e 是 110 單位時，因為，在這些排放水準時 $30 ＜ MCC，MCC 是控制排放的成本。在這情況下孵化場將會收到 $3,300（$30 × 110）的支付款。然而，經由讓造紙廠排放 110 單位廢棄污染河流，魚孵化場將招致範圍在 0SW$_e$（MDC 曲線下）的損害成本，損害的價值將大約是 $1,650〔1/2（110 × 30）〕。這代表孵化場將會由造紙廠取得大約 $1,650 的淨利益，以社會的總收入觀點來看，孵化場所獲得的利益是來自於造紙廠補償其損失而得的。假如財產權最初的分配和上面的例子相反，則孵化廠反過來要補償造紙廠的損失。

　　第四，上面的分析假設了財產權由一方當事人移轉到另外的一方，將不會導致任一方停止運作。但如果狀況不是這樣的呢？若把河流財產權給了孵化場而造成造紙廠因而停止營業將會是什麼樣的狀況？反之又是如何？關於第四種情況，Starrett 和 Zeckhauser（1992）曾實證說明，Coasian的方式將不會產生唯一的最適均衡解。

第五，當污染問題是跨國境的污染（如酸雨、全球溫室效應、臭氧層的破壞，這些在第13章中皆將討論）時，涉及到不可回復的改變及相當大的不確定性，需要許多國家多方面的協商，則在這時站在經濟、政治或生態學上的角度來看，Coasian的方法或許會完全沒有效果。

到目前為止，我們已經藉由社會企圖控制污染的機制來檢驗二種可能的情況，換句話說也就是財產權的制度與法律要負起其應有的責任。在這個污染類型的控制計畫中公權力的調整作用極小。以法律責任而言，法院的主要任務只是設立損害的補償罰款，而污染者必須支付其所損害的部分。在財產所有權的方法之下，政府權力的唯一責任是分配財產所有權於涉及到環境爭議的其中一方，這樣做之後，至少在理論上意味著相互關聯的雙方之互動將導致效率結果。在這意義下，可以清楚的說明在法律責任和財產所有權的雙方，皆在非中央集權式的污染控制有所貢獻。

雖然在某些專業領域特別是在經濟學家之中這也許有動人之處，但至今事實上前述二種方法在現實世界中仍有其限度。這是因為現代的環境問題一般而言仍普及於人們的生活範圍中，同時也涉及到在社會經濟情況多變化下的大多數人口。為此緣故，眾所皆知的環境問題已經增加，直到最近才有了一較熱門且動人的減少環境損害的直接管制條例方法產生，即中央集權式管制方法。現在來探討並評價屬於「命令—控制」方法的污染控制手段。

11.4 排放標準

排放標準是設立一個污染排放量合法的上限，由於排放標準以反映大眾利益為前提，任何違反此標準者均要受法律上的控訴。假如被判決有罪，違反者將會被處以罰金或者監禁。在這情況下，環境的排放標準政策是基於「命令—控制」方法。

在美國，環境保護署（EPA）負責執行眾議院所制定的環境法規。表 11.1 提供一些法規的一覽表，在 EPA 執行它們時，是一個聯邦的代理人，再結合地方自治區政府合作一起去設計保護環境的方法工具。州和地方標準可超過聯邦的標準，但不能低於聯邦的標準。所有的州均有環保機構，有些是獨立的部門，而有些則是屬於健康部門的一部分。雖然 EPA 設定最低標準，這些州的機構也要對許多重要的環境法令負起執行和監視的責任，諸如清潔空氣法案。標準的施行通常須要州和地方來負責，但很多施行行動需要聯邦和地方權威人士兩者的資源與支持。

排放標準有許多不同的形式。當然在形式上最明顯直接可知的是，以每單位時間內排放污染量於環境中的條款來表示的標準。例如，它可指在任何給定的一週內只允許 100 噸的廢水排放於指定的河流內。在某些情況，設定排放標準的焦點是維持某一擴散性環境媒介的整體品質，通常是基於一個允許污染濃度標準來設定大氣標準。例如，訂定某河流大氣標準為溶氧量在 3ppm 的標準範圍之下。另一種常用的制度是技術標準，在此情況下，管制者設定了潛在污染者需採用的技術（見〔範例11.2〕）。

在排放標準的一般敘述下，其優點已很明顯，第一，原則上，排放標準是簡單且直接的──就它們在數值或技術目標的內容而言；第二，他們能有效的限制有害污染，像 DDT 和工業有毒廢棄物，使之低於危險標準下，在其他方面，當一種污染物對生態不利且會影響人類健康，「命令—控制」方法是最成本有效的。而這些方法在政策上較受歡迎，因為它們有特定的道德觀點。污染是一種公共厭惡財，因此污染製造者理應受罰。

排放標準的基本經濟學可用如圖 11.3 來討論。假設在沒有法令控

表 11.1　1938-90 年美國國會議定的一些主要環境法規

1938	聯邦食物、藥品和化妝品法案（1988 最後修改）
1947	聯邦殺蟲藥、殺菌劑和殺蟲劑法案（1988 最後修改）
1948	聯邦水污染控制法案（或者清潔水質法案；1988 最後修改）
1955	清潔空氣法案（1990 最後修改）
1965	海岸線腐蝕保護法案
1965	固體廢棄物處理法案（1988 最後修改）
1970	國家環境政策法案（1975 最後修改）
1970	資源恢復法案
1970	污染預防包裝法案（1983 最後修改）
1971	含鉛塗料毒物預防法案（1988 最後修改）
1972	沿海航行區管理法案（1985 最後修改）
1972	海洋保護、研究和禁獵區法案（1988 最後修改）
1972	海洋傾倒法案
1973	瀕危物種法案
1974	飲用水法案（1994 最後修改）
1974	海岸線腐蝕控制示威法案
1975	危險品運輸法案
1976	資源保育和復原法案
1976	毒性物質控制法案（1988 最後修改）
1977	表面採礦控制和再製法案
1978	鈾礦磨碎輻射控制法案（1988 最後修改）
1980	危險石棉群發現和控制法案
1980	整體環境反應、補償和應負責任法案
1982	核子水政策法案
1984	危險石棉群減除法案
1986	危險石棉群的緊急反應法案
1986	緊急規畫和社區知的權利法案
1988	室內氡減除法案
1988	鉛污染控制法案
1988	醫學浪費追蹤法案
1988	海洋傾倒禁令法案
1988	沿岸保護法案
1990	國家環境教育法

Source: *EPA Journal*, Vol.21, No.1, 1995, p.48. Reprinted by permission.

制下的污染排放量是 300 單位，當公共部門對損害和控制成本函數有充分訊息，它即可認定社會最適之污染水準是 150 單位，則最終之污染量會比 300 單位少。為達成社會最適水準的污染，公共部門會調整污染排放量為 150 單位，並且強迫執行，此時將造成以下影響：第一，如果污染標準執行得好，便可達到最適的污染水準；第二，污染者被迫將排放污染的控制成本內部化。如圖 11.3，污染者將被迫減少，其排放量將由 300 下降到 150 單位，在 MCC 曲線已知下，總成本為 W_eFW^* 區域。若非，這個排放標準，污染者能完全避免其成本。

在我們的討論中，我們明確假定公權力對損害和控制成本有完全訊息，這是一個強烈的假設，在知道這兩種函數的本質，特別是估計邊際

〔範例 11.2〕

船引擎污染排放標準

在航海產業的相關產業中，環境保護署（EPA）建議訂定航海工具的排放標準，如船外、船內、船尾和私人的水運工具引擎，製造商花了 9 年時間在這方面上，發明了低污染、高速度的馬達，但舊的機器並未達新標準。

在美國，1,200 萬航海用引擎每年產生 700,000 噸的碳氫化合物及氮排放量，新發明的航海馬達期望能減少 37% 的氮排放量和 75% 碳氫化合物排放量，碳氫化合物及氮的排放引起了臭氧層的破壞，更引起廣大地區呼吸不順暢、胸口疼痛和肺臟發炎，也加重了哮喘發生的機率。

陸地上的機器馬達，只有草地和花園用的機器會發出較高碳氫化合物，一項 1991 年 EPA 的研究發現，只有農田和建築設備會排放較高的氧化氮，草地和花園引擎的新標準於 5 月提出，像農場和建築設備等地面基礎非道路的柴油引擎的排放標準於 6 月確定。

Source: *EPA Joural,* Vol.20, 1994, p.3. Reprinted by permission.

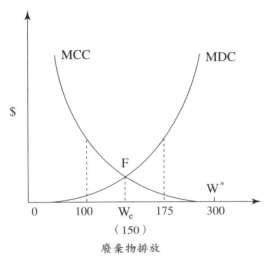

圖11.3 以排放標準為控制污染政策工具

損害成本的困難之前提下，這個假設是必要的嗎？答案為是的，然而，沒有完全的資訊的假定，將不能保證結果能達到社會最適，儘管如此，在缺乏損害和控制成本足夠的資訊時，公共部門仍可基於決策時可用的最多訊息來設定排放，舉例來說，在圖11.3，假定最初排放標準是100單位，比社會最適水準（150單位）的標準更嚴格，此時污染者會要求重新評估排放標準。若在審慎重估損害及控制成本後，結果是初始排放標準太嚴，就會放寬標準而允許較多污染，若初始排放標準太鬆，如175單位，則會有環保團體要求改善污染。〔範例11.3〕說明典型的公共政策對排放標準的回應，此例是過嚴的排放標準。

以上分析的廣泛含意是透過試誤過程和不同利益團體的呼聲而使排放標準趨向最適解。以此觀點，至少在原則上，排放標準顯示其彈性空間。

然而，儘管他們的單純性、彈性符合政治需求，排放標準作為一個環境管制的政策工具有其缺點，一些瑕疵是對經濟和社會有嚴重的反效果：第一，標準是經由政府命令來獨自設定的，以此角度而言是高度的干涉主義且明顯違反「自由市場」的精神；第二，經過行政的法規如排放標準實施應用的污染控制，一般而言，需要一個大型的專業機制來制定與執行。在這狀況之下，行政和執行成本是相當可觀的。既然這些是社會的機會成本，他們應該包含為污染控制的部分成本。假設損害成本不變。這表示最適的污染水準會在 W_e 的右邊，表示排放標準過鬆。較鬆的排放標準是政策工具的天生的弱點：過度的行政和執行成本，它代表政府失靈。

[範例 11.3]

環保署嚴格的新空氣品質標準計畫

環境保護署（EPA）所提嚴格的新空氣品質標準，一年花費將超過 $65 億才能達到，造成華盛頓許多商業領袖的驚慌。這新的規則將使污染限度變緊，而很多城市已經無法符合和調節這污染限度。

回顧超過 200 篇研究——有史以來最密集的科學研究回顧之後—— EPA 認為現行標準不足以保護大眾健康，尤其是小孩，EPA 主管 Carol Browner 說：「今天，EPA 對保護大眾健康及環境使免於空氣污染的有害效果，跨出了重要的一步。」

但反對者批評 EPA 未考慮此計畫的高成本，且缺乏資料支持一些假定。俄亥俄州的 EPA 主管 Donald Schregardus 說：「美國 EPA 對州和地方政府及消費者施予強制任務而並沒有充分評估成本的相對健康效益和達到標準之技術可行性。」

但 Browner 說，EPA 的強制任務為在現在的科學之下確保健康水準，不管成本。她估計這新的標準每年將花費 $65 億到 $85 億元。然而，她認為這些花費每年可帶來 $1200 億元的健康利益，諸如：更少的住院率或錯過工作。這決定是工業上的一個挫折，工會和商業組織會遊說來對抗這個計畫。

產業和公司聯盟團體預測州和城市將採行嚴格的污染控制，包括旅行限制、強制汽車共乘制、遊艇、割草機、烤肉的限制，全國製造業公會的 Owen Drew 預測這些限制將會造成「對經濟成長的寒冷效果」。

但 EPA 視其為一個稀有的手段，並說使用書上已有介紹的煙霧減少計畫，大部分區域可達到此標準。在需要改變的區域，大多數會是工廠和煉製業的改變，不是駕駛或其他嗜好的改變。

這新的標準需要從現行臭氧水準的每百萬立方呎由 0.12ppm 降低至三分之一的 0.08ppm 之標準。然而，光是讀懂此計畫，平均約需八小時而非單一的一小時。

EPA 同時也要管制懸浮微粒使其達到直徑 2.5 微米。現在的標準只應用到 10 微米、或更大的微粒。8 微米大約等於一個人類的頭髮。健康專家討論這些微小粒子——很多出自工業的或者工廠煙囪的損害為最嚴重：因為它們會傷害我們的肺。

Source: *Kalamazoo Gazette*/The Associated Press, November 28, 1996.

第三，在設定的標準之下，有強制的管制者和廠商合作的趨勢存在，其結果是管制者設定標準的調整受到的影響會對現存的廠商有利。如此的標準會造成進入的障礙。

第四，污染控制的行政和執行成本控制是相當可觀的，管制部門賺取不到相對的利潤，除了從違法者處取得的罰金外，這個機構並沒有它們自己的收入，而難以平衡收支。

第五個問題是，排放標準忽略經濟效率。「經濟效率」是需要在損害和控制成本兩者中考慮來設定一個標準的。公共管制者因其偏向於某一特別的利益團體，可能只考慮一方的損害或控制成本，並未雙方都考慮。譬如，管理者若偏向於環保團體，則在訂定排放標準時會只考慮損害成本。這種行動可能使管制者對環境損害（污染）風險過度敏感，而導致過嚴的排放標準。

　　另一個相關議題是關於制訂標準時涉及排放標準一般而言對不同來源都一致的事實。如果排放來源是多重的，將這標準一致地應用在每一個排放來源上在每個不同的狀況或區域是否適當？譬如，空氣品質標準本質上是全國性。將各州或一州內的都市與鄉村的大氣品質標準設定為不一樣就沒有意義嗎？即排放標準應是靈敏地隨著地理的條件、氣象的條件、人口密度和季節而設定，在第 10 章，這些因素都是影響損害和控制成本的。換句話說，這些因素可改變損害或是控制成本或者兩者皆能改變。以此內容而言，只考慮經濟效率會使不同來源的標準不一樣。

　　問題是，為什麼排放標準一般而言卻與實際上不同來源的設定都一樣？有二個理由說明：第一，針對各來源不同情況設定排放標準之計畫與執行的行政成本和執行是相當昂貴的；第二，從一個純行政的觀點，劃一的管理標準將更容易管理執行。

　　然而，當有很多個排放者其技術能力不同時，依據一個劃一的排放

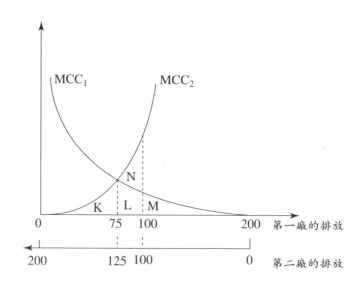

圖 11.4　排放標準之成本有效

標準污染控制政策並不是成本有效的。以圖11.4說明其原因是直接的，為簡化起見，我們考慮只有二廠商的活動或來源，其相對的MCC曲線明顯看出他們的控制成本不同，這些廠商採用不同的控制技術。讓我們假設排放標準設定於總量200單位，而二廠的標準一樣。圖11.4中，每個廠商將負責清除100單位的廢棄物。在這命令之下，這二個廠商的總控制成本的區域是K＋L＋M＋N，此總成本由廠商1和廠商2所有的控制成本構成，以圖中的M和K＋L＋N表示。而要注意的是，雖然這二個廠商分別清除相同量的廢棄物，但其控制成本相當不同。在我們的假想狀況下，廠商2的控制成本高於廠商1的。我們應不會被這結果嚇一跳，因為由這二個廠商的邊際控制成本曲線可知，廠商1顯然比廠商2使用一個相對更加有效率的廢棄物處理技術。

　　然而，此處最有趣的議題是有關基於單一排放標準的公共政策成本有效所需之知識。換句話說，如果有好幾個污染者，依據單一的排放標準的政策是否為成本有效？答案並不是，圖11.4很容易說明。假設政府當局命令廠商2只清理75單位而廠商1清理乾淨剩下的125單位（200至75）。在這情況之下，全部控制成本（兩個廠商）的總成本以區域K＋L＋M代表，這成本比相同標準下的成本K＋L＋M＋N為小，小心進一步觀察新的情況，二廠的邊際控制成本相等MCC1＝MCC2，這很明顯，因為它表示區域K＋L＋M是清除全部廢棄物200單位的最小成本，在這個排放水準，二廠的邊際控制成本相等，且沒機會以重新分配資源來減少花費，其結論為：在給定廢棄物數量下，當所有排放者的邊際控制成本相同時，總控制（清理）成本達到極小。這對政策訂定者處理環境污染控制而言是一個重要的課題。瞭解此條件清楚地顯示，除非所考慮的廠商以相同的廢物處理技術操作，否則污染控制政策依據一個劃一的排放控制將不具成本效益。

　　最後但不是最不重要的，以排放標準作為政策工具的一個弱點是，一旦設定標準後,他們無法提供適當的激勵誘因來減少污染。在某些方面設定一個標準無意間的效果或許是對投資於新的改善污染控制技術投資的不利因素,**圖11.5**可被使用於舉例說明上面的二點。在這個圖中,MCC_0和MDC_0分別代表最初的邊際控制和損害成本曲線。讓我們假設這些成本是我們所熟悉的廠商之一所排放:造紙廠,在此訊息下,效率水準是W_e,讓我們進一步假設,以經濟效率準則作為政策引導,現在排放標準被設定在W_e,即造紙廠經由法律所允許可在這條河流製造最多的污染為W_e。在這狀況之下,造紙廠遵守法律的全部支出是區域 A + B,即曲線MCC_0在W_e以下的區域。假如這廠商完全不受管制,它的排放數量為W^*,它的成本將是零。

於這點,造紙廠知道它不能改變法律,然而,它仍然是在找一個經由一些科技方法的辦法來減少它的成本。為使廠商投資於一個新的廢棄物控制技術的發明需符合什麼樣的經濟條件?簡單的回答是,造紙廠在使用新的技術後有好的收益率,能足以彌補使用新技術的成本。我們假設這家造紙廠正思考一個新的廢棄物處理技術,如**圖11.5**顯示這新的

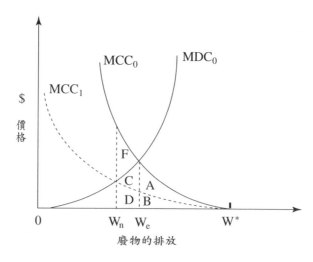

圖11.5 排放標準和改善污染控制技術之誘因

技術將使邊際控制成本曲線從MCC_0移到MCC_1，現在造紙廠以這新的技術排放標準水準的污染控制成本是區域 B ——排放標準為W_e時在MCC_1之下的區域。與原技術比較，這代表成本節省了區域 A，然而，節省的數量只有在排放標準保持在現在水準W_e下才能維持。不能保證管制當局在廠商改變技術後不會修正他們的決定，即當決策者發覺到廠商有明顯的技術改變時，他們可能決定改變排放標準。圖 11.5 中新的標準是W_n，在此較嚴的排放標準下控制成本由區域 B＋D 所代表——在排放標準W_n下MCC_1以下的區域，結果為增加區域 D 的污染控制成本，因此，在此較緊的排放標準下，使用新技術的成本節省由 A 變為A-D。這暗示排放標準有破壞廠商投資新的污染控制技術的潛在可能性。此外，在此情況下，排放標準會使廠商有隱藏其技術改變的誘因。

11.5 摘要

這章討論將環境外部性內部化的三種政策工具：法律責任、寇斯（Coase）方法和排放標準，這三種方法一致的特性是它們直接依賴解決環境問題的法律系統：

1. 法律責任是早期阻止資源濫用的方法，以法律訴訟認定污染者的法律責任，處罰製造污染的人，直接用金錢補償被害人。

2. 用法律責任的好處如下：

   ■能有效率防止環境被破壞。

   ■法律的基本精神是污染者付費原則。

3. 使用法律責任的缺點如下：

   ■需要龐大的交易成本。

■對沒有資源進行訴訟的受害者而言是「不公平」的。

4.所有權或寇斯定理的概念源於污染外部性發生的根源在於財產權未清楚定義，因而法律體系的功能在於指定財產權。

5.此外，寇斯定理說明不論財產權設定於污染者或被污染者，對最後結果並沒有影響。

6.財產權方法主要的優點如下：

■管制的角色很小，只是設定財產權。

■鼓勵私人協商來解決環境爭議，即倡議污染管制的非中央極權方式。

7.財產權方法主要的缺點如下：

■當爭議的各方很多時，交易成本是非常高的。

■它顯示出不在乎污染者付費原則。

■潛在對所有爭論的各方有所得分配效果，其結果可能是「不公平」的。

8.排放標準是一種命令—控制的污染管制方式，基本上為限制污染的排放單位，超過這限制可用法令科以罰款或監禁。

9.訂定排放量的主要優點是：

■一般來說，引入管制時所需訊息少，當政府頒布污染標準的法令時，它的應用簡單而直接。

■它們能有效的控制有害的污染物，如DDT。

■既然污染被認為是公共厭惡財，道德上和政治上偏好排放標準。

■對現存廠商有「尋找經濟租」的行為。

■環保團體希望訂定污染標準以維護公共安全。

10.訂定排放量標準缺點如下：

■高度的干涉。

■不會有稅收。

■會形成龐大的官僚體系以執行計畫。

■一般來說，不是成本有效的污染控制政策。

■不會有足夠的誘因讓廠商研發技術上的污染控制方法。

■強大的法律規定會導致執法者和污染者相勾結，對現有廠商有
　利。

第12章
環境管制經濟學：
污染稅和污染排放權市場

學習目標

閱讀本章後，你將熟悉下列各項：

- 排放費的顯著特色。
- 以排放費為政策工具對環境控制的有利條件與不利條件。
- 可轉讓排放權之觀念及環境政策工具。
- 可轉讓排放權的優點與缺點。
- 如何設計排放權交易、儲存（banking）、補償（offset）與泡沫（bubble）政策使之運作。
- 實務上的排放權交易：以美國酸雨減少計畫為例。

12.1 緒論

這一章的主題是環境管制，是第 11 章的延伸。然而，在這章我們將考慮間接的法律制度且其主要目的是價格扭曲的矯正。這可由課徵一財務罰款、或污染稅、或設立人為的允許排放權交易市場條件來達成。探討這個議題有二種方法：排放費和可轉讓排放權，而且這二種方法在某個重要方面是一致的，它們表示非中央集權的成本有效之污染控制。

12.2 排放費

排放費是一種由政府當局對污染所課徵的稅或財政罰款。這種罰款是對每單位排到周圍環境的污染課徵，以元或分為單位。例如，有一廠商排放到湖裡的廢棄物，每單位須付 0.3 美元的排放費（注意排放費是在第 5 章所討論的皮古稅的一種變化）。就此而言，這二種政策工具的不同是，皮古稅是以財貨或勞務為課稅單位，而排放稅是以排放的廢棄物為單位來課徵。

以排放費作為公共政策工具已有久遠的歷史，而且被用來解決多種環境問題。例如，近年來關心地球溫室效應，許多卓越學者提議全球的碳稅（Pearce 1991）。由以下的討論將明顯得知排放費的優點包括：純粹以財政誘因方式進行，干預較少；　對執行者而言較簡單；　提供廠商改善污染防治技術的誘因。

排放費如何運作呢？這問題可從圖12.1得知，圖12.1表示某一廠商排放廢棄物到特定的周圍環境中（空氣、水或土地），這家廠商需付 t_k 額度的排放費，或每單位污染排放要付 \$20，假設這家廠商的MCC曲線已知，在此情況下可很容易的得知這家廠商排放150單位的污染時成本最小。注意，這方法表示廠商將使用自己的設備來清理250單位的廢棄物（400至150），在150單位時成本最小，因可達到邊際成本均衡條件，此時邊際控制成本等於預定的排放稅，MCC ＝ t_k ＝ \$20。當在交點時，已沒有誘因使廠商排放量減到少於150單位水準的量。假設廠商

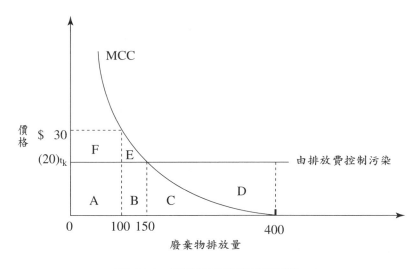

圖12.1　污染稅對污染的控制

決定調整排放量為 100 單位，從圖 12.1 可知，在此排放標準下，MCC = 30 > t_k。因此，排放污染所付的稅將比廠商用設備清理廢棄物來得便宜。類似的證明，也可用於污染排放水準大於 150 單位時，在這種情形下，廠商自行清理廢棄物會比付稅便宜，也就是 MCC < t_k。簡單的說當追求利潤極大化的廠商在面對污染稅時，若處理額外一單位廢棄物的成本小於污染稅（即 t_k > MCC），廠商會處理其廢棄物，當廠商已無法從減少排放污染來獲得利益時，廠商將停止其污染的控制（即 t_k = MCC）。

在此階段有二項重點要注意：首先，若沒有排放費，廠商將沒有自行處理廢棄物的誘因。換言之，在圖 12.1 中周圍的環境服務被認為是自由財，廠商將排放總共 400 單位的污染到環境中。這意味著排放費會使污染減少，因它讓廠商知道每單位排放的污染損失為 $20，這表示由於污染稅讓外部成本轉變為內部成本；第二，圖 12.1 表示，當排放費為 t_k 時，廠商對污染控制的總支出為區域 C —— 廠商排放 150 單位或廠商清理 250 單位廢棄物（400 至 150）的 MCC 以下的區域；另外，廠商排放 150 單位未經處理的廢棄物，每單位需付 $20 的稅，以區域 A ＋ B 表示，也就是 $3,000。因此，廠商排放 400 單位廢棄物的總成本為稅加上總控制成本，即區域 A ＋ B ＋ C。注意在排放費制度之下，公共政策將不僅使廠商清理自己的廢棄物到適當的水準，而且可產生排放費收入以使用於清理污染或達到其他社會目標，這是污染稅優於排放標準的一個重要優點。

還有另一重點要注意，廠商有權選擇不從事任何廢棄物的清理。然而，假若廠商決定運用這項選擇，他將會被課區域 A ＋ B ＋ C ＋ D 的污染稅，即 $8,000（$20 × 400），顯然廠商將不會這麼做，因為相對於排放費的計畫，他必須多付出 D 區的淨損失。

到目前為止，我們只從基本概念且只考慮一家廠商來討論排放費。

我們須質問如何設定「最適」排放罰款。理想上，當排放費被用來當排放污染的工具時，我們想要以排放費來表示以每單位環境服務為基礎的社會成本。假若如此，排放費需由損害成本和控制成本來決定。圖12.2，MCC 表示全部相關廠商（或污染來源）的邊際控制成本線，最理想的排放費是t_e，此時 MCC ＝ MDC。換言之，t_e是需對所有廠商課徵的排放每單位污染的單位稅，在此情況下，廠商排放污染不會超過理想廢棄物排放標準 W_e。從社會整體考量完全考慮到損害成本和控制成本後，可達到此廢棄物水準。

然而，要達到理想的排放費將付出相當大的代價（Baumol and Oates 1992）。因此，事實上訂定政策的人只期望能在長期達成這理想的目標。短期中，政府當局對排放費的決定是一連串試誤的過程。最初，他們將隨意設定稅率，這一稅率並不是完全隨意設一個範圍，它是建立在損害成本與控制成本最有可能相交的點。並且，這最初的稅率在

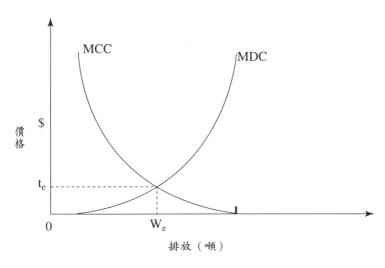

圖12.2　排放費的最適水準

觀察污染者的反應與得到新的和修正的損害成本與控制成本訊息之後，可一再調整，政府當局最終目的在以儘可能迅速的速度達到最適稅率，這需要使用周密的技巧來進行試誤過程以及使用彈性管理計畫和方法。

然而，Roberts 和 Spence（1992）根本上反對管理當局在無法確定污染控制的實際成本下，以這種簡單重複的過程達到最適解，他們表示，在不確定存在之下，政府當局把決定建立在期望的廠商 MCC 上。當控制成本大於預期時，以排放費建立環境政策將會超過社會最適的廢棄物排放，假如控制成本少於預期，則相反的結果（過度的清理）將發生。在這二種情況下不會達到最適。

排放費主要的優點是成本有效。一項如排放費的公共政策手段，當執行政策工具時，若能使私人以污染控制成本極小化的方式為配置資源之考量，則此政策為成本有效。第 11 章我們曾發展成本有效的經濟標準，重述此標準：當所有涉及污染控制活動的私人之邊際控制成本都相同時，總清理成本達極小。以此標準，可知排放標準不是成本有效。

為何排放費是成本有效呢？在排放費的制度下，每一廠商（污染來源）在每一單位的污染排放被課徵相同標準的稅，如圖 12.1 的 t_k。簡單的說，每家廠商獨立由它們的邊際控制成本等於預定的排放稅 t_k 來決定它的排放率。假設有 10 家廠商，因為他們都面對相同的排放費，在均衡時，$MCC_1 = MCC_2 = \cdots\cdots = MCC_{10} = t_k$，這即是先前所示的成本有效的條件，會使污染控制成本自動減到最小，這真是令人吃驚且滿意的結果。雖然如此，要注意的是，成本有效對資源的配置上，並不一定意味著社會最適，這是因為成本有效只需要所有污染者面對相同的排放費。另方面，社會最適的污染清理配置是預先假定一個單獨且唯一決定的排放費。如圖 12.2 表示，當 $MCC = MDC$ 時達到 t_e。然而要注意的是，t_e 不必然等於 t_k。

在這節的開始，宣稱以排放費為誘因可提供廠商改善他們廢棄物控制技術，如何有此誘因呢？圖12.3，假設我們有唯一的廠商（污染者）受制於每單位排放 t_k 排放費的條件，因引進新的改善污染控制技術，使廠商的邊際控制成本（MCC）從 MCC_0 到 MCC_1。當然，因為新發明和完成新技術需花費成本，廠商只有在預估從方案中節省的成本且以與技術研發成本相對稱時，才會執行此方案。通常，其他條件不變下，在特定計畫中預估節省成本越大，越有誘因使廠商採納新的和改善污染控制技術。陳述這些之後，使用圖12.3訊息可以說明以下二點：(1)廠商由新污染控制技術可節省的成本；(2)相對於排放標準，以排放費為基本的政策對投資者在污染控制技術上提供更大的財政誘因的事實。

假設 t_k 為每單位排放的排放費，在引進技術之前廠商廢棄物排放1,000單位。這表示廠商控制或清理廢棄物500單位（1,500至1,000）。為了排放1,000單位，管制部門可收到 $ 5,000排放稅（收入），為D＋E＋F區域。另外，廠商進一步有清理或處理廢棄物500單位的成本，此廢棄物總成本為G＋H區域。因此，D＋E＋F＋G＋H區域為廠商

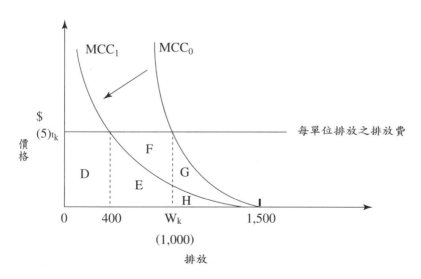

圖12.3　排放費和廠商投資新污染控制技術的誘因

排放稅和處理廢棄物成本的加總。

　　如以上推理，採用新的廢棄物處理技術下，D＋E＋F區域爲廠商總成本（污染稅＋廢物處理）。此時的邊際控制成本曲線爲MCC_1。因此，F＋G區域表示採用新的技術所節省的成本。節省的成本是否大到足夠承擔採用新技術？不幸地，這問題的答案不能在此討論。然而，在此階段我們可說明由新技術所節省的成本會比以排放標準管制下爲大。換句話說，排放費提供較強的財政誘因使廠商採用新技術。

　　爲清楚的瞭解此點，假設排放標準爲1,000，即廠商引進新技術前的標準。處理必要的廢棄物1,500單位，廠商控制廢棄物總費用爲G＋H區域。然而在排放標準沒有改變下，假設廠商採用新技術的成本減少H區域。因此，G區域爲廠商採用新的廢棄物處理計畫節省成本所產生的。明顯地，此種節省的量小於排放費系統得到節省成本F＋G區域。因此，排放費制度下節省的部分比污染標準下多出F區域。

　　當然，此結果沒什麼稀奇，在排放費制度之下，廠商節省成本不只於廢棄物處理計畫獲得效率，還有廠商付給政府的排放稅義務。爲瞭解此點，第一點要注意，使用新技術，廠商能使廢棄物從1,000單位減少爲400單位——減少了600單位。在這當中，廠商減少＄3,000（5×600）的稅，節省稅相當於E＋F區域。然而，使用新技術清理600單位廠商費用只有E區域。因此，廠商淨節省F區域。在排放標準之下，沒有稅可以節省。

　　到目前爲止的討論清楚指出，排放費這種公共政策工具，有很多誘人的特徵。然而，沒有政策工具是沒有缺點的，排放費也不例外。排放費有下列幾項缺點：

　　第一，排放費的污染控制政策中廢物的監測和執行成本可能較高，特別是大量分散的污染者散布於一廣泛的地理區域。換言之，相對於排放標準的設定，排放費需要收集和監測每一污染源詳細的資料，因爲排放費需要財政性和技術上的資訊，不同於排放標準，它不是完全基於物理的考量。

第二，排放費可看成是一種排放稅。問題是，最終誰要來支付稅呢？這是爭議的焦點，因為廠商藉由消費者購買高價格產品將稅移轉給消費者。而且，在社會經濟上考量：例如，貧窮的人相對於富有的人、黑人相對於白人，稅又如何影響著消費者？這提醒我們必須探討排放費的所得分配效果。

然而，注意下列這點是非常重要的：排放費會帶來收入。假設政府採納財政中立政策，污染稅收入可用以矯正所得分配或是其他稅的負面影響。有些人主張污染稅的雙重利益是很重要的。即，稅能矯正市場扭曲（例如，環境過度使用產生的外部成本）也能提高收益以作為有意義的和社會計畫的融資，像幫助窮人，提供廠商誘因瞭解環境保護計畫等。

第三，我們已經看到排放費自動地導致污染控制成本極小。然而，排放費以其特定方法，是成本有效的方法，並不意謂是最適的。排放費是否產生最適的結果完全取決於適當污染稅的選擇。稅的決定不僅需要污染控制，同時也要考量控制和損害成本。

第四，評估適當的稅率需要大量詳細的資料，實務上排放費在試誤的基礎下建立。假設沒有其他事情，這明確地會增加私人產業在污染控制計畫不確定的投機。此外，有些情況（例如，在不同的生態情況下會有明顯地地區性不同），最適解也許需要非單一的排放費政策。例如，歐洲聯盟課徵控制溫室氣體的排放稅在不同國家是不同的。這種本質的情況使對每一來源各種排放水準與性質課徵適當排放費的問題更大。

第五，排放費對污染者的財政不利。稅制度並沒有在道德說明污染環境是錯誤的。它只敘述只要付費就可以從事污染活動。當然，可以反駁的是，對環境的損害可經由罰款收入來回復。保護自然環境使之免於受害和遭損害後的事後補救有很大差異。

關於排放費建立於試誤基礎，對經濟學家而言是重要的考量來源。其結果為產生替代的控制污染政策工具，即可轉讓排放權，由下節的討論，可知它有所有排放費的好處，但不是建立在試誤基礎上。

12.3 可轉讓排放權

基本上，可轉讓排放權背後的主要觀念是創造污染權的市場。污染權表示購買一單位污染物的排放權。在可轉讓排放權之下，政府機構基本上有二個功能：影響總容納的排放權和決定污染者之間最初排放權分配的機制。

政府機構如何決定排放權的總數量或是每單位的污染物？理想地，應該思考全體的社會損害和控制成本。所以，圖 12.2 中 W_e 為最適情況。實務上，精確估計損害和控制成本也許不能立即地有效，因為牽涉龐大地提高交易成本。因此，通常政府機構使用在某一特定時間下，所能得到損害和控制成本的最佳資訊來決定總排放權數量。非常重要的是，可轉讓排放權是遏阻濫用自然環境的唯一政策工具，其計畫的成功與否相當依賴總排放權的數量。因此，不可輕忽此決策，儘管政府機構在任何時間皆能重新調整配給污染者的排放權的數量。

總排放權一旦被決定後，下一步驟需要尋找總排放權配置於污染者之間的最初配置機制。沒有唯一的公式可用於分配最初排放費給污染者，特別是以「公平」為主要考量時。儘管有此公平考量，在排放權可自由交易的假設下，排放費的最初配置權對經由過市場機制的最終配置並沒有影響，換句話說，效率的總排放權配置與其初始配置無關，只要排放權是可自由交易的。這是 Coase 定理的一般原理嗎？

截至目前為止的討論，觀察可轉讓排放權系統的運作乃根據下列基本假設，而這些假設是很重要的：

1.獲得合法的污染權是可能的。

2.這些權力（排放權）是清楚定義的。

3.總排放權和排放權在不同污染者間的初始配置是由政府來設定。

4.污染排放權是可以自由移轉的，即它們可以在市場上自由交易。

可轉讓排放權系統的四項特徵在〔範例 12.1〕明顯可見，此例說明美國環境保護署（EPA）在東部和美中西部主要電力廠中，利用以市場為基礎的排放權交易，限制二氧化硫排放的程序。

〔範例 12.1〕

超過 900 個電廠的酸雨排放限制

美國環保署（EPA）列出多數電力發電廠的酸雨排放減少計畫。110 個大型廠房，多數在東部和中西部二十一州，大部分燒煤設施必須在 1995 年開始減少：在下一世紀前，超過 800 個小型廠房必須削減他們的排放，大型廠房必須更進一步減少排放。在美國，電力廠估計需負擔 70% 二氧化硫（SO_2）排放的責任，因為，二氧化硫是酸雨的主要原因。

在 1990 年「清潔空氣法案」中，每一電廠會有排放權，每一排放權相當於每年 1 噸二氧化硫的排放。一廠可獲得的排放權以公式計算且大部分基於電廠過去的耗煤量。1995 年各廠必須握有足夠排放權去涵蓋每年的排放，它可以減少排放或是向其他廠購買排放權的方式。各廠二氧化硫每超過其排放權 1 噸，將支付 2,000 元罰款並喪失排放權。此種基於市場的排放權交易計畫，結合嚴格的監測和執行，相信顯著地優於傳統「命令—控制」規定。允許能以較便宜方式減少排放的廠房將過多的排放權賣給控制成本較高者，可使總減少達成本有效。沒有一家廠房，不管它有多少排放權，會被允許排放超過聯邦政府健康標準的二氧化硫排放，在此情況下可作為安全護衛。

Source: *EPA Journal,* Vol. 18, No.3, 1992, pp.4-5. Reprinted with permission.

為說明基於可轉讓排放權下資源如何配置，考慮下面這個簡單的例子。假設在小心地考慮了所有相關的資訊後，政府當局在某些假設的地點內在一年中發放了總數300個單位的排放權，每單位排放權允許擁有人有排放1噸二氧化硫的權利。假設只有兩家廠商（廠商1和廠商2）排放二氧化硫，以公平為標準，政府當局發放等量的排放權證給兩家廠商。換句話說，每一年每家廠商可排放到空氣中的最大數量是150噸二氧化硫。最後，讓我們假設在沒政府管制下每家廠商將會排放出300噸的二氧化硫。於是，在總共發放的300單位排放權下，表示政府最終的目標是減少目前在這地區硫排放總量的一半（300噸）。圖12.4合併了到目前為止假設的資料，而且，在這當中兩家廠商的邊際控制成本被假設是不同的。特別是，廠商1用較廠商2更有效的廢棄物處理方法。

　　如上述情況，這兩家廠商能夠找出某種對雙方都有利的交涉方式。首先，我們看看廠商1的情況，假設它能夠排放的最大污染量是150噸，廠商1在MCC的R點運作。在這點，二氧化硫的邊際控制成本是

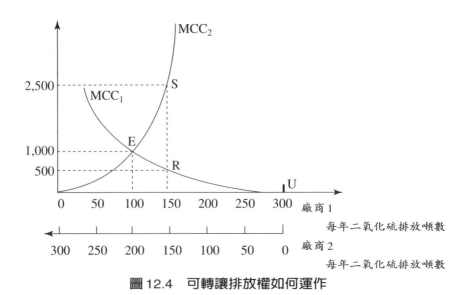

圖12.4　可轉讓排放權如何運作

$500。另一方面，廠商2在MCC的S點運作，它控制了150噸的污染物並排放了150噸在環境中。在S點水準下，廠商2的邊際控制成本是$2,500。此外可看到這兩家廠商在它們目前的技術水準下邊際控制成本會如何不同，更重要的是，在處理最後一單位污染排放時，廠商2的花費是廠商1的5倍（$2,500相對於$500）。既然排放權是可自由交易的商品，倘若排放權的價格少於$2,500，廠商2將會很樂意向廠商1購買排放權。同樣地，廠商1會將排放權賣出如果它的價格高於$500。這樣互惠的排放權交易方式將會持續的繼續下去，在這兩者之間議價的每一階段$MCC_2 > MCC_1$。只要廠商2的邊際控制成本超過廠商1的，廠商1會繼續供給排放權給廠商2。當這兩家廠商的邊際控制成本達到均衡，即$MCC_1 = MCC_2$時，它們將會停止交易。在圖12.4，E點為均衡點。在這點，廠商1排放100噸硫（或控制200噸硫），這就是說廠商1所排放的硫少於它被允許的最大排放量50噸。另一方面，在均衡點時，廠商2排放了200噸的硫，超過了它被允許排放的最大量50噸。然而，廠商2可以用給廠商1相同於50噸污染排放權的價值來解決超額排放的問題。在均衡點兩家廠商所排放的硫總數是300噸，與政府當局所發出的排放權總數相等。

這兩種情況，硫的排放總量是300噸。然而，多少才是新均衡點（E點）願支付的實際成本？首先，假設資源分配的實際成本在一般情況下，令人滿意的是與廠商考慮過的邊際控制成本相等的。在圖12.4，兩家廠商都移到較好的位置。在這個效用水準下（R和S點），這兩家廠商的總污染控制成本是0ESRU。因此，移動到新均衡點時它的總控制成本減少了ERS。這是柏萊圖改善——從舊的均衡點移到新的均衡點——沒有人變得更糟。這是因為兩家廠商是基於自願且互利的情況下進行交換。

而且，如排放費制度，可轉讓排放權的使用可提供強烈的誘因來鼓勵新的污染控制技術的投資。對好奇的人而言，我們可以與圖12.3相同的方式很容易證明。作為一種公共政策工具時，可轉讓排放權最值得注意的是，總排放權的數量一旦決定後，排放權的分配完全基於市場體系。它在一個只有兩家廠商的情況下被證明。然而，可轉讓排放權在未來值得注意的是，當參與排放權交換的人數增加時，它的效果會更好。這個制度只要求一件事，如先前的討論，是清楚定義的新所有權──排放權。如同市場、財貨和勞務的例子（見第2章），只要定義了排放權，每一家廠商都將會被「看不見的手」所導引，在使用環境資源上是考慮過「社會」最適的。而且，此分配體系創造環境商品的實際市場價格。舉例來說，在圖12.4的市場均衡價格是每單位排放權$1,000。

　　由於可轉讓排放權的這些特徵，並不難理解為何可轉讓排放權制度會被經濟學家支持。自1980年代初期以來，經濟學家努力的遊說環保署採用可轉讓排放權作為保護環境的首要政策工具，其努力的結果，使近年來可轉讓排放權廣泛的應用在更多不同方面上。就某些角度而言，可轉讓排放權的加強應用在除了環保署可以控制取締的事件外的改革上，也在一般與環保相關的公共事物上。〔個案研究12.1〕是很好的說明。

〔個案研究12.1〕
購買污染

—— Meg Sommerfeld

$20,500 可以買到什麼？

　　超過1,800令的影印紙，6,833品脫的冰淇淋或一部新車以及其他東西。

　　那290噸的二氧化硫如何？至少在Glens Falls中學（紐約州）的學生願意用錢去買排放權。

學生們提出以 $20,500 購買由環保署每年在芝加哥貿易部所拍賣的所謂的污染配額。

每購買一單位允許排放 1 噸的二氧化硫，一種無色、會令人窒息的氣體。學生要放棄他們買的配額，因此可以減低在空氣排放的二氧化硫數量。環保署在今年要拍賣約 22,000 單位的排放權。

紐約州北部的學校由共同拍賣得到了 $13,640，比寫信活動多 $4,000，比 25 分錢的口香糖配額及 50 分錢的泡泡糖許可多 $3,860。

口香糖通常是被禁止的，有一位老師在某一天被允許賣口香糖，他在上午 8：30 前賣出 1,000 片口香糖。

這個工作的領導是 6 年級的老師 Rod Johnson。

「我們研究此問題，而購買排放權給了我們答案」他說。

在 Cleveland 非營利環保團體「國家健康空氣排放權交易」的協助下，有 Glens Fall 和其他 15 所小學、國中、高中參加污染拍賣，多數的其他學校收到數百元。

去年，Glens Falls 中學是第一個買配額的 K-12 的學校，以 $3,200 共買了 21 噸。今年雖然想要買 290 噸也只是冰山一角，Mr. Johnson 說這對學生而言是重要的學習經驗。

Source: *Education Week Library,* March 27, 1996. Copyright © 1996 Editiorial
  Projects in Education. Reprinted by permission.

環保署和環保專家們的強烈保證是否可被證明？在某些條件限制下可轉讓排放權是很好的。一方面，可轉讓排放權必須經過驗證，並不是萬靈藥。如其他資源分配制度，在同樣的目標下它們的管理和交易成本可能很高。而且，可排放權交易制度保證由政府當局發放的全部排放權是一種成本有效的配置。此種制度能否達到最適的環境資源使用主要取決於政府當局所決定發放的排放權總數。如前所述，這需要有關損害成本詳細準確的資料——這在執行上是非常困難和昂貴的工作。沒有這些資訊，我們無法確定排放權的市場價值是否準確的反應所考慮環境資源「真實」的稀少價值。

事實上，Roberts 和 Spence（1992）說明，在不確定的情況下，一個基於可轉讓排放權的管制計畫將產生不同於社會最適的結果。當控制成本高於預期，以可轉讓排放權為根據的政策結果會使清理成本高於社會最適水準，反之亦然。注意這個結果與污染罰款的結果相反。為了這個理由，Robert 和 Spence（1992）提出當不確定性存在時使用污染罰款和可轉讓排放權的組合。

此外，如之前提到的，我們需要注意政府當局的策略最後決定在潛在的使用者之間如何分配排放權才能得到公平。排放權是否應該在潛在的使用者之間公平地分配？是否應該用抽籤的方式來分配？是否可以公開地拍賣排放權？這每一個分配制度在不同的可使用者間有著明顯的衝突，它們將不可能完全避免公平或公正的爭論。舉例來說，在美國，排放權由「祖父主義」來分配（即排放權的分配與廠商過去排放污染的規模相關），根據環保署的排放權分配準則，如〔範例 12.1〕以廠商過去燃料（煤）消費的效用為根據——主要根據二氧化硫。

排放權能被特別的有心團體加以濫用，是否會有環保團體為了某種污染物和收回它們而購買一定數量的排放權？當然，對保守者而言很好，但是否對社會整體也如此呢？此外，對任何團體而言在金錢上都是一種負擔以致可能影響市場價格及排放權的交易數量。舉例來說，廠商可以用收購排放權的方式阻止新的進入者進入市場。最後，除非以適當政策來制止上述本質的濫用，用市場上的排放權來保護環境的觀念。也許遠少於理論建議的令人滿意。任何約束市場濫用的力量會增加交易成本——如果成本過高是有問題的。

最後，某些人很在意污染權利和排放權造成污染的道德和倫理價值含意。經過上面的討論，基於可轉讓排放權的分配制度，環境的觀念是另一種可在市場中一件件交易的商品。在這裡有一點不安的地方，有些環境美質觀點並不限於它的市場價值，這樣的分配制度將會導致自然環境被濫用。

12.4 在美國對排放權交易制度的評估

排放權交易制度是由環保署在 1970 年代中期開始施行的。直到 1980 年代中期，這個以市場為基礎的環保政策之試驗在於控制當地空氣污染上仍相當有限（Tietenberg 1998），一般而言，以市場為基礎的環保政策是有利的，因為它們較彈性且為成本有效，特別是相對於傳統「命令─管制」方式。

12.4.1 逐步淘汰含鉛的汽油和造成臭氧層破壞的氟氯碳化物（CFCs）之計畫

在 1980 年代中期，環保署以排放權交易計畫開始從市場中逐步淘汰含鉛的汽油（Stavins 1998）。環保署採用這個方法最主要的目標是，提供有彈性的煉製，在期限內逐漸減少鉛的使用。在這個計畫中，改變的期間內固定的含鉛量被分配在不同的煉製上。煉製者被允許交易（買和賣），只要鉛排放的總數量沒有超過環保署授權的鉛排放權。然而，排放權可自由轉讓的事實，使煉製者更容易達成限期的要求且不再在法庭上爭取最後期限的延長。在這方面，鉛的排放權計畫是相當成功的，使美國不必逐步訂下更嚴的規定。此外，這個計畫結束於 1987 年 12 月 31 日。

在美國另一個採用可轉讓排放權計畫的領域是決定逐步淘汰造成臭氧層破壞的氟氯碳化物（CFCs）。美國開始採用一些計畫去回應在 1988 年 9 月訂定的蒙特婁議定書中臭氧國際協議（13 章有更多討論）。蒙特婁議定書中簽署國必須限制它們造成臭氧層破壞的氣體的生產和消費，1988年6月30日減少到1986年的50%（13章）。環保署在1988年8月12日回應之，它們制定了一個符合協定的排放權制度，以達到減少的目標。在美國所有主要造成臭氧層破壞物質的生產和消費以1986訂定的準則為準來分配生產或消費排放許可（配額）。這個許可在生產內部和各種消費間轉移。一般而言，環保署努力的達成臭氧層破壞物質的減少，在成本有效和在期限內完成這方面是相當成功的。然而，目前並不清楚在此階段的成功，有多少可歸因於環保署使用排放權交易制度。

12.4.2 酸雨控制計畫

美國第一個大規模使用交易排放權是在1990年的清潔空氣修正法案通過時，更清楚的說，此主要計畫為減少來自工廠的二氧化硫排放量為1980年時的一半。為什麼二氧化硫的排放是一個主要關心的事物？

在八〇年代，酸雨是一個受世界激烈探討的事件。在美國，發電廠排放的二氧化硫是酸雨的主要來源。在七〇年代和八〇年代之間二氧化硫排放物穩定的增加。在八〇年代後期，單單美國二氧化硫排放的總量每年就接近2億5千萬公噸。酸雨沈澱在湖上、河流、森林、建築物和人體，累積一段時間將對水中生物和樹造成巨大損害，腐蝕和破壞石料建築物與歷史紀念碑，並且傷害人類的肺臟（在13章有更多的說明）。

面臨酸雨出現的問題，1995年美國政府雄心勃勃開始第一階段減少硫排放物的計畫。計畫目標是要在1980年到2000年間，每年減少1億公噸之二氧化硫排放物（參見〔範例12.1〕）。在第一階段的酸雨減少計畫影響110家排放二氧化硫的燃煤工廠。第二階段在2000年後開始，緊接於第一階段之後開始。第二階段的目標將進一步在2010年以前每年再減少1億公噸二氧化硫排放物。這將靠增加參與酸雨減少計畫的發電廠數目與透過更嚴緊的排放標準——每百萬個英國熱單位排放的二氧化硫排放量來達成。這個計畫希望到2010年時，美國每年二氧化硫排放總量減少至895百萬公噸。

然而，當國會在1990年通過清潔空氣修正法案時，酸雨控制計畫所需的成本受到重視。單單第一階段所需的成本估計每年就高達100億美金，相當於每公噸需要1,000美金（Kerr 1998）。這個成本估計是假設二氧化硫排放將持續以「命令─控制」的管制基礎來計算，以此為前提，相當多的注意力轉向尋找控制酸雨的成本有效計畫。其結果之一是採用排放權交易的彈性系統。

在這個排放權交易的系統下，環境保護署仍然保留了限制國家每年的二氧化硫排放標準的權利。此外，為了達到每年總排放量的標準，環境保護署以個別發電廠過去的排放物和燃料的使用量為基礎，允許一固定的排放量（參見〔範例12.1〕）。每一張排放權允許從煙囪排放的二氧化硫相當於1公噸，而為了使排放物減少，排放權的數量每年下降。環境保護署每年拍賣小數量的額外排放權，總數不到總排放權的2%（Tietenberg 1998）。在每年年底，排放超過排放權標準的廠商將受每公噸 $ 2,000的嚴厲處罰。此外，在酸雨計畫下強制要求所有發電廠安裝連續監控系統（Continuous Emission Monitoring Systems, CEMS），以追蹤工廠排放多少二氧化硫。

然而，雖然每個參與者在酸雨減少計畫中被允許的數量是固定的，工廠操作員在如何減少排放上卻是完全自由的。在考慮成本的基礎下，工廠操作員可以安裝溼式除塵器（減少二氧化硫的數量除去硫）、用低的硫容積轉換為使用煤、排放權交易或保留允許給將來使用。我們不久將看見，這些是美國酸雨減少計畫的整體彈性和成本有效的獨特特徵。酸雨減少計畫的整體彈性不限於排放權交易的考量，這些關於工廠操作員對各種類型的溼式除塵器及不同性質的煤之購買的不同選擇，對酸雨減少計畫的整體彈性和成本有效有重要貢獻。

排放權交易能夠透過彌補（offset）、泡沫（bubble）或存放（banking）策略來作用。彌補策略之設計允許「未達成」地區——某特定空氣污染（如酸雨之例的二氧化硫）超過聯邦標準區域之排放權交易。在這個策略下，一個特定的大煙囪要排放較多的二氧化硫必須向未達成區域的其他煙囪擁有者購買足以彌補排放量的排放權而使其他煙囪排放量減少（更大量）。因此，只要在排放權的要求範圍內且「未達成」區域持續轉為「達成」區域，在各廠間彌補的交易被允許。這是可行的，因為廠商要到「未達成」區污染，必須得到比彌補量更多的排放權（用額外的20%）（Tietenberg 1998）。在彌補策略下，新的來源將會是新的廠商加入「未達成」地區，可促進經濟成長。

相反的，「泡沫」策略允許在若干排放來源中的排放權交易機會由現存排放者控制。只要總污染量在聯邦標準之內，污染者可自由執行成本有效之污染控制。換句話說，並非所有來源都控制於同一排放標準；在給定的「泡沫」排放權之內，允許控制某些排放污染比其他來源較不嚴格，假如另一些來源排放減少足以維持相同「泡沫」。

排放存放策略則允許污染者保留他們的排放權於未來使用。這些節省的排放權可用於彌補、泡沫或賣給其他廠商。這是美國二氧化硫減少計畫的一個重要特性，提供廠商跨時交易和最適一個機會（Schmalensee et al, 1998）。

如同上述那樣，美國第一階段酸雨減少計畫實際上是從1995年開始。早期顯示排放權交易的使用非常成功。根據Schmalensee等人（1998）的最近研究，開始的兩年參與發電廠減少硫排放物平均大約低於法定標準35%以下。此外，這以每年不到10億的費用做到（Kerr 1998）。此估計花費低於酸雨減少計畫費用很多（預期每年要100億高）。因此，初步實證證據顯示，二氧化硫排放權交易計畫非常經濟。此外，第二階段的成本儘管很可能比第一階段的成本更高，也預估會比期初估計的低得多。

酸雨計畫的成功可歸因於哪些因素呢？注意，並非所有費用的減少都能夠歸因於排放權交易的計畫。根據一些估計，酸雨減少計畫的總節省中約有30%可歸因於排放權交易，它絕非不顯著（Kerr 1998）。然而，假如不是因為在交易開始的兩年，第一階段期間的排放權交易量較低，可歸因於排放權交易的成本節省應不只30%。期望這個情況在將來數年對排放權交易發展的市場條件有所提升。

因此，酸雨減少計畫的大部分費用節省是整體彈性的結果。這意思是指其他外部因素，如未預期的溼式除塵器價格下降和因鐵路取消管制造成煤礦運輸成本下降，是兩個美國酸雨計畫在前兩年運作中的大功臣。

酸雨減少實驗的成功提升了希望，同時能夠把排放權交易應用於幾個主要環境計畫，包括打算使全球二氧化碳排放物的速度慢下來的二氧化碳減少計畫（在13章會有更多說明）。這也是在京都會議以後急切召開的 Buenos 激烈爭論的事項。然而，由於下面兩個原因，迄今為止美國為國際碳交易積極工作已經有大量質疑和阻力。首先，一般而言，可交易的排放權在交易成本低時運作最好，這可能不是二氧化碳減少計畫的情況，因為控管和花費也許因各國多樣化的文化、政治和經濟方向而有很高的交易成本（完全依靠國際一致交涉及國家的任何環境計畫而言很有可能是高的）；第二，由於 Stavins（1998: 83）正確指出：

「化石燃料燃燒的二氧化碳排放物來源數目比作為酸雨前兆的二氧化硫排放物情況多很多，不像二氧化硫的情況能夠把這個焦點放在數百個電廠上。」

因此美國二氧化硫排放減少計畫的成功不能保證減少全球氣候變化的二氧化碳排放物的排放權計畫也會成功。

12.5 摘要

這章討論可用來矯正環境外部性的二個不同選擇策略：排放費和可轉讓的排放權。這兩個策略的共同特性是他們二者設置市場誘因以影響污染者的行為。排放費和可轉讓的排放權是市場基礎的環境策略手段的選擇形式。

1. 排放費代表排放污水的每單位稅金。理想地，這種本質的稅金反映未處理廢棄物的價值（在每單位基礎上）；排放費可用以調整價格扭曲。

2. 排放費的主要優點是：

   - 他們執行起來比較容易。
   - 他們通常是成本有效。
   - 在矯正價格扭曲時他們產生稅收——排放費的特色是雙重利益。
   - 他們提供廠商投資污染控制技術的誘因。

3. 排放費的主要缺點是：

   - 監控和執行的費用高。
   - 他們對所得分配有不均的影響。
   - 他們沒有在道德層面上譴責污染行為。污染是可以的，只要一個人付錢。
   - 廠商在心理上違反對任何形式的稅金，尤其當他們察覺將引起價格的增加和不確定的商業環境時。
   - 通常由於實際和理論的原因，環境組織反對排放費。污染稅是

「污染執照」，稅通常在執行後就很難再訂得更嚴。

4.達到污染控制需求的可轉讓排放權，首先，需要創造污染權的人
　為市場。一個污染權的排放權是表示由一個特定污染物的單位組
　成。管制者的角色局限於設置排放權的總數目和透過在污染者中
　間分配這些排放權機制。一旦他們得到他們的最初分配，污染在
　固定的市場價格基礎上是允許自由交換的。

5.可轉讓的排放權主要優點是：

■他們是干涉最少的。
■他們是成本有效，尤其在排放權交易方面的數目大時。
■他們為環境服務規定明確的市場價格。
■他們能應用於各式各樣的環境問題。

6.可轉讓排放權的主要缺點是：

■用在潛在用戶間的分配排放權機制可能有重要的公平含意之問
　題。
■排放權的觀念在某些程度上是道德和倫理的價值問題。
■他們的適用性對具有國際範圍的污染問題仍存疑。
■當沒有足夠的參與者構成市場功能時他們是無效的。
■排放權可由為達進入障礙目的之廠商所累積，或由環保團體為
　其利益目的而操作。

7.初步實證證據顯示，美國二氧化硫排放權交易計畫成功完成了。
　排放物減少的目標已經達成並已超過，而其成本遠低於當排放權
　交易供應不存在時。

8.這個成功案例不一定適用於防止國際污染。例如，排放權交易計

畫能有效的減少造成溫室效應的二氧化碳排放嗎？全球範圍的污染計畫的執行和監控的費用很有可能將比美國試驗的二氧化硫排放物減少計畫來的更高、更無效。

第13章

全球環境污染：酸雨、臭氧破壞和全球溫室效應（Marvin S. Soroos 的貢獻）

學習目標

閱讀本章以後，你將熟悉下列各項：

- 國際的或甚至全球的三個主要環境問題。
- 酸雨的原因和結果。
- 臭氧層破壞的原因和結果。
- 溫室效應的原因和結果。
- 國際上對於酸雨、臭氧破壞和氣候變化問題的努力。
- 大氣污染的經濟學。

全球多數的氣候科學家說溫室效應是一個真實且嚴重的威脅。市場力量將無法解決此問題，因為市場對待污染如沒有成本的副產品而低估它的價格。「自由市場」擁護者推銷一種複雜的可交易（可轉讓）排放權的計畫。但是這「市場」在本質上並不存在，首先它必須由政府官員和管理者來建構，而且這些使用者必須解決複雜策略問題：允許多少總污染、如何配置可轉讓許可的初始存量、是否放棄對窮困國家的補助金、對誰授予警察權系統。此處，全球化的需求是更多的政策，不是更多的市場。

— *Business Week,* November 11, 1977

13.1 緒論

　　第4章解釋大氣層與水氣、岩石圈和生物圈是生態系統的四個部分。大氣層是一些氣體的混合體，主要是在地球海拔高度約地球半徑1%的四周循環的氮氣和氧氣。大氣層使來自太陽的能量流動緩和，包括對各種動植物有害的強烈紫外輻射。大氣中的氣體也捕獲從地表放射到太空的一些熱，這樣做時也同時保持許多物種所需的的氣候。

　　當人們以大氣作為排放氣體、微小的液體或固體粒子的媒介時，人類已污染了大氣。污染物在國際上或甚至全球層面造成兩種類型的環境問題。首先，某些特定污染物在未被雨、雪沖刷之前已被氣流傳送了就算沒有數千哩也有數百哩的距離，其他污染物在它們改變大氣化學組成而影響能量流到地球的流動時會造成問題。在這過程中，一些污染物會超越國際邊界。例如二氧化硫和一氧化氮，當它們與大氣層中的霧氣或是沉澱於土地表面的水氣結合時，會形成一種酸性物質。科學家已經將氟氯碳化物和其他一些合成的化學導致同溫層中防止紫外線的臭氧層變稀薄連在一起。人類加上自然發生的溫室氣體如二氧化碳和甲烷被認爲是提高地球平均溫度的原因，引發其他氣候和環境改變。

13.2 造成酸雨的原因

通常酸雨是指一些經由人爲污染物所增強的環境酸性水準的過程，主要從發電廠、金屬精鍊廠、工廠和車輛所排放的二氧化硫和氧化氮所產生的問題。這些污染被稱爲是酸性物質沉澱的先驅，他們的來源會快速的沉澱於地球上，在他們分解酸性和結合表面潮氣時，會產生酸雨。而在某些情況下，這些污染物會保留在大氣中幾天的時間，在這期間可藉由風傳送到一段距離之外。而在大氣中，這些污染物可能因陽光和如同氨和低水準的臭氧等其他的氣體（通常由人類活動產生）產生複雜的化學作用，產生的化學物也許會由水氣吸收而形成微小的硫化物和酸雨，以雨、雪、薄霧或霧洗滌大氣（Park, 1987: 40-8）。

在進入二十世紀以前，酸雨大多是接近污染源的區域性問題。政府下令以更高的大煙囪爲策略，作爲減輕本地空氣污染問題時，污染問題由小地區擴大至大區域。本來以爲此措施可以減少空氣污染，但是政府並沒有考慮更深層的問題。然而在六〇年代，自從飛機被不列顛和歐洲的工業中心所生產後，瑞典南方和挪威酸化越來越嚴重。後來研究顯示歐洲地區各國間及美國與加拿大之間都有大量空氣污染流動。而最近則查出日本的酸雨已污染至中國和韓國（Cowling 1982）。

酸雨有幾個有害的影響。最常見的結果是腐蝕建築物和紀念碑，以及橋樑和鐵路架構中的金屬表面。在斯堪的那維亞半島和北美州的東部，由於河流和湖水中的酸性增加，以至於魚和其他水生生物消失。在內陸環境方面，酸雨的影響程度不同，岩石層和土壤層會中和其酸性。早在八〇年代以前，在中歐的森林中所觀察的樹普遍受酸雨損害，此現象在德國字 Waldsterben 稱為「森林死亡」。另一個相似的林木減少型態在北美的東部被發現，尤其是阿帕拉契山的高峰部分。然而，科學家的困難，就是區隔污染對樹產生的普遍損害的自然過程（Schütt and Cowling, 1985）。

13.3 臭氧層破壞的原因

人為污染所產生的低水準臭氧是不受歡迎的，因為它不僅是造成許多大城市健康的光化學煙霧災害的主因之一，也是促進酸雨形成的氧化物。因此，諷刺的是臭氧產生於自然，它僅集中存在於海拔 10 至 40 公里的同溫層裡，其中只有幾 ppm（part per million）對地球上棲息的生物之生存是一關鍵。臭氧是大氣層中唯一吸收對動植物有強烈損害紫外線的化學物，食物鏈底層的微小有機體，像是浮游動植物，特別易受紫外線的損害。

在 1974 年科學家 Maril Molina 和 F. Sherwood Rowland 注意到氟氯碳化物（CFCs）有害同溫層中的臭氧之威脅。CFCs 是一種化學混合物，它被廣泛地使用在冷凍機、噴霧劑、發泡劑以及電子工業用之溶劑。這些化學物已被證實在許多應用上是很有用的，因為他們和其他化學物在正常情況下沒有反應，因此是不鏽、無毒且不易燃燒。顯然 CFCs 沒有使大氣層凝結下降，Molina 和 Rowland 假設這些高度穩定的含氯氟分子會透過大氣層提升，直到他們到達同溫層，在那裡他們遇到強烈日光的輻射，最後使 CFCs 分解。在這個過程中，高度不穩定的氯分子被釋放，這個氯分子會使其他臭氧分子產生催化反應，最後使臭氧分子被分解。就因這樣所以一個到達同溫層的氯分子可能會使成千上萬個臭氧分子分解（Molina and Rowland 1974）。

臭氧集中在同溫層並開始下降的第一個重要證據來自英國科學家在1985年報告，顯示南極的臭氧濃度早在二十年前已經下降了40%（Farman et al. 1985）。1988年更進一步的研究得知，南極的臭氧層破壞歸因於人類生產的物質（CFCs）。其他商業使用的化學製品，包括海龍（halons）、四氯化碳和溴甲烷，也都會傷害臭氧層。此外，在其他地區臭氧集中在同溫層的證據在衰退，與在南極所見的程度並不接近，在南極每一年臭氧層破洞都不斷的擴大加深（Watson et al. 1998）。

科學家們對於臭氧層的破壞導致紫外線（UV）透過大氣層抵達地球表面的程度難以決定。同樣地，對植物和動物的損害是慢慢累積起來的，儘管全世界的兩棲族群如青蛙、蟾蜍也在衰退，也可以歸因於紫外線對這些生物的卵之影響。

13.4 全球溫室效應的成因及影響

到地球的太陽能幾乎有一半被大氣中的氣體及空氣懸浮微粒反射或吸收，雖然最多有22%的量被最高的白雲中途攔截，剩下的太陽能大多是以紅外線或可看到的光波藉由大氣傳遞到地球表面，這些傳遞到地球表面的太陽能不是被雪或冰，就是被土地、水或植物所吸收。這些被地球吸收的能量大部分是從外太空的星球以較長波的紅外線形態而再輻射而來的，而逃脫的能量一部分被大氣中的一些氣體所吸收，尤其是二氧化碳、甲烷及一氧化氮，在這個過程當中，熱能使得較低的大氣層變熱（Anthes 1992: 50-4），這些決定地球氣候的物質大概只有大氣中的0.03%，水蒸氣存在於這個形體的含量是大氣的0至4%，並且攔截地表反射的紅外線輻射，這個過程就是所謂的「溫室效應」，因為在此溫室的頂端，大氣在阻斷太陽能脫離的時候使它向內傳遞，這樣會保持太空的溫度相對低於的外部環境，因此，所謂的溫室效應氣體（Green-House Gases, GHGs）——二氧化碳、甲烷及一氧化氮——藉著水蒸氣，共同造就了溫室效應，金星大氣中較大量的二氧化碳說明了它的高熱氣候，而火星的寒冷環境可歸因於較少的溫室氣體的濃度（Fisher 1990: 18-20）。

人類的活動顯著地增加地球大氣中溫室氣體的濃度，化石燃料的燃燒，特別是煤礦及石油，使二氧化碳持續在大氣中一世紀或更久，森林的開墾不僅使碳積存在樹林間，並且減少二氧化碳，比如樹木經由光合作用的過程吸收空氣中的二氧化碳，大氣中二氧化碳的濃度從之前的工業時代的大約 280ppm 上升到今天的 365ppm。甲烷的部分，是存在於大氣中較短暫的氣體，由於多樣的人類活動甚至增加得更嚴重，如稻米耕作、飼養家畜及天然氣的生產運輸，大氣科學家認為，人類污染製造的增加對使全球氣溫上升的「加強溫室效應」有明顯的影響（Intergovern-Mental Panel on Climate Change 1995: 12-13）。

從格陵蘭及南極大陸的冰河萃取出來的古早的冰為二十萬年前的地球大氣及氣候的構成提供了資料，分析了在古代冰中的空氣中的氣體之化學結構，科學家可以肯定現在大氣中的二氧化碳實際上多於歷史上冰河時期中的任何時間，他們的研究顯示出在這個時期二氧化碳對季節的變換有明顯的關聯，並且二氧化碳的濃度會不規則的變動（Barnola et al, 1987）。

全球溫室效應的程度有多少可以藉由人類增加大氣中的溫室氣體而被預估？在聯合國資助的政府間氣候變遷專家組織（Intergovernmental Panel on Climate Change, IPCC）的第二次報告（發表於 1995 年），人類的活動從 1860 年已經導致全球氣溫上升了攝氏 1.5 度，在同樣的報告預估如果溫室氣體的濃度以現在的速度上升，到下個世紀平均氣溫會增加

1到3.5℃（Houghton et al. 1996: 6），根據這個觀點，全球的平均溫度低於大概從1400年到1850年的小冰河時期，且比近代大部分的史上嚴寒的時期冷了5℃，那些史上嚴寒時期大約是一萬年前的末期（Oeschger and Mintzer 1992: 63）。

　　大氣嚴重變熱可能會影響氣候的改變，這個影響的效果預期會非常的大，一些地區會變得更熱且更乾燥，其他地區會變得更冷且更潮溼，溫度及降雨的重大改變會對農業造成重大的影響。河水的減少可能引起水源的不足、危險的沖蝕及水力發電的產量限制，一些地區特別乾燥的情形可能會造成極大的影響，森林的破壞及火災會造成大量的煙且增加大氣更多的碳，當海水變熱，可能會造成熱帶風暴，就像颶風、龍捲風及颱風，可能變得更頻繁且更為強烈。

　　全球的變熱很可能引起其他自然環境的變化，如果持續目前的趨勢，海平面預期會因為海水的膨脹及南北極的冰山融化而到下世紀會上升10到95公分，海平面的上升威脅到較低下的沿岸地帶，很多世界重要城市會被淹沒，尤其是特別容易受海平面影響的小島型國家會被淹沒在加勒比海及西太平洋，不僅如此，還會產生熱帶暴風及相關聯的大海嘯（Warrick and Rahman 1992: 100），包括農業的害蟲及疾病帶原者，可能散播得更為廣大，森林特別容易受氣候的變化而受危急，因為樹的變化相當緩慢且容易蔓延。

　　溫室效應最大的影響是在南北極：冰河及冰塊的融化，較少的太陽能是較重要的原因，這樣會促成更進一步的變熱，溫室狀態可能使冰凍層熔化，並且使大氣產生大量的甲烷，赤道與南北極間溫度差異慢慢的縮短會嚴重的影響中緯度地區的天氣型態，它也可能會削弱有助於在地球散熱的海水，假如這個熱向北方流動，河流會變得非常少，歐洲赤道以北可能會非常地冷（Leggett 1992）。

　　在科學家的意見之中普遍認為，人類增加大氣中溫室氣體的濃度是造氣候及環境改變的主要因素，值得考慮的是，有多少改變在持續發生、及這些改變對特定地區的影響，問題維持在一些關鍵因素上，如：二氧化碳最終被海洋吸收的數量、及雲對未來氣候的影響。此外，對科學家而言區隔近代天氣或環境而造成全球溫室的原因是很困難的，像是自從 1980 年來特別熱的年份裡的洪水，是人類增加溫室效應的結果？或是地球的氣候發生單純的自然不規則變化？

13.5 國際間對酸雨、臭氧的減少及氣候改變的反應

　　要有效探討跨國界的污染問題，需要有國際間共同反應，因爲沒有一個世界政府得以有權力課稅及執行解決這些問題的方法，各國有主權聲明、有權管理邊界以內的範圍而不受外部的干擾。因此由各國的聯盟來決定，目前有大約 190 個國家協議限制促成國際間及全球環境問題的污染物質的流動，這些協議通常制訂成條約，是由當中的參與國家商議出來的，通常由聯合國依慣例來監督，只有這些國家必須依照他們的協議訂定慣例，合法地遵守這些規定。

　　國際對環境問題的回應通常是會員國一系列協商的形式，最初的協商是建立綱要公約以解決國際間注意的重要問題，鼓勵會員國在附加的科學研究上合作，進而闡釋自然問題和它可能的影響，大部分綱要公約協議各國在司法審判權之內自願加入控制或限制活動以解決環境問題，最後，這些協議訂定規則讓會員國考慮採用額外的標準定期達成。這些附加的協議通常是用議定書的形式設定限制特定空氣污染物質的目標期限，或甚至減少一特定數量。和其他的協議一樣，議定書只規範正式的合約國。這種包括綱要公約及一系列附加議定書的多階段過程，在科學證實污染對人類有嚴重威脅且政治上對採用較嚴格的國際規定加以配

合時，已被證明是協商更嚴格協定的一種彈性形式。

瑞典和挪威訂定防止酸雨迅速擴張到其他國家的國際法則，和聯合國人類環境研討會 1972 年在斯德哥爾摩的會議一樣早，第一個協定是 1979 年聯合國歐洲經濟共同體（ECE）於日內瓦的會議中所採用。在當時，只有很少國家認知到同一時間斯堪的那維亞有酸化問題的急迫性，因此對於減少二氧化碳和其他酸性污染排放的支持者很少，會議的結果只達到些微的明文化之綱要公約，稱為長距離跨國境空氣污染（Long-Range Transboundary Air Pollution, LRTAP）公約。LRTAP 公約包括不明確期望各國保證，國境內的活動不會引起其他國家的污染。它進一步的建議政府儘可能採用最有效的技術逐漸縮減和阻止空氣污染。

警訊迅速穿過歐洲到達西德鄰近的國家，從強烈反對變成強力主張國際空污規則是意外的轉變，1985 年的會議參與者在 LRTAP 公約中獲得協議，要求從 1980 年到 1993 年應減少二氧化碳 30% 的排放量，每個國家決定採用這個尺度去達成減少二氧化碳的排放量，好幾個國家拒絕簽署這個公約，最值得一提的是美國、波蘭、西班牙。然而有 11 個國家認為從 1990 年到 1995 年減少 50% 的二氧化碳排放量還不夠，瑞典跟隨挪威和芬蘭的腳步設定到 1995 年縮減 80% 二氧化碳排放量（Soroos 1997: 127-30）。

LRTAP 公約的參與者商議了好幾個附加的議定書，在 1988 年達成限制氧化氮的排放物在 1994 年前維持在 1987 年水準的議定書，令人失望的是那個議定書並沒有規定減少氮的排放量，在 1998 年前 12 個國家簽署的議定書單獨宣布氮排放比以 1980 到 1986 中任何一年為基期減少 30%。下一系列議定書的結論在 1991 年達成，目標在揮發性的有機碳化物（Volatile Organic Chemicals, VOCs），這個議定書的主旨在臭氧的破壞和光化作用，那些參與者期望 VOC 到 1998 年排放能減少了 30%，建議以 1988 年為基期年，儘管這項議定書可選擇 1984 年和 1990 年之間

的任何一年。對於整體減少或僅在國內對其他國家造成臭氧影響的某些
區域減少也達到某些共識（Soroos 1997: 130-2）

在1994年對LRTAP公約採用修訂硫化物議定書，這個議定書是基
於「負載門檻」的概念，是地理範圍能夠吸收的不造成環境損害的酸性
沉澱數量。議定書的進行過程中，每一國家都有其減少硫排放物的百分
比的目標，這些目標得自於電腦模型，考慮每一個國家的排放對其他國
家造成多少超過「負載門檻」的酸性累積，及減少這些排放所需的成
本。談判的初始目標是要確保到2000年歐洲地區減少60%過量酸性沉
澱，奧地利、丹麥、德國、瑞典和芬蘭同意到2000年，還原到1990年
的80%，其他國家不願承擔指派給他們的義務，而將完全硫還原目標
延至2005年或2010年。因此，如果所有國家貫徹他們的承諾，僅有
50%的過度酸性沉澱。最近的協商已指向二氧化硫和VOC，也將基於
酸性沉澱的負擔門檻來修訂議定書。

國際對於臭氧層損害問題的努力在早期遵循類似的軌跡，雖然在此
情況下協商是全球性的，因為是對所有國家公開。對Molina和Rowland
所提CFCs的威脅之強烈公眾回應是美國在1978年禁止非必要的化學使
用，如噴霧劑，幾個其他國家大多數照辦了，尤其是加拿大、挪威和瑞
典，然而，其他國家包括氟氯碳化物主要用戶和生產者，雖認知它對臭
氧層的威脅，並未被說服這樣的行動是必要的。在這議題上的第一個國
際協定為1985年的臭氧層維也納公約，這是具有代表性的綱要公約。
它要求參與國控制、限制、減少或防止減少臭氧層的活動，但是如同
LRTAP公約，為與臭氧層損害有關物質的生產或使用訂定限制或減少
義務的時間表（Benedick 1991: 77-97）。

1985年南極臭氧洞的宣布對努力保存臭氧層產生更大的危機，在
這之前科學家已將臭氧洞和人類活動連接起來，在1987年破壞臭氧層
物質蒙特婁議定書中要求參與國到1993年減少生產和使用氟氯碳化物

20%，到1998年減少50%而以1986年爲基期年，海龍的生產和消費，廣泛用於有滅火器化學製品的家庭，至1993年，不要超過1986年的水準（Litfin 1994: 78-119）。

蒙特婁議定書被採用時，被看成是臭氧層保存的主要突破，科學家證實目前的臭氧層損害不僅在南極洲上，還有在其他的範圍，正以超乎預測的速度快速發生。因此，1990年蒙特婁議定書的參與國在倫敦開會，採用逐步淘汰氟氯碳化物和海龍（halons）的修正案，到2000年完全不使用。四氯化碳和甲基三氯甲烷這兩種不同化學製品已經和臭氧層損害連接起來，將分別於2000和2010年被禁止使用。在1992年蒙特婁議定書參與國在哥本哈根開會，發現有更多壞兆頭在臭氧層上，導致另一個修正案的採納，在1994年停止海龍的使用，四氯碳化物和甲基三氯甲烷由於會產生氟氯碳化物，在1996年時禁止採用；氟氯碳化物的替代品——HCFCs對臭氧層的威脅相對較小，也將逐漸消失，到2030年完全停止使用（Liftin 1994: 119-76）。

1987年的蒙特婁議定書及1990年和1992年的修正案已大量減少氟氯碳化物和其他會破壞臭氧層的化學製品進入大氣中，同溫層臭氧的集中預期在2000年可降至最低，希望在21世紀中期返回以前的自然水準。然而臭氧層是否能馬上復原，有兩個原因需注意：第一、禁令的物質中違法的交易干擾水準，尤其是氟氯碳化物；第二、甲基溴化物，另一個影響臭氧層損害的因子，仍有待控制，因爲農業之化學使用仍依賴之（Dowie 1996）。

蒙特婁議定書和倫敦修正案的成功，對希望決策行爲也能用於限制人類所造成的氣候變遷提供了理由，另一個主要全球的大氣層問題是對抗人性，在1980年代後期首先在高級的國際會議中探討重要的溫室效應威脅，在連續幾年中有不尋常的平均溫度。1991年談判開始，第二年在巴西里約熱內盧（Rio de Janeiro）舉行的「地球高峰會議」（Earth

Summit）中促成了聯合國氣候變遷綱要公約的制定。此時，許多工業國家和將近 40 個小島嶼國家強烈偏好包括如二氧化碳的 GHGs 排放減少的強制性限制計畫。然而，在此議定書中並未提供此項，主要是由於美國反對此種高成本的限制，因全國認為在這些衡量中仍有顯著的科學不確定性。

雖然和跨國境污染問題及臭氧層損害類似，氣候變遷綱要公約中在某些方面更強烈，它建立大氣中 GHGs 集中度穩定於某一水準的雄心壯志，以防止危險的人類干擾氣候。希望已開發國家到 2000 年 GHG 的排放能回到 1990 年水準。他們可以獨立的或和其他國家共同完成這個目標。最後，已開發國家被期望提出減少 GHG 排放量或增強碳污水槽的定期報告，例如透過森林計畫（Bondansky 1993）。

近年來氣候變遷綱要公約的參與國已經更進一步考慮 GHG 排放量的強制性極限，在 1995 年柏林會議中參與國的原始條約還不夠，並約定 1997 年在京都聚會時要達成減量限制的共識，隨著十年緩緩消逝了，多數已開發國家的 GHG 排放量持續增長，因此，在綱要公約中他們有小小期望，就是將 2000 年排放量還原成 1990 年的水準。在京都會議前夕，期望在重要協議方面讓步出現了爭議，歐洲聯盟希望在 2010 年時已開發國家能將溫室效應減少 15%，小島嶼國家聯盟重申其在 2005 年減少 20% 的期望，這些國家相當沮喪，美國預期在 2008 年至 2012 年期間在鼓勵自發性保存能源和開發替代能源資源後，只能還原 GHG 排放量到 1990 年的水準（Lanchbery 1997）。

令人驚訝的是，京都議定書達成已開發國家共同完成在 2008 年至 2012 年降低 5% 的 GHG 排放量的協定，大多數歐洲國和歐洲聯盟整體同意降低 8% GHG 排放量，美國和日本分別降低 7% 和 6%，其他幾個國家包括挪威和澳洲，僅承諾在指定期間還原至 1990 年的水準，在議定書的期間下，碳污水槽的增強可以代替 GHG 排放量的減少，因此，京都議定書中規定，已開發國家削減GHG排放量，但對他們而言也許要花很多成本才能達成，然而並未要求開發中國家抑制他們的GHG排放量，而到大約2025年將會超過開發國家（「京都議定書……」1997），此外，此議定書只是為穩固大氣層已超過自然界之集中的GHGs氣體需減少60%至80%GHGs排放量的第一步驟而已。

氣候變化綱要公約和京都議定書中所提供「共同履行」觀念在國際環境議定書中是獨特的，此概念假設GHG排放量降低至某一數量，在一段期間減緩問題都是相同的結果，不管此國家發生什麼事。「共同履行」允許已開發國家，透過投資於限制GHG排放量成本較低國家來履行降低排放量的義務。

在京都會議之前，美國提供一個計畫就是配置可排放量的許可證，可以最低的花費增進經濟效率策略去降低GHG排放量，此規劃在這國家之內已經成功執行，他們必須被國際採用，如本章的序文建議，達成國與國之間相互接受排放量許可證的分配契約可能是很困難的。

13.6 大氣污染的經濟學

為達到較佳的結果，國際協商條約和其他議定書會比各國各自達成來得節省成本。條約是參與的各國同意接受某些義務，以作為其他參與國限制其造成損害之活動的回報。因此，議定書的內容決定為產生特定利益所需的成本如何由參與的各國分擔。在協商過程的施與受中，各國通常爭取越少義務越好，特別是執行上耗費成本時，而總希望得到最大的利益。

如果污染的循環在各個方向是一樣的，跨國境酸性形成污染的國際議定書之協商工作就不會那麼複雜。然而，多數情況是風向總會使某些方向的污染多於其他方向。因此，上風國家是污染淨輸出國，而下風國家則是污染淨輸入國。例如，加拿大接收到來自美國的酸性空氣污染大約是加拿大對美國污染的4倍（Cowling 1982: 118）。同樣地，在歐洲地區，英國對斯堪的那維亞諸國（包括挪威、瑞典及丹麥）和歐洲本土，造成的酸化問題遠比它們對英國的污染更多。

有利的上風國家如美國和英國，對於參加減少酸雨形成污染排放的國際議定書意願很低，他們因建造煙霧清理設備而需支付預防空氣污染實質成本，但這些支出的受惠國是下風鄰國。不管下風國同意如何限制其污染排放，對上風國的酸性化問題並沒有什麼幫助。因此，無怪乎美國和英國不願參與1985年的硫化物議定書，此議定書會要求他們到1993年要減少30%的二氧化硫排放。

在歐洲很多國家，如德國、瑞士和奧地利是兼具空氣污染的主要輸出者和主要輸入者。許多酸性的沉澱在他們領域之內源自於其他國家，而他們的污染也影響到別的國家。對這些國家而言，「進口污染」的成本被「出口污染」的效益彌補了。因此這些位在中間的國家都樂意參加北歐國家和加拿大所倡導國際管制形成空氣污染的酸性物質排放。

誰應該承擔減少跨國流動的空氣污染的成本？它應該由污染來源的國家承擔？或由被酸性沉澱所害的國家承擔？國際公法的原則是污染者需負擔減少排放的成本，或引起超出他們國界之污染的損害。Trail 精鍊廠事件是污染者付費原理的實例，美國華盛頓州抱怨加拿大英屬哥倫比亞區 Trail 廠的污染帶來果樹林的損害。這是1941年一個美國的國際法庭附帶決定事件。加拿大不僅必須採取行動減少未來的污染，也需為過去的損害賠償美國（參考 Wirth 1996）。

污染者付費原則，再度於1972年在斯德哥爾摩會議被採用。最常被引用的第21條法案提供一個狀況，「為其環境政策有權開發其資源」，然而，此法案同時建議一個州有義務去「確保在他們自己轄區內活動或控制不要引起其他州的環境或超過國家管轄限度之區域的損害」

（"Declaration on the Human Environment....." 1972）。這系列的議定書限制二氧化硫、氮氧化物和VOCs排放，也對這些排放國施予服從限制的壓力。

另一個方式是，要求污染受害者為減少污染而付費。受害者付費原則是假設國家有製造合理污染的權利，其中某些污染可能會增加鄰國的污染。因此，如果對接受污染的國家而言，污染減少對其國家有足夠的效益，他們應吸收污染減少的成本。因此，一個處於下風的國家應該賠償上風鄰國減少排放量的成本。這個受害者付費原理沒有被國際法廣泛應用。然而，一個顯著例子是荷蘭和德國對法國政府投資於減少氮化物污染進入萊茵河的支付（參考 Bernauer 1996）。

這情況多少不同於臭氧層破壞的事件與氣候變遷。這裡的問題並非一個簡單的由一個國家傳到另一個國家，而是污染改變大氣的化學成分而改變地球能量的流動。沒有國家或世界的地區能完全地逃離這大氣改變的衝擊。因此，不論採用什麼步驟來改變這些數量的限制，目標都是在創造臭氣層與令人滿意的氣候等全球公共財。對協商者的挑戰是引起國家投入全球公共財，以使人們能享受，即使他們不用承擔生產成本的公平比例。國家的企圖是「搭便車」，在創造公共財的貢獻上得到犧牲其它國家的利益而縮減自身的責任。

參與減輕全球大氣問題之國際議定書的意願部分取決於有利害關係的國家，有些國家可能比其他國家遭受更沉重的衝擊。觀察到的臭氧損失數量和因此增加暴露在輻射下所受到的損害，因緯度而有很大的不同，以最北和最南的區域所受影響最大。相似的，氣候變化的類型因區域而相當不同，高緯度的影響最大，然而，其他地區可能看到暴風雨強度和降雨型式的極端變化。較低海岸地區的國家特別易因天氣暖化而遭遇損害。

如何分配產生這些全球公共財的成本？污染者付費原則將大多數責

任歸於先進的工業國家,他們是引起平流層上臭氧層破壞與氣候變遷的來源。然而,隨時間過去,發展中國家的比率正在增加中。大多數的工業國家已經顯示,他們願經由協議要求已開發國家減少排放污染物的國際規則承擔其責任。無論如何,仍有顯著例外。美國及一些其他工業國家為經濟成本考量,對保存能量或將石油燃料轉變為其它能量來源以減少GHGs的排放限制之接受得太慢了。

開發中國家不情願同意他們應為全球大氣改變負責任而限制污染排放量。對這些國家,經濟發展和減少貧困比控制臭氧層破壞的限制與全球的溫室效應更重要。還有公平的問題。假如已開發國家要為大部分人類到目前為止在大氣中累積的污染物之生產負責,則他們應該採取最快的步驟去處理出現的問題。大量控制如CFCs和二氧化碳等污染的排放,工業國家可能造成發展中國家增加排放相對較低的污染以促進經濟發展,而不致使大氣問題嚴重惡化,假如開發中國家彼此合作於限制污染物是大家之所欲,則富有國家應該要補償他們為控制污染受的成本。

雖然工業化國家對過去污染物的排放所引起的臭氧層破壞與氣候改變有大部分的責任,開發中國家在近幾十年的比例有快速的成長。因此,未來國際反應這些問題是否成功將取決於開發中國家限制他們污染物排放水準低於已開發國家的意願。為鼓勵他們參加1987年蒙特婁議定書與它隨後的修正案,開發中國家被允許10年寬限期間以減少和逐步消滅會產生臭氧層破壞之化學物質的時間表。 1990年在倫敦的修正案提供1億6千萬至2億4千萬的特別最惠基金幫助開發中國家減少CFCs的使用和臭氧層破壞物質。有關生產和使用的合適替代品的技術「在公平與更令人喜歡的情況下」提供給開發中國家。

1992年氣候變遷綱要公約清楚承認開發中國家的GHGs排放是低的,但預期為達到社會與人民發展需求會提高。此協議規定限制開發中國家GHG和碳排放的主要責任,並希望(但不是必要的要求)他們到

2000年能減少到1990年的排放水準。而1997年京都議定書的義務是已開發國家在下一個十年減少超過5%的GHG排放，並沒有規定要求開發中國家限制他們的排放。對開發中國家的GHG排放沒有限制，因為擔心可能對他們在國際貿易有競爭優勢，因此美國藉由立法院阻撓，反對京都議定書。

開發中國家試圖與工業化國家交涉如何分配限制全球大氣變化成本仍有其限制。如果協商失敗，開發中國家可能遭受更嚴重地打擊。例如他們之中多數有大海岸的城市和低水平面的農業地區，對海平面水準上升和熱帶暴風雨特別敏感。他們之中有一些因改變降雨型式更易受衝擊，可能造成沙漠的擴展。極多的開發中國家位於熱帶地區，熱的壓力將變成更加普遍的和疾病帶菌者的繁盛。因此，開發中國家相對上其適應環境改變發生的資源更少，例如遭熱帶暴風雨的衝擊後去重建。減少這些環境威脅對開發中國家可能尚未有高的優先權，但忽視他們對長期而言會有更大的損失。

13.7 摘要

1. 這章討論三個大氣污染問題，有國際的或甚至全球化結果：酸雨、臭氧層損耗和氣候改變。
2. 在歐洲、北美和開發中國家地區酸雨成為嚴重的問題，影響森林和淡水的水中的生命。這問題在一國排放污染物如二氧化硫和氮氧化物，經由空氣對流移轉越過國家邊界造成其他國家污染時，已成為國際層面的問題。
3. 其他兩個大氣污染問題，臭氧層的損耗和氣候改變，也是全球性問題。因人類製造污染，改變大氣的化學成分而改變地球能量的流動，出現了這兩個問題。臭氣層的破洞提供大量紫外線的幅射到達地球表面，人類加於大氣集中的GHGs使更多的熱幅射從地球流出進入外太空，因此造成地球溫室效應。

4. 在這章節三個大氣問題都是國際議定書的主題系列，首先是一般綱要公約，隨後經由一個或更多協議，來決定減少污染物的排放的具體目標。

5. 在歐洲跨國境酸雨形成污染物已有部分因一系列以二氧化硫、氮氧化物的放射和易變的結構上混合物為目標的議定書而被制止。

6. 造成酸雨的跨國境空氣污染物議定書很難去達成，因為上風國家，例如英國和美國，不情願和享有多數減少排放之利益的下風國家分擔成本。他們反對1941年的Trail精鍊廠事件的「污染者付費」原則。

7. 透過1987年蒙特婁議定書及在1990、1992和1995年的修正案已使GHGs的生產和消費和其他主要的臭氧破壞化學藥品已經急速地減少。多數的成功歸因於被禁止使用的化學物有效的被替代。

8. 在蒙特婁議定書和修正案的期間下，另外給與開發中的國家十年去調整臭氧破壞物質，並且保證在經濟和技術上給予援助，以促使他們使用替代物。

9. 氣候改變的威脅在1997年京都議定書中被討論，其內容為已開發國家需減少GHG排放，因為工業國對溫室效應有責任。然而有些工業國家並不情願地去執行，因為議定書要求他們限制GHG的排放，但對開發中國家則沒有類似的期望。

第14章
環境損害（效益）之經濟理論與衡量：環境評價

學習目標

閱讀本章後，你將熟悉下列各項：

■以邊際損害成本曲線代表環境品質的需求。

■衡量社會計畫效益的方法論議題。

■評估環境財支付意願的實務問題。

■環境品質支付意願的衡量方式：

　(1)取代成本法。

　(2)特徵價格法。

　(3)家計生產函數法。

　(4)條件評估法。

■環境評價方法及其實證應用。

■環境評價標準經濟方法的批評。

> 　　我們希望每個人得到最大好處，但什麼是好的？對某個人荒野地是好的，對另一人可容納數千人的旅館是好的。對某個人餵飽鴨子以供打獵，對另一人工廠用地是好的。財貨之間的比較通常是不可能的，因為財貨不是用同一單位度量的。理論上可能是對的，但實際生活中不是用同一單位度量的也可以用同一單位度量，只需要判斷準則和加權系統。許久以來的問題是找到加權的可接受理論，非線性變化和對未來貼現的困難，使這個問題很困難，但並非無解。
>
> —— Hardin 1968: 1244

14.1 緒論

　　在第 10 至 12 章中，邊際控制和邊際損害成本的觀念被廣泛的用於達到最適水準的經濟情況和設立環境策略目標的目的。然而，到現在為止這二項成本觀念的使用維持在純粹觀念上，沒有嘗試做實物上的測度或定量這些成本。如果這些觀念要作為設定社會最適環境策略目標的指引，這是必須面對的一個重要且不可避免的爭議。因此，這章的主要目的是研究各種由經濟學者嘗試衡量環境污染的損害成本之方法，這是環境經濟學裡研究的一個非常重要的領域。

　　在討論衡量環境損害成本的複雜程序之前，對於究竟將衡量什麼以及為了什麼目的而衡量有明確的觀念是有益的。圖 14.1 顯示，一般的邊際損失和控制成本，除了 x 軸的標示不同之外，在這個特別的情形中 x 軸衡量垃圾清理而不是排放的數量。因此，我們沿著 x 軸原點到右邊移動的時候，有較高環境品質水準，Q*表示無限量的垃圾排放到環境中的環境品質（即在第10章中的W*）。

這種新的設立，如第10章所討論，為邊際損害和控制成本提供一種不同的解釋；邊際損害成本描述社會對避免損害或改善環境品質所願意支付的數量，這與第2章的討論一致，邊際損害成本代表環境品質的需求曲線，事實上，它是負斜率；需求法則說明隨著環境的社會願意支付額度下至降符合需求法則。

另一方面，邊際控制成本代表私人和公眾使用於控制有關環境損害或改善環境品質之所有資源的貨幣價值（勞動、資本和自然環境資源）。清楚地，這和第2章的供給曲線的討論是類似的。因此，邊際控制成本應該表示環境資源的供給曲線，它為正斜率，顯示隨著環境品質達較高的水準時，污染的控制成本也隨之增加。

因此，在圖14.1中，Q_e和t_e表示環境品質和價格的最適水準（因為 MDC = MCC）。此外，在這理想條件，t_e表示問題中環境服務（例

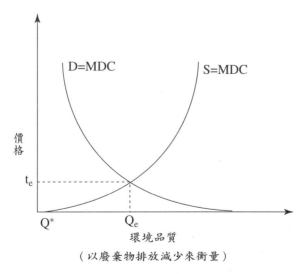

圖14.1　環境財貨與勞務的需求和供給曲線

如乾淨的空氣）的真實稀少性價值。然而，因為損害成本有外部性，環境資源（如乾淨的空氣）的真實稀少性價值無法迅速且直接的透過市場自由買賣（參考第5章和第10章），這顯示出找到需求函數（或邊際損害函數）是直接影響環境財貨與勞務之價格的關鍵因素。

　　不幸地，找到有關聯的環境損害函數並不容易。我們可以再一次以魚孵化場和造紙廠為例（第11.2節）來說明這個困難，在這個例子中，對河流的損害來自紙廠的污染排放，以清潔成本來估算。然而，它也可能需要估計美質損失的貨幣價值，而且污水的排放可能對某一種動物和植物會有有害的影響，問題是自然的美質鑑賞價值和某些生物物種的絕對生存價值常常很難以貨幣衡量。

　　這章的中心為經濟學者如何實際去嘗試衡量這類無形的效益和成本，在下節衡量的理論是站在改良環境品質的效益基礎來研究；在經濟學者嘗試衡量環境的價值時，重點是瞭解其確切的背景。

14.2　效益的衡量——方法論

　　如第2章所討論，支付意願是經濟學裡效益標準的測定，對於一個有市場的產品，個人在比較所考慮之產品的支付意願和價格後，作成選擇。當他們願意支付的金額等於或超過價格時，他們會購買此財貨或勞務，因此，基於支付意願的決策需能反映個人對產品的偏好，這對我們衡量環境計畫之社會效益的工作而言，有什麼意義？（在這裡的「計畫」是指從事環境的品質改善策劃的行動。）

　　為了要比較清楚地回答上述的問題，讓我們假定所考慮的計畫是政府控制國家的某一個地區發電廠的硫化物排放的命令，在這情況中，效益是改良空氣品質的一個直接結果，因為硫化物排放減低，結果使環境的損害消除，效益的衡量如圖14.2所顯示的需求曲線（邊際損害成本曲線）。

　　假設需求曲線上的 A 點表示方案開始之前的情形，注意這計畫以法定命令控制硫化物排放，因此在立法之前，個人對避免最後一個單位的硫化物排放 Q_1 所願意支付的價格是 t_1。現在，假設由於新的政府政策，硫化物排放從 Q_1 減少到 Q_2；即由於比較嚴格的硫化物控制，社會允許環境品質沿著需求曲線由 A 點移到 B，在新的位置 B 點，個人願意支付 t_2 價格，為了要避免最後一個單位 Q_2 的排放，這個計畫的總社會效益是什麼？需求曲線之下陰影的面積 Q_1ABQ_2 表示總效益，表示從剛開始（A 點到新的 B 點）社會願意支付的總數，以此種方式推導的總效益受限於幾種解釋。其中一種解釋是：視之為硫化物排放從 Q_1 減少到 Q_2 社會所願意支付的最大總和。因此，以此視之，它代表願意支付額度（Willingness To Pay, WTP）。另一種解釋是，如果使硫化物排放從 Q_1 減少到 Q_2 的計畫不實施，需要補償給社會成員以使他們接受的最少金額，即願意接受額度（Willingness To Accept, WTA）。在某些情況下，

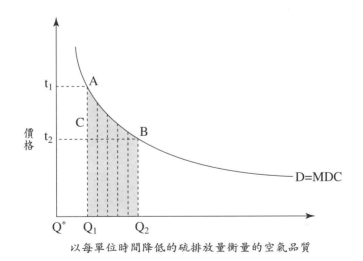

圖 14.2　改善空氣品質的需求

這兩種衡量（WTP和WTA）的效益評估結果不同（關於這主題的詳細研究，請參考Hanemann 1991）。

此外，經濟上的價值是基於支付意願的觀念，應該要注意到的重點是，陰影的面積衡量個人改變他們環境的「偏好」，這所提議的是企圖衡量環境品質效益的經濟學者所衡量的，不是環境的價值而是人們偏好的好環境或壞環境，進一步更清楚的說，考慮下面這個：較高的空氣品質水準的效果之一是可能改善人類的健康狀態，因而降低平均死亡率，因此，在這個特別的情形中，效益和提升生命品質或延長「生命」是同義的。儘管如此，經濟效益的衡量並非衡量生命的價值，而是衡量人類對健康和較長生命的偏好。因此，本質上，經濟學者不是且不能衡量生命或環境等的價值，他們嘗試去衡量的是人類對較健康生活或環境保護的偏好，的確，這是經濟上衡量環境品質的一個主要方法的基礎。

在這個階段，下列三點是關於避免環境損害非常重要的前提假設：首先，環境的價值只基於人類的偏好，而且假定環境損害的所有層面皆可用金錢衡量，這意指某種不能代替的生態系統應以金錢價值來衡量，當然，另一種說法是假定生命是無可取代的（或有替代品）；其次，如圖14.2所示，效益的估計忽略時間的特殊性，這接近假定完全訊息或忽略環境損害的不確定性問題，這是很重要的一點要謹記在心，因為許多有關環境的考量(例如酸雨、臭氧層的破壞、氣候變遷、物種保護等)都包括相當程度的不確定性（Krutilla 1967）；第三，假設環境品質改變可以是微量的（例如圖14.2 A點移動到B），因此，環境損害的損失不是無法衡量就是無限小的（Johansson 1990）。

以上討論的重點在於衡量環境的效益（損害）方法論基礎，在此，經濟效益應該以個人的支付意願為基礎被測量，然而，光是說經濟效益是以個人支付意願為基礎是不夠的，因為支付意願的真實衡量需有價格的訊息，在環境資產的例子，就算不是不可能，也很難由價格機能來獲得。因此，經濟學家沒有其他選擇，只能發展各種不同其它可替代的直接或間接的技術來求得對環境資產的支付意願。在這方面，已發展出各種求出環境資產支付意願的方法，即是下一節的主題。

14.3 環境改善效益衡量之實證方法

在前一節中我們探究衡量環境改善效益之方法，此種效益或避免損害成本應以個人對環境品質改變的支付意願來衡量。一旦對這個議題這樣認定後，其挑戰為要找出市場失靈情況下的資訊是常態而不是例外，這節將探討經濟學者找出環境服務或資產品質的變化之支付意願金額的技巧。

誘導支付意願的技巧依環境損害之性質而不同，避免的損害可能包括對人類健康狀態的損害——比較高的死亡率和罹病率、損失經濟生產量（像是某一個礦物的開採和魚獲量）、環境惡化（像是噪音、臭味和殘骸）、美質的損失、天然的棲息地單一化、生態系統不可回復的損害。避免特殊環境損害類型（舉例來說，噪音）所願意支付的金額很多，經濟學者仍然還未發展出單一的技術以在所有的環境中被有效地利用，在一些特定情形中，某些技術比其他的技術更好，因此，在許多情況中，技術的選擇是很重要的，這節將強調為改善環境資源所願意支付的金額，其廣泛使用一些技術的特性。

14.3.1 市場價格法

當環境品質改善的效益表現於產出或投入上可由其市場價格反應出來時，可採用市場價格法，例子包括因立法限制保留荒野地面積而使木材或礦產收穫減少、由於實行水污染控管技術預期增加魚獲量、或從立法要求較高的空氣品質標準使農作物產量增加。

在上述的例子中，環境品質的改善效益以產出或投入的增減變化上而獲得的利益來認定，更確切地，如木材、礦物、魚類和農作物產量，預期這些產出或投入之市場價格可以正確地反映它們的社會價值，影子價格（也就是私人市場裡的類似財貨價格）可能輕易地找到，因此，由於環境改善直接反映與市場產出或投入的數量或價格有關的變化，環境的改善可以從消費者剩餘和生產者剩餘的變化來測量。為了要舉例說明這點，考慮一比較高的空氣品質標準對農作物收成的效果。如圖14.3，較高空氣污染標準的實際效果使供給曲線從 S_0 移到 S_1，顯示農作物生產量改善。結果，農業商品的市場價格將會從 P_0 下跌到 P_1。如上述的說明，來自改良的空氣品質的利益可以空氣品質標準變化前後的消費者和生產者剩餘的差異——面積 ABCE（在原三角形 ABP_m 和新的區域面積 ECP_m 的差異為淨社會效益）來測量。使用這方式的一個傑出個案研究是 Dixon 和 Hufschmidt（1986: 102-20），作者企圖以海產（小蝦和螃蟹、海藻和魚類）的市場價值估計因東京灣海岸開發所引起漁業

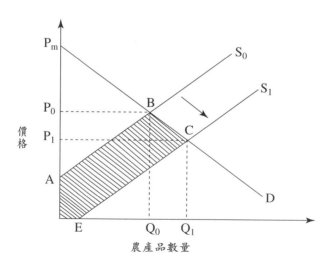

圖14.3　消費者剩餘之改變作為社會效益指標

資源價值損失。

14.3.2 取代成本法

　　此種方法所衡量的效益是當環境改善結果所避免之損失可由恢復或取代損害的成本來衡量時，例如酸雨，在其他的影響（財產）之中，已知會使國家的基礎建設加速惡化，如公路、橋樑及具歷史意義的紀念碑。假設國家通過一個減少酸雨排放物50%的法案。爲了簡化，假設所有污染排放來源來自國家邊境內。一個立法命令的明顯結論是減緩國家物質基礎建設的惡化。如果用取代成本法來測量其效益，即是減少國家基礎建設的維修、重建、取代的支出之節省經費。以取代成本法如何測量人們支付意願的金額？可由人們願意支付於減少取代及恢復之成本（改善環境條件的正當報酬）反應出人們願意支付於避免環境損害的程度（Pearce 1993）。在某些情況下，環境的損害也許不能完全地修復或複製。即使如果它可以，相較下，複製品的價值將有可能少於原物。由於這個原因，應該小心使用這種方法。雖然其缺點顯而易見，取代成本法仍相當吸引人，因爲一般而言，取代成本的估計是容易。

　　在一個實例研究的例子（Dixon and Hufschmidt 1986: 63-83），這方法用在韓國農業計畫中復原和取代腐蝕土壤的成本估計，在這案例研究中，受損害的生產性資產是高地區域的土壤。實質上取代失去的土壤和營養物的成本是使用測量成本的基準。這些取代成本是能承擔恢復和維護損壞土壤之原來的生產力的防治步驟實施的最小效益（新的土壤管理技術）。

14.3.3 特徵價格法

　　具有吸引力的或令人滿意的環境特色能夠增加土地及房屋的價值，如果他們被視爲令人厭惡或危險的，則會減少價值，而且是不受歡迎的。例如：因為其氣味、噪音、碎片和健康風險，人們找尋住所的傾向是認為離垃圾掩埋場的位置越近環境品質越差。在同樣價格及其他方面相同的兩間房子間做選擇，除了其中之一較靠近垃圾掩埋場位置之外，房屋的買主將會選擇較遠離的房子。只有當這間靠近垃圾場的房子價格較低時，家庭才會考慮它是一個合適選擇。買主感覺在較低市價、靠近垃圾場的房子，與較高價位且遠離垃圾掩埋位置的房子之間沒有差異。透過這個方法，人們隱含透露他們為了遠離垃圾場以得到乾淨的空氣等環境品質的支付意願。這是一個屬於特徵價格的典型情況，環境特性的價值或價格（鄰近地區舒適、乾淨空氣、乾淨水、安寧等等）被看做評估實際市場的交易屬性。在其他例子，特徵價格能有效地使用，包括一個定點來源（一個飛機場）的噪音污染，它會減少附近居所的財產價值、核能電廠影響在附近居所的財產價值、都市的居所發展和它影響附近的農業土地價值。

例如，Nelson 等人（1992）從事一個實證研究以估計垃圾掩埋場所對房屋價值的價格影響。使用 708 戶位於明尼蘇達 Ramsey 單一家庭的樣本，此地區接近一個垃圾掩埋的地方，他們發現其位置對住家的價值有負面影響。更確切地，依照此研究的實驗結果，「房屋每離開垃圾場一哩，其價值增加近 $5,000，以百分比為基礎，房子的價值每離開垃圾掩埋場一哩約增加 6.2%」（p.362）。研究中也顯示與掩埋場距離的效果，在垃圾掩埋場周圍房子之價值的負面影響為 12%，在一哩外房子，其價值之負面影響為 6%，超過 2 哩以外的房子則沒有顯著的負面影響。

上述的討論受限於特徵價格法的適用性，只有在環境屬性在某些方面可由房屋、土地或財產的市場價值反應出來時才適用。當這樣資料容易可用時，特徵價格法能有大的效用，因為它是依據人們的實際行為。然而，它主要的缺點在於完全依靠財產價值的事實，因此有其應用上之限制。例如，它將不適用於測量關於國家公園、瀕危物種、臭氧層破壞等等的效益。

　　其他應用特徵價格法的領域是人類健康情況變化，例如死亡率及罹病率的經濟評估。在這些情況，如同我們很快會看到，支付意願的推導是來自醫藥支出及所得或薪資的可用資料。

　　污染通常是會對人類產生某種健康風險的環境因子。例如，垃圾掩理場排放有毒廢棄物導致地下水污染，雖未被證實，但有可能嚴重危害人類健康。此類危害的健康，隨著時間的過去，在鄰近社區的人口中發生疾病和夭折的結果明顯地高於平均值。我們能夠如何以貨幣測量增加一社區罹病率和死亡率的環境效果？此處我們是否已隱含在衡量如人類生命、病痛和痛苦等東西？生命不是無價的嗎？

　　提出這些問題都是合理的。然而，如同前節所陳述，如果目標是藉著個人避免環境的損害之支付意願而去測量效益，被測量的不是「生命」或「痛苦」的價值，而是人們對健康風險的偏好──他們願意避免多少損害？我們每天都要冒這種性質的風險。當人們開車時怎麼去解釋他們的行為，尤其是在像洛杉磯高速公路這樣擁擠的公路上。被測量的「生命」是「統計的生命」。對於這個警告，我們應如何使用特徵價值法來測量罹病率及死亡率？

　　如同先前的陳述，在特徵價格法中，環境特性的價值或價格是以這些屬性交易的真實市場來評價。使用這個方法，死亡率的經濟價值是以社會損失的勞動生產力（實質所得）來趨近，因死亡是因為特定污染關係的慢性病所引起。由Peterson（1977）所導引的實證研究可以幫助釐清這方法如何實際地運作。

　　此研究處理估計Reserve採礦公司將無磁性岩石或廢石倒入蘇必略湖的社會成本。污染這湖水的廢石是我們所知道的致癌物質──石棉形式的纖維。這個事件嚴重暴露了北海岸公民的健康風險，因為這些社區從此湖引取他們的公用水。Peterson評估那個湖的污染，在該工廠運轉的二十五年間，北海岸地區每年死亡人數平均增加274人，此研究也估計出北海岸受害者平均死亡年齡是54歲，比美國男性的平均壽命少12.8年。

除此之外，由個人死亡導致的社會成本是由受害者身上估計每年社會所遭受的生產力損失之現值來計算。在這估計中，每個受害者是$38,849（1975時的價格）。然後，預測每年死亡274人，Reserve採礦公司對北海岸社區的污染所造成的社會總成本，估計有$10,644,626。

根據此點，應注意$38,489的估計不代表個人額外12.8年生活（生命）的價值。你能夠想像有任何人願意為上述總和很少的金錢或10倍或更多倍於前述金額，犧牲她或他12.8年的生命嗎？就個人來說，生命是如此短暫，也許是無價的。因此，上述估計測量12.8年的統計生命的經濟價值，並沒有其他的意思（Mishan 1971）。因此，從大的社會觀點，以個人經濟貢獻角度，個人只不過是一個統計的實體。

同樣地，在使用特徵價格法時，罹病率風險被假設是進入不同職業薪資支付的因素，即高於平均健康風險有關的工作，如採礦，傾向以較高薪資的獎勵方式來支付風險。測量工資的差異可用以衡量環境污染對罹病率發生的變化。例如，讓我們假設採礦工人的時薪是15元，而製造部門的藍領工人每小時平均工資只有10元。採礦業提供5元工資的獎勵可用以衡量這種健康風險較高的工業之健康風險。

然而，測量罹病率和死亡率的變化是非常複雜的。在開始進行經濟評價的過程之前，它必須為所談論的損害人類健康的特定污染物制定一個清楚的協定。這是靠使用一個已知的劑量—反應方法的技術完成的。一般而言，要有效執行劑量—反應分析的必要步驟包括測量排放物和決定周圍發生的品質，估計人類的暴露及測量對人類健康的衝擊。這些生物學與生態學的關係是建立在估計環境污染對罹病率和死亡率變化的經濟價值前開始。在一些狀況下，劑量—反應必須承擔昂貴的程序。因此，使用特徵價格法做為死亡率和罹病率的經濟評價是一個昂貴的提議。

14.3.4 家計生產函數法

在家計生產函數法，由改善環境品質產生的效益係以家庭在財貨與勞務上的支出來衡量。各種類型家庭支出的例子包含：安裝隔音牆以減少噪音、購買氫監控的設備來保護自己不受氫氣體的危害、購買濾水器來減少喝污水的風險、經常造訪醫院來減少長期暴露在空氣污染下得嚴重慢性病的機會、由於鄰近工廠排放的煙霧而經常油漆居住的住所。在每一個情況中，我們注意到家庭願意支付確定數量的金錢（價格）來避免特定的環境損害。因此，這些支出，一般稱為防禦支出，可用以衡量家庭為了達特定環境品質（寧靜、乾淨水、乾淨空氣）水準的支付意願（效益）。注意在許多情況下，為了達到一個給定環境品質的改變，一些防禦支出類型可能要同時承擔。在這樣的情況下，測量總效益需統計達希望水準的環境屬性之各種支出。

另一種家計產出函數法的變化是評價休閒場所的環境服務，例如國家公園。有一種特別的技術——旅遊成本法——可用來估計改變之休閒場所環境舒適的效益。這方法藉著觀察家庭對休閒場所的旅遊成本來測量來自休閒經驗增加的效益（支付意願），這就是這個方法背後的基礎。休閒場所的服務，例如一個野營地，通常門票很低，因此不能充分衡量其效益。然而，露營地的使用都來自各種地點。因此，不用門票價格，每位使用者的支付意願可由他的旅遊成本來趨近。此方法起源於五〇年代，從那時起已被廣泛使用，而且休閒場所之需求（因此支付意願）的實證估計已相當成功了。

例如，在一個研究中（Dixon and Hufschmidt 1986）使用旅遊成本法來估計曼谷一個公園的休閒價值。Lumpinee 是一處位於泰國首都曼谷的大眾公園。由於這城市周圍的人口與經濟活動持續成長，保持這公園的機會成本（其他活動對公園的商業價值）持續增加，使得民眾懷疑公園的經濟生存能力。公園的休閒和舒適價值要如何與其他活動的商業價值比較？

如果公園價值評定的基礎是入場費（零或是名義上的），實際上是沒什麼價值的。一個可用的方法是使用旅遊成本法，可以得到更確切的消費者剩餘的衡量。使用這個方法基本上需要有對此公園的需求函數。如上所論述，其基本假設是花費在此遊憩場所的費用和旅遊的時間可作爲消費者對此場所的願付價值。對於居住在接近休閒場所的人來說，旅遊成本是低的，預期他們將傾向時常拜訪那場所。反之，住得較遠的會較少去。於是，其他條件不變的前提下，一般的預期是旅遊成本與旅遊次數間有反向關係。本質上，這代表休閒場所的需求。

Lumpinee 公園這種類型的需求估計是使用調查資料。此調查乃透過來自 17 個不同行政區域隨機挑選的 187 位遊客的面訪。實際的面訪發生在公園兩個不同的時節，其一是在 1980 年 8 月，另一則在 11 月。在面訪期間，在其他問題中，每一位遊客都被問及她或他將願意爲維護公園而支付代價。之後，以檢視資料並使用統計需求分析爲基礎，估計 Lumpinee 公園的需求。給定此需求估計，此公園的遊客估計每年享受 13,204,588 泰銖的消費者剩餘。在 1980 年，兌換率是 1 美元等於 20 泰銖，相當於 $660,230，在 10% 的折現率下，公園資本值是 $660 萬。於是，使用者清楚地指出儘管遊客沒付入場費，Lumpinee 公園的環境資源有如此大的消費者剩餘，表示它非常有價值。

然而，旅遊成本法有下列二個很明顯的缺點：首先，此法的運用局限在評價休閒場所；第二，評價本身是不完全的，此法不能說明休閒場所的存在價值。即使人們自己從未去過這個地區，他們仍然可以評價休閒場所。舉一個簡單的例子,即使從未去過而且在不久的將來也不計畫去造訪這個地區,人們仍可評價大峽谷。在此情況下,主要的動機是保護它,也許他們自己或他們的子孫將會使用,也可由部分人對保存自然的強烈倫理和道德誓言得到。這是一個很重要的關鍵,在環境及資源經濟學中,旅遊成本法不能說明存在價值。例如,Lumpinee 公園,若計算公園的存在價值則資本值從 $660 萬增加到 $5 億 8 千萬。下一個主要部分是使用這特定的方法於評價像 Lumpinee 公園這樣的環境資源。

14.3.5 條件評估法

到目前為止的這四個研究方法有二個一般特性:第一,願意支付的價格是由市場價格而得,而此價格有時明確、有時不明確。如一般市場在替代和互補的財貨與勞務的買賣;第二,這些方法特別強調估算使用價值,自然環境提供了服務給個人直接利用,而個人也獲得了效益和滿足。如上所述,用旅遊成本法估算荒野地的價值,這方法只是狹隘的觀察它的使用價值(人們的休閒價值)。

然而,個人從自然環境的許多特質獲得滿足和效益。例如,荒野地不能只由現今使用者的休閒價值去估算,對於願意為了未來的使用而支付費用去保護這荒野地的人而言,有非使用價值。此種非使用價值可能無法由這些方法來估計,這些方法是在某一時點上,去估算資源使用者所願支付的費用。此種非使用價值在前述針對某一時點的資源使用之願付價值衡量中被忽略了,當考慮的資源涉及一段長時間、有不確定和/或不可回復性時,這會是嚴重的問題(Krutilla 1967; Arrow and Fisher 1974)。不幸地,有很多環境資源有這些共同的特質。因此,任何打算估計因環境改變而增加的效益之有效方法,不能摒除導致非使用價值的原因。應儘可能地設法估算使用和非使用的價值。條件評估代表用於評估廣泛定義的願付價值的一般技巧,在我們討論條件評估法的特定程序前，瞭解環境資產之非使用價值的成分是很有用的，在環境與資源經濟學的文獻中，非使用價值假設了三個成分，分別為選擇、遺贈以及存在的價值或需求。

選擇的價值是指一種個人的貼水，個人也許願意為了未來可能使用的選擇權而去支付此費用。例如：人們願意為了保存荒野地，或保護珍貴的用地而付出一些錢，如大峽谷或優勝美地國家公園，不只因為目前正在使用，而且他們想要保留一個選擇權，一個保證他們的未來能使用資源的選擇權。因為未來自然資源的需求和供給是充滿變數，所以要注意人們這些行為。在此意義和理由下，當不確性依然普遍存在時，選擇的價值是很重要的。

遺贈價值係指人們獲得經驗的滿足，為了以後的世代，自然資源的原賦是要不斷地被保護。嚴格說來，遺贈價值是世代間選擇權價值的構成要素。遺贈價值應該考慮自然資源的珍貴性和無法回復性，以及子子孫孫對自然資源的需求和供給的不確定性，例如國家公園、荒野地、熱帶森林、魚類資源、藍鯨、沿海地區的溼地和珊瑚礁等等。基本上，遺贈需求之存在是因現代的人願意為支付費用以保存未來世代所需使用的自然資源。

存在價值係指源自自然資源的保存之滿足感，因此願意為了魚類、植物、野生鳥獸等保存其生存環境。換句話說，它係指人們為了保護自然環境的生態完整所願之付出。近年來為了自然界的付出，有一些國際著名的保護組織為了保護熱帶森林的意圖，而做了如此的活動。

一般概念模型注重上述討論的本質能夠藉由以下之特性被呈現出來：

1.總價值＝使用的價值＋非使用價值
2.非使用價值＝選擇價值＋遺贈價值＋存在價值

因此，環境資產的總價值不只是由一要素組成，而是由許多的支付意願組成。這是因為在很多情況環境資產除了經濟因素特徵外，尚包括特定的屬性，如唯一性、不可回復性和未來需求與供給的不確定性。當以上任何一屬性有關聯時，自然資源的經濟價值包含了使用與非使用價值（見〔個案研究14.1〕）。忽視這事實和只重視使用價值可能會低估效益，造成不恰當開發有價值的自然資源。例如：如果保存荒野地決策之效益只基於娛樂價值，結果將會引起荒野地不足的分配。真正的挑戰應該是找到一個誘導支付選擇、遺贈及存在價值方法，所以非使用價值將會被適當地考慮。當所考慮的環境特徵在一般市場上沒有代替和互補品的交易時，要如何做呢？這問題顯示藉由使用隱藏價值去估計非使用價值是不可行的。因此，估計非使用價值的技術無法用真實市場資訊。最好能夠創造假設或人為的市場狀況，此市場能引誘支付估計非使用價值意圖的費用之意願。事實上，估計非使用價值的方法是條件評估法。

〔個案研究 14.1〕
經濟學和瀕危物種法案

—— Jason F. Shogren

物種保護的經濟效益

經濟學家建議經濟價值包括兩部分，即使用與非使用價值。一些物種的使用價值是直接的，例如：當前商業上消費和休閒的使用經濟價值。商業和休閒所獲得最肯定的效益，是以有形的市價來估計，譬如：西北太平洋的商業和休閒鮭魚漁業，提供 60,000 個工作機會和增加超過 10 億的個人所得（Irvin 1995）。商業休閒可以是非消費性的，如 $2 億的加州賞鯨業。

其他商業使用價值可能是較難測量，而且涉及了替代和適應性的問題。經濟價值決定於可利用替代品及人們適應稀少財貨的能力。

這些觀念的一個例子是，使用新的物種於製藥。如果以一個物種成功代替另一物種在市場上有成功的潛力,勝算增加時密集基因探究的價值減少,廠商很快會發現有利可圖的替代品。

評估非使用價值更有問題且更有爭論。大部分的人對很多瀕危物種所提供的服務是陌生的。由物種提供的服務缺乏真實感,造成估計非使用價值的問題。大部分的人從不直接使用甚至不認定它的存在,我們如何把經濟價值歸到財貨裡,及使用工具去估計準確的利益呢?

批評者抱怨以非使用價值而非問題中的特定物種作為環境偏好的替代衡量的做法。例如,一項研究指出,防止被油污染的池塘中2,000隻鳥的死亡和20,000隻或200,000隻的效益是相同的(Desvousges et al. 1992)。

其他研究對價值已經觀察出兩種統計的分類。對非市場財貨如物種保存,有一群人認為沒有任何理由付一毛錢(因為其價值很低或搭便車心態),另一群人願意支付一些錢,通常約$40美元。

條件評估調查(CV)已用於測量諸如一個瀕臨絕種的物種之非市場真正的利益。結果建議為保存海龜或白頭鷹,人們平均支付意願總額為$12.99到$254美元。為避免野生動物(striped shiner)的減少,平均每人每年支付意願為$6美元,而為避免北方斑點貓頭鷹的減少,平均每人每年支付意願為$95美元。

然而,逐一著手處理物種,會高估瀕危物種法案中物種的總體經濟效益,因為它沒有說明潛在替代和適應性的可能性。由CV調查建議,可得知為保護十八種不同物種,平均個人效益增加的支付意願大約$953美元(Loomis and White 1996),乘上美國家庭總數(大約7500萬),總效益估計為$710億。這估計值約略是1995年美國國民生產毛額的1個百分點,比全部可能快要絕種的物種還小2個百分點。這估計顯然是誇張了一點,並顯示在瀕危物種法案爭議上,評估非使用價值前先清楚瞭解物種價值和它們的替代/適應性可能性是必要的。

Source: *Endangered Species UPDATE,* Vol. 14, 1997. pp.4-6. Copyright © 1997 School of Natural Resources and Enviroment the University of Michign. Reprinted by permission.

在條件評估法中支付的意願是經由調查來誘導的，小心地從相關人口中選擇樣本，受訪者被要求回答一連串用言語表達的問題，此問題是關於他們的支付意願、環境舒適的有效性和品質的條件性改變，如沿海溼地和荒野地的保存。這調查是用以下方法設計，個人面對一個假設的市場選擇，然後被問及關於他們在費用有明確極限下的支付意願。如個人可能會被問及以下的問題：你為了保存荒野地，以確信它可以讓你的子孫使用的支付意願是多少呢？這或許是一個想要得到遺贈價值的估計的問題。在條件評估法中，問題的設計非常的重要，它需要一個有深度的統計調查理論、經濟學和生態學的知識，與一個有創造力和想像力的好方法。

條件評估法的主要優點是它可顯示估計任何環境資產型態的總經濟價值（使用價值加非使用價值）。自從非使用價值的觀念開始受到環境和資源經濟學的重視，至今至少已經過了三十年了。近年來條件評估法更廣為人們所應用，截至目前為止，有一些實證研究者已經使用了此理論或與其他理論混合使用，這是令人鼓舞的。而且，在自然資源的領域中，使用條件評估法的人不斷地增加，這促使了一個永久性的覺醒，其中包含了經濟學：自然資源的經濟價值超越了由市場資訊所獲得之直接和間接的觀測結果。換句話說，自然資源有其固有價值，不能由市場或非市場資訊所獲得，如第1章所論，從不曾是主流經濟學家的觀點。然而，到目前，因為許多理由的緣故，條件評估法的內容即使有更完整的設計，也不能完全獲得環境資產的總價值。

單純在技術基礎上，由條件評估法所搜集的訊息可能會有多種偏誤，這些偏誤如下所述：

1.策略性偏誤：由受訪者可能拒絕回答的事實所引起，或由於策略性原因的關係，而不顯露真實支付意願。如果他們認為可以「搭便車」，他們就可能會如此做，然而，策略性偏誤的證據似乎不多。

2.訊息偏誤：調查結果與提供給受訪者的訊息並不獨立。因此，人們為環境資產支付多少費用，取決於提供環境資產的品質和數量的訊息，包括如何詢問問題。例如，很多實證研究揭露了一個明顯的差異，此差異是由支付意願（WTP）和接受意願（WTA）所造成。被問及的問題為他們願意支付多少費用去保存荒野地的原始風貌，或願意接受多少金額來賠償他們的損失，對結果會有影響。

3.假設性偏誤：係指所回應的事實沒有真實的交易之事實。在此情況下受訪者對支付費用的使用方法（如入場費、商業稅、薪資稅和所得稅等）敏感。

在此階段，以真實世界的狀況來說明，對使用條件評估法是很有用的。在1984年Walsh等人試圖去估測在科羅拉多州荒野保留地增加的保存價值。關於這案例的研究，在1980年的夏天執行一項郵寄調查，調查的樣本為科羅拉多州218個家庭。呈現給這些受訪者的是科羅拉多州的四個地圖，每一個地圖設定不同面積的荒野地。其中一張地圖展示1980年120萬英畝的原野地，為州土地面積的2%。另外三張地圖顯示了設定的荒野地大小分別為2.6、5和10百萬英畝。研究調查儘可能努力謹慎地提供受訪者有關條件市場真實和可信的訊息。這訊息想提供給科羅拉多州現今和未來的公民一個關於荒野地在科學上、歷史上、經濟上的意義之可靠的背景。

考慮了以上的資訊，每個受訪者被問及時必須寫下他們每年願意支付的最大費用，此費用是為了增加四種地圖中之荒野地的保存所支付。接下來受訪者被詢及支付意願：娛樂的使用、選擇、存在和遺贈的需求。注意到選擇、存在和遺贈是非使用價值，因此是荒野地保存的價值。以此方法觀之，總保存價值等於荒野地所願意支付的總費用減掉娛樂價值。

只要全部的需求調查資料已被蒐集和處理，統計需求分析就可計算保存價值。這包含了計算保存價值的每個構成要素之個別需求，即是選擇、存在和遺贈價值。估計這些需求的細節步驟可能超出本章的範圍。最後的研究結果如表14.1所示。

此表的最後一排列出了四個荒野指定地的計算總值。例如：在1980年，荒野地的面積為120萬英畝，總價值為 $ 2,850萬。每個總價值被分為兩個部分，即使用價值（荒野地用於娛樂）和非使用價值（荒

表14.1 1980年科羅拉多州的家庭在娛樂價值和保存價值之消費者剩餘（US$）

價值種類	現存和潛在的荒野指定地			
	1980的荒野地（面積為120萬英畝）	1981的荒野地（面積為260萬英畝）	1981荒野地的2倍（面積為500萬英畝）	所有潛在荒野地（面積為1億英畝）
娛樂價值：				
每使用一天	14.00	14.00	14.00	14.00
總值（百萬）	13.20	21.00	33.10	58.20
保存價值：				
每個家庭	13.92	18.75	25.30	31.83
總值（百萬）	15.3	20.60	27.80	35.00
選擇價值：				
每個家庭	4.04	5.44	7.34	9.23
總值（百萬）	4.4	6.00	8.10	10.20
存在價值：				
每個家庭	4.87	6.56	8.86	11.14
總值（百萬）	5.40	7.20	9.7	12.30
遺贈價值：				
每個家庭	5.01	6.75	9.10	11.46
總值（百萬）	5.50	7.40	10.00	12.50
每年娛樂價值加保存價值（百萬）	28.50	41.60	60.90	93.20

Source: R.B. Walsh, J.B. Lommis and R.H. Gillman, *Land Economics,* Vol.60, No.1, February 1984. © 1984. Reprinted by permission of the University of Wisconsin Press.

野地得以保存)。例如:在1980年的資料中,使用價值為$1,320萬,非使用價值為$1,530萬。而選擇價值為$440萬;存在價值為$540萬;遺贈價值為$550萬。以上之值為每個家計單位的總值且考慮了全部的誤差。

許多結論可由以上之結果獲得。如荒野指定地從120萬增加至260萬英畝(其面積約現有面積的2倍),則其總價值由2億8,500萬增加至4億1,600萬,增加幅度為46%。由此可知,面積加倍後總價值並不會跟著加倍。此處較有趣的結果是,在四種原野地面積情況下,非使用(或保存)價值佔總價值極大的比例。例如在面積為1億英畝時,此時的保存價值較低,但其也佔了總價值的37%。這顯示了評估技術是有意義的(如條件評估法),此技術為了分析而試圖合併非使用價值(效益)的評估。很明顯地若未計算這價值(效益),則不能做為社會在做決定時的參考依據。而人們的決定可能為荒野地和其他類似的自然環境資源帶來無法彌補的傷害。

這為經濟學家所使用不同的技術模型以估算改善自然環境生態(如清新的空氣和乾淨的水等)所增加效益的討論做了結論。然而,能反應衡量環境利益(或損害)之經濟評估方法爭議的研究,是值得進行的研究方向。

14.4 生態環境評估的一般性問題

前面各節主要在於指出各種經濟學家用於評估環境計畫效益技巧的主要缺點。然而,並沒有對新古典經濟的評價方法質疑。這節主要提出新古典學派評估環境價值的四個最重要批評:第一,環境價值不應該以單一層面的標準,即貨幣來作為衡量;第二,高度的不確定性造成總價值和測量的概念是無意義的;第三,使用願付價格之調查方法,易混淆偏好的看法；第四，當分開評價系統之成分時，重要的生態關聯或許會被錯過。

1.傳統之評價方式認為，所有的環境財都可指定其貨幣價值。再者，如Funtowicz和Ravetz（1944: 199）提出：

> 問題不在於是否只有市場能決定價值，因為長期以來經濟學家討論其他評估價值的方法，我們關心的是在任何問卷對話中，所有的價值或標準物都被簡化為單一層面標準的假設。

他們形容這整個努力的成果，就像「環境財的商品化」。

這原則並不是一般所公認的，因為它否定了自然環境中超脫於經濟的某種無形價值的存在。它們是不可測量的，而且在本質上僅能以屬質的非經濟性質描述。改善生活品質、保護瀕臨絕種的物種和生態系統、保存景色或歷史性的遺跡（如：大峽谷）、在荒野有美質的和象徵性的特性，這些都是這種本質的例子。在這裡最重要的訊息是：單方面的以金錢價值來估計的效益，會忽視無形的效益，這樣是錯的。環境資產是不可回復的，而且是無價的，它們的價值不能在市場之中或經由設計調查方法得到人們的支付意願中獲得。不過，環境資產無價不是指資源有無限的價值，因為無限價值是指值得把整個國家的GNP（甚至超出）全部用於保存環境資產。

2.傳統衡量環境損害的困難在於使用某種特定的生態環境資源的不確定性，此種不確定性的性質在所討論的資源很難或不可能取代或沒有相近的替代品時，更是特別重要。在此情況下，雖然不能斷定，但可知現在行為的潛在成本是很高的，特別是在不可回復的預期下。當代例子是全球氣溫上升、生物多樣性的損失、臭氧層被破壞等等。

上述不確定性本質有重要含意如下：　不確定性加重了評價環境損害的困難度；　在不可回復是嚴重考量之下，所涉及的損害是無法測量

或非常地高，在此情況之下，總價值的概念或許是無意義的； 如
Krutilla（1967）有效的主張，最大的支付意願可能小於自然現象產生
損失所必要補償的最小值。這是因為以生態環境所損失的財貨代替其他
財貨越困難，所需補償給受害者的金額越高。在這情況下，使用條件估
價法試圖決定個人的非使用價值（即存在、選擇與遺贈價值的看法）方
面的支付意願可能會有誤導的結果； 當未來有悲慘的結果之可能性，
這就關係到適當的管理潛在的不確定性，因為會影響到未來的世代──
兩代之間的公平。根據Perrings（1991）所說，可以預防原則作為決策
者的原則。此方法對當前的行為的不確定結果作最壞的打算。「最佳的」
政策是使可想像的最壞的結果最低化。如果成本長期以來是很大的，理
想的判斷是要選擇保護自然環境。

　　3.Sagoff（1988b）強烈反對以根據回答者反映之支付價格的調查資
料來評價環境損害。他主要反對的理由是支付意願是否代表個人偏好。
他認為經濟的傳統見解是把關於生態環境陳述的意見（或看法）看作是
他們的偏好（或需求）。按照Sagoff的意見，公平（倫理的或在其他方
面）包含：

> 並非慾望或需要，而是意見或看法。說明了一個人相信為了社
> 會或整個組織而言是對的或最好的。這些意見不一定是對或錯，我
> 們可問那個人他或她認為如此的理由。但若一位分析者問公民由政
> 治過程他們得到觀念上滿足的支付意願，則可能會有錯誤。這樣的
> 問題只達到主觀的利益和慾望。

──Sagoff 1988b: 94

　　當財產權劃分不清時（如生態環境），這個考量就特別重要。主要
原因是人們對資源種類的偏好並不單單是經濟上的，還包含感覺方面。
這些感覺或許是依據美學的、文化的、倫理的、道德的和政治的考慮。

所以，在這狀況之下，有些人寧可不要出售公共擁有的財貨。這或許說明，爲什麼一些條件評估調查的回答者不願表明他們買賣生態資源的價格，但也不全是這樣的，有些人是策略上的原因。

其含意爲生態環境的政策不應只基於市場訊息（價格），亦要基於決策過程，包括基於民主的原理之自由交談（見 Sagoff 1988a）。以此種方法，環境政策的不同層面（美學的、文化的、道德的和倫理的）皆充分結合。

4.另一個缺點特別關於條件評估法，是其結果無法眞正的說明生態因素。總價值（使用價值加上非使用價值）是以經濟價值爲依據，它無法說明主要的價值——「所有生態功能所依賴的系統特性」（Pearce 1993），以此觀點總價值可能並不是眞正的總數。如第4章所討論，生態學的課程之一是自然生態系中所有事物都是互相關聯的。所以，從嚴格的生態觀點，自然環境（動物、山谷、河流、人類等等）都應以其對全體生態系的永續性（健康狀況）之貢獻爲基準來做評價。評定自然環境（如荒野地）以局部的或個別的總數爲總價值，並未計算全體。然而，這是條件評估的基本命題（見〔範例14.1〕）。

〔範例14.1〕

關於生態評價

—— Alan Thein Durning

生態評價是永續森林經營的一個必要條件。未開發的樹林，現在的評價還低於它的總成本。例如：緬甸柚木的價格沒有反映出濫砍濫伐柚木帶來的洪水氾濫之成本；美國太平洋岸西北古老樅木價格也沒有計算漁業損失，因爲砍伐樅木破壞了鮭魚的棲息地。當休閒和商業漁船未來效益被計算在內時，在哥倫比亞河流每隻Chinook鮭魚的損失估計爲 $2,150 美元。

很少人試圖去計算林產品的完整個生態價格，但它們必定非常巨大。譬如，印度一個完整的森林，據新德里的科學和環境中心估計有 $50,000 美元的價值。按照紐約大學商學院所做的研究，從雨林飼養牲畜製造成的漢堡，完整的價值大約是 $200 美元。當然，這些數據都是推理出來的。計算他們需要假定例如某物種值多少錢，這可能是沒有答案的問題。但另一種嘗試——在價格中完全未反應羊毛和其他林產品之生態功能損失——確定經濟結構將會繼續摧毀森林。

一個森林生態系的完整經濟價值是龐大的。森林提供給醫學的材料價值數十億美元。它們有預防洪水、穩定集水區和漁業保護功能，每個價值都比十億美元更多。它們的自然景觀和休閒的利益，對世界遞增的自然旅遊產業和地區居民，也都有以十億美元計的價值。

森林完整的價值包括從醫學到害蟲控制的來源之各成分，但，再度地，市價僅計算開採商品的直接成本，並不是完整的生態成本。就會計角度而言，貨幣經濟社會沒有在資產負債表上記錄自然資本的損耗。因此，表面上看起來像有利益，其實是有損失，而現金流量看起來是健全的。企業清算廠房和設備且稱這結果為所得，將是自我毀滅的原因，且在很多國家是不合法的。然而就貨幣經濟社會整體而言這樣做是不成問題的。

我們如何能向生態評價前進呢？經由更改政府政策。政府首要任務為改正貨幣經濟社會的疏忽，全球森林砍伐當然是首當其衝。然而，大部分國家的森林政策卻是相反的：他們加速森林損失。所以，第一，政府要停止給予商業界砍伐森林的補助金；第二，使用稅捐、使用費和關稅使得貨幣經濟社會有明顯的生態成本。在貨幣經濟社會在這方面加以導正之前，保護森林仍是困難的戰役。

Source: Worldwath Institute, *States of the World 1993*. Copyright © 1993.
    Reprinted by permission.

14.5 摘要

1. 這章處理評估環境品質效益的經濟方法。

2. 根據經濟學標準程序，改善環境品質的利益（或避免損害的成本）由個人的邊際願付價值表示，因此總效益由社會之願付價值加總來衡量——環境財需求線（或邊際損害成本曲線）以下的區域。

3. 以此種方式衡量環境效益時，需特別注意兩個議題：

   ■ 環境品質改善效益無意衡量環境的「價值」，它衡量的是個人對環境財或避免環境厭惡財（損害）的偏好或願付價值。

   ■ 總效益的估計包括消費者剩餘，換言之，總效益不是單純的以市場均衡價格乘以數量計算而得。

4. 因為衡量邊際成本曲線以下區域需評估通常不是在正常市場交易的財貨之效益（以貨幣形式），因此需發展衡量隱藏願付價值的系統即當環境財貨與勞務缺乏直接觀察的市場價格時。這時可以在正常市場有交易的替代品或互補品價格來代替。

5. 本章檢視三種衡量隱藏願付價值的常用方法——取代成本法、特徵價格法和家計生產函數法——也包括旅遊成本法。

6. 這些方法有一共同特徵：它們衡量的效益是使用價值，為個人直接由自然環境的服務或美質得到的效益或滿足。但有些環境資產，如荒野地，有非使用價值，例如保護荒野地以使後代子孫可使用的價值。

7. 本章討論三種未來使用價值：選擇、遺贈、存在價值。

8. 自然環境的經濟價值超乎可由市場訊息或使用價值直接或間接觀察到的範圍，因此，環境資產（如荒野地）的總效益應反映總價值——使用價值和非使用價值的加總。

9.然而，設計於估計非使用價值的技巧不能使用真實市場訊息，意指非使用價值願付價值之估計需採用假設市場條件，這可用條件評估法來進行。

10.這個方法透過調查來得到願付價值。

11.一般而言，環境評估的方法被批評的主要原因包括：

■將環境財商品化——環境價值降至單一層面、只以貨幣為衡量標準——有些人持反對態度。

■得到願付價值的調查技巧將「偏好」和「相信」混為一談。

■在不確定和不可回復是重要考量時，損害可能不可衡量或極高，在此情況下總價值的觀念可能沒有意義。

■分開評價系統的一部分時，可能遺漏重要的生態聯結部分，在此情況下總價值可能根本不是總價值。

第15章
環境計畫價值之評估架構：
成本效益分析

學習重點

閱讀本章以後，你將熟悉下列各項：

■以成本效益分析作為環境（或更一般的，社會）計畫價值評估技巧。

■成本效益分析的理論基礎。

■淨現值準則。

■淨現值準則與標準成本效益分析之理論聯結。

■個人與社會評估之差異。

■社會計畫評價與重複計算效益或成本的問題。

■貼現率的選擇：私人相對於社會。

■貼現及世代間的公平。

■瀕危物種法案之社會成本與效益。

「成本效益分析是」關於投資計畫的選擇。但是，為什要用成本效益分析呢？在決定是否採取任一特定投資，或是在一些特定投資機會中間選擇時，完全由適當的會計實務，即其獲利益性作為最主要的參考指引，有什麼錯呢？答案是，計算個人或團體的效益或損失，只是經濟上的一小部分，不一定涵蓋整體社會的效益或損失，且在成本效益分析中我們所關心的是整體社會，而非它的一小部分。

—— Mishan 1982: xix

15.1 緒論

在 14.3 節時我們已討論過經濟學家用來使用評估環境計畫效益實現的各種技術。在此，這種情況計畫的定義為會改變自然環境的狀態（通常是惡化的密集行動），例如，控制某電力發電廠二氧化硫排放的計畫。如圖 15.1（與圖 14.2 相同）所顯示，從事此項計畫允許社會從現狀 A 點移至新位置 B 點。此外，在這個特定情況中，計畫執行的總效益被定義為社會環境品質需求曲線下的陰影範圍。

然而，如果社會想要評估這項計畫之價值，僅有此項計畫的效益訊息是不夠的。從事一項計畫需要犧牲社會資源的使用，因此，為了決定計畫價值，必須權衡計畫相對於其成本的效益。經濟學家用來評估計畫的基礎技術是大眾皆知的成本效益分析（CBA）。成本效益分析廣泛地使用於各種公共計畫評估，公路、橋樑、機場、水壩、回收中心、污染排放控制技術，及保存或保留資源的法律責任，只是評價使用成本效益

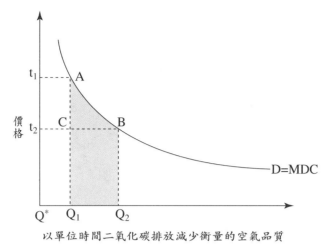

以單位時間二氧化碳排放減少衡量的空氣品質

圖15.1　改善空氣品質的需求

分析的一些例子（參見Mishan 1982）。

　　從一開始就瞭解成本效益分析涉及價值判斷是很重要的。這是因為，在評估一項計畫的相對價值時，必須聲明在既定狀態下比起另一個是「更好」或「更差」。例如，**圖15.1**，我們從A點（現狀）移至B點這個狀況下，硫的排放控制技術已經實現。在成本效益分析，我們想要發展的是，能夠透過判斷哪種狀態是比狀態B「更好」或者「更差」的「規範」。因此，成本效益分析直接深入所謂的福利經濟學的範圍。

15.2 成本效益分析的福利基礎

　　福利經濟學所處理的是決策者設計和執行公共策略時不可或缺的經濟方法和原則。福利經濟學有兩個特殊且重要的原則形成其基礎，透過這樣的基礎使經濟學家得以判定經濟狀態改變相對變好或變壞。

　　原則I：「實際的」柏萊圖（Pareto）改善，說明若接受某一計畫，使得社會上沒有任一成員變差並且至少有一人變得更好，則應該接受此計畫。

原則II：「潛在的」柏萊圖改善，說明若接受此一計畫，獲利者從此項計畫中補償損失者之後還比他們之前的情形更好的話，則應考慮接受此項計畫。

讓我們利用圖15.2來檢測此兩項原則的含義。這個假設的生產可能線描述該國面對保留（保留更多荒野地）和發展（使用土地來生產財貨和勞務或是增加經濟的產能）之間的選擇。假設生產可能線上的M點表示現狀，再假設該國政府最近通過法令擴張設定為荒野地的公共用地，在此情況下，此項法令的預期效果是沿著生產可能線的M點移至N點。

根據原則I，則由M點移至N點只有在該國中沒有一個成員變差但至少有一成員變得更好的情況下被接受，然而這種情形是不可能在現實世界中發生的。在我們所假設的某國之情形下，當M點移至N點時，有些人可能會變差。這是因為這樣的移動只能以犧牲某些人喜歡的財貨

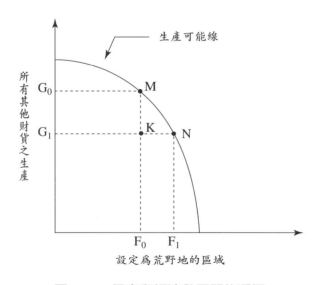

圖15.2　保育和經濟發展間的選擇

與勞務（由G_0移至G_1）爲代價。「實際的」柏萊圖改善只有在我們所假設該國原先的生產沒有效率，如K點才有可能。在這個情況下，有可能會在不違反原則I之下，由K點移N點。

在另一方面，根據原則II，從M到N的移動只有在主張保護之個體的利益（$F_1 - F_0$的貨幣價值）大於主張發展之個體的損失（$G_0 - G_1$的貨幣價值）的情況下被接受。從而，至少在此概念下，獲利者的利益能夠補償受害者的利益並且能超出。然而我們應注意到，原則II並未要求有實際上補償的發生，其強調的只是「潛在的」補償。實際上，原則II僅表示從M點到N點的移動應考量經濟「效率」，但此移動的總效益必須超過總成本，即此計畫的淨效益爲正的。換言之，假如我們以B和C分別代表總效益和總成本，則根據原則II，從M到N的移動將有經濟效率，只要B－C＞0。總之，在N點的實質所得高於M點的實質所得。然而我們必須注意到這項準則並未表明計畫的所得分配效果，即在執行此項計畫時不論是誰獲利或損失都不重要，只要討論中的計畫的淨效益爲正的。

15.3 淨現值準則

成本效益分析的基本規範（福利）準則，實際上是建立在「潛在的」柏萊圖改善。爲了有更進一步的瞭解，我們來看如何使用成本效益分析法來完成計畫評價。首先，此方法需要討論中計畫的預期的效益和成本的訊息。令B_t和C_t代表在t年的效益和成本，t＝0,1,2,3,..., n－1，n；n爲此計畫的執行期間；第二，必須知道貼現率，貼現率爲未來的效益和成本被貼現的利率。隨後我們將對貼現率較有系統和詳細的加以討論。現在令變數r代表貼現因子，並且假設r＞0。最後，在給定這些訊息後，一個典型的成本效益分析乃是使用下列的決策法則來決定計畫的成本效益：

1.計算淨現值（NPV）使用的公式為：

$$NPV = \Sigma \qquad (B_t - C_t)\left[1/\left(1+r\right)^t\right]$$

2.如果計畫的淨現值大於零則計畫應予以執行。

式子$1/\left(1+r\right)^t$代表到 t 年底一元的淨現值，現值的觀念隨後將有更明確的解釋。然而，現在從上述的關係，r 必須大於 0 是很明顯的，式子$1/\left(1+r\right)^t$是指愈晚出現的效益其現值愈小。例如假設 r = 0.05 或5%，且 t = 5，從現在算起五年後一元的淨現值為$1/\left(1.05\right)^5$，約 78分。在相同的貼現率下，從現在起十年後一元的淨現值為 61 分，低於78 分。怎樣的經濟學基本原理可以用來說明人們貼現未來效益的行為？

根據一般的知識，此行為表示一個簡單的事實，即人們一般都有正的時間偏好。在其他情況不變下，人們相較於未來比較偏好目前的效益。對於此行為有兩個解釋：(1)人們傾向於貼現未來，因為人們是短視近利或沒有耐心的（Mishan 1988）；並且(2)人們對未來感到不確定（Mishan 1998; Pearce and Nash 1981）。貼現在成本效益分析上是一個重要的議題，在15.5節將更進一步討論。

如同前述所論，根據淨現值法則，假如計畫執行期間的總淨貼現效益為正的，則此計畫應被執行。事實上此結果與潛在的柏萊圖改善相符合，一個值得考量的計畫其淨效益必須為正的，即 B－C＞0。它的意思是，對於成本效益分析法，潛在的柏萊圖改善可作為理論上的基礎，但需建立在淨現值準則下。然而，潛在的柏萊圖改善是基於淨現值準則之成本效益基礎。首先，當一個計畫評估使用淨現值準則，計畫的接受度完全以經濟效率為基礎。換言之，正的淨現值只是代表實值所得的改善；第二，淨現值評估準則並未提出所得分配效果的議題，其焦點僅在於計畫對社會的總實值所得的貢獻，換言之，計畫在所得分配上可能產生的衝擊是可以予以忽略的。

依照上述詳細的論證，計畫評價使用淨現值準則需要有三項具體的訊息，即效益和成本與貼現率。既然淨現值準則被使用在評估公共的計畫，則此三個變數可由整體社會的觀點來評價。為了充分瞭解實際情形，我們值得去比較和對照效益、成本和貼現率在私部門和公部門之間的差異。

15.4 私人相對於公共計畫的評價

如同之前所述，成本效益分析原先使用在公共部門的計畫評價。在私人部門中使用的一個相似方法稱為會計評價或資本預算。使用淨現值準則時，成本效益分析和會計評價對於接受或拒絕一個計畫時都使用相同的準則，即，當淨現值大於零時，則此計畫是可行的，然而這兩種方法被使用在估計計畫的成本效益和選擇貼現率上有很大的不同。

在私人部門，效益被定義為收益或現金流量，且可由市場價格乘上數量而獲得。如同我們在許多場合所見，公共計畫效益是由加總個人對所考慮產品需求曲線以下之支付意願而得。使用這兩種方法去衡量效益，對結果會產生很大的不同，為瞭解此一情形，我們再參照先前所設計為了控制某些地區電力工廠對二氧化硫排放計畫的案例。如圖15.1所示，在任何一年，此計畫整體社會的總效益可由陰影區域所表示（陰影區域的價值可由對於環境品質的需求曲線延著其相關產出範圍（Q_1 到 Q_2）的支付意願的加總所獲得。然而，假如計畫的效益是由支付意願所衡量，或是在 Q_2 下的價格，環境品質從 Q_1 到 Q_2 所增加的效益為 t_2（$Q_2 - Q_1$）或矩形 Q_1CBQ_2 區域，如果以私人所考量的計畫就是如此。公共部門效益的估計大於私人部門的部分可由三角形 ABC 區域表示。

此特殊社會的消費者剩餘如同將社會的環境品質從 Q_1 改善到 Q_2 的結果。在歸納後,一個公共計畫的效益評價包括現金流量加上生產者與消費者剩餘,然而在私人部門中,計畫的效益估計只包括與私人有關的現金流量。因此,除非計畫的規模很小,否則以不同的方式估計的效益差異會很大。

此外,用來評估計畫的成本所使用的方法在兩個部門間也有很大的不同。在私人部門,計畫成本的估計可由執行與營運計畫所反應的所有直接相關成本獲得。換句話說,在私人部門其成本的衡量包括所有的私人廠商為了取得資源去執行計畫的所有貨幣支出,這些在相關範圍所考量的成本直接影響私人廠商的利益。此外,這些範圍的成本是「會計的」,其估計是以市場價格為基礎;因而這些會計成本可能有、也可能沒有反應會計成本。另一方面,公共部門的成本是以犧牲的機會成本來衡量,再者,計畫的內部和外部成本都應包含在內(見〔個案研究 15.1〕)。總之,對於公共計畫成本的衡量應反應出社會成本——包括以機會成本來衡量計畫的內部和外部成本。

〔個案研究 15.1〕
經濟學和瀕危物種法案:保護物種的成本

—— Jason F. Shogren

在 1973 年時國會通過瀕危物種法案(Endangered Species Act, ESA),明確指出在物種名單和重要棲地設計中,經濟準則不應扮演任何角色。直到 1978 年 ESA 的修正經濟學才首次加入 ESA。

今天沒有經濟學家注意到 ESA 爭論的內容中經濟議題是關鍵。大部分瀕危或受威脅物種在私有地上棲息(在 1993 年自然保育法估計有 75%)。ESA 成本的一個重要部分是私人擁有的財產,而 ESA 的效益產生於整個國家,保護瀕危物種之成本與效益的估計是不簡單的。此例說明估計保護物種成本的相關困難，這些成本應包含保護物種的交易成本、擁有有限財產權的機會成本和使用公共基金於讓物種恢復的機會成本。

經濟損失的最好衡量方式是機會成本，機會成本包括由有限的或改變的發展計畫所減少的經濟利潤，包含農業生產、木材採收、礦產的開採和娛樂活動、失業者失去的工資或以較低工資工作、因較高的價格導致較低的消費者剩餘和較低的州郡財產稅收。

曾有研究估計一些高優先權的ESA之地方性的衝突像是北方斑點貓頭鷹的機會成本。一項研究估計恢復貓頭鷹的計畫會使經濟福利減少330至460億（Montgomery et al. 1994）。另一項研究在華盛頓和奧勒岡州貓頭鷹保護的短期和長期機會成本估計有12億和4億5千萬（Rubin et al. 1991）。

機會成本也存在於公共計畫中，因為用於保育物種的資源被用於對社會大眾有用的其他東西。保護所有名單所列物種之計畫潛在的直接成本大約為46億（美國漁業和野生物服務部，1990）。

主計處（1995）估計恢復所選擇物種，包括執行最重要的「高度優先」恢復行動34項計畫的成本為7億。

在1989到1991年之間，聯邦和州的機構花費在瀕危物種上的實際記錄中（1989年首次出版），有超過50%的費用花在名列前十種禿鷹的物種、北方斑點貓頭鷹與佛羅里達的灌木叢。除了公共直接經費外，ESA的成本應包含私人開支的增加，申請許可證與執照所需的時間而耗用的金錢，計畫重新設計和法律費用，這些開支在ESA的估計中並未包括，在1991年，私人廠商與特殊基金的奮戰估計約花400萬。

然而，在衡量一個計畫的社會成本時，有一件事情必須十分小心謹慎。在企圖包括所有相關的內部和外部成本時，一些成本很容易被重複計算。因此，重複計算在成本效益分析上是個非常嚴重的問題。為了更進一步說明，我們再一次回到關於為了保護荒野地而制定法令的案例。如圖 15.2 所示，此計畫或法令的制定之影響已使社會從其初始點 M 點移動到新位置 N 點。現在的新位置是財貨與勞務較少，荒野地較多。更確切的說，將荒野地由 F_0 擴充到 F_1 的機會成本是由 G_0 減少到 G_1 的財貨。為了說明重複計算的問題，我們假設木材是一種受到此計畫負面影響的財貨，新的保護計畫造成木材產量的減少。保護行動此部分的社會成本應如何衡量呢？其中一個方法為對於木材的市場價值歸因於此特別的保護行動造成木材減產。為了更詳細的說明，令變數 L_0 和 L_1 分別代表保護行動執行前後木材的產出（立方公尺），既然我們已經假設 $L_0 >$ L_1，（$L_0 - L_1$）表示木材的總產量減少。再令 P_0 和 P_1 分別代表保護行動前後木材的實際價格（每立方公尺）。在其他條件不變下，我們預期 $P_1 > P_0$。在給定木材的價格和產出改變的訊息後，由於荒野地計畫而使木材市價減少的金額為 P_1（$L_0 - L_1$）。

　　然而，木材產量由 L_0 下降到 L_1，可能會有總體經濟影響。例如木材的短缺可能會使新建造的房子、家戶及辦公設備的價格上漲。此種成本增加的本質可以一部分歸於木材產量的減少所造成的整體成本增加嗎？換言之，木材產出減少造成價格上漲的社會成本不僅應該包括木材產出減少的市場價值，即 P_1（$L_0 - L_1$）。亦包含新造房子、家戶和辦公設備成本上漲部分。乍看下這個觀念雖然合理，但仔細探討，應只能計入木材實質產出的市價減少。在新建築和裝潢的木材短缺之通貨膨脹效果不應算作是新的保護計畫的成本，否則就會有重複計算的問題：第一次是木材價格上升部分（從 P_0 上升到 P_1）；第二次是整體經濟的通貨膨脹。我們不應將前述特性的二次效果和外部性混淆。不像外部性（參照第 5 章），二次效果與實際產出的改變並無關聯性。對於此情況，上述的例子中並沒有指出因木材價格增加所引起建造新房子的減少且或傢俱業的產出減少。

另一方面，假使木材產量減少已造成建造新房子或傢俱業產出實質上的減少，這些實質產出所影響的市場價值應視為荒地保護計畫成本的一部分。總括上述，在計算計畫的成本時，全部實質產出的影響都應包含在內。然而在成本效益分析上，必須特別小心不應包含價格改變的通貨膨脹或二次效果作為計畫成本的部分。否則，因上述的理由，我們將重複計算成本。

　　在公共和私人的計畫評價間之第三種和最後一種不同為貼現率的選擇。私人和公共部門都使用正的貼現率，即 $r > 0$。在一般情況下，其不同的地方為公共或社會的貼現率 r_s 低於私人的貼現率 r_p。對於此差異有兩個主要的原因。首先，個人（或私人企業）與社會對未來都有不同的看法，其為所有個人的集體考量。一般而言，個人是自利和短視近利的（Mishan 1988），他們大部分只在乎目前或近期的福利，因此他們並不認為在未來所產出的效益很重要。另一方面，代表全部社會的公共部門較有長期的遠景，因此公共計畫所使用的貼現率應低於私人部門。當然，如我們所見，此影響將會改變私人對公共部門的投資。第二個爭論為假設個人比社會較不關心未來。畢竟，以實用目的而言，社會可視為永久生命，這表示私部門的計畫風險較高，而公部門計畫幾乎沒有風險。在此情況下，社會資源的有效配置應給予私部門投資計畫相對較高的貼現率（Pearce and Nash 1981）。

　　接著一個相關的問題為社會與私人的貼現率的差距應有多大？在美國或其他地方根據以往的經驗，私人和公共部門的貼現率可以有 3% 到 5% 的差距。社會計畫雖然對於貼現率並無一致的看法，但一般來說其建議為 4%（淨通貨膨脹）的貼現率。另一方面，私人的貼現率（淨通貨膨脹）可高達 10%。如果是這樣的，3% 到 5% 的差距其影響會很大嗎？在資源配置的觀點為視考量計畫的時間長度而定。對於短期計畫的評價——不超過二十年或約為二十年。在使用淨現值準則下，貼現率的些微變化會對決定是否接受或拒絕計畫造成很大的影響。另一方面，假如所考量的計畫其期間很長，超過十五年或更多，為瞭解計畫評價對貼現率的細微改變是敏感的，所考量的計畫視時間長度而定，我們必須更進一步檢查淨現值法則：

$$NPV = \Sigma \qquad (B_t - C_t)[1/(1+r)^t]$$

如之前所述，式中 $B_t - C_t$ 為每年的淨效益，$1/(1+r)^t$ 為任何給定年度的貼現因子，$1/(1+r)^t$ 為在 t 年底 1 元的淨現值。

首先，上述準則中的 $(1+r)^t$ 是貼現因子，用來測量未來一元折算成現在的價值。例如，假設貼現因子為 2，當 t = 10 時，一個十年計畫一元的淨現值由貼現因子 2 貼現，貼現因子的倒數 $1/(1+r)^t$ 是測量現值——未來一元折算成現在的淨現值。因此當貼現因子為 2 時，未來一元折算成現值時為 50 分。貼現因子如同前述的淨現值準則，視二個變數 t 和 r 而定。較高的貼現率 r 與較長的時間長度 t，貼現因子的值較大。換句話說，當 r 和／或 t 增加時，貼現因子也會增加，這些探討可由圖 15.3a 與圖 15.3b 中得知。在兩個圖中，可明顯的看出對於一個給定的貼現率，貼現因子隨著時間 t 增加。例如圖 15.3a，貼現率固定為 5%，貼現因子在 90 年間從 1 增加到 80.7。同樣地，如圖 15.3b 所示，當利率為 10%，在相同的時間區隔 90 年下，貼現因子的值從 1 增加到 5,313。

此增加的結果，既不令人意外也不特別。會令我們困惑的是，在一個給定的貼現率下貼現因子隨著時間增加。當貼現率為 5%（圖 15.3a），在剛開始的前十五年，利率因子從 1 增加到 2.07，增加約超過 2 倍；在第二個十五年（十五到三十年），貼現因子從 2.07 增加到 4.32，再一次增加約超過 2 倍。因此，當利率為 5% 時每年都是相同的數字，更確切的說，十五年的貼現因子從 1 到 2 呈倍數增加，每隔十五年再呈倍數增加，如從2增加到4。因此，在此情況下，每隔十五年的貼現因子會呈幾何地增加，如2、4、8、16等，即，貼現因子隨著時間呈指數地增加。同樣地，當利率為10%（圖15.3b），在剛開始的前十五年，利率因子從1增加到4.18——增加約超過4倍；在第二個十五年（十五到三十年），貼現因子從4.18增加到17.45，增加約超過4倍，每隔十五年大致上會呈幾何地增加，如4、16、64、256等。換句話說，貼現因子隨著時間呈指數地增加。

因此，從上述的討論中，我們可得知不論利率為何，貼現因子隨著時間呈指數增加。這是非常有意義的，因為可清楚地表明貼現率的一般性質。為了更進一步瞭解，圖15.3a和圖15.3b的貼現因子為一元現值的倒數，$1/(1+r)^t$。假如依照我們先前的討論，貼現因子隨著時間呈指數增加，因此一元的現值在有限的時間t下有趨向於極限0。例如

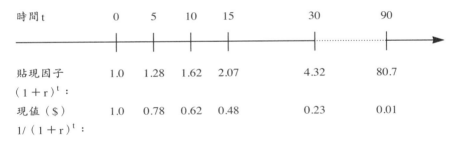

圖15.3a　當 r = 0.05 時之貼現因子

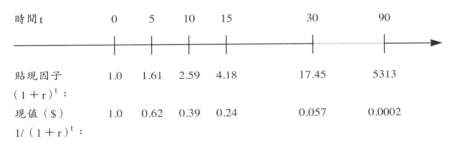

圖15.3b　當 r = 0.10 時之貼現因子

在圖 15.3a 與圖 15.3b 中，在 90 年內（低於一般人類的生命）一元的現值減少到約為 0（$0.01 與 $0.002）。這是一個非常重要的結果，因為在一個有限的時間中，只要貼現率為正的，在長久的未來貼現減少的效益約為 0。在我們下一章節所要討論的內容，這些討論已在經濟上與倫理上有深遠的影響。

另一方面，對於一個相對上較短的計畫，貼現率在 3% 到 5% 的差距下用來評估計畫時將有較大的影響。一般來說在其他條件不變下，私人與社會的貼現率有較大的差異時，私人計畫較適合短期。

15.5 貼現與世代的公平

在前一小節的討論，我們指出處理環境資源保護的項目（如海岸沼澤地、荒野地、國家公園、港灣等等）對於貼現率非常敏感。此外，儘管決策是以現代偏好為基礎，但環境成本和利益通常是對未來之人類所產生的。在這些情況下，因為貼現隱含社會的損失和獲得的未來價值比較低，使用貼現率在倫理學上是公平的嗎？如有限制的話，現代是否應在某種程度上接受未來的效益呢？就如同我們期望的，即使在經濟學專業領域之內，對這個問題的回應也應依據人類未來狀態而有不同的觀點見解。

對於許多經濟學家使用正的貼現率就其本身而言並不是重要的問題。這僅僅考慮到人有正的時間偏好，而那是被認為已知的事實。對於多數經濟學家在評價任何計畫時重要的是使用適當的貼現率。更明確的，在公共計畫情況下，包括多數有環境本質的計畫，應該使用社會貼現率。由於已經討論過的理由，在許多情況下社會貼現率傾向於比它的私人對手貼現率更小。以此觀點，社會偏好相對於私人貼現率只是對世代公平分配議題的貼水。然而，這樣就夠了嗎？換句話說，只要有貼現，不管多小，就代表成本效益時間權數的不相等，當貼現率不為零時，能有分配上的公平嗎？那些認為在世代之間的公平不要求零貼現率的專家，以下有幾個理由來支持他們的立場。

第一，世代間有重疊。目前人口群包括三個世代：祖父母、雙親及孩子，父母關心他們的孩子們和孫子孫女們。現在孩子們關心他們的孩子們和孫子孫女們等等類似的情況。這樣世代關心的鏈條清楚地表明目前的優先選擇功能考慮將來世代的利益；第二，在市場情況顯示貼現率為正但卻主張社會貼現率為零，將導致未達效率的資源配置，而現代社會將在生產可能線以內運作。兩代之間的公平性考量可透過對價格不產生影響的公共策略，如定額稅的處理技巧。換句話說，兩代之間公平的關係，不需要以目前的世代不必要的貧困為代價。最後一點，在歷史上，現代平均財富收入比在它上一代的更高。這個歷史的傾向，使生活的標準上移，為什麼目前的世代應該因為認為它們可能有益將來而自願地接受例如零貼現率這樣的條件？一個頂尖的經濟學家 Baumol（1968: 800）表示：在我們的經濟社會，如果過去傾向和目前的發展是經濟上任何指南，則提供未來較多財富的重分配和羅賓漢相反，是劫貧濟富。一個世紀後的人類實質平均收入可能是它目前價值相當大的倍數。為什麼我應該放棄我收入的一部分來幫助收入是我好幾倍的後代人呢？

另一方面，有一些經濟學家（Mishan 1988; Sen 1982）反對在評價公共計畫時使用正的貼現率，尤其設計保存自然環境舒適性的計畫。其理由就如同圖 15.3a 和圖 15.3b 所示，因為長時間的貼現會有效減少將來效益和費用，使在數年後變成零。其影響為偏向短期效益（如發展計畫而非保存環境舒適的計畫）或長期成本（如核能廠）。不論哪一種情況，這會為未來世代帶來危險，為此，一些經濟學家表明世代之間公平不能貼現。應強調的是世代間應有什麼權利移轉。此考量將使公平性問題回到新古典分析集中於效率與對未來考量的衝突之解決上（Norgaard and Howarth 1992）。

15.6 摘要

1. 環境計畫效益增加的評價，在前一章節已陳述過。在本章各種與成本有關的觀念已詳細的討論。成本效益分析法是衡量公共部門環境計畫的其中一個主要方法。

2. 成本和效益都必須以可靠的方法估計，並且從整體社會的觀點來評估。

3. 考量環境計畫的成本，社會成本是有關的要素。

4. 計畫的內部和外部的成本都應在機會成本的觀念下仔細地考量。

5. 為了含括全部相關的內部和外部成本，很容易重複計算成本，並且在衡量環境計畫的成本時重複計算是一個嚴重的問題，迫使在衡量社會成本時須十分小心。

6. 一旦計畫的社會效益和成本都被衡量，計畫的下一個步驟是去產生一個衡量計畫的成本效益的規範：成本效益分析。

7. 對於一個公共的計畫，成本效益分析的主要規範標準是以潛在的柏萊圖改善為基礎。即，在計畫的執行期間淨貼現效益（或淨現值）的總和必須為正的。

8. 此項規範產生經濟效率的結果，但正的淨現值的焦點僅在於計畫對總實質所得的貢獻，計畫對所得分配的影響沒有被明確的考量。

9. 當淨現值法被使用來衡量計畫時，貼現率的選擇是必要的。對於公共的計畫（包含大部分的環境計畫）其標準步驟為使用社會的貼現率。社會的貼現率低於私人的貼現率，因為在一般的情況下，在長期時對於環境的計畫，社會相對於個人是較可靠和較不短視近利的。

10. 然而，當所考量的計畫時間相當長時，如同許多環境計畫的個案，私人的和社會的貼現率3%到5%間的差距是沒有關係的。這是因為在有限的時間內貼現將使長久未來的效益減少到約為零，但貼現率必須為正的。無論如何正的貼現率被使用是個事實。

11. 既然貼現率隱含社會獲利和損失的未來其所值越低，使用正貼現率可以證明是倫理上恰當的嗎？

12. 此問題指出世代間公平爭論的議題。此外，既然貼現率的選擇完全由現代決定，解決此倫理上進退兩難的責任不應轉移到未來的世代。明顯地兩代間的依存關係存在單邊決定之本質。

13. 在此爭論的是，在原則上，現代可採取對後代福利有潛在不利影響的行動而不用害怕任何報復。我們應關心（在道德和倫理的觀點）後代的福利嗎？對於此問題的回答明確地超過經濟學的範圍，當然，現代希望確認其與後代的關係在其偏好函數顯著地被影響的範圍下。假如有此情況產生，如同 Boulding（1993: 306）指出，「後代也會有聲音，即使他們沒有投票權；在此觀念下，假如它可以影響投票結果，它也相當於有投票權。」

再生性與非再生性資源經濟理論之重要元素

除了作爲廢棄物容納處的功能（第六篇所討論）外，自然環境也是人類經濟社會食物和其他開採物質的來源，第七篇檢視本質與原始上爲生物的或地質的自然資源經濟學。

第16章檢視適用於生物資源如魚、森林和其他動植物的經濟理論和管理策略。生物資源在此有一重要特性，即儘管這些資源會自我再生，若超過一定程度，也會造成無法回復的損害，因此，對它們的使用受限於一定的門檻。第16章只討論再生性資源的基本經濟元素，主要集中在魚類。

第17章探討非再生性資源——現存量固定或再生非常緩慢可假設爲零再生力的資源之經濟學，例如像鐵、鋁、銅和鈾等金屬礦及像煤、石灰、沙、鹽、磷酸鹽等非金屬礦。

如這些例子，非再生性資源可分爲兩大類：第一大類包括可回收資源，如金屬礦；第二大類包括不可回收資源，如煤。

第17章只提供非再生性資源的簡要介紹，更深入探討這個主題需要一些超出本書範圍的數學模型和觀念，因此，這章主題在於清楚、精確提供非再生性資源經濟理論重要元素，特別強調經濟學者對非再生性資源管理之公共政策建議。

第16章
再生資源經濟學基本原理：
以漁業為例

學習目標

閱讀本章後，你將熟悉下列各項：

■再生性資源的基本特色。

■瞭解影響生物性資源如魚和野生動物之族群或生物量自然成長率的基本因子之一般架構。

■魚族群自然成長函數之一般特性。

■自然的或生態均衡生物量或族群大小的概念。

■漁業生產函數的推導。

■瞭解為何如漁業的再生資源具被破壞的潛在性。

■漁業管理的經濟學。

■漁業的管制。

■有系統管理漁業的基本原理。

■對捕撈努力課稅。

■對漁獲量課稅。

■漁業的穩定生狀態物經濟均衡模型的重要限制。

產生再生性資源的自然過程無法自動地運作，它們受人類的干擾與破壞。當支配資源使用權的有效私有財產權不存在或無強制力時，此事實則更為顯著。不受明確使用規則限制的資源，稱為共有資源。因為存量的配置不由私人或公共部門代理管理，所以資源使用者只須付使用的成本。但因為這價格低於資產估計的存量價值，因此資源將被過度利用，將沒有資源保育的充分誘因。

—— Working Group on Population Growth and Economic

Development 1986: 18-19

16.1 緒論

在 10-13 章所討論的主題是關於丟棄人類活動所產生之廢棄物於環境中的自然環境經濟學。這是重要的經濟議題，因為環境有一個有限但不確定的廢棄物涵容能力，受限於生物分解的自然過程。並且，自然環境並不以相同的效率分解各種垃圾。因此，由於此自然限制，超過環境涵容能力，就會對社會產生經濟成本（包括生態損害），因此應謹慎考慮。

在這章與下一章（17 章），將試圖檢查兩種自然環境的使用，更確切地，焦點在於再生性和非再生性資源來源的一般使用。這必須要仔細探討有關生態學、生物學、地質學、社會經濟學和技術的因素。此外，再生性資源的管理和非再生性資源的開採代表與時間有關的動態問題。

這章將要檢視，在提供一個不受干擾的環境時，能夠在短期間內自行再生之再生性資源的基本經濟理論。例子包括幾種生物性資源，如植物、魚、野生生物和森林。而再生性資源同時也包括了流量資源，如太陽能、風、水流和潮汐。但此章並不加以討論，只討論漁業的再生資源經濟學，雖然只利用一個基本的簡單漁業模型，但卻不只能應用於全部漁業，也能藉此模型來提供對生物性資源的正確管理原理。

16.2 生物性資源的自然成長函數

生物性資源諸如魚和野生植物是可再生的，因為他們是活的生命體，可以繁殖、成長和死亡。如在第4章討論過的資源再生、成長和死亡，大部分是受自然流程的控制，且涉及了複雜的互動及生物與無生物的相互關係，包括人類。

而談到生物性資源的管理，建議人類對資源的使用（量）應以永續為基礎。這首先需要生物性資源的再生及成長量之性質的資訊。然而，如果在生物性資源及生態學中有許多未知數，那麼要獲得此種資訊是很難的。儘管如此，在近幾年已有人提出適切的使用策略，發明有助於估計生物性資源總量的模型。在這些模型中，最初的族群大小、年齡和性別組合、空間性和現有的資源分配以及自然死亡率，大多是估計可容許使用量所考慮的重要因素。大致上，有此種設定本質的模型在實證行為和漁業及野生植物的管理實務上是不可或缺的。

在下文中，S_t 是在某一點 t 在一些標準的單位下測量出的一個生物性資源的總族群或總重量，$\triangle t$ 是時間的間隔，通常測量於月或年的一段短期間，而 $S_{(t+\triangle t)}$ 是一段 $\triangle t$ 的期間後的族群或總重量。注意 S_t 是一個存量的觀念，因它代表在一定時點衡量的生物族群，這個存量由不同性別、年齡大小和重量的生物物種族群所組成。另一方面，$S_{(t+\triangle t)}$ 是一個流量觀念，代表存量在一段期間 $\triangle t$ 的變化。此種存量的變化可能是由於生物性、生態學及社會經濟的組合因素產生：如透過分娩的自然繁殖、現存的生物族群成長、自然死亡及包括人類肉食者掠食關係。

然後，生物資源的一般特性（如新存量是由自我再生過程產生）可發展以下的簡單關係：

$$S_{(t+\triangle t)} = S_t + g(S_t, \theta) \triangle t \qquad \text{〔16.1〕}$$

此外 $g(S_t, \theta)$ 是表示每個時間單位下，生物族群的自然成長函數。注意這個自然成長函數的假設是取決於最初的族群大小 S_t 和變數 θ，如年齡分配、性別組合及其他一些生物性資源的特性等代表因素，以及決定性的生物族群成長率，特別是自然死亡率。注意在式〔16.1〕右手邊的 $g(S_t, \theta) \triangle t$，同時也顯示了在〔t,(t + △ t)〕的期間所有生物量的增加。

如果我們假設 θ 是外生變數，那麼它在長期而言可被視為常數（即在正常情況下，長期而言，計算此變數所考慮的因素間傾向於彼此平均掉或自我穩定）。於是在〔t,(t + △ t)〕的期間，最初族群的增加可表達為：

$$\text{〔}S_{(t+\triangle t)} - S_t\text{〕} = \triangle S_t = g(S_t) \triangle t \qquad \text{〔16.2〕}$$

或者，如果我們將式〔16.2〕兩邊同除以 △ t，那麼每單位存量或生物量的成長將為：

$$\triangle S_t / \triangle t = g(S_t) \qquad \text{〔16.3〕}$$

式〔16.3〕只敘述了在正常情況下（即變數 θ 是維持不變的）每單

位時間生物性資源的成長完全依賴於最初族群的大小，注意生物量或族群成長是扣除自然死亡率後的淨值，因爲這因素已被變數 θ 計算過。因此，成長函數 $g(S_t)$ 代表單位時間下，族群或生物量自然大小的淨增加。換句話說，它代表了所討論生物性資源的自然成長函數。注意存量 S 隨著時間過去而成長的事實是很重要的，意指存量的大小是時間的函數。倘若要記錄生物性資源的動態特色，那麼成長函數需重新設定爲 g〔S(t)〕，此處不是這樣設定，所以，式〔16.3〕只是一個表示每單位時間存量成長的靜態模型，而沒有討論隨著時間過去產生存量的動態變化。縱使在這簡化的假設狀況下，說對此成長函數的性質和特性的瞭解是生物資源恰當管理的一個重要因素並不誇張。

　　爲確認先前的敘述與式〔16.3〕已被完全的瞭解，我們假設下面簡單的例子。假設有個國家聲稱擁有300萬頭的鹿群。基於過去的經驗，野生動物的主管部門爲了管理本國的鹿群，平均使鹿群的成長（自然界掠食者的淨值）大約是每半年100,000頭。知道這最初族群大小的估計量及這每年兩次的成長速率，則鹿群每年的增加量是多少呢？

　　從上面的資料我們得知，$S_0 = 3,000,000$ 是最初（即 t＝0）鹿群的估計量，$\triangle t$ 是兩年，而 $S_{(0+2)} = S_2 = 3,100,000$（隻鹿）——即過了最初時期兩年後的鹿群數量。注意這是在自然死亡後所產生的，而這鹿群的每年增加量可以利用式〔16.3〕來計算出：

$$g(S_t) = \triangle S/\triangle t = [S_{(0+2)} - S_0]/\triangle t = 100,000/2 = 50,000 \text{（隻鹿）}$$

　　這個估計的實用價值是什麼呢？該國可使用此估計來明確地決定每年所應公布的獵鹿許可數量。假如此國希望維持鹿的數量，那麼以3,000,000隻鹿來說，則應限制許可量在50,000（隻鹿）以下（即每年鹿群的自然成長量）。當然，這是一個很簡單的例子，並且無法滿足負責鹿群的人真正所面對的複雜問題。例如鹿群總數量的增加與生物量的增加並不相同，生物量取決於族群的大小分配（即在某一鹿群規模中，鹿隻越多，較無法再生育的生物量越小）。此外，如果在這鹿群中年齡與性別的組合被維護，那麼打獵許可量應可考慮這些因素。換句話說，打獵許可負責人將不會允許這50,000頭鹿被隨便殺害。

　　至於本章的其他部分，將特別探討生物性資源中的魚。在下面的分析將不嘗試辨別不同類型的魚或與海洋動物之間的不同，而是單純的假設魚代表了全部的海洋動物。如鮭魚、鱈魚、鮪魚、龍蝦、牡蠣及鯨魚。在此所探討的對象不是於一個單一種類的魚或是海洋動物之自然成長模型的特性，普遍而言是探討一個能廣泛代表所有海洋動物的成長模型。此類為了魚和其他海洋動物的生物學成長模型，將接著以經濟面模型去產生一個一般以生物經濟學模型來討論的混合模型。此類有系統的誘導模型將佔這章其餘的一大部分，讓我們從一般漁業族群特性的研發中模型開始。

16.3　漁業族群自然成長函數之一般特性

　　在漁業、一些林業實例和野生植物的理論和實證研究，經常假設自然成長函數能以羅吉士（logistic）函數被正確的估計。此函數假定如魚的生物量或生物性資源族群的即時成長率，隨著一個如圖16.1所顯示的曲線而分配。假如所有其他因素對生物量成長影響維持不變，此圖描述生物量或每單位時間族群的成長 $g(S_t)$ 與生物量的大小（S_t）間的關係，和之前討論的部分是一致的。而這考慮於自然死亡率淨值的生物量成長，亦是重要的。

　　Logistic 模型的基本特性，如圖16.1所示，是生物族群在達到環境負載容量極限前有增加的傾向，當族群達到 Z 即達到負載容量極限。此觀察一般暗示著，在穩定（即θ固定）及未管理的生態系統，魚族群有達到某一特定最大規模Z的趨勢。

更進一步觀察 logistic 模型顯示出族群大小和每單位時間生物量成長間的關係：第一，當族群大小是零或是達到它的自然均衡Z時，則每單位時間生物的成長量等於零，即 g(0)＝0， g(Z)＝0，然而，注意雖然這基本模型（或圖16.1）沒有顯示這點，但是在族群下降至零以前可能發生許多生物種類（包括魚族群）消失的情況，所以為了讓 g(Sₘ) 等於 0，則 S_m 大於 0 而 S_m 即是代表絕種的開始或臨界的範圍，換句話說，一個少於 S_m 的生物量或族群，它的成長淨值將是負的——主要是針對在討論中的種類之不可避免的消失，這重要地暗示了，如魚這類的生物種類，一個小的族群會完全地接受突然的人口統計意外或生態干擾，在本質上，這證實了對一般魚族群性質的推測。

第二，當族群大小介於0和Z之間，則每單位時間的生物增加量將是正的，即 g(Sₜ) 大於 0。而當族群規模較小時，那麼從食物和空間來

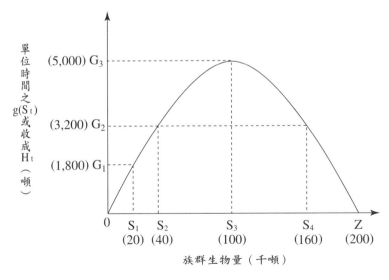

圖16.1　再生量與資源量之關係

看，它的成長是以一個較快速的水準在前進，至於其他因素和環境的考慮，在此狀態下不是限制的因素。如圖 16.1 族群大小介於 0 至 S_3 之間的例子，例如，當總族群生物量等於 S_1（20,000 噸）時，此生物量被預計有 G_1 的成長率，或每單位時間（一年）增加 1,800 噸。而當基本的族群大小增加至 S_2（40,000 噸）時，每單位時間的成長率則增加到 3,200 噸，成長的增加將會持續至族群大小為 S_3（100,000 噸）為止。

在 S_3，每單位時間的生物族群成長將達到被假設的最大值（5,000 噸）。然而，超過了此點，由於生物族群的增加，一個以族群為計算基礎的空間及食物將會減少，因此，雖然總族群生物量持續的成長，即顯示一個正的增量，生物量每單位時間的成長率將繼續減少——舉例來說，當族群生長量從 S_3（100,000 噸）增加至 S_4（160,000 噸）時，總生物量的每單位成長率則由 G_3（5,000 噸）降至 G_2（3,200 噸），最後，當族群大小達到它的生物學限制或負載容量 Z 時，生物量的成長率將會減少至零。假設外生因素對自然成長函數的影響（即 θ）維持不變，則族群規模的擴展不能超過 Z（或 200,000 噸）。假如是這種情況，那麼自然死亡率將會因為空間和食物的不足而有超過自然成長率的趨勢。因此在生物量或族群大小的淨成長率已經恢復到了 Z 的水準，這是因為一個像 Z 那樣的族群被視為族群規模的自然或生物均衡，並且因缺少人類的收穫，長期而言將會構成相同趨勢的族群大小，注意自然的均衡也是一個穩定的均衡，因為此時成長率等於自然死亡率；因此並沒有所謂的生物淨成長量，不論在此點有任一方向的脫離趨勢都將抵銷正的或負的生物淨成長，並將這族群大小恢復到自然的均衡水準。

儘管這個 logistic 模型的簡化，從它對生物性資源管理的討論中得知以下的觀點：第一，當維持在基礎的族群大小時，基於它們自行再生的能力，在確定的限度內，可以在維持族群大小下採收生物性資源（如魚、野生動物和林業）。因此，這個自然成長函數可以告訴我們在每個族群大小下不會耗竭的資源的最大採收量。舉例來說，在圖16.1中，假如族群的大小是S_2（40,000噸），那麼，G_2或3,200噸的生物量能夠被維持在規律的基礎下，並且族群大小將永遠維持在S_2。而在永續的基礎之下，它所隱含的每個單位時間（一年）的採收率為8%（3,200/40,000）。另一方面，假如基礎的族群大小是S_3（100,000噸），那麼，在一個使用量為5%的規則基礎下，生物量能被使用到G_3或5,000噸。

第二，因為族群的大小無限，在永續的基礎下，能夠被使用於依照自然成長函數並可行的生物性資源管理的選擇方案實際上是無限多的。

到目前為止，在這研發自然成長函數的概念中，我已經故意避開社會經濟性因素對族群均衡所可能造成的影響。在此觀念中，這個自然成長函數純粹是一個生物性的概念。然而，除非認為資源是完全無用的，否則人類的介入，會變成另外的掠食者，進而可能擾亂自然族群的平衡。因此，生物性資源管理的主要目的是找到特定生物量之自然成長率與同一種類的生物因為人類利用而導致的死亡率之間的適當均衡。換句話說，有關成長模型的問題必須與關於資源的生物性和經濟因素一併討論。這是生物經濟模型的本質，也是下一節主題。

16.4 漁業的生產函數：一個穩定狀態生物經濟均衡模型

如先前的敘述，圖16.1的自然成長函數顯示，在每個族群大小下不影響族群大小的永續基礎之最大採收量。因此，在任何特定的時期內（如一年），假如人類使用的數量相當於這年度的自然增加量，則其族群的大小將持續保持不變的量。此種採收模式因此將能每年重複循環，可稱之為「永續採收」或「捕獲」。然而，注意每個不同的族群大小，都有依不同自然成長函數之無限種永續採收。這裡的問題是，在這無限種選擇中，哪一種才是最好的呢？

假如從一個生物物理學的觀點來看這問題，最想要選擇的是基於永續基礎可使族群生物量極大者。換句話說，管理策略涉及維持族群大小與永續採收的最大水準一致或更通俗地稱之為最大永續產出（MSY）。譬如，在圖 16.1 中，最大永續產出水準是 G_3 或 5,000 噸，當族群大小為 S_3（100,00 噸）時，則達到最大永續產出。

MSY 能被當作一個漁業管理的指引嗎？在我回答這個問題之前，首先，瞭解 MSY 純粹是一個物理概念是很重要的。它告訴我們能夠在充分考慮，關於影響自然資源成長功能之生物物理學因素後的一個永續基礎上所能使用的再生性資源之最大量。注意這是在沒有考慮到任何成本（勞動、資本與其他材料）與收穫的利益下被達成。譬如，在圖 16.1 的最大永續產出是 5,000 噸。為達此結論，沒有考慮到關於魚生物量的收穫成本或總社會利益（像測量於市面價值），如果這 5,000 噸收穫量的總價值超過它的市面價值會如何呢？在這種情況下，嚴格考慮成本──效益的情況下提出 MSY 是不經濟的。然而這並不是必然的狀況。讓我們考慮一個不同且較可行的情況。社會收穫少於 5,000 噸（最大永續產出）而獲得較大的淨效益（總效益－總成本），假如這是可行的，則 MSY 不總是能代表一個最適的經濟狀況（淨效益最大）。事實上只有惟一情況可確保最大永續資源管理是最適的，即用於收成的勞動成本、資本和其他因素被假設結果為零──一個較不切實際的情況。

因此，一個替代的方式，生物經濟的觀點，提出最好的永續採收選擇，所依賴的三個關鍵變數為：自然成長函數的本質、特定範圍的魚總數、用在收成的經濟資源數量。「捕魚努力」一詞用於描述使用於漁撈活動的經濟因素之合稱（諸如：勞動、資本、能量與其他的原料）。當然，「努力」包含廣泛由不同成分形成的生產因素組成，諸如：拖撈船的不同尺寸、多樣的釣魚網和漁夫定期的宰殺漁業的變化。如此，它是投入要素困難度的衡量指標。

　　大致而言，我們預期在一特定族群大小，努力越高，將有越大的收穫或捕獲；特定的努力水準，在更大的族群大小下，會有更大的捕獲。捕獲水準的努力和族群大小更有系統的表達其關係，讓我們定義一個漁業生產函數如下：

$$H = f(S , E) \hspace{4cm} 〔16.4a〕$$

　　式中H是由於人類捕撈漁獲量，E是捕撈努力的水準，S是存量或族群大小。

　　這種生產關係敘述在任何時點的捕獲、或者收穫取決於努力的水準 E 和存量或族群大小S。為使分析保持簡單，讓我們現在假設在一個給定的努力水準下，捕獲量與族群大小成正比，即生產函數能以下式簡單地表達：

$$H = \alpha S \hspace{4.5cm} 〔16.4b〕$$

　　式中α是某一參數。然後，如圖16.2顯示，捕獲可繪製為族群的函數，而將努力E維持某一固定水準。從圖16.2我們觀察到在給定努力 E_1 下，族群生物量為100,000噸，每單位時間的收穫量是2,500噸，這將建議α為25，因由〔16.4b〕α為H除以S，在此前提下，當努力為 E_1，生產函數可明顯的陳述為H = 25S。因此，參數α衡量每單位時間族群生物量增加所造成的漁獲資源增加，於此特例下努力為 E_1，此時族群生物量每增加一單位（100,000噸），收穫會增加25噸，大致而言，在給定努力下，族群增加捕獲量也隨著增加，如圖16.2所示，假設從100,000噸增加到120,000噸，每單位時間收穫將從2,500噸增加到

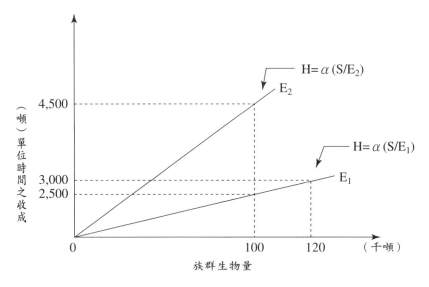

圖16.2　收成、族群大小和努力之關係

3,000噸。這應是可直接瞭解的，一個漁夫使用特殊的釣魚工具或技巧，在族群較多時，漁獲量較大。圖16.2同時也顯示，在特定族群下努力改變對收穫量的影響，譬如：在給定的族群生物量下，如100,000噸，當努力從 E_1 增加到 E_2，每單位時間收穫將從2,500噸增加到4,500噸。換句話說，由一個給定的生物量水準，漁夫用較高技術將捕獲更多的魚。於這特別的例子，釣魚技術的變化由參數 α 的價值變化所顯示，更明白的表示，努力從 E_1 變化到 E_2 是經由一個相當的參數 α 價值的變化，由25到45。

　　然而，上面收穫努力和族群大小交互關係並未探討所給定狀況收穫是否為永續。為探討之，我們需要將自然的生長曲線（圖16.1）加在圖16.2，其結果為圖16.3。

　　讓我們假設人類的努力由一直線 E_2 代表，如圖16.3所示，在此情況下，我們觀察到收穫相當於 H_2 或者每年收穫3,200噸，因為有自然成長，即 H_2 是對應於 E_2 努力水準的永續收穫，且決定唯一的族群大小 S_4

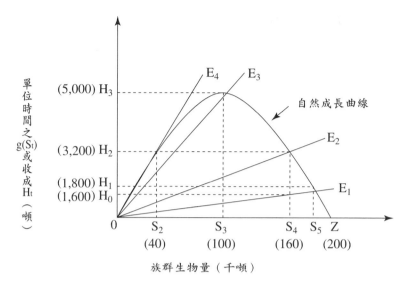

圖16.3　漁業收成之穩定狀態生物經濟均衡模型

爲 160,000 噸。爲了後面的分析，必須要注意關於收穫和族群生物量訊息對應於 E_2 的 α 值爲 20（H_2/S_4 或 3,200/160）。

　　S_2 也是對應於 H_2 的生物量，爲何 S_4 可視爲唯一的呢？仔細的觀察將顯示在給定努力 E_2 時，S_2 不會是均衡的族群大小，事實上，當努力是 E_2 時，S_2（40,000 噸）和 S_4（160,000 噸）之間任何的族群生物量，其每單位時間的自然族群成長將超過收穫，這將允許族群生物量隨著時間成長直到它漸漸地達到 S_4。

　　爲瞭解此點，讓我們考慮在 S_2 的族群大小生物量爲 40,000 噸時，在此生物量下，自然的成長爲 3,200 噸。然而，假如努力 E_2 用於捕漁，則實際每單位時間收穫的大小將是 800 噸，這是因爲，如先前顯示，對應於 α 的努力水準是 20，因此，在此特定案例，生物量自然成長超出實際收穫 2,400（3,200－800）。只要有這種情況，族群生物量會成長，因此，S_2 不是 E_2 努力下的均衡族群大小。同樣的，在 S_2 和 S_4 之間都是如此。再提供一例，當族群生物量是 S_3 或者 100,000 噸時，自然的生長率將是 5,000 噸，然而努力爲 E_2 的每單位時間收穫將是 2,000 噸。再一次，自然的成長又超過實際收穫，這將使族群成長最後超出 S_3，因此當努力被維持在 E_2 時，S_3 將不是一個均衡族群大小。事實上，在努定固定於 E_2 下，族群生物量將繼續成長直到它達到 160,000 噸（S_4），在這點，自然成長等於達永續基礎的生物量 3,200 噸，所以，S_4 是對應於努力 E_2 的均衡族群大小。更確切的說，均衡族群小是努力的函數。

為瞭解此點，假設努力改變到 E_1（少於 E_2），假設族群大小保持在 S_4（當努力是 E_2 的均衡），收穫將是 H_0 或 1,600 噸，然而在族群大小爲 S_4 下，族群生物量的自然成長將允許 H_2 或 3,200 噸的收穫，既然 H_0（實際收穫）少於 H_2（相當於自然生長率的收穫），族群將傾向隨著時間直到自然成長達到新均衡 S_5 或 180,000 噸。因此，S_5 變成對應於 E_1 努力的新的均衡族群。同樣地也可說明當努力是 E_3 時，均衡族群大小是 S_3。因此我們可一般化爲：給定一個努力水準，會有一個均衡族群大小與之對應，這結果是因爲，如圖 16.3 所示，收穫由自然生長率所替代，此情況稱爲穩定狀態生物經濟均衡。用代數方法，在以下的狀況符合時，達到此種均衡狀況：

$$\Delta S_t / \Delta t = g(S_t) - H_t = 0 \qquad \qquad \text{〔16.5〕}$$

式中 H_t 是每單位時間收穫。根據式〔16.5〕，在任何時候，收穫被自然成長抵銷，這表示其族群大小維持不變。

從經濟學家的觀點，將均衡收穫和努力的關係公式化是很重要的。事實上，此種關係代表經濟學上熟悉的觀念——生產函數。生產函數顯示產出（漁獲）和投入（用於捕魚的勞動、資本與其他的資源）的關係，然而，在漁業情況變得較複雜化，因爲生產函數必須明顯地與生物成長函數一併討論，圖 16.4 顯示這種生產函數的性質。

圖16.4的生產函數是由圖16.3各種努力水準下所對應的永續收穫之軌跡所構成，在描繪軌跡中，必須注意努力與均衡族群大小的唯一關係，譬如，圖16.3和圖16.4，努力 E_1 和永續收穫的 H_1 與均衡族群大小 S_5 有關，所有沿著圖16.4生產函數圖中的點都是如此，在漁業經濟學中這個圖被稱為永續產出曲線。

如我們所預期，圖16.4顯示的永續產出曲線和圖16.3的自然成長曲線幾乎一模一樣，除了橫軸是努力而不是族群生物量之外。以此觀點，永續產出曲線只是以努力表示的自然成長曲線。注意永續產出曲線上每一點都是假設各努力水準的均衡族群大小。圖16.4另外的一軸是對應於各努力水準的均衡族群大小。仔細看這兩軸，努力水準和收穫量呈反向關係，即再生性資源努力愈大，均衡族群越小，反之亦然。這也指出再生性資源過度採收（或投入努力）可能引起不能改變的毀滅或消失，譬如：若使用努力 E^*，族群生物量會變小到零，因此，以此觀點可解釋再生性資源潛在地是會被破壞的。

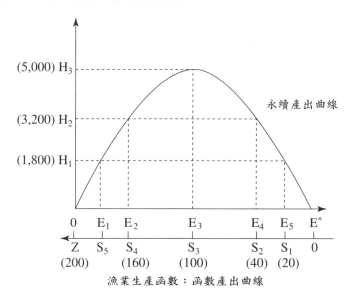

漁業生產函數：函數產出曲線

圖16.4　漁業生產函數：永續產出曲線

從自然生長曲線到永續產出曲線是一個非常重要的轉變，因為永續產出曲線顯示，生物資源以永續基礎可採收之生物量只是努力的函數。既然努力是可人為控制的，永續產出曲線是資源管理最直接的應用。事實上，永續產出曲線能簡單地視為生物資源的長期生產函數，因為它將努力（用於採收資源的勞動和資本量）與其收穫的數量（產出）界定關係，這是說明下一節以經濟的方式管理再生資源的主要觀點。

16.5 漁業管理的經濟學

一旦永續產出曲線被認為是漁業管理的長期生產函數，經濟問題可簡化為在特定的社會經濟的條件之下，尋找努力（勞動、資本和其他的因素）的效率配置。這一小節檢視下列二個不同情況：第一種，假設為魚是共有資源的情況；第二種，假設為魚是私有財產，這兩種情況的分析將清楚地說明，經濟學中對魚群的所有權之效果。

此外，我們可以最簡單的方法來分析，進一步假設漁產業在要素和產品市場是完全競爭，產出（漁獲）和投入（勞資雙方與其他的物力用於漁業）的價格由市場決定，即生產者（漁夫）在要素和產出市場是價格接受者，在這假定下，總收入和努力之間的關係和總成本和努力關係如圖16.5a顯示。

總收入定義為：

$$TR = P_H \times H_E$$

式中 TR 是魚的總收入，P_H 是每單位魚的價格，而 H_E 則是在給定的努力下的永續收穫水準。總收入曲線的形狀和永續產出曲線一樣。事實上，這只是永續產出曲線的貨幣化觀點。舉例來說，對應於圖16.5a

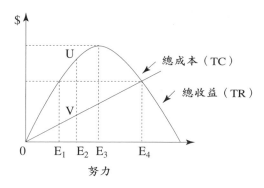

圖 16.5a 漁業長期總收益、總成本和捕魚努力

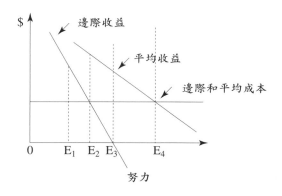

圖 16.5b 捕魚努力的社會最適水準

中努力 E_3 的總收入是圖 16.4 對應於相同的 E_3 的 5,000 噸魚獲量的市場價值。

因為假設漁業是價格接受者，成本曲線為一直線，其斜率等於市場均衡價格 P_E，因此，總成本可簡單的表示為

$$TC = P_E \times E$$

式中 P_E 是每單位投入的成本（市場價格），而 E 是努力的水準，即

漁業使用之資本、勞動、其他材料的指標。

16.5.1 共有資源均衡產出

在此小節中，將檢視漁業幾乎完全開放的狀況，即沒有人對一特定魚池或地點有獨立的所有權下，漁業投入的均衡水準，如同我們在第5章看到的，當資源沒有明確的建立在追逐個人私利基礎上的所有權，則容易導致資源過度開發的問題。相似的結果可以顯示，當漁場為共有資源的過度開發，可用圖16.5a與圖16.5b來說明。

當魚被當成共有資源時，如圖16.5a所示，投入的均衡水準在E_4，總收入正好等於總成本；因此，漁業獲利是零，事實上這即是以共有資源均衡投入，要說明此點，我們應注意，每個漁夫各自去追求他／她自己的利益，追逐他／她收入與成本之間差異最大化，當有利潤存在，捕魚就會繼續。甚至，因為對進入這個產業的漁夫人數沒有限制，任何正利潤將吸引其他的漁夫也來捕魚。

舉例來說，假如投入水準在E_3，如圖16.5a所示，總收入對整體漁業來說大於總成本；因此新漁夫有誘因進入此產業，而現有之漁夫則擴大作業。漸漸地，當越來越多投入用至漁業，總成本漸漸高，在某點，此產業的利潤會降至零。在圖16.5a，這種總收益等於總成本的情況發生，在投入水準為E_4時。

這樣的均衡結果意謂著什麼呢？第一，證明共有資源均衡投入E_4並不能達到生物經濟效率，因為同樣收入水準，可使用較少投入E_1達到，如圖16.5a。或者，以生物量言，如圖16.4所示，共有資源均衡時的存量水準S_2，比最大永續產出S_3來得少。第二，共有資源均衡時的投入並不具經濟效率，如圖16.5b所示，投入水準為E_4時，邊際收入少於邊際成本。如第2章及其他地方所討論的，這表示太多資源被利用於捕漁（其餘將在下個段落討論）。

因此，由此實務觀點，將會有兩個不被期望及可能是悲劇的結果。第一，過度投入將導致越來越低的均衡漁獲水準，因為，如先前所提（如圖16.4），投入與均衡漁獲量水準為負相關。換句話說，漁業的開放過程將耗盡漁獲量。這種效果就是Hardin所歸類的「共有資源的悲劇」；第二，就純粹的經濟領域，共有資源均衡未達效率，即它允許投入過度利用。在〔個案研究16.1〕中清楚的指出，過度漁獲的最主要原因，就是事實上世界上許多漁業都還是共有資源。

〔個案研究16.1〕
過度捕撈的緣由

—— Peter Weber

　　儘管在八○年代警告降低海產速度，漁業產業仍舊持續擴張。今天必須花兩倍的時間才能得到相同的漁獲。於1970和1990記錄的世界漁艦隊也發現大船變為兩倍，由585,000變為120萬。根據FAO漁業分析師Chris Newton所言，我們就算回到1970年艦隊規模也不會更糟，將能捕捉相同數量的魚。

　　幾乎無可避免的，當一個國家仔細看它的漁業，將發現生產過剩現象，例如挪威，概算它的漁業，超過它年度捕獲必要量的60%，而歐盟國家被估計有40%的過剩生產。

　　個別漁業甚至有更大的過剩生產，在1980年後期，Nova Scotia小漁船（拖撈船）產業，每年估計需花4倍於前一年的努力以獲得鱈魚和其他深海魚的年產量。在美國，1990年顯示僅需13支小船，將對東岸的蛤蜊業就足夠了，但現在卻有了十倍之多的船。

　　這種過度捕撈是如何發展的呢？很多漁業是共有資源，它以最簡單的形式，充分允許人們任意的捕魚，假如要加以限制漁獲量，必須計算潛在的小船和開放季節的長度。漁夫設法在短促的季節中，捕獲最大的捕獲量。最極端的例子是阿拉斯加的比目魚類，一年只有二至三天的週期。

在共有資源下，只要有利潤，漁船就會持續進入，而使利潤下降。如果存量減少，漁夫們常會購買先進設備與齒輪較大且更快的船。過度捕撈、短報捕獲量甚至不法捕撈的壓力，都會破壞管理計畫。假如濫捕和生產力過剩繼續循環，利益會減低直到人們開始停止捕撈較少的人去捕魚，且漁夫沒有增加他們的捕獲。此時，這時被損壞的漁業也許可安定，但在永續潛力之下。

越來越多的漁夫陷入財務破產的邊緣，每年引發補助金來保持個人產業擴展的政治政策壓力，使生產繼續過剩，FAO估計國家在近十年中鼓勵漁業擴展每年要提供$54億左右的補助金給漁業。

有一個選擇方案方式是支持傳統釣魚的方式，在漁業衰退時，於1984年Kerala政府任用一個熟練的委員會研究這問題。這委員會認為生產過剩是主要問題，因此建議採取小規模、傳統釣魚業應使其就業極大化並保護可憐漁夫的生活。這委員會使拖撈船數由2,807減少至1,145，讓54隻船不用圍網捕漁，將自動化小船由6,934減少至2,690，且保持20,000艘的非自動化船。假如政府接受勸告，Kerala漁業在今天可能有更好的情況。

Source: *Worldwatch Institute, State of the World 1995*, pp.23-5. Copyright © 1995.
Reprinted with permission.

16.5.2 私有財產權下之社會最適投入水準

假設漁業為社會所有且其管理方式是使此事業之使用能達社會剩餘的極大。在此情況，漁業將被視為作業（捕漁）時需要稀少資源的計畫。將這些稀少性資源配置於此產業就難逃社會的監督。換句話說因為用於漁業的投入（勞力與資本）有不同的使用方式有必要充分計算其機會成本。當這種狀態被明確地考慮時，很快將證實，這結果將導致漁業資源之社會最適配置。

為證明這點，我們需先注意，當主題包含決定社會選擇的均衡投入水準時，投入邊際成本與邊際收入之間的關係有必要加以思考，如圖16.5b所示。注意圖16.5b是由圖15.5a而來。兩張圖的不同點在於一個是以總成本另一個是以邊際與平均成本來描述。由圖16.5b，如果應用一般邊際相等條件，社會最適投入水準為E_2，此時投入之邊際收益恰為投入之邊際成本。

為說明此時投入水準為社會最適，假設漁業用投入水準，如圖16.5b所示，以E_1來運作。很清楚的，此時投入水準下，邊際收益高於邊際成本；因此，利潤可由增加投入水準而增加，事實上投入少於E_2時都如此。相同地，如投入為E_4（注意，這是在漁業不被管制時的均衡投入），這時，邊際成本大於邊際收益（事實上，其值為負數）；因此，任何高於E_2的投入水準，將能增加利潤。只有當投入水準為E_2時，投入之邊際成本才確切地等於投入的邊際收益，利益再進一步增加之機會為零。事實上，到達邊際狀況時漁業總利潤（如圖16.5a）達最大。

值得注意的是，社會均衡意味著不是整體漁業的年利潤而是社會資源（勞動、資本和其它物質資源）最大化，唯當他們在別處不能再有利地利用時，才被用於開發漁業，而E_2為社會最適投入的事實清楚地肯定，在共有資源下，捕漁會導致投入過度E_4，即終致過度捕漁。

在此可直覺地提供不同於經濟理論的觀點說明為什麼以最大永續產出（MSY）為管理基礎的漁業不是社會最適。在圖16.5a與圖16.5b，對應最大永續產出的均衡投入為E_3。清楚地，此投入水準大於社會最適投入E_2，且$MR = 0$。而且，被極大化的不是利潤而是收益，捕漁是被允許的直到$MR = 0$。為了這些原因，捕漁的社會最適投入將總是少於最大永續產出。

在上述結果下，如何保護漁業過度濫捕呢？或是傳統以來是否有哪些生物資源被視為共有資源而加以處理嗎？管制是過度捕魚的答案嗎？

16.6 漁業管制：概觀

從以上討論，經濟理論對管制漁業已非常清楚。而且，從一個純經濟觀點，被期望的政策目標是限制進入漁業。幾項政策已經用來規範漁業，其中，最常被使用規範漁業的方法可歸納爲下列的範疇：(1)罰鍰：如在漁獲或投入上課稅；(2)配額：在一定季節限制總漁獲量；(3)技術水準：如限制漁網、漁船；(4)私人財產權的指定——最近常用的，一種名爲個人可轉讓配額（Individual Transferable Quotas, ITQs）的使用已漸爲流行（見〔個案研究16.2〕）。

〔個案研究16.2〕

對於過剩產能的過度反應

—— Peter Weber

儘管小規模釣魚的利益，各國政府紛紛執行鞏固計畫，以鼓勵較大的船和小艦隊來解決過剩產能與濫捕的問題。雖然鞏固在很多情況有待商榷，考慮不周的計畫也會消除對就業的強烈需求，集中利益於優勢者之手。在美國，一項始於1990年的東海岸蛤蜊漁業鞏固計畫並未包括船員或涉及就業問題。

在蛤蜊船擁有人的請求下，區域性管制者使用市場基礎的體系——可轉讓的配額（ITQs）。在ITQs下，每個船家收到這年度捕獲份額，配額持有人可以購買、銷售或者租賃。小船所有人，過去沒爲捕魚權付費，現在可賣捕魚權，ITQs造成利潤，過去艱困的小漁戶現在可透過出售或出租配額所得。對失業的船員效果明顯。未預期的結果是較有效率的漁業者不會降低價格，雖工作時間較長，也不會增加留下來的員工的所得。

雖然這個結果可被質疑，如此例所示，ITQs是對過度捕撈最廣泛討論的管理解決方式。他們有一定受歡迎的程度，因爲經由可轉讓捕漁權，市場力量會調整資源配置，增加經濟效率。ITQs有允許邊際股東得到一些錢的效益，缺點是此類體系允許很少量的個人或公司控制漁業。

當紐西蘭使用ITQ體系時，高資本的漁公司擴充其捕獲量可獲利，因他們在初始配額時相對控制較大百分比。若管制者不防止此種「資本填充」，ITQs會使漁產過度集中而排擠小漁戶。

限制ITQs的轉讓，如限制一個人或公司可擁有的比例，可協助限制鞏固計畫。在阿拉斯加比目魚ITQ體系（1995年開始），小船的配額有區塊限制，原則上，管制者會將小船配額的移轉局限在小漁戶間。

但在實施之前，決策者應認知促進鞏固的管理系統將會使財富集中而使海岸社區受害，特別是變化太快及未發展新工作機會。小規模的漁夫是佔大多數的——對於海岸的社區且非常重要——犧牲並努力來控制濫捕。

Source: Worldwatch Institute, *State of the World 1995*, pp.31-3. Copyright © 1995

      Reprinted with permission.

理論上，很輕易可顯示稅和配額如何被使用於達到社會期望的投入與漁獲水準。舉例來說，如圖16.6所示，對捕漁投入一單位的稅，t，將使總成本由TC（開放過程捕漁的成本）移至TC_1〔此時TC_1＝價格E×投入＋稅率×投入＝（價格E＋稅率）投入〕，所期望的投入水準E_2就可達成，此時總成本等於總收入。

相同的，如圖16.7所示，相同的結果可由對每磅的漁穫加稅達成。在此情況，總收入由TR_0（漁獲價×漁獲量）內移至TR_1〔（漁獲價－稅率）漁獲量〕。如此一來，當總成本與總收入相交時，期望的投入水準便可達成。雖然在此將不討論，亦可顯示，透過不同方式的配額，適當設定及嚴格地實施漁業管理，將會達成社會最適投入與漁獲水準。

因此，理論上，漁業資源的錯誤配置可經由公共政策來矯正，像由課稅、配額、技術標準等等。然而，實際上，真正問題不在使用哪個公

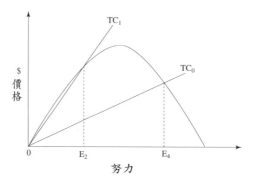

圖16.6　對捕魚努力課稅

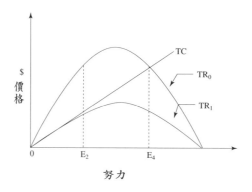

圖16.7　對漁獲課稅的效果

共政策，而是所考慮的政策之有效執行。因為，由於漁業的本質，大部分有經濟價值的漁業位於密集海域，有些超越國與國間之界線。因此，公共政策的實施需要棘手的政治議題未解決，包括舉辦國際談判。縱使沒有這種政治問題，交易成本（尤其是管理違法者的成本）會相當高，證據是許多國家在保護離海岸線200哩國際公約線疆界內稀有資源的完整性所遇上的困難。

　　因此，漁業管制的挑戰實在難以克服，並且不能只是簡單地把資源分配的責任歸於公權力。而且，某些時候，刻意的公權力方式不能適當地提出問題的核心。可由〔個案研究16.2〕清楚地證明，公共政策（各種市場基礎與「命令─控制」政策）用於處理過度擁擠的漁業在許多沿海社區產生經濟障礙。即使如此，以可信的生物資訊及正確的經濟分析為基礎的公共政策策略，能促進朝向有效管理，不只是漁業，還有傳統上被視為共有資源的任何生物資源。這是很重要的資源考慮，包含像保護瀕危物種、聯邦擁有的草地之過度放牧、濫伐及某些稀有資源的過度開發等業務。

16.7 穩定狀態生物經濟模型的重要限制

這一章將焦點放在漁業上，以呈現生物資源的基本經濟原則，且用各種方式使沒有上過一學期入門個體經濟學課程的學生瞭解。因此，經濟分析確實地被局限住。許多重要的社會經濟、技術、生物與生態觀點被有意地忽略。在這小節，將嘗試著計算及簡短地討論一些在之前沒被特別或是至今在討論中被忽略的觀點。

時間

至今的分析中，最適投入由特定時點（即當期）之漁業總收入與總成本差距來決定，根據這樣的方式，社會最適投入是收入與成本之間的最大正差距，如圖16.5a中的 E_2。這樣分析事實上是靜態的，因為只考慮到時間上某一個特定點漁業的作業。這是被允許的，因為我們假設穩定狀態漁獲量。亦即，經濟分析下的生物成長功能並不認定漁獲決定於時間。

然而，魚族群與漁獲如假定與時間有關，那上述特定期間的最適化原則就需要修正。在動態設定中，最主要就是漁業資源的跨時配置。由此法觀之，目的在於最大化淨收益的流量──總收益減總成本，以社會貼現率計算——企業將隨時間流逝而獲利。雖然在此沒有具體列出均衡式，漁業配置社會最適配置達成的條件是多使用一單位的投入，在任一組時間及跨越整段期間下，並沒有差異，當此狀況達成時，將資源從一個期間轉換至另一個期間也不會有淨收益，因此即達到最適。當貼現率為正數，可以說動態與靜態私有財產權均衡會不一致。最重要的是當資源配置與時間相關時貼現率扮演著重要的角色（在15章已有更多討論）。

價格和技術變動

至今經濟分析仍假設固定不變的投入、產出價格和技術。然而，價格在短時間內會改變，而技術改變也一再發生。問題是，這些性質如何影響經濟分析呢？此外，從漁業的管理觀點，考慮價格和技術改變會顯著影響我們經濟分析的基本發現嗎？

其他因素保持不變下，產品價格改變的立即效果是總收益曲線移動，如圖16.5a顯示，例如魚價格上漲會使總收益線上移。如果投入價格不變，因此成本不變，共有資源和社會最適投入水準都會比價格上漲前高。若投入（努力）價格下降而其他都不變，也會得到類似結果。然而，在此情況，結果是因總成本函數左移而產生。如果產品和／或投入價格改變不是暫時的，其效果是造成過度捕撈。這是因為產出價格增加和／或投入價格降低會對應較高的均衡投入（努力）量。

任何其他捕撈技術的改變，將會引起類似效果。基本上，技術改變隱含使用於收穫一生物資源的工具和方法的改善，例如經由採用一新技術，一漁夫每單位時間能捉住更多魚。不像價格變化，此種技術改變的本質改變產出函數和投入水準的關係，對每一投入水準而言，漁獲比技術創新前增加。但這不會在對均衡族群大小沒有負面影響下持續。因此，其他情況不變下，採收技術改善會加速魚類族群減少。

多物種漁業案例

在我們的簡單模式，假設漁業只涉及單一物種。然而，當收穫的方法並非在一特別的物種，而是在一群多重物種時，需考慮額外的經濟的和生態學限制。從經濟觀點，特定物種的採收會受其他物種存量出現影響。這種聯合生產分析在經濟學中很常見，且多物種模型近年來已相當快速的發展。

從生態的觀點，當選擇的魚類是以物種商業價值為考量而來考慮整個漁業的生態動力學，就會產生問題。在此情況下，經濟最適（對沒有商業價值的物種指定零價值）並未整合考量魚類生態系，長期而言，會帶來災難。

穩定狀態均衡的假設

在我們簡單的生物經濟模型假設自然體系會趨向均衡狀態，即靜態穩定均衡分析。事實上，自然系統或許是經常的不穩定（即穩定不是自然的狀態）。水溫度、新的掠食者、疾病、污染，現在和其他環境的因素等改變，不斷地影響魚存量族群。此外，不知道魚群和生態系其他物種的關係就談論某特定魚類達到均衡會誤導。這些考量建議我們，至少魚族群存量應不斷重估，而最適採收的決定需在釣魚季前謹慎監測存量。

漁業的隨機性質

如 16.3 節簡要地討論，假如魚族群減少到某一門檻（critical zone），淨成長是負的，不可避免將導致絕種。換句話說，一小族群可能對人口統計意外和生態干擾高度敏感。當魚族群的隨機行為被認知後，漁業管理無可避免涉及更大的不確定性。在不確定性因素很普遍的

表16.1　預防原則之例

・在問題出現之前，儘早控制漁業管道。
・經由一些漁獲期限和限制管道方式鼓勵負責的漁業者。
・限制漁業生產力和總捕獲率。
・發展保育的捕獲量限制和界定上限範圍。
・若超出範圍則應立刻執行恢復存量計畫。
・對經濟上可自給自足者，減少補助金和漁業發展之獎勵。
・建立資料收集和稟報系統。
・避免幼小魚類遭受捕獲。
・使用更多的選擇性安排使副產品捕獲達最低化。
・為資源存量和恢復棲息地，實施關閉區域和設立海洋保護區的方法。
・與股東合作發展管理計劃，以保證參與和回饋的進行。

Source: A. P. McGinn, *Worldwatch Paper No.142,* Washington, D.C.: Worldwatch Institute. Copyright © 1998 Reprinted by permission.

情況下，永續漁業可透過謹慎的預警式漁業管理：

> 社會對某些不可回復結果或限制採取行動時應遵守預防原則，
> 縱使尚無科學證明會產生嚴重後果。

—— McGinn, 1998: 57

　　表16.1 提供基於漁業管理預防原則的政策。明顯的，這個方法在使用和新技術引用時需謹慎，更嚴格監測捕魚，公布更安全的釣魚形式或限制通路，保護稀有種、受威脅種或瀕危種的生態系統和棲地。為了這些理由，預防原則比最大永續產出法在生態上更佳。

16.8　摘要

1.這章的討論著重於理解漁業生物資源管理的基本經濟原理。
2.任何生物性資源管理策略的基礎是自然成長函數。此自然成長函數關係到一個生物性資源的族群成長率水準及其他所有相關的固定因素（如年齡分配和性別組合）。

3.假設漁業的自然成長函數是 logistic 函數，則可觀察到以下兩點：

- 在某程度的限制下，可能在維持現有族群的情況下開發漁業資源，即漁業可在永續基礎下被採收。
- 因為族群大小有無限多種，每一種都可在永續基礎下採收，可行的不同選擇集合實務上有無限多種。

4.從一個經濟觀點來看，尋找社會「最適」的適當選擇是一個重要的問題，注意「可行的」意味永續性，因此，收成率必須是永續的。

5.像平常一樣，在漁業考慮之下，需衡量其成本與利益，並在全部可行的選擇（永續收成）中擇一。

6.漁業成本的二個成分：⑴用於捕撈努力（勞動、資產、能量和其他因素）的生產成本；⑵魚存量的租。此外，最適化要求評估這兩者的機會成本。

7.長期生產函數由漁業努力和單位時間內永續漁獲或收穫的對應關係導出，而此生產函數稱為永續產出函數，能和特殊漁業的自然成長函數密切的配合。

8.永續產出函數定義之後，經濟問題簡化為尋找最適漁業努力和漁獲量。

9.為達成任務，假設漁業在一個競爭市場的結構下，漁夫被假設為投入及生產市場中價格的完全接受者。在此簡單假設下，漁業經濟學分析下面三種情況：

- 共有資源均衡：捕魚完全被允許，因為傳統上漁業被視為共有資源。在此情況下不會產生社會最適，因為漁業的收益中未考慮漁業之「租」的機會成本。漁群存量所有權無法清楚定義，且因此它被視為自由財來採收，造成共有資源的悲劇。

- 最大永續產出；社會上找尋在永續基礎下的最大漁獲量。此制度也無法生產出一個社會最適的結果，因為它忽視捕撈過量的機會成本。這是因為操作漁業管理規則的策略是依據漁群存量和每單位時間成長率的物理考量。

- 社會最適的努力：捕撈成果的均衡水準之決定已考慮所有用於捕魚包含這魚群存量「租」之機會成本。此制度下開發利用最少。

10.另一個簡要討論的概念是以時效的預警作為漁業的管理方式。當所考慮的漁業疑似有極端不確定性及不可回復性時，採用這種制度會產生對社會有利的結果。

11.濫捕仍舊是一個遍及全世界的主要問題，如我們的簡要討論，各式的稅和個別可移轉配額，可用來阻止濫捕。

12.從一個公共政策來看，漁業管理問題的長期解決方式需要社會協商採收規則，困難在於嚴重且長期的政策不足（發展中國家）和限制採收資源的基本技術問題，如：超出單一政治轄區的漁業。漁業管理明顯的遭受到不能克服的制度和技術問題。

第17章
非再生性資源經濟學的基本原理

學習目標

閱讀本章以後，你將熟悉下列各項：

- 非再生性資源的基本特性。
- 非再生性資源存量未來可用性之評估問題。
- 平滑等級的假說和它的含意。
- 非再生性資源跨時最適配置之條件。
- 世代外部性使用成本及其政策含意。
- 非再生性資源價格的時間趨勢。
- Hotelling 法則。
- 完全競爭市場及對未來資源條件完全預測下的最適價格路徑和資源耗盡。
- 非再生性資源價格和低於完全競爭市場的開採率。
- 資源耗盡與經濟成長。

當人們問及現存市場對自然資源跨時配置充足性安排之問題時，他們是基於提出對使用成本的適當定義及考量。

—— Howe 1979: 75

如果用其他元素代替自然資源是很容易的，則在原則上並沒有問題。實際上，世界不可能沒有自然資源伴隨，因此資源耗盡是一事件，而非災難。

—— Solow 1974: 11

17.1 緒論

非再生性資源是固定存在於地球的資源。如同 17.2 節將論述，人類無法完全瞭解這些資源確切的存量。例如，像油、煤、天然氣等礦物燃料，鐵、鋁、銅、鉛、黃金等金屬礦物，和磷酸及碳酸鉀的沉澱等非金屬礦物。這些資源有一個重要的特點，是他們再生都需要很長的時間，也就是說，就一段期間而言，其存量創造為零。

非再生性資源分為二大類，不可回收的（如燃料）和可回收的（如金屬製的資源）。非再生性資源存量和勞務的關係如下：設 S_0 為發現時點的一特定非再生性資源的固定數量或存量，在時點 t 時 S_t 為所討論資源的存量，設為時間，$\pi = 0, 1, 2, \cdots\cdots t - 1, t.\cdots\cdots, \infty$，並令 R_t 為時點 t 之開採率或勞務流量。使用這些符號，我們可敘述在沒有開採和自然劣化下：

$$S_t = S_0 \qquad\qquad (17.1)$$

也就是說，在不受干擾的情況之下，非再生性存量資源發現的時間等於固定的量。換句話說，在一段期間存量創造的速度為零。這即是非再生性與再生性資源最大的差異之一。

假設在每單位時間開採率為正。我們可透過下面來確定非再生性資源之存量和勞務流量間的關係，如下式：

$$S_t = S_0 - \sum R_t \qquad (17.2)$$

這方程式表示在每一次使用後，非再生性且不可回收資源以R_t的開採率所耗盡。因此，在既定的時點上，非再生性資源的存量（S_t）是發現時之資源數量（S_0）與在時間中累積開採量的差。此外，我們預期：

$$S_0 \geq \sum R_t \qquad (17.3)$$

也就是說，勞務流量在非再生性資源不超過發現時可獲取資源的固定數量下才能實現。因此，在極限情況，持續使用非再生性資源的存量，將不可避免地耗盡資源，也就是$S_0 = \sum R_t$。在下一部分中將討論，這是實質的，而非經濟觀念上的耗竭。

到目前都還沒有考慮到回收性。若考慮回收性，非再生性資源的存量與流量間的關係，是否會顯著的改變此種關係呢？考慮可回收性會改變存量和勞務流量的一對一關係，這是因為，在每個期間內，自然資源的實質存量S_t隨開採率（R_t）而遞減，但它同時也由回收率（g_t）所增加。因此，每單位時間的淨開採率為$R_t - g_t$。由熱力學第二定理可知，即使有完美的回收技術，仍是不可能完全回收，因此：

$$R_t - g_t > 0 \qquad\qquad [17.4]$$

　　這暗示著，即使有回收的可能性，非再生性資源在最後仍是會被耗盡。此情況不同的在於有潛在的回收性，非再生性資源每單位使用的存量（S_t），不一定表示未來使用的永久性總損失。這是可回收非再生性資源的關鍵。

　　如同第6至第9章的論述，關於非再生性資源將來可利用性的考量，是遍及人類歷史一再發生的主題。假如我們能夠想出一個可靠的方法來評定資源的充足性——也就是衡量現在與未來資源的可用性，則這些問題就很容易解決。然而，設計這樣的方法是一件極為困難的工作。下一節會有一些針對此項目標的分析方法。

17.2　自然資源存量評估

　　資源充足性的評價，不僅需要現在和未來資源消費或利用率資料，也需要瞭解資源存量。非再生性資源的總量估計需謹慎檢視地質、經濟與技術這些會影響可用量的因素。

　　資源若要做生產之用，必須在地質、經濟和技術上可用，可能還要加上在地質上的開採或使用為可行。換句話說，即使資源在經濟上可行，如果使用它會嚴重威脅人類或其它生命，也不應使用，例如鎘、水銀和核子等放射性物質。

　　地質可行性是關於地球上礦元素的存在及空間分布，而經濟可行性考慮開採所需之資本和勞動等之數量及所考慮資源之市場預期價格。經濟可行性也包括環境、社會、法令和經濟因素。技術可行性則指以現存之技術可開採資源的事實。

17.2.1 資源蘊藏、資源和資源基礎

依據美國礦業標準局的標準程序，以地質、經濟和技術條件為基礎，礦物資源可以圖 17.1 的方式分類。檢視圖 17.1，全部的資源（整個方框）區分為資源基礎、資源與蘊藏量，以兩個層面表示：地質、經濟和技術可行性沿著方框從右到左的移動（如方框底部的箭頭所示），表示礦物的存量增加。沿著方框邊垂直移動（如方框右邊箭頭所示），指出經濟可行性的增加。

因此，以上面的觀點，蘊藏量（reserve）這個詞代表已經被發現的總資源基礎（整個方格）的一部分。此外，它們是已被清楚認定且以現存技術開採有利可圖的。如圖 17.1 所示，蘊藏量只構成資源的一小部分。亦需注意，縱使在蘊藏量的情況，其總量的估計也有某種程度的不

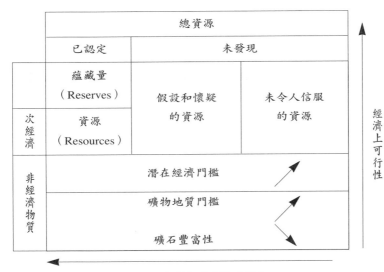

圖 17.1　資源與非經濟物質的關係

Source: Reprinted by permission from V. K. Smith, *Scarcity and Growth Reconsidered.*
Copyright © Resources for the Future (Washington, D.C., 1979), p.118.

確定性，還是因爲部分蘊藏量的存在只是推測。

除此之外，必須注意到蘊藏量是一種動態概念，它會因新發現或經由經濟條件的變化而增加，例如：更高的自然資源價格和更低的探勘成本。因此，這種本質的力量傾向於使蘊藏量區域向圖 17.1 的底部右方擴張。它建議的是社會有關蘊藏量的眞正概念主要取決於技術和經濟的環境。

如圖 17.1 所示，總資源不只包含蘊藏量，同時也包含了尚未被發現的假設與懷疑性資源。總資源這個部分相當難定義，因爲它們超出經濟和技術領域的考量。基於這個原因，使得估計的正確性非常低，且不可信賴。簡言之，這樣的計算只是地質探勘。

在此情況下，怪不得非再生性資源的存量會有變數存在。首先，每一位分析者的預測是基於地質、經濟和技術條件的特殊假設。例如，只基於地質條件考量的資源估計對未來資源可用量之預測可能顯現得比除了地質因子以外明確加入經濟和技術的考量的預測來得樂觀。地質的考量只強調資源的存在；因此，在圖 17.1 中，它們包含於總方框內。換句話說，此處估計的是總資源基礎。此外，只基於地質考量之資源估計因不同研究而有許多變異（圖 17.1 假設和懷疑部分），這些可能由量化估計的特定技術，以及特定技術分析者的主觀估價而產生。

因此，得到非再生性資源估計結果互相矛盾的報告應不令人意外，就此方面而言，瞭解如何得到估計結果、是誰爲了什麼目的所做的估計等，都是很重要的。例如，是私人或公共考量下所做的研究？研究群是否基於特定的自然資源的意識形態及人類管理自然資源的態度來進行？進行特定資源估計時採用何種資源觀念爲中心？即，是採用資源基礎、資源、或是蘊藏量（見圖 17.1）？這些都是得到重要、可靠、有用的存量資源估計時的重要問題。

17.2.2 資源充足性的衡量：蘊藏量對使用量的比率

蘊藏量對使用量比率是一個常用於表示特定資源存量多久會被耗盡的估計指標，以最簡單的型態表示：

$$r = S_t/R_t$$

在此處，r代表完全耗盡存量的年數或是折耗期間，S_t是當期估計的存量，R_t是當期開採率或使用率。

從上面的敘述，蘊藏量對使用量比率是靜態的觀念，並基於此原因它的用處有限。即使調整資源使用率（R_t）計算未來成長率，也是如此。因為存量並非靜態觀念，因此在很多原因下會改變。尤其是存量估計會因發現新蘊藏地的地質因素，或考慮資源需求改變、替代品價格或改善資源開採技術等經濟與技術面因素而改變。儘管有這些明顯的限制，蘊藏量相對於使用量比率仍是一般所使用資源充分性的衡量方式。如果謹慎的使用，以蘊藏量對使用量比率為基礎的資源存量充分性的估計，在短期或中期的資源政策仍有所幫助。

在任何資源充足性的的嚴謹討論中，人們不僅必須考慮數量，也亦包括資源儲存的品質。對於礦物資源，品質層面能夠由檢查礦石等級的性質（如同由其他礦物測量那樣）和礦石的存量地點來確定它們的性質。這些問題和他們的含意簡要地在下一子節中說明。

17.2.3 平滑噸數等級假設

由一個給定的礦藏提取有用元素的總數量（礦石噸數）不能完全由礦物含有成分與岩石體積的基礎作推斷，這是因為這樣的一個程序無法徹底的說明存量是否充裕或者在岩石之內平均含有要素的量。此外，岩石豐富性的分布並非齊一；它在地表上不同地方的分布不同。儘管有這些問題，地質學家能提供可用來理解礦物元素的一般地質化學分辨的幾個描述性模型。例如：為描述鐵、鋁和鈦金屬的地質化學，可適用平滑噸數等級假設。平滑噸數是指在特定含礦岩石中沒有混合礦石的假設。

平滑噸數等級假設是指礦石等級（每公噸岩石材料中礦石成分之重量）相對於結晶豐富度（包含礦石之岩石材料噸數）的分配，如在圖17.2顯示那樣，圖形呈現一個鐘型的分配。剛開採時我們預期發現較高等級的物質（礦石密度較高的岩石）但結晶豐富度較低。但隨著開採量增加，雖然等級（以礦石密度而言）持續遞減，但元素（含礦石的岩石材料）持續增加。換句話說，隨著開採高礦石成分物質增加，我們發現有高豐富度的低等級物質。

如果這個假設有效，它具有下面的重要含意：首先，就礦產的區域存量，結晶豐富度隨開採過程遞增的事實表示，耗盡礦物資源主要是經

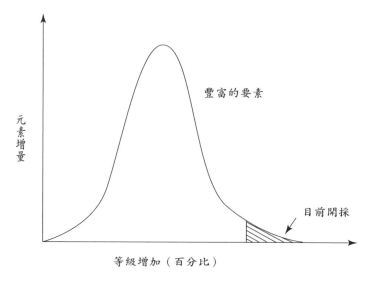

圖17.2　豐富和稀少元素的可能地質分配

濟事件，換句話說，經濟耗竭導致礦物資源耗竭超過地質門檻；第二，當開採技術無法突破時，增加開採量會造成成本的增加。換句話說，需要繼續投入更多勞動、資本和能源以提高元素的品質。然而，開採成本增加也許可透過開採中的技術進步和礦物物質的處理來彌補。在此情況下，我們假設同質（就礦石密度而言）豐富岩石元素的存在，隨資源開採技術上的進步，可能產生礦物資源幾近耗竭但開採成本仍然遞減的情況；第三，能量最終會是進一步開採和處理低等級但豐富的含礦物質的限制因素。

在我們離開這個主題以前，必須注意到平滑噸數模型的假設適用於大多數地質化學上豐富的金屬，例如：鐵、鋁和鈦。事實上，對於許多稀少的礦物元素，例如：水銀、錫、鎳和鑽石等，它們的地質化學分配顯示出嚴重的不連續性，即在開採輕易發現的高度集中礦石以後，這種礦石可能只會零星或以不同型式出現，且需千萬倍於現在的能量來開採（Brobst 1979）。在這些例子中，技術對減少開採成本的影響將明顯的較少，且能量對這些類型的礦物資源的有效性將是一個很有力的限制要素。

到現在為止，我們注意到非再生性資源有固定的量以作為資源的存量。雖然衡量非再生性資源的現在與未來使用量很困難，但就時間而言，這些資源因開採與劣化而減少，儘管透過回收可抵消部分的耗損。如此可見，非再生性資源的經濟學基本上涉及這些類型資源的跨時配置，這需要去決定一個非再生性資源應有多少用於現在消費以及留下其中的多少以作為將來的使用。這是資源經濟學的核心，也是這章主要探討的問題。下一節將使用簡單的分析架構推導非再生性資源跨時配置的柏萊圖（Pareto）最適條件。

17.3 非再生性資源的最適跨時配置

我們試圖在這節中推導非再生性資源的最理想跨時配置的條件。此種特質的經濟資源可以以動態模型顯示，即考慮到時間觀念的模型。處理這個問題需要使用超出本書範圍的數學基礎。資源跨時配置的基本分析是由 McInerney（1976）所提出，並使用二維圖形方法表示。

17.3.1 基本假設和先期分析

要使用二維圖形分析，需假設時間分爲兩期：現在與未來，並假設兩期的資源需求是確定已知。通常，所考慮的資源在完全競爭市場架構下進行交換，因此，資源所有者是價格的接受者（參見第 2 章）。同樣的，未來的效益和成本以社會貼現率予以折現（參見第 15 章）。爲簡化分析，我們進一步假設邊際開採成本不會隨時間改變。

讓我們從一個簡單情況開始分析，此處假設非再生性資源很豐富，有了這個條件，現在和將來該使用多少的決定由圖 17.3 表示。在這個圖中，MSB_0 和 MEC_0 表示邊際社會利益和邊際開採成本。同樣地，MSB_1 和 MEC_1 是未來的邊際社會效益和邊際社會開採成本，兩者皆以社會貼現率貼現。此外，因爲是完全競爭，需求與邊際社會效益應該是相同的（參考第 2 章）。最後一點要考慮的是，在圖 17.3 上，從原點到虛線的垂直線（或者 X 軸上的距離）的橫軸表示其整個可用於決定現在和將來的非再生性資源總量。

處於這個情況時，以目前和將來的需求來考慮整個開採成本。最適跨時配置會在當期開採爲 $0R_0$ 而未來開採爲 S_0R_1 時達到。這些結果是由各期之 $MSB = MEC$ 所決定。可以這麼做的原因是當本期使用 $0R_0$，留給未來用的 $0S_0 - 0R_0$ 比未來要用的 S_0R_1 少。這樣一來，在存量資源豐

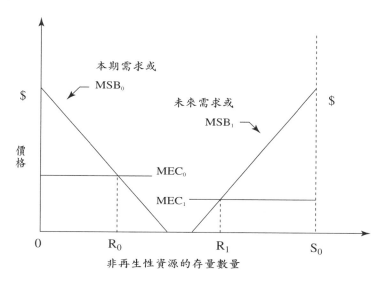

圖 17.3　豐富非再生性資源的最適跨時配置

富（即 $0S_0 - 0R_0 > S_0R_1$）的情況下，現在的使用不會防礙未來使用，即現在使用的機會成本（以犧牲未來使用來衡量）為零。因此，在這個條件下，能夠由每一個獨立時期中使邊際社會利益和邊際的開採成本相等來決定一個非再生性資源最理想的跨時配置。

17.3.2 不可回收之非再生性資源最適跨時配置的一般條件

到目前我們考慮現在使用不會影響未來可用性的非再生性資源之最適配置，換言之現在使用和未來使用是不衝突的。無疑地這代表一個不太可能的情況。實際上非再生性資源的現今消費將負擔犧牲未來使用的成本。這一子節試圖推導非再生性且不可回收資源在資源的目前和未來使用明顯衝突下之最適跨時配置的一般條件，將以圖 17.4 說明之。

首先需注意如果現代忽視未來需要，則如同上面所談論，總計為 $0R_0$ 的資源將被使用（此時 $MSB_0 = MEC_0$），這將留下合計 R_0S_0 資源給未來世代使用。然而，給定資源的未來需求和成本條件（分別是MSB_1和MEC_1），後代將偏好使用合計為R_1S_0的資源。這將是不可能的，因為現在和未來的使用資源的總計將超過資源的固定供給——即，$0R_0 + R_1S_0 > 0S_0$。這情況在之下，超出特定水準的現在使用會增加後代的成本，因為後代的可用資源減少了。於圖17.4，$0R_1$將是目前一代影響後代消費資源的最大使用量。如此，現代使用超出$0R_1$將自動地負擔機會成本。此種機會成本的本質是什麼呢？如何決定或辨識？如我們不久將看見，這概念在決定非再生性資源的最適跨配置時有關鍵性的作用。

若資源使用超出$0R_1$，機會成本能以未來犧牲之現值來測量，在環境和資源經濟學中，用來描述這種機會成本概念的術語經常稱為邊際使用成本（MUC）。於圖17.4，超過$0R_1$的現在消費，邊際使用成本的每個單位都是以MSB_1和MEC_1的差來測量，即未來效益增量的淨現值。如在圖17.4，邊際使用者成本，$MSB_1 - MEC_1$，隨超過$0R_1$之使用的增加而增加。在未來需求為，MSB_1，為負斜率的前提下即為如此。

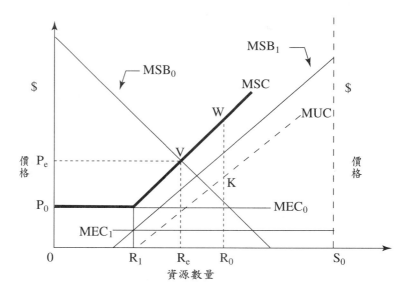

圖17.4　不可回收之非再生性資源最適跨時配置

依定義，「最適」的跨時資源配置建議，在決定現代資源開採時，應外顯地計算所有成本和效益，假如有的話，應包括加在後世的機會成本。如果嚴格地應用這邏輯，圖17.4中，當現在資源使用超過$0R_1$時，使用一個資源的單位的邊際社會成本（MSC）可由加總MEC和MUC而得。當以下的條件達到時最適的資源配置可達成：

$$MSB_0 = MSC \qquad\qquad\qquad (17.5)$$

或者

$$MSB_0 = MEC_0 + MUC \qquad\qquad (17.6)$$

式〔17.6〕事實上是非再生性資源最適跨時配置的一般基本條件。注意這狀況不同於我們前段資源使用與時間無關的討論。例如，參見由圖17.3描繪的情況，在這個環境下，最適條件不包括邊際使用成本。特別地，目前一代可以使用全部它所想用的，$0R_0$，而不會影響未來一代的需要，R_1S_0。因此，邊際使用者成本清楚地是零。然後，由式〔17.6〕所顯示的條件是一個一般條件，它可適用於全部的狀況。

根據圖17.4，現代和未來的最適資源配置分別是$0R_e$和S_0R_e。這是因為在$0R_e$時，$MSB_0 = MSC$（圖17.4中的V點）。此外，目前和未來使用的總計恰好等於在這兩個時期之間可使用之固定和的總可用量，即$0R_e + S_0R_e = OS_0$。這結果表示它代表使用全部資源$0S_0$的最大總淨社會效益，因為考慮了現代和後代的使用效益和成本，所以結果是社會最適。換句話說，17.4中V點$MSB_0 = MSC$是柏萊圖最適的配置。

正式地說明，$0R_e$實際上是柏萊圖最適配置，我們假定現代開採這個特定自然資源的數量為$0R_0$。如在圖17.4顯示，目前開採是$0R_0$，$MSB_0 = MEC_0$。換句話說，目前所使用的沒有考慮他們的將來開採造成的使用這個自然資源的成本，然而，在$0R_0$，MUC是正的，由線的

垂直距離 R_0K（或者在開採量 $0R_0$ 時 MSB_1 和 MEC_1 的差）表示。若外顯地考慮此成本，在 $0R_0$ 下，邊際社會成本（$MSC = MEC_0 + MUC$）大於 MSB_0。然後清楚地顯示出這個配置是不是最適的，因為 MSC 超過 MSB_0，代表著現代的使用過量，因此建議減少資源的現在使用。

一個類似的分析可被呈現在資源使用小於 $0R_e$ 時，在這個情況下，對每一少於 $0R_e$ 的資源使用，MSB_0 將大於 MSC；因此，社會可透過增加現在消費來增進福祉。這調整過程將繼續直到 MSB_0 等於 MSC 時，即在 $0R_e$ 時達到。這清楚地證實 $0R_e$ 是柏萊圖最適配置；移向任何一個方向都將使社會變差。

有需要在這個子節結束前做最後的觀察。在到達了資源使用社會最適的水準 $0R_e$ 那裡，特定資源的使用在那裡得到的兩期邊際淨利益（MNB）相等，即在 $0R_e$ 時，$MSB_0 - MEC_0 = MSB_1 - MEC_1$。這也可由敘述「非再生性資源最適跨時配置需使之各世代使用最後一單位資源的邊際淨效益相等」將之一般化。它是合理的，因為未達這個條件都需要對資源重新分配。例如，以資源使用的某種水準為例，去設想現代的邊際淨利益（MNB_0）比對將來後代邊際淨利益大（MNB_1）。處於這個情況，如果目標要總社會效益極大，則必須增加現代的使用，建議減少用於將來的使用數量。反之，假如 MNB_0 比 MNB_1 少，則應減少現代使用。為了摘要重述到現在為止的討論，當兩個下面的相互關聯條件達到時，即達到非可更新資源的最適跨時配置：

$$MSB_0 = MSC = MEC_0 + MUC \qquad \qquad 〔17.7〕$$
與
$$MNB_0 = MNB_1 \qquad \qquad 〔17.8〕$$

17.3.3 可回收之非再生性資源最適跨時配置

　　這一子節的分析和上面的假設相同，我們仍然關心非再生性資源的最適跨時配置；如此，使用涉及僅有現在和將來兩期的簡單架構分析。然而，在這個子節中我們將探討可回收之非再生性資源的使用情況。現在的問題是，可回收性如何影響非再生性資源之跨時配置如上一段的式〔17.7〕和〔17.8〕。

　　如先前所言，對非再生性存量資源而言，每次被使用將完全且不能挽回地損失（被破壞）。化石燃料即是一個例子。在這個情況，現在使用非再生性資源一單位將完全排除未來的使用。然而，若為可回收的非再生性資源，每當使用資源一單位，僅有一部分被完全毀壞（破壞）（記得要100%回收是不可能的），可回收產生的有用物質的數量極為不同，通常取決於地質、經濟和技術因素。然而事實仍是，不可能完全回收製造物質。此種部分損失有用物質表示非再生但可回收，存量固定的資源之邊際使用成本為正，即每次使用資源，即有一部分永遠不能於未來使用。然後，在某種意義上，目前使用意味未來失去使用的機會。然而，如果可回收，我們期望它的邊際使用成本較少。如在圖17.5顯示那樣，回收會使 $MUC_{w/o}$（沒有回收的邊際使用成本）下移到 MUC_w（可回收的邊際使用成本），注意其旋轉幅度取決於一些地質學的、經濟和技術等因素。

　　必須考慮的最後一項是開採的成本。相對於「處女」材料的使用，可回收恢復的材料不需要開採成本。由於這個原因，對於可回收的非再生性資源，有關邊際使用成本應該明確地考慮。在圖17.5以 MUC_n 表示邊際使用成本曲線上的點是由邊際開採成本（MEC_l）減去有回收的邊際使用成本（MUC_n）而得。因此，MUC_n 實際上表示開採成本減邊際使用成本。一旦完成這點，則如同在下面顯示，陳述可回收之非再生性

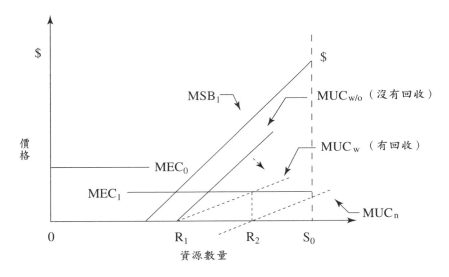

圖 17.5 回收對邊際使用成本之影響

資源最適跨時配置就很直接了：

$$MSB_0 = MSC = MEC_0 + MUC_n \qquad \qquad [17.9]$$

非再生性資源最適目前配置的一般條件式〔17.7〕與式〔17.9〕唯一的差別是對 MUC 的處理方式。因為我們期望 MUC_n 比 MUC 少（不可回收的邊際使用成本），可回收資源的最適解將允許比不可回收的非再生性資源更自由的使用。因此，回收的最終影響是使再生資源的目前使用較為自由。

17.3.4 使用成本本質的進一步回應和一些公共政策含意

到目前為止，我們已經得到不可回收和可回收的非再生性資源的柏萊圖最適跨時配置之均衡條件（式〔17.7〕至〔17.9〕）。在推導這些條件時，假設開採成本是不隨時間改變的常數且不考慮資源開採的環境危害。在這小節中，將清楚地重述考慮上述二個因素下的柏萊圖最適條件。但一般來說，我們必須先簡短地討論非再生性資源配置的政策。

在我們目前的簡單模型中，使用成本是有關聯的，因非再生性資源的現在開採將減少未來使用此項資源的可用性（存量），不過假設存量的減少不影響未來的邊際開採成本，也就是說，邊際開採成本被假設為不隨時間改變的常數。儘管如此，在17.2節中也討論到，當存量的標準下降，邊際開採成本將增加。上述的簡單模型中，忽略了這項開採成本變化的本質。

除了上述的考慮外，非再生性資源現在的開採可能造成對後世有深遠影響的環境損害。舉例來說，開採煤礦對生態造成破壞（滿目瘡痍的陸地）和干擾。

然後，很清楚地，在上面詳細討論的基礎下，包含更多和社會有關聯的使用成本的概念，應該代表所有未來的犧牲（包含放棄使用、更高的開採成本和更多的環境成本），此犧牲與特定單位之非再生性自然資源的使用有關。

現在我們已經檢驗出在這範圍廣泛的方法中，使用成本到目前為止在討論一般情況對開發非再生性資源的理想跨時配置時是非常有益的。所以很明顯地，使用成本在討論這議題上是很重要的。首先，應注意到：因為對第三者的影響關係，使用成本是一種外部性，也就是說，部分的使用成本包含現在使用未來世代自然資源福利未預期的效果。舉例來說，像先前討論的，使用現在資源可能造成更高的未來開採成本或負面的環境作用。在這假設中，如第5章所討論過的，在不考慮市場的情況下，非再生性資源將無法有效率的分配。特別在自由市場的基礎下不太可能考慮使用成本的所有元素，因此，非再生性資源的市場價格很可能被低估，因市場價格沒有考慮到使用成本。假如沒有修正，最終將導致不當的環境與生態的危害並加速資源耗盡的速率。在〔個案研究17.1〕中，清楚地敘述全球未考慮礦物開採及處理的所有成本造成的生態和人類價格的低估。在此狀況下，我們能做哪些補救？

〔個案研究17.1〕
開採地球

—— John E. Young

　　由學者以礦物劃分人類歷史：石器時代、青銅器時代和鐵器時代，可知人類福祉和礦物供給已連在一起好長一段時間了。低廉和豐富的礦物提供工業化的物理基礎。

　　工業國家持續專注於礦物是不令人意外的。例如在美國，關心在未來礦物供給的週期性波浪，已導致自1920年代以來，至少六個以上針對這個主題的討論會。1978年，美國會會議要求的研究主題，其實際上只質問一中心議題——資源是否會耗盡？

　　近年來的價格趨勢和礦物的可用性所提供的答案是「尚未用完」。開採技術規律性的改進已使產量增加導致價格下跌，儘管已有許多世界上豐富的礦田被耗盡。對許多礦物而言，世界多數礦田還會被徹底開採。

　　不過，稀少性的問題從不是最重要的。更緊急的問題是，這個地球是否能支付得起滿足人類對礦物貪婪慾望的價格？現今的低礦物價格反映當前的開採經濟：設備和燃料購買、工資、運輸工具、財務狀況等。他們缺乏考慮毀壞景觀、水壩或污染河川、採礦區的骯髒和那些不幸依賴礦物存量的原住民被驅趕或根絕等的所有成本。

　　為何礦物價格如此低？有一個原因是許多國家給予國內的礦物資源發展補助。舉例來說，自1920年以後，美國給礦業公司大量的免稅稱為開採津貼。礦工可扣除總收入5%至22%的稅，視礦物而定。在1872年的一般採礦法案中，美國礦業得到另一大筆不可計算的津貼。在未開發地區，許多那些找到堅硬岩石礦物（像金、銀、鉛、鐵和銅）的人被合法允許以12美元／

公頃或更少的價格買到公共範圍內的土地。

　　日本提供貸款、津貼和稅制誘因鼓勵探勘和開發境內的礦床。相似地，法國政府也給礦床探勘財務上的援助，同時也經由一個州有的企業 Bureau de Recherches Geologiques et Minieres（BRGN），直接投入礦物開採的計畫。德國的礦床雖然相當少量，但也對探勘提供直接的鼓勵。

　　工業國家也嘗試經由國際貿易和支援政策來擔保繼續供給廉價礦物……這些國家也常藉由世界銀行之類的機構來扶持開發中國家採礦計畫的財務融資——有時伴隨確保未來礦物資源的目的。

　　這些發展的整體結果是世界採礦產業巨大的轉變——從相對穩定的寡占產業轉變為不可預測的極度競爭產業。這種轉變使許多第三世界礦物生產者在一夕間改變其發展策略。

　　另一個常被忽視的方面是開發中國家在礦業對當地人民和他們生活環境的影響。急切的開採更多礦物和獲得更多的出口收益為原有豐富礦藏的家鄉帶來災難。

Source: Worldwatch Institute, *State of the World 1992*. Copyright © 1992
　　　　Reprinted by permission.

　　簡單的回答這個問題，可用在第11章和第12章中所討論的類似公共政策措施的型式來達到補救環境外部性的目的。這些措施也許包含用某種形式的罰款來提高非再生性資源的市場價值，使得使用者所付的價格與所考慮資源的社會價值相對應，即圖17.4中的 P_e。另外一種達到相同目的的方法是如 Herman Daly 和其他人（見第8章和第9章）建議的配額，不過，如同第5章以相當篇幅所談及的，實際上執行這種本質的公共政策是不可能不花錢的，他們需要訊息的取得（對未來需求條件、技術與偏好的改變），而這些訊息取得是困難且昂貴的。而且，一旦被執行，為了更有效率，這些政策必須更確實地厲行。因此，在某些情況中，自然資源公共政策之訊息和執行成本或許太高以致被認為政策無效。

　　另一個與公共政策角度有趣的議題是，回收對減輕非再生性資源未來可用極限所扮演的角色。在此情況，如圖 17.5 所示，回收的效果是減少使用成本。能減少多少使用成本則取決於從已經在使用的資源所能回復的原來物質總量。影響某一自然資源回收力的重要因素包括：回收技術、所考慮資源的生物化學成分，和我們所關心的資源如何與不同種類的其他資源結合，以形成最終產品。

　　從公共政策的角度，既然回收延伸了自然資源的預期壽命，也就應該鼓勵回收，然而事實上的做法，可將回收視為資源保護措施。獎勵回收最傳統的方法是藉由提供財務的誘因去改善原料回收的技術。不過，技術不應是唯一改善回收潛力的答案。像第 8 章指出的，物質回收可經由生產「可取代的產品」和藉由生產「耐久財貨與勞務」而獲得顯著改善。這兩種準則，可取代性和耐久性，要考慮到技術以外的標準。基本上，他們需要整體消費者偏好的改變。但這些改變很難實現，但可經由有系統性的、深思熟慮的和延長競爭的設計，增進大眾對回收價值的認知。

　　不過，不能將回收視為補救非再生資源的限制的萬靈藥，回收不能克服自然對技術限制（熱力學的定律排除百分之百回收）。也就是說回收被習慣性的用於延長非再生資源的生命週期，並不會創造新資源。

　　最後，非再生性自然資源的跨時配置上，使用成本不能只考慮到技術與經濟因素。像在第 8、9、15 章所討論的細節，我們願意留給後世的自然資源總數（考慮世代間的公平性），取決於這社會上我們共同擁護的道德與倫理價值（後面有更多討論）。

　　這小節中，我們集中於推導非再生性資源柏萊圖最適跨時配置的一般均衡條件。很清楚地，這些均衡條件建立社會應決定現在和未來可使用固定且不可再生資源的總數的一般規則。而且由到目前為止的討論，當前的市場均衡價格，圖 17.4 中的，決定於滿足最適條件之點，即 P_e $= MSB_0 = MEC_0 + MUC$。不過，此條件對隨時間變化的非再生性資源價格和開採路徑無法提供洞察。這是下節的主題。

17.4 非再生性資源的最適價格和開採路徑

這一節的主要目標是追蹤非再生性資源隨時間的價格和開採率之最適時間路徑或變動。由於其本質，此種分析是動態的，且需要進階的數學技巧。儘管如此，此處仍試圖以簡單分析方法探討上述目標，不可否認的，無可避免需有一些假設：

首先，假設所討論的非再生性資源存在於已知位置且可清楚認定；此外，資源的所有權是清楚界定的；其次，假設此資源於完全競爭市場下交易，因此資源擁有者是價格接受者；第三，假設所探討的資源之需求不隨時間改變，未來資源價格確定且已知；第四，開採成本假設為零（或相對於資源價格，低到可以不計）。需求不變和開採成本為零的假設，純粹是為了方便分析。一旦發展了模型後，即可放寬這兩個假設而得到較豐富的含意。

最後一個假設有關耐久之資產的市場——即耐久財，此類資產的例子包括：房子、重要家電、公司股份和礦物儲存。這些資產的共同特性是其消費或使用可延伸到以後使用，因此，取決於資源擁有者決定資產中多少要現在使用、多少要留到以後使用。

在資產市場中，利率扮演重要角色，因為它代表持有標準物之資產的報酬率，此處需要另一個假設，即實質（經平減）利率由競爭市場力量決定，且長期實質利率為常數。

在上述假設下，下二子節即將試圖決定非再生性存量資源最適價格路徑的條件。

17.4.1 非再生性資源價格之時間路徑

　　我們假設非再生性資源存在於已知位置且數量有限，此資源由個人擁有，而擁有者可依其意願在任一時點開採部分或全部資源來出售。擁有者的主要目標是求他所出售資源存量現值極大，他應採何種決策準則以確保此目標之達成呢？他所需要的是能指引他何時出售或持有資源存量的決策法則。

　　為建構此決策法則，令 P_t 代表時間 t 之資源市場價格，顯然，在任一時點，在市場價格訊息下，資源擁有者有兩個選擇：(1)在 P_t 價格下賣一些資源存量，換得不同型式的物理或財務資產；或(2)繼續讓資源留在地下，以後再賣。

　　在上述條件下，若決定在 t 時賣一些資源以獲得標準物資產，則在 $(t, t+\triangle t)$ 這段期間的實質報酬率為 r；若在 t 時決定不賣，在 $(t+\triangle t)$ 時則可賣得不同的價格 $P_{t+\triangle t}$，此期間的預期報酬為：

$$(\triangle P/\triangle t)/P_t = \dot{P}_t/P_t \qquad\qquad\qquad [17.11]$$

式中 $\triangle P = (P_{t+\triangle t} - P_t)$，$\dot{P}_t$ 為單位時間的價格變化，即 $(\triangle P/\triangle t)$，而下標 t 代表時間，$t = 0, 1, 2, ..., \infty$。$\dot{P}_t/P_t$ 告訴我們，資源價格在時間 t 的變化百分比，因為此式在後面分析中扮演重要角色，此處以簡單例子說明，有助於瞭解。假設某資源十年前價格為 \$40／磅（$P_0 = \$40$），現在實質價格是 \$75／磅（$P_{10} = \$75$），則這十年間實質價格每年增加 \$3.50／磅（即 $\dot{P}_t = \triangle P/\triangle t = \$3.50$），若將此價格變化除以原價格（$\dot{P}_t/P_0$），其結果為 0.0875，這表示，平均而言，資源價值每單位時間上漲了 8.75%，因此 $\dot{P}_t/P_t$ 代表單位時間的價格上漲率。

有了這些，資源擁有者如何決定是否要在t期出售資源？其決策最終取決於價格上漲率 $\dot{P}_t$ /P_t 和擁有其他資源的報酬率r之關係。更確切地說，若價格上漲率大於r，則值得擁有者保留資源，反之，若價格上漲率小於r，則出售。因此，擁有者在價格上漲率等於r時覺得沒有差異（達均衡），故均衡條件為：

$$(\Delta P / \Delta t) / P_t = \dot{P}_t / P_t = r \qquad \qquad 〔17.12〕$$

　　式〔17.12〕一般稱為套利方程式，在資源經濟學中常稱為Hotelling法則，乃是因資源經濟學領域的大師 Harold Hotelling（1931）的發現而命名。此法則建議，在任一時點，只有當資源價格上漲率等於r時，擁有者才會對開採或保留資源感覺無差異。

　　由式〔17.12〕所引申的重要含意是：只要標準物資產的報酬率r為正，非再生性資源的市場價格不會是固定的，特別是非再生性資源的競爭價格會以r的比率上漲。為清楚說明，應注意到目前所討論的市場價格P_t是指非再生性資源擁有者從出售一單位資源所獲得的淨現金，因為我們假設開採成本為零。因為這個理由，在此簡單模型中，P_t代表一種「租」——擁有者扣除生產成本的淨利得，因此，應強調在此簡單模型中，「租」隨時間的增加率是r。

　　此外，由15.5節的分析我們說明，當某種東西（如銀行存款）隨時間以固定比率成長，其成長為指數型態，這表示長期非再生性資源的競爭價格（租）呈指數成長，這是很重要的發現。

　　圖17.6顯示，非再生性資源競爭價格隨時間的變化，在原始價格P_0下，任一時點的市場價格P_t以r的比率呈指數成長。注意，在其他條件不變下，r越大，價格上漲得越快。圖17.6中，r_1大於r_0，因此，對應於較高報酬率r_1的曲線比對應於較低報酬率r_0的曲線陡。

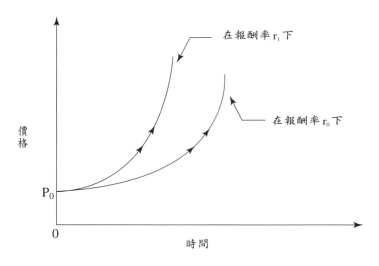

圖 17.6　非再生性資源價格之時間路徑

在以上的觀察基礎下，可得到下面重要的推論：在資源市場為完全競爭下，非再生性資源的開採會伴隨價格穩定增加，此外，在其他條件不變下，此種價格穩定增加會使開採率降低。這隱含未經管制的競爭市場有自動保育非再生性資源的機制，因此，建議將資源配置留給市場去運作。

由到目前的討論，我們注意到市場經由穩定上漲的價格來保育資源。然而，尚未說明價格變化的確實本質，這是下一子節的主題。

17.4.2　最適價格路徑和資源耗竭

在原始價格 P_0 和長期資產報酬率 r 下，〔17.12〕式建議非再生性資源價格路徑如圖 17.6，即價格呈指數成長。然而，在追蹤價格路徑時，並未說明原始價格 P_0 如何決定，這是重要的訊息，因為它會影響價格路徑的確切本質。

在完全競爭的市場設定下，如圖 17.4 所示，與非再生性資源最適

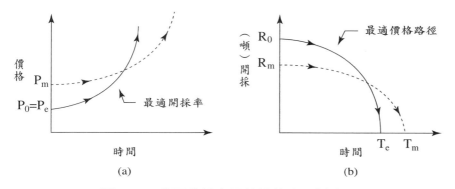

圖17.7　非再生性資源的價格和開採路徑

跨時配置一致的市場價格在 $P_e = MSB_0 = MEC_0 + MUC$ 的條件下達到，因此，若目標為追蹤最適價格路徑，則原始價格 P_0 需滿足此條件。其圖形如圖17.7所示，假設 $P_0 = P_e$，即原始價格在競爭市場下確保資源最適配置，以此為起點，價格路徑如圖17.7a——其指數上升率為 r，對應的開採率如圖17.7b——為單調遞減，最終在 T_e 時耗盡。這表示價格穩定上漲會伴隨資源可利用性穩定遞減，這些價格和開採路徑被視為每一時點的最適，即滿足式〔17.4〕的跨時資源配置條件，它們描述在完全競爭世界的柏萊圖最適價格和開採路徑。真實世界很少是完全競爭，以上分析是「理想」條件。

17.5　不完全競爭世界的資源價格和開採率

本節主要目的是說明真實世界與理想條件的分歧點，考慮的情況包括：(1)資源擁有者具明顯壟斷力，即他們不再是價格接受者；(2)資源開採的環境和生態成本內部化；(3)未來市場無法確知；(4)社會貼現率與私人貼現率不同，類似的問題是世代間公平問題。

對以上四種情況，不僅試圖說明實際與理想有多大差異，也嘗試提供可能的偏誤方向之線索，即以完全競爭世界的結果為標竿，說明在各種情況下資源使用太快或是太慢。

獨占力

假設資源擁有者為獨占者，個體經濟理論確認有獨占力的資源擁有者傾向於提供比競爭市場產量小、價格高的資源。在獨占下原始價格可能較高，然而，在獨占下，是邊際收益而不是價格隨利率上升，因此，既然獨占的邊際收益小於價格，價格上漲率小於利率，其含意為何？

由圖 17.7a，令 P_m 代表獨占市場結構下的原始價格，高於完全競爭之價格 P_e，獨占價格路徑以虛線表示，比柏萊圖最適價格路徑為平緩，因為獨占價格上漲率小於利率。

圖 17.7b 的虛線是獨占時的開採率，獨占延長非再生性資源的耗竭期（T_m 而非 T_e），這是否表示，如一些經濟學家所建議：「獨占是保育者的真實朋友」？

就某些觀點而言，不應輕視此結果，因為許多資源市場接近獨占，除了著名的石油卡特爾石油輸出國組織（the Organization of Petroleum Exporting Countries, OPEC），還有很多礦業公司（如生產銅、鋁、鹼等）也以某些獨占方式運作。若獨占是常態而非例外，則真實世界的資源開採太慢了！

另一方面，偏向保育的偏誤可由下面兩種情況彌補：(1)開採部門明顯的規模經濟——這並非不可能（見第 7 章）；(2)對開採原始物質資源的政府補助（見〔個案研究 17.1〕）。考慮此二因素，獨占「是保育者的真實朋友」的註解可能有問題。

環境外部性

從以上的討論可知，社會最適價格路徑需原始價格 P_0 之設定滿足下面一般條件：

$$P_0 = P_e = MSB_0 = MEC_0 + MUC$$

當非再生性資源配置由私有市場引導時，使用成本反映放棄未來私人效益（利潤）的犧牲。然而，如前面討論，從社會的觀點，使用成本可能不限於資源擁有者犧牲的利潤，可能尚包括外部成本，如現在資源利用對未來開採成本的影響及對自然環境的損害。因此，競爭市場體系只基於私人的獨立決策訊息，可能無法完全考量現在開採耗竭資源的環境損害結果。目前的例子是使用條狀採礦技巧的環境損害，在此情況下，極可能私人邊際使用成本（資源擁有者犧牲的未來利益）不能完全反映社會邊際使用成本——包括現在開採方法的環境和生態效果（見〔個案研究17.1〕）。在此情況下，由於牽涉環境外部性，社會邊際使用成本高於私人邊際使用成本，與第5章討論一致，邊際社會與私人使用成本的分歧指出了市場失靈。

這建議的是，社會最適原始價格會在圖17.7a的P_e以上，因為市場價格未包括外部成本，結果，未管制的競爭市場體系會鼓勵較快的開採。儘管私人競爭市場體系有保育非再生性資源的自動機制，從社會的角度，資源保育的程度可能不足。

貼現率

到目前為止，本章的分析尚未區分社會和將來貼現率，事實上，在推導柏萊圖最適路徑時，假設採用社會貼現率。然而，資源配置是在私人市場，私人與社會貼現率的分歧是可預期的，更確切地，如15.5節所討論，私人貼現率傾向於大於社會貼現率。若社會貼現率不同，則完全競爭會導向社會最適跨時配置的宣稱可能是無效的，換句話說，在跨時資源配置中，（完全競爭世界的）柏萊圖最適和社會最適配置不同，後者堅持未來效益和成本以社會貼現率貼現。

為何私有資源擁有者傾向於對未來的貼現重於社會整體的貼現？其論點為對未來資源價格及未來稅負的不確定性和因政府徵收失去所有權的風險，資源擁有者以高於社會的貼現率貼現。此外，私人擁有者對未來較持短視近利立場，因此決策的時間基礎比社會整體短。

　　較高貼現率的結果是私人資源市場的開採比社會所欲還快，明顯傾向現在開採，因此，若一般私人資源市場偏向較高的現在開採率，基於此的制度設定能足以保障後代的利益嗎？事實上，如第15章所討論的，只要社會和私人貼現分歧不加以矯正，未來世代福利考量將仍是確實且嚴重的問題。

缺乏未來市場

　　本章的分析假設資源擁有者可精確預測未來價格和資源存量（多寡）條件，此假設消除價格和存量不確定的考量。然而，真實世界中此種不確定性是存在的，且對資源長期而言並沒有未來資源市場——可用以在未來好幾代都同意的價格和數量下交換耐久財的市場。

　　因此在相當程度的存量和需求不確定存在的情況下，未來價格頂多只是預期價格，這些預期可能基於對未來需求和資源多寡的最佳可用訊息而形成——通常這需要成本，就某種程度而言，也會受私人決策的風險接受行為影響。

　　不確定性導向較快或較慢的資源開採？主要因為問題的隨機性質，結果也有不同。然而，一般而言，不確定性的偏誤較可能導向現在開採較多，此結論是基於資源擁有者一般而言為風險趨避且對未來較短視。

17.6 資源耗竭、後補技術和成長的極限

　　在本章已看到非再生性資源的開採伴隨著價格穩定上漲，因此，非

再生性資源的稀少性伴隨著遞增的成本，就某些方面，支持古典的稀少性遞增學說（見第7章）。然而，本章的資源稀少性和古典學說的資源稀少性在觀念上有一主要不同，本章所指是特定資源的稀少性，而古典學說所指是一般資源的稀少性。事實上，當所強調的稀少性是指如本章的特定資源時，在長期不必認為非再生性資源是經濟成長的阻礙，其理由相當直接。

第一，如本章指出，非再生性資源的耗盡會伴隨價格穩定上漲，隨著價格上漲，此資源使用者會開始找尋替代品，此種找尋預期會帶來技術進步，例如，假設美國現在多數電力由燃燒燃料，特別是煤而來，當燃料耗盡時，長期其價格預期會穩定上漲，如圖17.8，此上漲趨勢不會永遠持續，因為到某一價格水準後，產生電力的其他資源如太陽能或核能會變得經濟可行，在圖17.8，當燃料價格達到P_{max}後就會發生，這代表技術對燃料的價格上限。

圖17.8的一般應用是自然資源價格穩定上漲最終會到達技術轉捩

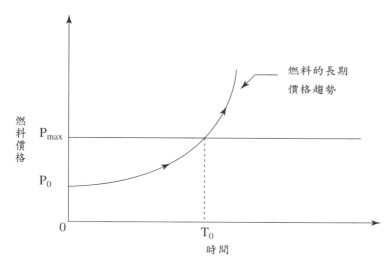

圖17.8　後補技術

點而讓價格停止上漲，這種現象稱爲「後補技術」（backstop technology）。在上面的例子中，後補技術是太陽能或核能，預期在T_0時會變成經濟可行。注意在T_0時純粹的經濟考量會使燃料終至耗盡（即不是物理上，而是經濟上），然而，這不應是警戒的原因，畢竟耗盡的資源逐漸會被未耗盡的資源取代：太陽能。如本章引文之一指出，許多現代經濟學家有此共同觀點：「耗盡某種資源是一事件，不是慘劇。」以此觀點，耗盡某種資源不應視爲阻礙經濟成長的元兇。

然而，如第7章討論，這種觀點只有在下列三條件下才能得支持：第一，不可有一般性的資源稀少；第二，技術進步沒有極限；第三，資源配置的機制必須具有高度彈性和效率的。

此外，應注意圖17.8說明非再生性資源價格趨勢是穩定上漲，即價格趨勢是持續的。這排除不連續價格變化的可能性，但其實如果有突然且非預期的重要資源耗盡，這是可能會發生的。

17.7 摘要

1. 本章試圖研究非再生性資源經濟學的初步。

2. 對非再生性資源，假設其存量的自然發生率爲零，因此，在沒有回收下，每次使用就以開採率耗竭，這有下面兩個含意：

   ■在極限，持續使用非再生性存量資源無可避免會導致耗盡。
   ■使用一單位非再生性資源表示未來使用總量的永久損失。

3. 考慮回收並不違背前二準則，回收只是延緩耗盡。

4. 礦物資源儲備量可信的數量評估取決於很多經濟、地質和技術因素，且是極爲困難的。因此，基於現在地質估計和現在消費率的未來資源充足性之衡量通常是誤導且不足的。

5. 礦物資源的耗盡只是一個經濟事件，因為經濟耗竭會領先地質耗竭。

6. 非再生性資源基本經濟問題是有限地質自然資源的跨時配置，因此，主要議題是應有多少非再生性資源開採用於現在消費及應有多少留在未來使用。

7. 使用二維圖形的簡單模型，可追蹤非再生性資源最適價格路徑和開採軌跡，主要的結論為：

- 非再生性資源的最適開採率在價格（或邊際社會效益）與邊際開採成本加邊際使用成本相等時達到。包括邊際使用成本是這個最適條件的重要特徵。如前所述，使用一單位非再生性資源會帶來未來使用總量的永久損失，使用成本是犧牲未來使用的機會成本。

- 考慮回收可降低使用成本，雖然無法消除。

- 資源價格會與和長期利率——持有標準物財貨的報酬率相同的比率成長，此報酬率穩定的事實表示資源價格隨時間呈指數成長，其含意深遠，表示市場有保育非再生性資源的自動機制——讓資源由市場配置乍見證據確鑿的情況。

8. 然而，由私人市場保育非再生性資源不一定是社會最適，且一般而言，其偏誤是傾向開採太快。

9. 解釋此種開採太快偏誤的現象有一些綜合性因素，其中包括市場不完全競爭和資源開採部門的規模經濟、因缺乏未來市場導致對未來價格和資源存量多寡的不確定性、社會和私人貼現率的不同、資源價格中未涵蓋的環境和生態損害效果及私人資源擁有者和計畫者對未來的一般短視近利現象。

10. 政策決策者可利用稅、配額和其他限制型式矯正私有市場偏向過度開採非再生性資源的偏誤，補貼原料資源的探勘是值得認真考慮的。

11.本章最後探討的是非再生性資源限制未來經濟成長的程度，在有後補技術（backstop technology）下，某特定非再生性資源的耗盡不會造成主要經濟干擾，資源耗盡的過程逐漸進行，直到替代性的來源之供給接手。

第八篇

資源稀少性、人口、貧窮和環境

第八篇只包括第18章一章，檢視開發中國家人口、貧窮和環境惡化間複雜的交互關係，人口過多、貧窮和環境惡化的問題是以全球觀點來探討，雖然這些問題的短暫衝擊主要在於在開發中國家，已開發或工業化國家被視爲是這些議題的問題和解答。

這一章特殊的議題包括：世界人口問題究竟是什麼？世界人口是否已過多？世界人口的空間分佈情形如何？它應是擔心的來源嗎？未來全球人口趨勢如何？人口快速成長對資源利用和環境品質有何顯著負面效果？如何控制人口成長？過去三十年減緩開發中國家貧窮的經濟發展計畫成就如何？國際貿易對開發中國家經濟發展和生態保存是有益還是有害呢？

開發中國家面對種種政治和經濟問題，實務上能預期他們在沒有已開發國家的財務和技術支援下設計並執行有效控制人口的政策嗎？已開發國家尋找減緩全球環境和資源問題的主要責任是什麼？維持一個人口—資源—環境交互關係的「適當全球平衡點」需要什麼？此外，若「適當平衡點」是指人口—資源—環境交互關係與永續發展一致的條件，我們能預期在沒有堅強的國際合作下達成嗎？更甚者，世界組織會及時覺醒以實施對永續發展很重要的社會重安排或道德／倫理轉變嗎？

上述一系列的問題反映出人類尋找解決許多環境和資源問題的挑戰。

第18章
開發中國家的人口、發展與環境惡化

學習目標

閱讀本章以後，你將熟悉下列各項：

- 開發中國家經濟、人口和環境問題的共同元素。
- 從歷史上和相對於已開發國家，開發中國家人口問題的性質。
- 人口轉變理論及其對人口控制的意義。
- 人類生育的個體經濟理論及由經濟誘因控制人口的意義。
- 開發中國家經濟發展、人口、貧窮和環境惡化的交互關係。
- 開發中國家貧窮的惡性循環。
- 為何貧窮現象無法透過如工業化國家的資本累積或自由貿易的傳統發展模型而減輕。
- 經濟發展計畫如何導致環境惡化，從而對生產力和所得產生不利影響。
- 政治不穩定、傳統限制和許多有價值的再生性資源（如森林、漁業、農地）不安全的財產權系統如何持續使穩定人口、控制污染和保育資源等公共政策失敗。
- 與已開發國家的貿易如何加速許多開發中國家森林砍伐礦產開採和動植物物種滅絕。

在世界貧窮地區，經濟發展和人口成長是重要的環境考量，多數所謂第三世界國家處於急速加速的環境惡化痛苦中，他們所經歷的毀滅與工業化國家極不相同，需要以社會─環境理論及經濟─生態計畫來處理。

—— Lewis 1992: 191

環境學家長期以來一直考量人類對環境的衝擊。開發中國家快速人口成長和已開發國家高度資源消費，是環境損害最重要的原因，但試圖研究人口與環境關聯顯示它們之間的關係極為複雜。

—— Population Reference Bureau 1997: 4

18.1 緒論

第6章以馬爾薩斯理論探討人口成長、經濟成長和環境惡化的交互關係。雖然人口成長還沒有如想像中的，即刻帶來馬爾薩斯主義者的災難威脅，但是它仍是一個嚴重問題。這是因為人口的快速成長是開發中國家貧窮和環境惡化循環的主要原因之一。這章的首要目標是要有系統地檢查開發中國家人口成長、貧窮和環境惡化交互關係本質。我們將會看到這些關係不僅複雜而且在許多方面是互相衝突的。

在分析這個問題時，注意「開發中國家」由不同種類組成是重要的，他們的經濟發展程度不同，也沒有相同程度的人口和環境問題。如不久將顯示的，其中一些國家非常成功控制住它們的人口成長且在經濟上保持穩定成長（由平均每人國內生產總值增加來衡量）。然而，當這些國家在與貧窮奮戰之時，他們是由空氣和水污染的增加和透過對例如沼澤地和珊瑚礁的損害取得勝利。在海岸的生態系統如砍伐林木、土壤腐蝕、漁撈過度的損害，表現出自己資源的加速比率的消耗（Trainer 1990）。這些國家的例子，例如南韓、台灣、墨西哥、巴西和阿根廷。

另一方面，許多非洲、拉丁美洲和東南亞的國家同時面臨貧窮和環境惡化的問題。主要的原因之一是這些國家無法控制它們人口成長的快速比率。在一些非洲和拉丁美洲國家中（例如，尚比亞、肯亞、奈及利亞、薩爾瓦多、宏都拉斯和尼加拉瓜），這些國家的人口每年以3%到4%的比率成長。在許多最貧窮的開發中國家，人口成長一直比國內生產總值增加得更快速，平均每人所得顯示每年的負成長。在這些國家中，貧窮和人口的成長使生態系統的承載能力方面發生危險的壓力，並產生普遍沙漠化和林木減少的問題（Lewis 1992; Trainer 1990）。

雖然存在這些差別，但是這些「開發中國家」有某些共通性。就不同程度而言，人口對大多數這些國家仍然是一個主要問題。城市化是這些國家共存的另一個問題。大多數這些國家政局不穩定、所得和財富分配不均，而且它們缺少對再生性資源如森林、漁場和農地清楚制定所有權以作為必要的傳統和公共機構的基礎（Turner et al. 1993）。這些都是強化短期和長期經濟人口和環境問題的因素。在找到這些問題的解決方法之前，這兩類國家（經濟上看似發展很好者及未發展者）都將持續有共同的經驗：嚴重的環境惡化（Lewis 1992）。

下一小節將使用出版的資料檢視世界人口的成長趨勢和空間分配。這些歷史資料提供開發中國家相對於已開發國家之人口問題本質一個清楚的輪廓。

18.2 全球人口的成長趨勢和空間分配：歷史觀點

　　穩定人口成長是二十世紀中的主要特性之一，即顯著的人口變化，相對於幾百萬年來人口的成長極不顯著，死亡人口可抵消出生人口。如圖18.1顯示，世界人口以穩定但是很低的比率成長，在大約西元1800年達到十億的人口。換句話說，到達開始的第一個十億，是在數百萬年中才達成。然而，如圖18.1顯示的，從第十七世紀開始，世界人口一直在以更快速的速度成長。圖18.1使這一點更清楚。到達開始的第十

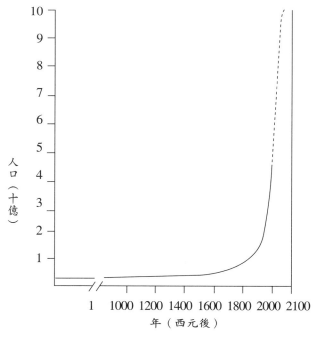

圖18.1　過去和預測世界人口

Source: Reprinted by permission from World Bank, *The World Development Report 1984*, Copyright © 1984 (Washington, D.C., 1984), P.73.

億人口，花了數百萬年時間，而在僅僅一百三十年中，增加了十億。雖然成長比率從七〇年代以來趨於穩定，但使世界人口成長十億卻僅僅花了十二年。根據圖18.1預測，在西元2100年世界人口大約穩定成長至100億。

此外，當我們的焦點放在最近的世界人口成長時，有些情況變得更引人注意。在二十世紀的開始，世界有15億人口。在本世紀前半（1900年至1950年），世界人口以一個相對地較低比率成長，每年平均以0.8%的比率成長（World Resource Institute 1987）。在六〇年代以前，地球有30億人口，而且每年的成長比率到達2%。在下一個十年（1960年至1970年）中，世界人口以加速比率成長，達到每年增加2.06%的新高峰。死亡率的減少，與持續的高出生率，尤其在開發中國家，造成此快速成長。

從1970年早期，世界人口成長顯現慢速但穩定的減少，更確切的說：由1970年人口成長率2%降到現在的1.52%（Population Reference Bureau 1996）。這個下降歸因於教育程度的提升使世界出生率減少以控制出生率，及由各種政府和私人機關採取專門預防措施。例如中國，世界中人口最稠密的國家，在這個時期嚴格實施「一胎化」政策。

儘管已有每年人口成長的比率慢下來的進步成果，但地球的總人口

表18.1　世界人口成長10億之大約期間

大約時間	人口（十億）	造成成長的年數
1800	1	（百萬年）
1800 — 1930	2	130
1930 — 1960	3	30
1960 — 1975	4	15
1975 — 1987	5	12
1987 — 1999	6	12

Source: Compiled from World Resources Institute（1987）.

仍繼續增加。有幾個因素解釋它，其中最主要的是死亡率不斷減少，世界人口在1999年7月達到了60億的絕對水準，並且目前人口的年紀結構的變化（即事實上，世界人口的更大百分比在15歲以下，尤其在世界的開發中地區）。如同在表18.2中顯示那樣，世界人口每年平均穩定的增加。在九○年代期間，平均而言，每年約增加8,400萬人，這比七個紐約市人口還多。

到目前為止，焦點在於全世界整體的人口成長趨勢。然而，這些趨勢，基於合計資料，無法顯現世界的不同地區之間的差別，人口成長率分配（參考表18.3）和人口分配（參考表18.4）顯示在已開發和開發中

表18.2 自1950-1990年並預測至2000年每十年世界人口之成長

年	人口（十億）	每十年增加	平均每年增加
1950	2.565	—	—
1960	3.050	485	49
1970	3.721	671	67
1980	4.477	756	76
1990	5.320	843	84
2000	6.241	921	92

Source: *Worldwatch,* Vol.2, No.5, September/October 1989, p.34. Copyright © 1989. Reprinted by permission of the Worldwatch Institute.

表18.3 1950-1985年各區域每年人口成長的比率（百分比）

地區	1950 - 5	1960 - 5	1970 - 5	1975 - 80	1980 - 5
非洲	2.11	2.44	2.74	3.00	3.01
拉丁美洲	2.72	2.80	2.51	2.37	2.30
東亞	2.08	1.81	2.36	1.47	1.20
南亞	2.00	2.51	2.44	2.30	2.20
開發中國家	2.11	2.30	2.46	2.14	2.02
已發展國家	1.28	1.19	0.89	0.74	0.64
總世界	1.80	1.96	2.03	1.77	1.67

Source: R. S. McNamara, *Foreign Affairs,* Vol.62, 1984. Reprinted by permission of the author.

的國家之間有相當大的差別。

1750 年至 1950 年兩個世紀當中，這兩個類別的國家人口分別以 0.4% 和 0.9% 之間的低比率成長（McNamara 1968）。此外，在這個時期，已開發國家成長率比開發中國家稍高。然而，如表 18.3 所示，從 1950 年開始，開發中國家人口成長的每年平均比率大增，勝過已開發國家。例如，在 1960 年和 1965 年之間，這些開發中國家的平均成長率粗略地估計，大約兩倍於（2.3% 相對 1.19%）已開發的國家。在二年以後，1980 到 1985 年之間，這些開發中國家的人口成長速度比已開發國家（2.02% 相對 0.64%）多出三倍。若以地區別陳述，如果這些比率長期仍持續，不到 35 年，這些開發中國家的人口會變為 2 倍，100 年後會是所有已開發國家人口的 2 倍。（如表 18.3 中顯示那樣，人口成長率在不同的開發中國家並不相同。此外，雖然相對於已開發國家人口成長率很高，但人口成長率除了在非洲以外，其餘皆是下降）

然後，清楚地，如表 18.4 中看見，這樣的差別使世界人口分布偏向於開發中國家。在二十世紀之初，世界三分之一人口居住在已開發國家；這個比例大約保持到 1950 年。自從五〇年代以來，在這些已開發國家中居住的人口一直穩定減少。以西元 2000 年來看，世界人口僅有大約五分之一在這些已開發國家中居住，即代表在目前，世界中每五個

表 18.4　1900-2000 人口趨勢（百萬人）

	1900	1950	1985	2000
開發中國家	1,070（66）	1,681（67）	3,657（76）	4,837（79）
非洲	133	224	555	872
亞洲	867	1,292	2,697	3,419
拉丁美洲	70	165	405	546
己開發國家	560（34）	835（33）	1,181（24）	1,284（21）
總計	1,630	2,516	4,837	6,122

Source: *World Resources 1988-89*, p.16. Copyright © 1988 World Resources Institute.
註解：括弧中的數字是世界人口百分比。

人大約有四個人在開發中國家居住。

此外，這個**趨勢**可預見到將來還會繼續。最近聯合國估計，到2050年，世界人口約在77和112億之間（Population Reference Bureau 1997）。然而，雖然五十年內世界人口的預估受各式各樣的因素影響，但是將來全球人口成長**趨勢**是不用爭議的。即將來世界人口肯定增加，並且大多數增加將發生在開發中國家裡。根據聯合國估計，預測在2050年，世界人口中將有88%居住在開發中國家。

上面所述清楚地表明，世界人口問題的影響將是這些開發中國家關心之事。問題是，那時能夠控制這些開發中國家的人口成長嗎？控制人口有各種型式，從基於補助出生控制和家庭計畫的政府資助之人口計畫到較強烈的如中國的一胎化等都有，不管人權含意，有些情況下，證明強制政策是正確的。

在這章中，對人口控制的討論局限於意圖以經濟誘因改變人們對人類生育的決策行為之政策衡量。這個方法在概念上可能受歡迎，它的實際應用，如同從討論中顯示，在大多數開發中國家需要基本社會和政治的轉換，這是相當困難的。

18.3 人口控制政策：理論和實務

一個控制人口成長的公共政策必須評估和履行特定的措施以減少人口出生。總人口出生率指根據一個給定年限的人口出生率，一個婦女在她的有生之年擁有的平均孩童數。一般而言，人口統計的穩定性成長是指一個國家的總人口出生率下降至2%左右；此時每一對夫婦只是以子女來取代自己，並不會使未來的人口增加。

現在全世界的總人口出生率大約是3%。然而，如同預計的，在已開發和開發中的國家的總人口出生率有很大的差別，其比率分別是1.7

和 3.4，在一些最低度開發的國家，總人口出生率超過 6（World Resources Institute 1995），人口出生率的確切決定基礎是什麼？如即將顯現出來的，這個問題沒有確切的答案，除了經濟的和技術的因素，取決於人類的行爲和對人口出生率的價值系統。在這一小節，概視二個人口控制的概念架構。這些模型是用來獲得一個可能決定人口出生率之總體及個體水準的因素，可作爲透過經濟誘因之有效人口控制。

18.3.1 人口統計轉變理論

在研究人類的生育總體水準之決定時，社會科學家的普遍見解是人口統計轉變理論。這理論源自於簡單且有許多實證支持的基本結論（Leibenstein 1974）。簡要地陳述，如圖 18.2，人口統計學轉變理論是解釋一個國家隨時間過去的出生率和死亡率隨著現代化過程之轉變。以我們目的而言，此理論相關的主張是，當國家發展時，他們終將達到出生

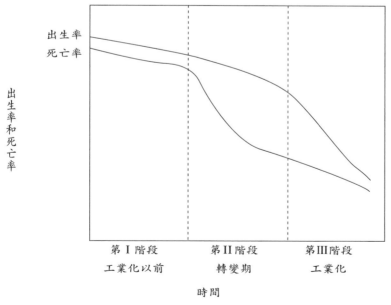

圖18.2　人口轉變

率下降的點。換句話說，長期而言工業化過程會伴隨人口成長持續衰退，這個理論一個重要的隱喻是：工業化（一般而言GDP增加）可能解釋人口問題，為什麼會這樣呢？

第一，工業化暗示從最初的基礎農業（勞動密集的）到工業（資本密集的）的一個經濟轉變。經濟結構的變化逐漸地減少孩童於農業的生產力（賺取所得能力）。進一步說，工業化和現代化的發生，童工法規的設立是一個社會進步的標誌，這兩個影響因素組合減少父母為補充家庭收入而想要有更多孩子的慾望。

第二，工業化經常和增加一個國家的平均國民所得一起發生，使每一個家庭平均所得增加並減少想要孩子的慾望，這是因為家庭變得富有，這使養兒防老已變得不重要了。此外，嬰孩的死亡率下降將使未來傾向於小家庭。

最後，其他社會經濟因素與進一步現代化與人口出生率有關。在這之中包括女性教育提升、都市化、在傳統男性為主的經濟部門中增加女性參與、提升生育控制方法和家庭計畫。

因為收入和出生率兩者的關聯在解釋這個主題的經濟規範上很重要，大多數的經濟學者對以上出生率下降的解釋並不滿意，經濟學者宣稱，人口統計學轉變未能提供特定和有系統的說明，此理論只提供廣泛一般化的說明，但並未處理父母對生育小孩的決策，且此決策如何受家庭所得影響（Leibenstein 1974）。對經濟學家而言，小心檢查個體層次的決策是非常重要的，因為它幫助揭開出生率下降的來源（決定因子）——這是有效人口控制政策工具所必須的。結果是，尋找其他理論，此為下一子節的主題。

18.3.2 人類生育率的個體理論

依據這種理論，人類的生育行為是基於理性的行為（Becker

1960）。第一，它應該小心地識別有小孩的利益和成本；第二，父母在決定有一個小孩的時候，它是父母從成本和效益考量中小心得來的。效益的來源有三種：(1)消費或心靈的效用——小孩是她或者他自己想要，而非爲他或她可提供的勞務或收入；(2)工作或收入的效用；和(3)安全或老年的效益。

在另一方面，有小孩的成本或負效用由下列二個項目所構成：(1)如食物、居住、衣服和基本教育必需品供應的直接成本；(2)養育小孩而犧牲時間、金錢之機會的間接成本（Becker 1960; Leibenstein 1974）。認定了小孩的成本和效益，並基於人類的生育決策純粹基於理性的前提下，在出生率的個體經濟理論上，學者努力於對看似矛盾的家庭所得和人口負相關提出說明。換句話說，就個體水準而言，爲什麼富有的家庭比可憐的貧戶擁有較少的小孩？或是爲什麼在已開發國家的出生率比開發中的國家還要低？

認定這種關於出生率問題的本質後，經濟分析開始於將小孩視爲耐久的消費財（Becker 1960; Blake 1968）。孩童被歸類於消費財，因爲他們提供直接的心靈效用給他們的父母，且是耐久性的，因爲有小孩的成本和效益（效用）維持一段長時間。因而，和任何其他消費耐久財一樣，在圖18.3，小孩的需求線將爲負斜率。這提示了在其他條件不變下，孩童的價格和一個家庭願意擁有的小孩數目有反向關係（Becker 1960）。因此，小孩變得更加昂貴時，對他們的需求變少。注意這需求是由許多外生的社會經濟因素如偏好與收入構成的，普遍來說，任一個外生變數變動將引起整條需求線移動。最後，如在第2章，需求是邊際效益的衡量。

相似地，供給通常是生產成本（可看第2章）。在此特定的例子，小孩的供給假設爲正斜率，代表小孩成本隨數量增加而提高。如需求函數般，小孩供給也受外生因素影響，如婦女經濟地位改變——其對婦女

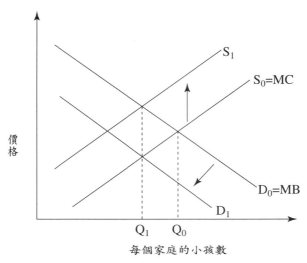

圖18.3　小孩的供給和需求曲線

養育小孩花時間的機會成本有增加的效果。如所預期的，這種性質的變化會使供給線移動。最後一點是如在第2章所討論，供給曲線代表邊際成本。

　　根據生育經濟學，原始的最適小孩數在 D_0 和 S_0 的交點，重要的是，在這點，邊際成本等於邊際效益。如從圖18.3，需求或供給的移動不會破壞均衡條件，只是會引起最適小孩數的改變。例如，其他因素不變下，供給線左移會使最適小孩數由 Q_0 減少到 Q_1，即邊際成本增加將引起一個家庭需要小孩的數目變少。

18.3.3　由經濟誘因控制人口

　　在前二子節已提出一些影響父母生小孩的經濟因素，根據個體經濟學，這些因素包括所有影響需求和供給的因素。因此，瞭解需求和供給的影響因素後，人口控制的經濟方法簡化為傳統需求和供給分析的應用。

　　於是，其他條件不變下，任何引起需求（邊際效益）左移的因素，將導致家庭小孩數減少。舉例來說，於圖18.3，假設 Q_0 是最初的均衡狀況，需求從 D_0 到 D_1 將引起小孩的數目由 Q_0 減少到 Q_1。這類型需求的變化有可能經由提高家庭所得或財務保障的政策而誘導出，例如設計社會安全計畫，會有減少小孩需求的效果，因為會降低養兒防老的預期效益或效用。在開發中國家養兒防老是生小孩的是一個重要原因。

在總體層次，可經由提高所得或家庭生活水準的各種經濟政策減少小孩需求，主要的政策目標是平均家庭的收入，在多數開發中國家所得分配高度不平均，所得重分配政策可調整以降低出生率。這是因為在此情況下，變為較平均的所得分配，有增加平均家庭所得的效果。

一個類似結果也可以透過影響供給曲線的政策來達到。舉例來說，於圖18.3供給曲線從 S_0 移到 S_1 其將使小孩的數目從 Q_0 減少到 Q_1。設計增加婦女參與勞動市場的機會之政策，可達到此目標。另一個達到類似結果的方式是將部分小孩教育和健康照顧成本由公部門移到私部門。

上面的討論建議，一個國家能使用各種不同經濟的誘因來控制人口成長率，只要決定小孩供需的因素已知，政策措施能引發需求與供給誘因於想要的水準。

討論透過經濟誘因的人口控制是依據基於純粹理性基礎的生育決定。此外，家庭的動機是增進它自己的利益——有小孩的淨效益（Becker 1960）。然而，在正常的情況之下並非全部孩童的成本都由父母負擔；公立學校的教育幾乎是完全免費的，很多國家食物在補貼下價格很低，縱使教育和食物補助金是經過課稅收入的融資，個體戶將沒有減少它的家庭規模的誘因；因為這稅不是依據小孩的數字而課。既然並非所有成本都是由父母支出，養小孩的私人成本小於社會成本（Blake 1968）。這建議的是某種外部性形式出現，如在第5章討論，有外部性時經由個別行動者的決策將不會是社會整體「最適」或最佳的結果。

當然，此種父母生小孩決策的外部性會低估人口控制政策的需要。

不幸地，我們很快將知道其理由，大部分的開發中國家缺乏有效的制度構造、政治系統和經濟資源來矯正市場和政府失靈。在這些社會的問題充分地發展之前，使用經濟誘因控制人口將持續是無效的。然而，假如另一種選擇是自由放任政策，情況將更糟，因爲將使社會遭遇人口過剩問題（Hardin 1968）。不能輕忽此項觀察，尤其生小孩的權利和人權是聯合國所保障的。

18.4 經濟發展、人口、貧窮和環境惡化

人口是一個考量，因爲它被懷疑是造成開發中的世界貧窮和環境惡化的因素，如在第6章所討論，一些學者甚至認爲人口成長是所有罪惡的來源（Ehrlic and Holdren 1971）。然而，這項宣稱的實證證據並沒有完全有定論。

開發中國家的經濟和環境問題，不能被歸因於單一因素如人口成長已越來越明顯的。人口、貧窮和環境惡化互相關係是必須一併討論的問題（Lewis 1992）。將此點放在心上，這一小節意圖有系統地分析開發中國家的人口、所得與環境惡化的交互關係。

仔細的觀察發現，收入成長和人口成長存在負相關，這觀察和人口轉變理論一致，因爲根據此理論，低所得和高人口成長一起發生，或貧窮會導致高生育率。另外的主張是，環境惡化和貧窮之間存在一正相關，此宣稱的論點是貧窮國家較沒有能力負擔污染清理或資源保育的成本。這些觀察都有其直覺道理，整體而言很難清楚界定人口、貧窮、環境的交互關係。在探討過去四十年開發中國家的經濟發展中這些交互關係時特別如此。

1960年代，當很多開發中國家忙著從殖民主義奮鬥到政治獨立時，一個嚴重的問題是提升這些國家的生活水準（Bandyopadhyay and

Shiva 1989）。爲了這動機，加重了很多開發中國家貧窮壓力，特別在最近獨立的非洲國家和東南亞作爲一個世界組織，聯合國經由展開一些發展計畫以減輕貧窮在開發國家，來反應其關切。

這些努力中治療貧窮的藥方是經濟「發展」，經濟發展由平均每人所得國內生產總值（GDP）的增加來衡量，國家試著去增加他們的GDP，但沒有區別經濟發展和經濟成長的任何意圖（Goodland and Daly 1992）。而且，假設GDP的成長不只經由爲窮人創造工作減輕貧窮，也能同時創造盈餘以清潔環境與控制罪行和暴力（Homer-Dixon et al. 1993）。經由這些，在符合人口統計學轉變理論下，達到高生活水準預期會引起出生率的下降。因此，經濟發展不僅是補救貧窮的辦法，也是治療人口增加和環境惡化的方法。

更進一步強調上面的主張，經濟發展的需要以「貧窮的惡性循環」爲由。這主要的暗示是：低所得國家將持續貧窮，除非能做些事來提升他們永續的生活水準（Todaro 1989）。有人認爲，低生活水準國家花其所得的較高比率於消費需求，這表示低儲蓄和低投資，因而低生產力。沒有改進生產力的希望，此國就一直貧窮。現在的問題是，如何解決這種看似持續的貧窮問題？

根據傳統發展模型，資本累積是舒解貧窮或經濟發展的媒介（Todaro 1989）。這種依據資本累積的觀念，經由增強勞動生產力和其他因素生產力，最後將引起一國平均每人所得增加。1960年代和1970年的發展計畫主要集中於資本形成以促進成長。這些資本密集的計畫包含水庫、裝配線大規模的能源和農業計畫。這些計畫很大部分是由國際的貸款機構融資世界銀行和國際貨幣基金會（International Monetary Fund, IMF）。

此外，有人認爲開發中國家的經濟條件可更進一步由與西方的自由貿易國家來增強（Bhagwati 1993）。這兩群國家的貿易關係極大部分是出口原始資源（如夾板、礦物、水果、香料等）。這些貿易關係是基於雙方互惠的自由貿易原則，即當總效益在貿易國間不是公平分配時國際貿易不是一個零和賽局。

到 1980 年，越來越明顯看出取決於資本形成和國際貿易的傳統經濟發展理論，並未達到預期。事實上，證據顯示發展的試驗並未使開發中國家提升生產力。有些國家甚至比四十年前聯合國家發展計畫形成前還要糟。開發中國家已造成災難，而許多開發中國家政治不穩定且有許多國際負債。這些不幸的結果是如何產生的？

這些實在是困難的問題，任何意圖提供包羅廣泛的回答，都需要政治的、社會的、經濟的和環境面的審慎考量。接著是下列三個議題下試圖探討問題：經濟成長和環境；政治的不安定和傳統領域財產所有權系統；國際經濟關係、發展和環境。

經濟成長和環境

如先前所述，開發中世界減輕貧窮的主要目標爲增加平均每人 GDP。此外，這目標是期待經過增加資本形成來達成。這種傳統經濟發展方式，在考慮到環境的時候有二個主要的瑕疵：

第一，如在第 9 章談論，傳統的 GDP 測量並未計算自然或環境中的折舊。因此其焦點在增加 GDP，長期而言是可能對環境造成有害的效果。

第二，傳統上認爲資本是由大規模資本──密集的計畫形成，諸如：水壩、公路、製造廠、大規模農業等等；執行這些計畫並沒有適當地評估其對自然生態的衝擊（Goodland and Daly 1992）。

其結果是連續使環境品質惡化，能以各種的形式說明，都市的空氣和水污染、砍伐森林、水土流失和增加海岸的和海洋生態損壞，導致遞減的魚類儲存量和珊瑚礁的毀滅。

開發中世界之經濟主要與土地相關，環境是許多生產活動重要的投入。因此，環境品質惡化對生產力有反效果，將會減少收入，這結果的重要暗示是長期而言，減少貧窮計畫可能失敗，假如他們的主要焦點為追求增加 GDP 或平均每人 GDP。這種成長觀念將破壞自然環境。在開發中世界，窮人依賴環境，而保護環境應是減輕貧窮的重要方法（Bandyopadhyay and Shiva 1989）。

政治的不安定和傳統領域財產所有權系統

大部分的開發中國家，政治的不安定和很多貴重再生性的資源如森林、漁業和農地的不安全措施，不斷地否定安定人口公共政策、控制污染和保存資源的努力（Turner et al. 1993）。在開發中國家通常最不幸的循環是政治不安定。特別是在非洲、東南亞和在南美洲國家，那些國家時常面對內部鬥爭，有時候併發部落的衝突，甚至內戰。因此這種政治生態下，將非常困難履行長時間、有效的人口和資源保護政策。取而代之，公用的政策建立在一小塊一小塊的基礎上，因此明顯缺乏長期精密的自然生存負責任的管理（Homer-Dixon et al. 1993）。

更糟的是，這些國家的財產多是公有的或大眾所擁有，同時其所有權的定義不清楚。因此，如第 5 章所言，市場價格需要被調整，但這需要開發中國家有適當的規範和制度來將外部性內部化。在很多開發中國家，此種市場失靈持續發生，因為他們的政府無能管理或施行法規。原因之一為這些國家沒有能力支付其保護環境費用。結果即使努力保護環境或者保存資源，管制者的不一致、管制機構成員素質不夠且訊息不足以監視和有效地調整執行，最後導致寶貴的環境財產因過度和隨機的土地開發、輕率的農法、過度的水和空氣污染而快速的惡化。這狀況可能繼續，除非發現一些方法強化制度的弱點，這是問題的核心，即對生產者、消費者、政府的資源使用定義和執行清楚的權力，在〔個案研究

18.1〕清楚地說明，這不是指國家需要採納資源私人所有權。有效的財產所有權系統可以有多種形式，政府配合制定財產占有法規來實行才是重點。

〔個案研究 18.1〕
巴布亞新幾內亞社區共同保有制

—— Theodore Panayotou

　　巴布亞新幾內亞不同於大部分開發中世界，維持公共的保有而未逐漸適應市場導向的經濟要求。後者需要清楚的土地所有權，巴布亞新幾內亞的經歷顯示，將土地由社區的不動產所有權轉變為私人擁有會造成所有權的混淆。巴布亞新幾內亞並未出現因不安全的保有制及共有資源自由使用而造成普遍的土地惡化之情形。

　　大部分國家對清楚的所有權之市場壓力的反應是設定私人或國家所有權的新系統。相反的巴布亞新幾內亞的土地法案若需地方仲裁或土地法庭之判決，仍基於目前的社區所有權原則。因此，有97% 土地仍是由社區管理，既不審視也不註冊的。

　　這種社區所有權似乎比私人之所有權更清楚明確，包括所有環境的和市場的益處。將社區不動產轉變為私有通常會有爭論，且退回以前原來的社區所有權是時常發生的結果。然而不像其他開發中國家，巴布新幾內亞的社區土地既不是不被擁有也不是公共的。更確切的說，多數人認為在西方確定的所有權不是屬於一方。例如，個別的家庭有無限在國家土地耕種的權利，但是貿易的權利是屬於集團。

　　這個島國的社區系統長期致使其人口稠密地區高地的永續使用。甚至在9千年農業歷史多雨的氣候和至少2.3% 的人口成長，高地仍是肥沃的。主要以農業維生的人們，享受大約2倍於薩爾瓦多、亞薩摩亞獨立國和奈及利亞的所得。對照下多數開發中世界，在46億公頃森林土地中只有6百萬公頃被改變成其他用途。

　　因控制土地以永續為考量，未出現開發森林的情形不會使人太驚訝。不必和遠在天邊、忙於立即收益和外匯的政府交涉，尋找砍伐權的公司必須直接和有安全所有權者商議，不只是使用農地於耕種，也包括採集水果、打獵和製造衣服、建築、武器的原料。因為公共的占有型態提供所有集團部門權利資格，個人沒有為現在使用而犧牲未來價值的誘因。

Source: *Green Markets: The Economics of Sustainable Development*, San Francisco Calif.: Institute for Contemporary History,（1993）. Case reproduced by permission of the author.

除土地占有系統的問題外，大多數開發國家農地的分配是非常不公平的：

> 在 1960 年，最小的 50% 的農業用地持有者控制少於 3% 的土地，1970 年報告的中位數少於 4%。在另一方面，1960 年最多的 10% 持有者控制 65% 的土地，而 1970 年，所有開發中國家的中位數為 70%。

—— Repetto and Holmes 1983: 610

其結果是密集使用小農地，農作物成長主要是為了國內的需要，當內部的人口壓力增加時，其情況更嚴重。現在大多農地大部分都分配於商業或者較獲利農作物，如椰子、糖、水果、蔬菜、棉花與煙草等主要為了出口之作物。並且，大量使用殺蟲劑來讓這些農作物用成長。不均等的土地分配存在於大部分開發中國家，不只土地使用由國內輸出需求轉變為國外出口需求使用，同時這些國家有較大的環境風險。此種情形可能透過土地改革（財富重新分配）來改善設計較均衡的土地分配和限制輸出。

人口的問題、貧窮和環境是大部分的開發中國家非常嚴重的問題，需要立刻改善，更進一步說，縱使改善行動馬上被採取，政策成果也不能立刻見效，改善是需要長期的觀察和許多短期的犧牲。這是開發中國家目前所面臨的難題，預期能在沒有穩定的政府和保存豐富自然資源的土地制度下解決他們的問題，是不切實際的。

國際經濟關係、發展和環境

如先前談論過，傳統觀點將國際貿易視為加速開發中國家經濟成長的工具。然而，雖然有點不確定，實證似乎建議商業化或國際貿易是造成快速的熱帶開發森林和某些遍及全世界貴重動植物種類消失的重要因素。更確切地，已開發國家在拉丁美洲和東南亞的貿易造成加速砍伐森林，且在非洲增加動植物的死亡率和消失率。這暗示著與傳統觀點相反的，自由貿易與環境永續貿易並不一致。這表示以保護自然資源的觀點已開發和開發中國家的貿易本來就是錯的嗎？為什麼會這樣呢？至少在主權國家之間國際貿易是依據達到「互惠結果」為前提。

由自然資源和環境管理的角度，當檢查利益和成本的來源時國際貿易的問題產生。在自由貿易政體之下，所有的國際匯兌價值是依據市場價格來評價。如第5章所談論的，許多因素可能會引起市場價格扭曲。我們應該注意開發中國家有三個特別的因素可能會引起自然資源市場的價格扭曲。

第一，到目前為止所談論的，一般而言開發中國家的經濟傾向於衰退和十分不安定。他們往往遭遇國內和國際借款緊急的融資需要。他們不顧一切的試圖融資此類的負債，這些國家的政府可能廉價出售他們的自然資源（Korten 1991）。第2章的〔個案研究2.1〕同時也說明了這一點。這個個案研究指出，巴西在1970年代和1980年代因為償還外國負債的壓力，積極的追求鼓勵畜牧場和加速開發森林速率的經濟政策。

第二，自然資源價格扭曲最重要的因素可能是市場失靈。即，這些地區自然資源的市場價格沒有考慮外部性（Daly 1993; Ekins 1993）。譬如，當東南亞出口木材到日本或法國，進口國將支付一般的市價，極有可能未包括砍伐原木工作的環境影響和犧牲保留於未來使用之保存資源的效益（包含使用與非使用價值）。因此，如果沒有機制使外部性內部化，依據市場價格的國際貿易，將導致在貧窮國家絕大多數人賴以生存的自然資源被過度開採。因此，意識到這方面，自由貿易導致環境不永續性及以全球規模而言資源未達效率配置（Daly 1993; Ekins 1993）。當我們考慮已開發世界每人資源消耗的大小時，問題變得更嚴重。最佳的說明是下面的報告：

> 經濟合作暨開發組織（OECD）的 24 個國家代表經濟活動的集中。在 1989 年，這些聯合的工業化國家有 \$15 兆的國民生產毛額和 \$17,500 的平均國民所得。OECD 國家同時也對這地球的自然資源有巨大的需求、並產生非常大的污染負擔。在 1989 年，OECD 七大經濟消費占全世界生產礦物燃料 43%、全球金屬生產的大多數及其他工業和森林產品的大部分。以平均每人為基礎，OECD 經濟巨大的消費通常是世界平均的好幾倍。在 1989 年，OECD 國家大約釋放 40% 全球硫磺氧化物排放和 54% 的氮氧化物排放——酸雨的主要因素。以重量計，他們造成全世界 68% 的工業廢物，對溫室效應氣體排放有 38% 的責任。OECD 國家總共有八億四千九百萬人口，只占世界人口的 16%。

—— World Resources Institute 1992: 17

這明顯指出已開發國家因以平均每人基礎而言過度消費資源，對許多區域性及全球的環境問題須負直接的責任。此外，增加自然資源全球化市場，已開發國家同時也間接的促成開發中地區和世界的環境壓力與資源消耗。

18.5 摘要

1. 這一章處理人口、發展和環境的問題，特別針對開發中國家。
2. 全球人口統計趨勢分析表明世界人口問題主要是開發中國家之考量。
3. 許多開發中國家人口一直以每年2%或更高的比率成長。對於一些未開發國家，預期人口大約在二十年後增加一倍。
4. 為了保持他們的生活水準，這些國家積極於經濟發展策略，經常欠缺環境的考量，結果加深貧窮並使環境惡化。
5. 政策制定者能夠用經濟誘因或用許多方法控制人口成長率，讓女人有機會參與勞動市場是一個例子。
6. 開發中國家裡的人口、貧窮和環境惡化有高度關聯。因此，不能單獨地看人口、貧窮或者環境的關係來解決這些開發中世界的經濟問題。為了對可提升開發中國家中生活標準的各種選擇加以評價，必須對它們之間的關聯有全盤瞭解。
7. 解決開發中國家人口、經濟和環境問題需要有矯正市場和政府失靈的機制。
8. 然而，達到經濟效率的政治和公共機構是完全失敗的。他們需要有其他變化，包括放棄傳統土地擁有和耕種方式、以重分配財富為目標重劃土地和政治民主化。然而，這些是需要面對挑戰的。
9. 如果生態永續性是重要的考慮，技術的選擇是需要精心地考慮（Goodwin 1991; Norgaard and Howarth 1992）的一個重要因素。
10. 公共政策應該制度化的鼓勵採納技術，以挽救稀少昂貴的原料並對環境的損害減到最少。此外，應該使新技術的採納受限於經濟考量的成本效益分析，找到改善環境和節省資源的技術。

11.如果開發中國家要在為經濟和環境安全的奮鬥爭取成功，他們需要已開發國家的重要財政和技術的援助。然而，這個援助需要專門針對使低效能的利用自然資源的速度達到放慢速度的目標。不論國際援助是否對自我滿足有貢獻，資源保育將取決於受惠國如何使用援助。當它沒適當地應用時，國際一再援助的結果證明了是會產生反效果的（Korten 1991）。

12.有兩個方法能幫助開發中國家改善生態危機：

- 他們能在國際市場中消除自然資源價格的扭曲。這需要這些貧窮和富裕國家之間貿易和國際關係的重新排列。
- 他們應減少資源消費，以轉移資源損耗威脅和對全球環境健康的威脅。這是重要的，因為目前開發中國家供給滿足富裕工業國家浪費生活的礦物和生態資源一個不對稱的額度。

13.最後，這一章的主要課程是開發中國家的人口、貧窮和環境問題，沒有簡單的辦法可解決。全面解決這些問題須對所有政治、社會、經濟、技術、生態和倫理方面小心評估。對這些問題有意義的解決方法必須國際合作致力於使全球資源消費和國際貿易環境具永續性。

參考文獻

第一章

Attfield, R. (1998) "Existence Value and Intrinsic Value," *Ecological Economics* 24: 163–8.

Cobb, J. (1993) "Ecology, Ethics, and Theology," in H. E. Daly and K. N. Townsend (eds.) *Valuing the Earth: Economics, Ecology, Ethics,* Cambridge, Mass.: MIT Press.

Georgescu-Roegen, N. (1993) "The Entropy Law and the Economic Problem," in H. E. Daly and K. N. Townsend (eds.) *Valuing the Earth: Economics, Ecology, Ethics,* Cambridge, Mass.: MIT Press.

Kohler, H. (1986) *Intermediate Microeconomics: Theory and Applications,* 2nd edn., Glenview, Ill.: Scott, Foresman.

McConnell, C. R. and Bruce, S. L. (1996) *Economics: Principles,. Problems, and Policies,* 13th edn., New York: McGraw-Hill.

Meyer, C. (1993) "Deforestation and the Frontier Lands," *EPA Journal* 2, 19: 20–1.

North, D. C. (1995) "The New Institutional Economics and Third World Development," in J. Harris, J. Hunter and C. M. Lewis (eds.) *The New Institutional Economics and Third World Development,* London: Routledge.

Randall, A. (1987) *Resource Economics: An Economic Approach to Natural Resource and Environmental Policy,* 2nd edn., New York: John Wiley.

Rees, J. (1985) *Natural Resources: Allocation, Economics and Policy,* London: Methuen.

Solow, R. M. (1991) "Sustainablity: An Economist Perspective," in R. Dorfman and N. Dorfman, (eds.) *Economics of the Environment: Selected Readings,* 3rd edn., New York: W. W. Norton.

World Resources Institute (1998) *World Resources: A Guide to the Global Environment 1998–99,* New York: Oxford University Press.

第二章

Alper, J. (1993) "Protecting the Environment with the Power of the Market," *Science* 260: 1884–5.

Mahar, D. J. (1989) *Government Policies and Deforestation in Brazil's Amazon Region,* Washington, D.C.: World Bank.

Pindyck, R. and Rubinfeld, D. (1998) *Microeconomics,* 4th edn., New York: Macmillan.

Randall, A. (1987) *Resource Economics: An Economic Approach to Natural Resource and Environmental Policy*, 2nd edn., New York: John Wiley.

Repetto, R. (1988a) *The Forest for the Trees?: Government Policies and the Misuse of Forest Resources*, Washington, D.C.: World Resources Institute.

—— (1988b) *Economic Policy Reform for Natural Resource Conservation*, Environment Working Paper, Washington, D.C.: World Bank.

第三章

Commoner, B. (1974) *The Closing Circle: Nature, Man and Technology*, New York: Bantam Books.

Boulding, K. E. (1993) "The Economics of the Coming Spaceship Earth," in H. E. Daly, and K. N. Townsend (eds.) *Valuing the Earth: Economics, Ecology, Ethics*, Cambridge, Mass.: MIT Press.

Georgescu-Roegen, N. (1993) "The Entropy Law and the Economic Problem," in H. E. Daly, and K. N. Townsend (eds.) *Valuing the Earth: Economics, Ecology, Ethics*, Cambridge, Mass.: MIT Press.

Holling, C. S. (1997) "The Resilience of Terrestrial Ecosystems: Local Surprise and Global Change," in R. Costanza, C. Perrings and C. J. Cleveland (eds.) *The Development of Ecological Economics*, London: Edward Elgar.

Howe, C. W. (1979) *Natural Resource Economics*, New York: John Wiley.

Miller, T. G., Jr. (1991) *Environmental Science*, 3rd edn., Belmont, Calif.: Wadsworth.

Nordhaus, W. D. (1991) "To Slow or Not to Slow: The Economics of the Greenhouse Effect," *Economic Journal* 6, 101: 920–37.

Pearce, D. W. (1978) *Environmental Economics*, 3rd edn., London: Longman.

Schneider, S. H. (1990) "Debating Gaia," *Environment* 32, 4: 5–9, 29–30, 32.

White, L., Jr. (1967) "The Historical Roots of Our Ecological Crisis," *Science* 55: 1203–7.

第四章

Commoner, B. (1974) *The Closing Circle: Nature, Man and Technology*, New York: Bantam Books.

Boulding, K. E. (1993) "The Economics of the Coming Spaceship Earth," in H. E. Daly, and K. N. Townsend (eds.) *Valuing the Earth: Economics, Ecology, Ethics*, Cambridge, Mass.: MIT Press.

Georgescu-Roegen, N. (1993) "The Entropy Law and the Economic Problem," in H. E. Daly, and K. N. Townsend (eds.) *Valuing the Earth: Economics, Ecology, Ethics*, Cambridge, Mass.: MIT Press.

Holling, C. S. (1997) "The Resilience of Terrestrial Ecosystems: Local Surprise and Global Change," in R. Costanza, C. Perrings and C. J. Cleveland (eds.) *The Development of Ecological Economics*, London: Edward Elgar.

Howe, C. W. (1979) *Natural Resource Economics*, New York: John Wiley.

Miller, T. G., Jr. (1991) *Environmental Science*, 3rd edn., Belmont, Calif.: Wadsworth.

Nordhaus, W. D. (1991) "To Slow or Not to Slow: The Economics of the Greenhouse Effect," *Economic Journal* 6, 101: 920–37.

Pearce, D. W. (1978) *Environmental Economics*, 3rd edn., London: Longman.

Schneider, S. H. (1990) "Debating Gaia," *Environment* 32, 4: 5–9, 29–30, 32.

White, L., Jr. (1967) "The Historical Roots of Our Ecological Crisis," *Science* 55: 1203–7.

第五章

Baumol, W. and Oates, W. (1988) *The Theory of Environmental Policy*, 2nd edn., Cambridge: Cambridge University Press.

—— (1992) "The Use of Standards and Prices for Protection of the Environment," in A. Markandyna and J. Richardson (eds.) *Environmental Economics: A Reader*, New York: St. Martin's Press.

Coase, R. (1960) "The Problem of Social Cost," *Journal of Law and Economics* 3: 1–44.

Commoner, B., Corr, M. and Stamler, P. J. (1971) "The Causes of Pollution," in T. D. Goldfarb (ed.) *Taking Sides: On Controversial Environmental Issues*, 3rd edn., Sluice Dock, Conn.: Guilford.

Crandall, R. W. (1981) "Pollution Controls and Productivity Growth in Basic Industries," in T. G. Cowing and R. E. Stevenson (eds.) *Productivity Measurement in Regulated Industries*, New York: Academic Press.

Denison, E. P. (1979) *Accounting for Slower Economic Growth: The United States in the 1970s*, Washington, D.C.: Brookings Institution.

Gary, W. (1987) "The Cost of Regulation: OSHA, EPA and Productivity Slowdown," *American Economic Review* 5: 998–1006.

Hamrin, R. (1975) "Are Environmental Regulations Hurting the Economy?," *Challenge* May–June: 29–38.

Hardin, G. (1968) "The Tragedy of the Commons," *Science* 162: 1243–8.

Pearce, D. W. (1978) *Environmental Economics*, 3rd edn., London: Longman.

Porter, M. A. (1990) *The Competitive Advantage of Nations*, New York: Free Press.

—— (1991) "America's Green Strategy," *Scientific American* 168.

Portney, P. (1981) "The Macroeconomic Impacts of Federal Environmental Regulation," in H. M. Peskin, P. R. Portney and A. V. Knees (eds.) *Environmental Regulation and the U.S. Economy*, Baltimore: Johns Hopkins University Press.

Randall, A. (1983) "The Problem of Market Failure," *Natural Resource Journal* 23: 131–48.

—— (1987) *Resource Economics: An Economic Approach to Natural Resource and Environmental Policy*, 2nd edn., New York: John Wiley.

Seneca, J. J. and Taussig, M. K. (1984) *Environmental Economics*, 3rd edn., Englewood Cliffs, N.J.: Prentice-Hall.

Sullivan, T. (1992) *The Greening of American Business*, Rockville, Md.: Government Institutes.

Tietenberg, T. H. (1992) *Environmental and Natural Resource Economics*, 3rd edn.,

New York: HarperCollins.

Turvey, R. (1963) "On Divergence between Social Cost and Private Cost," *Economica*, August: 309–13.

World Resource Institute (1992) *World Resources 1992–93*, New York: Oxford University Press.

第六章

Allen, J. C. and Barnes, D. F. (1995) "The Causes of Deforestation in Developed Countries," *Annals of the Association of American Geographers* 75, 2: 163–84.

Ausubel, J. H. (1996) "Can Technology Spare the Earth?," *American Scientist* 84: 166–77.

Cole, H. S. D., Freeman, C., Jahoda, M. and Pavitt, K. L. R. (1973) *Model of Doom: A Critique of the Limits to Growth*, New York: Universe Books.

Commoner, B., Corr, M. and Stamler, P. (1971) "The Causes of Pollution," in T. D. Goldfarb (ed.) *Taking Sides: Clashing Views on Controversial Environmental Issues*, 3rd edn., Sluice Dock, Conn.: Guilford.

Council on Environmental Quality and the Department of State (1980) *The Global 2000 Report to the President: Entering the Twenty-first Century, 1980*, Washington, D. C.: U.S. Government Printing Office.

Durning, A. T. (1992) *How Much Is Enough?*, Worldwatch Environmental Alert Series, New York: W. W. Norton.

Ehrlich, P. R. and Holdren, J. P. (1971) "Impact of Population Growth," *Science* 171: 1212–17.

Hardin, G. (1993) *Living within Limits: Ecology, Economics, and Population Taboos*, New York: Oxford University Press.

Hubbert, K. M. (1993) "Exponential Growth as a Transient Phenomenon in Human History,"in H. E. Daly and K. N. Townsend (eds.) *Valuing the Earth: Economics, Ecology, Ethics*, Cambridge, Mass.: MIT Press.

Meade, E. J. (1967) "Population Explosion, the Standard of Living and Social Conflict," *Economic Journal* 77: 233–55.

Meadows, D. H., Meadows, D. L., Randers, J. and Behrens, W. W. III (1974) *The Limits to Growth: A Report for the Club of Rome's Project on the Predicament of Mankind*, 2nd edn., New York: Universe Books.

Nicolson, W. (1998) *Microeconomic Theory*, 7th edn., Fort Worth: Dryden Press.

Repetto, R. and Holmes, T. (1983) "The Role of Population in Resource Depletion in Developing Countries," *Population and Development Review* 9, 4: 609–32.

Rudel, T. K. (1989) "Population, Development, and Tropical Deforestation: A Cross-national Study," *Rural Sociology* 54, 3: 327–37.

Simon, J. L. (1996) *The Ultimate Resource 2*, Princeton, N.J.: Princeton University Press.

Soroos, M. S. (1997) *The Endangered Atmosphere: Preserving a Global Commons*, Columbia: University of South Carolina Press.

Worldwatch Institute (1997) *Vital Signs 1997*, New York: W. W. Norton.

第七章

Arrow, K., Bolin, B., Costanza, R. *et al.* (1995) "Economic Growth, Carrying Capacity, and the Environment," *Science* 268: 520–1.

Ausubel, J. H. (1996) "Can Technology Spare the Earth?," *American Scientist* 84: 166–77.

Barnett, H. J. (1979) "Scarcity and Growth Revisited," in K. V.Smith (ed.) *Scarcity and Growth Reconsidered*, Baltimore: Johns Hopkins University Press.

Barnett, H. J. and Morse, C. (1963) *Scarcity and Growth: The Economics of Natural Resource Availability*, Baltimore: Johns Hopkins University Press.

Barnett, H., Van Muiswinkel, G. M. and Schechter, M. (1982) "Are Minerals Costing More?" *Resource Manag. Optim.* 2: 121–48.

Baumol, W. J. (1968) "On the Social Rate of Discount," *American Economic Review* 58: 788–802.

Becker, G. (1960) "An Economic Analysis of Fertility," in National Bureau of Economic Research, *Demographic and Economic Changes in Developing Countries*, Princeton, N.J.: Princeton University Press.

Brown, G., Jr., and Field, B. (1979) "The Adequacy of Measures of Signalling the Scarcity of Natural Resources," in K. V. Smith (ed.) *Scarcity and Growth Reconsidered*, Baltimore: Johns Hopkins University Press.

Cleveland, C. J. (1991) "Natural Resource Scarcity and Economic Growth Revisited: Economic and Biophysical Perspective," in R. Costanza (ed.) *Ecological Economics: The Science and Management of Sustainability*, New York: Columbia University Press.

Cole, H. S. D., Freeman, C., Jahoda, M. and Pavitt, K. L. R. (1973) *Models of Doom: A Critique of the Limits to Growth*, New York: Universe Books.

Council on Environmental Quality and Department of State (1980) *The Global 2000 Report to the President: Entering the Twenty-first Century*, Washington, D.C.: US Government Printing Office.

Dasgupta, P. S. and Heal, G. M. (1979) *Economic Theory and Exhaustible Resources*, Cambridge: Cambridge University Press.

Goeller, H. E. and Weinberg, A. M. (1976) "The Age of Substitutability: What Do We Do When the Mercury Runs Out?" *Science* 191: 683–9.

Grossman, G. M. and Krueger, A. B. (1995) "Economic Growth and the Environment," *Quarterly Journal of Economics* 110: 353–77.

—— (1996) "The Inverted U: What Does It Mean?" *Environmental and Development Economics* 1: 119–22.

Hall, D. C. and Hall, J. V. (1984) "Concepts and Measures of Natural Resource Scarcity with a Summary of Recent Trends," *Journal of Environmental Economics and Management* 11: 363–79.

Hotelling, H. (1931) "The Economics of Exhaustible Resources," *Journal of Political Economy* 39: 137–75.

Johnson, M. and Bennett, J. T. (1980) "Increasing Resource Scarcity: Further Evidence," *Quarterly Review Economics and Business* 20: 42–8.

Johnson, M., Bell, F. and Bennett, J. (1980) "Natural Resource Scarcity: Empirical Evidence and Public Policy," *Journal of Economic and Environmental Management*

7: 256–71.

Kuznets, S. (1955) "Economic Growth and Income Inequality," *American Economic Review* 45: 1–28.

Leibenstein, H. (1974) "An Interpretation of the Economic Theory of Fertility: Promising Path or Blind Alley?," *Journal of Economic Literature* 22: 457–79.

Meadows, D. H., Meadows, D. L. Randers, J. and Behrens, W. W. III (1974). *The Limits to Growth: A Report for the Club of Rome's Project on the Predicament of Mankind*, 2nd edn., New York: Universe Books.

Norgaard, R. B. (1990) "Economic Indicators of Resource Scarcity: A Critical Essay," *Journal of Environmental Economics and Management* 19: 19–25.

Rosenberg, N. (1973) "Innovative Responses to Materials Shortages," *American Economic Review* 63: 111–18.

Rothman, D. S. and de Bruyn, S. M. (1998) "Probing into the Environmental Kuznets Curve Hypothesis," *Ecological Economics* 25: 143–5.

Simon, J. L. (1980) "Resources, Population, Environment: An Oversupply of False Bad News," *Science* 208: 1431–7.

—— (1996) *The Ultimate Resource 2*, Princeton, N.J.: Princeton University Press.

Simon, J. L. and Kahn, H. (1984) *The Resourceful Earth: A Response to Global 2000*, Oxford: Basil Blackwell.

Smith, K. V. (1978) "Measuring Natural Resource scarcity: Theory and practice," *Journal of Environmental Economic Management* 5: 150–71.

—— (1979) "Natural Resource Scarcity: A Statistical Analysis," *Review of Economic Statistics* 61: 423–7.

—— (1981) Increasing Resource Scarcity: Another Perspective," *Quarterly Review of Economics and Business* 21: 120–5.

Solow, R. M. (1974) "The Economics of Resources or the Resources of Economics," *American Economic Review* 24: 1–14.

Torras, M. and Boyce, J. K. (1998) "Income, Inequality, and Pollution: A Reassessment of the Environmental Kuznets Curve," *Ecological Economics* 25: 147–60.

第八章

Arrow, K., Bolin, B., Costanza, R. *et al.* (1995) "Economic Growth, Carrying Capacity, and the Environment," *Science* 268: 520–1.

Ayres, R. U. (1978) "Application of Physical Principles to Economics," in R. U. Ayres (ed.) *Resources, Environment, and Economics: Applications of the Materials/Energy Balance Principle*, New York: John Wiley.

Ayres, R. U. and Nair, I. (1984) "Thermodynamics and Economics," *Physics Today* 37: 63–8.

Boulding, K. E. (1966) "The Economics of the Coming Spaceship Earth," in H. Jarrett (ed.) *Environmental Quality in a Growing Economy*, Washington, D.C.: Johns Hopkins University Press.

Burness, S., Cummings, R., Morris, G. and Paik, I. (1980) "Thermodynamics and Economic Concepts Related to Resource-Use Policies," *Land Economics* 56: 1–9.

Carson, R. M. (1962) *Silent Spring*, Boston: Houghton Mifflin.

Cleveland, C. J. (1987) "Biophysical Economics: Historical Perspective and Current Research Trends," *Ecological Modelling* 38: 47–73.

Cline, W. R. (1992) *The Economics of Global Warming*, Washington, D.C.: Institute for International Economics.

Costanza, R. (1980) "Embodied Energy and Economic Valuation," *Science* 210: 1219–24.

Costanza, R., Wainger, L. and Folke, C. (1993) "Modeling Complex Ecological Economic Systems: Toward an Evolutionary, Dynamic Understanding of People and Nature," *BioScience* 43, 8: 545–53.

Daly, H. E. (1973) "Introduction," in H. E. Daly (ed.) *Toward a Steady-State Economy*, San Francisco: W. H. Freeman.

—— (1987) "The Economic Growth Debate: What Some Economists Have Learned but Many Have Not," *Journal of Environmental Economics and Management* 14: 323–36.

—— (1992) "Allocation, Distribution, and Scale: Towards an Economics That Is Efficient, Just, and Sustainable," *Ecological Economics* 6: 185–93.

—— (1993) "Valuing the Earth: Economics, Ecology, Ethics," in H. E. Daly and K. Townsend (eds.) *Valuing the Earth: Economics, Ecology, Ethics*, Cambridge, Mass.: MIT Press.

—— (1996) *Beyond Growth*, Boston: Beacon Press.

Georgescu-Roegen, N. (1966) *Analytical Economics*, Cambridge, Mass.: Harvard University Press.

—— (1971) *The Entropy Law and the Economic Process*, Cambridge Mass.: Harvard University Press.

—— (1986) "The Entropy Law and the Economic Process in Retrospect," *Eastern Economic Journal* 12: 3–25.

—— (1993) "The Entropy Law and the Economic Problem," in H. E. Daly and K. Townsend (eds.) *Valuing the Earth: Economics, Ecology, Ethics*, Cambridge, Mass.: MIT Press.

Goeller, H. E. and Weinberg, A. M. (1976) "The Age of Substitutability: What Do We Do When the Mercury Runs Out?," *Science* 191: 683–9.

Goodland, R. (1992) "The Case That the World Has Reached Limits," in R. Goodland, H. E. Daly and S. El Sarafy (eds.) *Population, Technology and Lifestyle: The Transition to Sustainability*, Washington, D.C.: Island Press.

McGinn, A. P. (1998) "Rocking the Boat: Conserving Fisheries and Protecting Jobs," Worldwatch Paper 142, Washington, D.C.: Worldwatch Institute.

Martinez-Alier, J. (1987) *Ecological Economics: Energy, Environment, and Society*, Cambridge, Mass.: Basil Blackwell.

Mirowski, P. (1988) "Energy and Energetics in Economic Theory: A Review Essay," *Journal of Economic Issues* 22: 811–30.

Nordhaus, W. D. (1991) "To Slow or Not to Slow: The Economics of the Greenhouse Effect," *Economic Journal* 6, 101: 920–48.

Norgaard, R. B. (1989) "The Case for Methodological Pluralism," *Ecological Economics* 1: 37–57.

Odum, H. and Odum, E. (1976) *Energy Basis for Man and Nature*, New York: McGraw-Hill.

Pearce, D. W. (1987) "Foundation of Ecological Economics," *Ecological Modelling* 38: 9–18.

Rawls, J. (1971) *A Theory of Justice*, Cambridge, Mass.: Harvard University Press.

Rosenberg, N. (1973) "Innovative Responses to Materials Shortages," *American Economic Review* 63, 2: 111–18.

Solow, R. M. (1974) "The Economics of Resources or the Resources of Economics," *American Economic Review* 64, 2: 1–14.

Young, J. T. (1991) "Is the Entropy Law Relevant to the Economics of Natural Resource Scarcity?" *Journal of Environmental Economics and Management* 21: 169–79.

第九章

Berrens, R. P., Brookshire, D. S. McKee, M. and Schmidt, C. (1998) "Implementing the Safe Minimum Standard Approach: Two Case Studies from the U.S. Endangered Species Act," *Land Economics* 2, 74: 147–61.

Bishop, R. C. (1978) "Endangered Species and Uncertainty: The Economics of a Safe Minimum Standard," *American Journal of Agricultural Economics* 60: 10–18.

Casler, E. N., Berrens, R. P. and Polasky, S. (1995) "Lecture in Economics: The Economics of Sustainability," Oregon State University Graduate Faculty of Economics Lecture Series No. 8.

Ciriacy-Wantrup, S. (1952) *Resource Conservation: Economics and Policy*, Berkeley: University of California Press.

Common, M. and Perrings, C. (1992) "Towards an Ecological Economics of Sustainability," *Ecological Economics* 6: 7–34.

Costanza, R., Perrings, C. and Cleveland, C. J. (1997) "Introduction," in R. Costanza, C. Perrings and C. J. Cleveland (eds.) *The Development of Ecological Economics*, London: Edward Elgar.

Daly, H. E. (1996) *Beyond Growth: The Economics of Sustainable Development*, Boston: Beacon Press.

Dieren, W. (ed.) (1995) *Taking Nature into Account: A Report to the Club of Rome*, New York: Springer-Verlag.

El Serafy, S. (1997) "The Environment as Capital," in R, Costanza, C. Perrings and C. J. Cleveland (eds.) *The Development of Ecological Economics*, London: Edward Elgar.

Georgescu-Roegen, N. (1993) "The Entropy Law and the Economic Problem," in H. E. Daly and K. N. Townsend (eds.), *Valuing the Earth: Economics, Ecology, Ethics*, Cambridge, Mass.: MIT Press.

Hanley, N., Shogren, J. F. and White, B. (1997) *Environmental Economics: In Theory and Practice*, New York: Oxford University Press.

Hartwick, J. M. (1977) "Intergenerational equity and the investing of rents from exhaustible resources," *American Economic Review* 67: 972–4.

—— (1978) "Substitution among exhaustible resources and intergenerational equity," *Review of Economic Studies* 45: 347–54.

Hicks, J. R. (1946) *The Value of Capital*, 2nd edn., Oxford: Oxford University Press.

Krutilla, J. V. (1967) "Conservation Reconsidered," *American Economic Review* 57,

4: 787–96.

Lutz, E. (ed.) (1993) *Towards Improved Accounting for the Environment*, Washington, D. C.: World Bank.

Menominee Tribal Enterprises (1997) *The Menominee Forest Management Tradition: History, Principles and Practices*, Keshena, Wis.: Menominee Tribal Enterprises.

Pearce, D. W. (1993) *Economic Values and the Natural World*, Cambridge, Mass.: MIT Press.

Perrings, C. (1991) "Reserved Rationality and the Precautionary Principles: Technological Change, Time, and Uncertainty in Environmental Decision Making," in R. Costanza (ed.) *Ecological Economics: The Science and Management of Sustainability*, New York: Columbia University Press.

Repetto, R. (1992) "Accounting for Environmental Assets," *Scientific American* 266: 94–100.

Repetto, R., McGrath, W., Wells, M., Beer, C. and Rossini, F. (1989) *Wasting Assets: Natural Resources in the National Accounts*, Washington, D.C.: World Resources Institute.

Solow, R. M. (1974) "The Economics of Resources or the Resources of Economics," *American Economic Review* 64: 1–14.

—— (1986), "On the intertemporal allocation of natural resources," *Scandinavian Journal of Economics* 88: 141–9.

—— (1993) "Sustainability: An Economist's Perspective," in R. Dorfman and N. Dorfman (eds.) *Selected Readings in Environmental Economics*, 3rd edn., New York: W. W. Norton.

World Bank (1992) *World Development Report 1992: Development and the Environment*, New York: Oxford University Press.

World Commission on Environment and Development (WCED) (1987) *Our Common Future*, New York: Oxford University Press.

第十章

Cline, W. R. (1992) *The Economics of Global Warming*, Washington, D.C.: Institute for International Economics.

Field, B. C. (1994) *Environmental Economics: An Introduction*, New York: McGraw-Hill.

Funtowicz, S. O. and Ravetz, J. R. (1994) "The Worth of a Songbird: Ecological Economics as a Post-Normal Science," *Ecological Economics* 10: 197–207.

Intergovernmental Panel on Climate Change (1995) *Climate Change 1994: Radiative Forcing of Climate Change*, Cambridge: Cambridge University Press.

Miller, T. G., Jr., (1993) *Environmental Science*, 4th edn., Belmont, Calif.: Wadsworth.

Nordhaus, W. D. (1991) "To Slow or Not to Slow: The Economics of the Greenhouse Effect," *Economic Journal* 101: 920–48.

—— (1992) "An Optimal Transition Path for Controlling Greenhouse Gases," *Science* 258: 1315–19.

Tietenberg, T. H. (1988) *Environmental and Natural Resource Economics*, 2nd edn., Glenview, Ill.: Scott, Foresman.

第十一章

Coase, R. (1960) "The Problem of Social Cost," *Journal of Law and Economics* 3: 1–44.

Field, B. C. (1994) *Environmental Economics: An Introduction*, New York: McGraw-Hill.

Hardin, G. (1968) "The Tragedy of the Commons," *Science* 162: 1243–8.

Kneese, A. and Bower, B. (1968) *Managing Water Quality: Economics, Technology, Institutions*, Baltimore: Johns Hopkins University Press.

Schmalensee, R., Joskow, P. L., Ellerman, A. D., Montero, J. P. and Baily, E. M. (1998) "An Interim Evaluation of Sulfur Dioxide Emissions Trading," *Journal of Economic Perspectives* 2, 12: 53–68.

Starrett, D. and Zeckhauser, R. (1992) "Treating External Diseconomies – Market or Taxes," in A. Markandya and J. Richardson (eds.) *Environmental Economics: A Reader*, New York: St. Martin's Press.

Stavins, R. N. (1998) "What Can We Learn from the Grand Policy Experiment? Lessons from SO$_2$ Allowance Trading," *Journal of Economic Perspectives* 2, 12: 69–88.

Turner, D., Pearce, D. and Bateman, I. (1993) *Environmental Economics: An Elementary Introduction*, Baltimore: Johns Hopkins University Press.

United States Environmental Protection Agency (1994) *EPA Journal*, Fall issue.

—— (1995) *EPA Journal*, Winter issue.

第十二章

Baumol, W. J. and Oates, W. E. (1992) "The Use of Standards and Prices for Protection of the Environment," in A. Markandya and J. Richardson (eds.) *Environmental Economics: A Reader*, New York: St. Martin's Press.

Field, B. C. (1994) *Environmental Economics: An Introduction*, New York: McGraw-Hill.

Kerr, R. A. (1998), "Acid Rain Control: Success on the Cheap," *Science* 282: 1024–7.

Kneese, A. and Bower, B. (1968) *Managing Water Quality: Economics, Technology, Institutions*, Baltimore: Johns Hopkins University Press.

Pearce, W. D. (1991) "The Role of Carbon Taxes in Adjusting to Global Warming," *Economic Journal* 101: 938–48.

Roberts, M. J. and Spence, M. (1992) "Effluent Charges and Licenses under Uncertainty," in A. Markandya and J. Richardson (eds.) *Environmental Economics: A Reader*, New York: St. Martin's Press.

Schmalensee, R., Joskow, P. L., Ellerman, A. D., Montero, J. P. and Baily, E. M. (1998) "An Interim Evaluation of Sulfur Dioxide Emissions Trading," *Journal of Economic Perspectives* 2, 12: 53–68.

Starrett, D. and Zeckhauser, R. (1992) "Treating External Diseconomies – Market or Taxes," in A. Markandya and J. Richardson (eds.) *Environmental Economics:*

A Reader, New York: St. Martin's Press.

Stavins, R. N. (1998) "What Can We Learn from the Grand Policy Experiment? Lessons from SO$_2$ Allowance Trading," *Journal of Economic Perspectives* 2, 12: 69–88.

Tietenberg, T. (1992) *Environmental and Natural Resource Economics*, 3rd edn., New York: HarperCollins.

—— (1998) "Ethical Influences on the Evolution of the US Tradable Permit Approach to Air Pollution Control," *Ecological Economics* 24: 241–57.

第十三章

Anthes, R. A. (1992) *Meteorology*, 6th edn., New York: Macmillan.

Barnola, J. M., Raynaud, D., Korotkevich, Y. S. and Lorius, C. (1987) "Vostok Ice Core Provides 160,000-Year Record of Atmospheric CO$_2$," *Nature* 329: 408–14.

Benedick, R. E. (1991) *Ozone Diplomacy: New Directions in Safeguarding the Planet*, Cambridge, Mass.: Harvard University Press.

Bernauer, T. (1996) "Protecting the Rhine River against Chloride Pollution," in R. O. Keohane and M. L. Levy (eds.) *Institutions for Environmental Aid: Pitfalls and Promise*, Cambridge: Cambridge University Press.

Blaustein, A. P. *et al.* (1994) "UV Repair and Resistance to Solar UV-B in Amphibian Eggs: A Link to Population Decline," *Proceedings of the National Academy of Sciences* 91: 1791–5.

Bodansky, D. (1993) "The United Nations Framework Convention on Climate Change: A Commentary," *Yale Journal of International Law* 18: 451–558.

Cowling, E. B. (1982) "Acid Precipitation in Historical Context," *Environmental Science and Technology* 16, 2: 110–22.

"Declaration on the Human Environment of the United Nations Conference on the Human Environment" (1972) *International Legal Materials* 11: 1462.

Dowie, M. (1996) "A Sky Full of Holes: Why the Ozone Layer is Torn Worse than Ever," *Nation*, July 8: 11–16.

Farman, J. C., Gardiner, B. G. and Shanklin, J. D. (1985) "Large Losses of Total Ozone in Antarctica Reveal Seasonal ClO$_x$/NO$_x$ Interaction," *Nature* 315: 207–10.

Fisher, D. (1990) *Fire and Ice: The Greenhouse Effect, Ozone Depletion, and Nuclear Winter*, New York: Harper & Row.

Houghton, J. T., Harris, N. B., Filho, L. G., Maskell, K., Callander, B. A. and Kattenburg, A. (1996) *Climate Change 1995*. Cambridge: Cambridge University Press.

Intergovernmental Panel on Climate Change (1995) *Climate Change 1994: Radiative Forcing of Climate Change*, Cambridge: Cambridge University Press.

Jackson, C. I. (1990) "A Tenth Anniversary Review of the ECE Convention on Long-Range Transboundary Air Pollution," *International Environmental Affairs* 2: 217–26.

"Kyoto Protocol to the United Nations Framework Convention on Climate Change," (1997) UNDOC. FCCC/CP/L.7/Add.1.

Leggett, J. (1992) "Global Warming: The Worst Case," *Bulletin of the Atomic Scientists* 48: 28–33.

Litfin, K. T. (1994) *Ozone Discourses: Science and Politics in Global Environmental Cooperation*, New York: Columbia University Press.

Molina, M. J. and Rowland, F. S. (1974) "Stratospheric Sink for Chloro-fluoromethanes: Chlorine Atom-Catalyzed Destruction of Ozone," *Nature* 249: 810–12.

Oeschger, H. and Mintzer, I. M. (1992) "Lessons from the Ice Cores: Rapid Climate Changes during the Last 160,000 Years," in I. M. Mintzer (ed.) *Confronting Climate Change: Risks, Implications and Responses*, Cambridge: Cambridge University Press.

Park, C. C. (1987) *Acid Rain: Rhetoric and Reality*, New York: Routledge.

Schütt, P. and Cowling, E. B. (1985) "Waldsterben, A General Decline of Forests in Central Europe: Symptoms, Development, and Possible Causes," *Plant Disease* 69: 548–58.

Soroos, M. S. (1997) *The Endangered Atmosphere: Preserving a Global Commons*, Columbia, S.C.: University of South Carolina Press.

Warrick, R. A. and Rahman, A. A. (1992) "Future Sea Level Rise: Environmental and Socio-political Considerations," in I. M. Mintzer (ed.) *Confronting Climate Change: Risks, Implications and Responses*, Cambridge: Cambridge University Press.

Watson, R. T., Rowland, F. S. and Gille, J. (1988) *Ozone Trends Panel Executive Summary* Washington, D.C.: NASA.

Wirth, J. D. (1996) "The Trail Smelter Dispute: Canadians and Americans Confront Transboundary Pollution, 1927–41," *Environmental History* 1, 2: 34–51.

第十四章

Arrow, K. and Fisher, A. C. (1974) "Environmental Preservation, Uncertainty, and Irreversibility," *Quarterly Journal of Economics* 88: 312–19.

Baumol, W. J. (1968) "On the Social Rate of Discount," *American Economic Review* 58: 788–802.

Bohm, P. (1979) "Estimating Willingness to Pay: Why and How?" *Scandinavian Journal of Economics* 84: 142–53.

Carson, R. and Mitchell, R. (1991) *Using Surveys to Value Public Goods: The Contingent Valuation Method*, Baltimore: Resources for the Future.

Desvousges, W., Johnson, F. R., Dunford, R., Boyle, K., Hudson, S. and Wilson, K. (1992) *Measuring Natural Resource Damages with Contingent Valuation: Tests of Validity and Reliability*, Research Triangle Park, N.C.: Research Triangle Institute.

Dixon, J. A. and Hufschmidt, M. M. (eds.) (1986) *Economic Valuation Techniques for the Environment: A Case Study Workbook*, Baltimore: Johns Hopkins University Press.

Freeman, A. M. (1979) *The Benefits of Environmental Improvement*, Baltimore: Johns Hopkins University Press.

Funtowicz, S. O. and Ravetz, J. R. (1994) "The Worth of a Songbird: Ecological Economics as a Post-Normal Science," *Ecological Economics* 10: 197–207.

Hanemann, W. M. (1991) "Willingness-to-Pay and Willingness-to-Accept: How Much Do They Differ?" *American Economic Review* 81: 635–47.

Hardin, G. (1968) "The Tragedy of the Commons," *Science* 162: 1243–8.

Irvin, W. R. (1995) Statement to the Subcommittee on Drinking Water, Fisheries, and Wildlife of the Senate Environment and Public Works Committee.

Johansson, P.-O. (1990) "Valuing Environmental Damage," *Oxford Review of Economic Policy* 6, 1: 34–50.

Kneese, A. (1984) *Measuring the Benefits of Clean Air and Water*, Washington, D.C.: Resources for the Future.

Krutilla, J. V. (1967) "Conservation Reconsidered," *American Economic Review* 57: 787–96.

Loomis, J. and White, D. (1996) *Economic Benefits of Rare and Endangered Species: Summary and Meta-analysis*, Colorado State University, Col.: Fort Collins.

Mishan, E. J. (1971) "Evaluation of Life and Limb: A Theoretical Approach," *Journal of Political Economy* 79: 687–705.

Nelson, A. C., Genereux, J. and Genereux, M. (1992) "Price Effects of Landfills on House Values," *Land Economics* 68, 4: 359–65.

Pearce, D. W. (1993) *Economic Values and the Natural World*, Cambridge, Mass.: MIT Press.

Perrings, C. (1991) "Reserved Rationality and the Precautionary Principle: Technological Change, Time, and Uncertainty in Environmental Decision Making," in R. Costanza (ed.) *Ecological Economics: The Science and Management of Sustainability*, New York: Columbia University Press.

Peterson, J. M. (1977) "Estimating an Effluent Charge: The Reserve Mining Case," *Land Economics* 53, 3: 328–40.

Sagoff, M. (1988a) "Some Problems with Environmental Economics," *Environmental Ethics* 10, 1: 55–74.

—— (1988b) *The Economy of the Earth*, Cambridge Mass.: Cambridge University Press.

Schulze, W. D., d'Arge, R. C. and Brookshire, D. S. (1981) "Valuing Environmental Commodities: Some Recent Experiments," *Land Economics* 57: 11–72.

Shogren, J. F. (1997) "Economics and the Endangered Species Act," *Endangered Species Update*, School of Natural Resources and Environment, University of Michigan.

Walsh, R. G., Miller, N. P. and Gilliam, L. O. (1983) "Congestion and Willingness to Pay for Expansion of Skiing Capacity," *Land Economics* 59, 2: 195–210.

Walsh, R. G., Lommis, J. B. and Gillman, R. A. (1984) "Valuing Option, Existence, and Bequest Demands for Wilderness," *Land Economics* 60, 1: 14–29.

第十五章

Baumol, W. J. (1968) "On the Social Rate of Discount," *American Economic Review* 58: 788–802.

Boulding, K. E. (1993) "The Economics of the Coming Spaceship Earth," in H. E. Daly and K. N. Townsend (eds.) *Valuing the Earth: Economics, Ecology, Ethics,* Cambridge, Mass.: MIT Press.

Dixon, L. (1995) "The Transaction Costs Generated by Superfund's Liability Approach," in R. Revesz and R. Stewart (eds.), *Analyzing Superfund: Economic, Science, and Law,* Washington, D.C.: Resources for the Future.

General Accounting Office (1995) Correspondence to Representative Don Young on estimated recovery costs of endangered species, Washington, D.C., B-270461.

Metrick, A. and Weitzman, M. (1996) "Patterns of behavior in endangered species preservation," *Land Economics* 72: 1–16.

Mishan, E. J. (1982) *Cost–Benefit Analysis,* 3rd edn., London: George Allen & Unwin.

—— (1988) *Cost–Benefit Analysis,* 4th edn., London: George Allen & Unwin.

Montgomery, C., Brown, G., Jr. and Darius, M. (1994) "The Marginal Cost of Species Preservation: The Northern Spotted Owl," *Journal of Environmental Economics and Management* 26: 111–28.

Nature Conservancy (1993) *Perspective on Species Imperilment: A Report from the Natural Heritage Data Center Network,* Arlington, Va.: The Nature Conservancy.

Norgaard, R. B. and Howarth, R. B. (1992) "Economics, Ethics, and the Environment," in J. M. Hollander (ed.) *The Energy–Environment Connection,* Washington, D.C.: Island Press.

Pearce, D. W. and Nash, C. A. (1981) *The Social Appraisal of Projects: A Text in Cost–Benefit Analysis,* New York: John Wiley.

Rubin, J. Helfand, G. and Loomis, J. (1991), "A Benefit–Cost Analysis of the Northern Spotted Owl," *Journal of Forestry,* 89: 25–30.

Sen, A. K. (1982) "Approaches to the Choice of Discount Rates for Social Benefit–Cost Analysis," in R. Lind, K. J. Arrow, G. Corey *et al.* (eds.) *Discounting for Time and Risk in Energy Policy,* Washington, D.C.: Resources for the Future.

Shogren, J. F. (1997) "Economics and the Endangered Species Act," *Endangered Species Update,* School of Natural Resources and Environment, University of Michigan.

US Fish and Wildlife Service (1990) *Report to Congress: Endangered and Threatened Species Recovery Program,* Washington, D.C.: US Government Printing Office.

第十六章

Anderson, L. G. (1977) *The Economics of Fisheries Management,* Baltimore: John Hopkins University Press.

Beverton, R. J. H. and Holt, S. J. (1957) "On the Dynamics of Exploited Fish Populations," *Fishery Investigations,* series III, 19, London: Her Majesty's Stationery Office.

Christy, F. T., Jr. and Scott, A. (1965) *The Common Wealth of Ocean Fisheries,* Washington, D.C.: Resources for the Future, Johns Hopkins University Press.

Ciriacy-Wantrup, S. V. and Bishop, R. C. (1975) "Common Property as a Concept in Natural Resources Policy," *Natural Resources Journal* 15, 4: 713–29.

Clark, C. W. (1973) "The Economics of Over Exploitation," *Science* 181: 630–4.

—— (1990) *Mathematical Bioeconomics: The Optimal Management of Renewable Resources*, 2nd edn., New York: Wiley-Interscience.

Gordon, H. S. (1954) "The Economic Theory of a Common-Property Resource: The Fishery," *Journal of Political Economy* 62: 124–42.

Hardin, G. (1968) "The Tragedy of the Commons," *Science* 192: 1243–8.

Munro, G. R. (1982) "Fisheries, Extended Jurisdiction, and the Economics of Common Property Resources," *Canadian Journal of Economics* 15: 405–25.

Rees, J. (1985) *Natural Resources: Allocation, Economics and Policy*, London: Methuen Press.

Ricker, W. E. (1958) "Maximum Sustainable Yields from Fluctuating Environment and Mixed Stocks," *Journal of Fishery Resource Bd. of Canada* 15: 991–1006.

Schaefer, M. B. (1957) "Some Considerations of Population Dynamics and Economics in Relation to the Management of Marine Fisheries," *Journal of Fisheries Research Board of Canada* 14: 669–86.

Scott, A. D. and Neher, P. A. (1981) *The Public Regulation of Commercial Fisheries in Canada*, Ottawa: Economic Council of Canada.

Townsend, R. E. (1990) "Entry Restrictions in the Fishery: A Survey of the Evidence," *Land Economics* 66: 359–78.

Working Group on Population Growth and Economic Development of the Committee on Population (1986) *Population Growth and Economic Development: Policy Questions*. Washington, D.C.: National Academy Press.

第十七章

Brobst, D. A. (1979) "Fundamental Concepts for the Analysis of Resource Availability," in V. K. Smith (ed.), *Scarcity and Growth Reconsidered*, Baltimore: Johns Hopkins University Press.

Dasgupta, P. and Heal, M. G. (1974) "The Optimal Depletion of Exhaustible Resources," *Review of Economic Studies* Symposium on the Economics of Exhaustible Resources.

Eagan, V. (1987) "The Optimal Depletion of the Theory of Exhaustible Resources," *Journal of Post-Keynesian Economics* 9: 565–71.

Farzin, Y. H. (1992) "The Time Path of Scarcity Rent in the Theory of Exhaustible Resources," *Economic Journal* 102: 813–30.

Gilbert, R. (1979) "Optimal Depletion of Uncertain Stock," *Review of Economic Studies* 46: 47–57.

Heal, G. M. (1978) "Uncertainty and the Optimal Supply Policy for an Exhaustible Resource," in R. Pindyck (ed.) *Advances in the Economics of Energy and Resources*, vol. 2, Greenwich: JAI Press.

Hotelling, H. (1931) "The Economics of Exhaustible Resources," *Journal of Political Economy* 39: 137–75.

Howe, C. W. (1979) *Natural Resource Economics: Issues, Analysis, and Policy*, New York: John Wiley.

Koopmans, T. C. (1974) "Proof of the Case Where Discounting Advances Doomsday," *Review of Economic Studies* Symposium on the Economics of Exhaustible Resources.

Lewis, T. R. (1977) "Attitudes toward Risk and the Optimal Extraction of an Exhaustible Resource," *Journal of Environmental Economics and Management* 4: 111–19.

McInerney, J. (1976) "The Simple Analytics of Natural Resource Economics," *Journal of Agricultural Economics* 27: 31–52.

Nordhaus, W. D. (1973) *The Allocation of Energy Resources*, Brookings Paper in Economic Activity 3, Washington, D.C.: Brookings Institution.

—— (1974) "Resource as a Constraint on Growth," *American Economic Review* 64: 22–6.

Pindyck, R. S. (1980) "Uncertainty and Exhaustible Resource Markets," *Journal of Political Economy* 88: 1203–25.

Polasky, S. (1992) "The Private and Social Value of Information: Exploration for Exhaustible Resources," *Journal of Environmental Economics and Management* 23, 1: 1–21.

Randall, A. (1987) *Resource Economics: An Economic Approach to Natural Resource and Environmental Policy*, 2nd edn., New York: John Wiley.

Solow, R. M. (1974) "The Economics of Resources or the Resources of Economics," *American Economic Review* 64: 1–14.

Solow, R. and Wan, F. (1976) "Extraction Costs in the Theory of Exhaustible Resources," *Bell Journal of Economics*, 359–70.

Stiglitz, J. E. (1976) "Monopoly and the Rate of Extraction of Exhaustible Resources," *American Economic Review* 66: 655–61.

Stiglitz, J. E. and Dasgupta, P. (1982) "Market Structure and Resource Depletion: A Contribution to the Theory of Intertemporal Monopolistic Competition," *Journal of Economic Theory* 28: 128–64.

第十八章

Australian UNESCO Committee for Man and the Biosphere (1976) *Ecological Effects of Increasing Human Activities on Tropical and Subtropical Forest Ecosystem*, Canberra: Australia Government Publishing Service.

Bandyopadhyay, J. and Shiva, V. (1989) "Development, Poverty and the Growth of the Green Movement in India," *The Ecologist* 19: 111–17.

Becker, G. (1960) "An Economic Analysis of Fertility," in National Bureau of Economic Research, *Demographic and Economic Changes in Developing Countries*, Princeton, N.J.: Princeton University Press.

Bhagwati, J. (1993) "The Case of Free Trade," *Scientific American* 269.

Blake, J. (1968) "Are Babies Consumer Durables? A Critique of the Economic Theory of Reproductive Motivation," *Population Studies* 22, 1: 5–25.

Brown, L. (1989) "Feeding Six Billion," *Worldwatch* 2: 32–44.

Cooter, R. D. (1990) *Inventing Property: Economic Theories of the Origin of Market Property Applied to Papua New Guinea*, Memo, Berkeley: University of California.

Daly, H. E. (1993) "The Perils of Free Trade," *Scientific American* 269: 50–7.

Ehrlich, P. R. and Holdren, J. P. (1971) "Impact of Population Growth," *Science* 171: 1212–17.

Ekins, P. (1993) "Trading Off the Future?: Making World Trade Environmentally Sustainable," *The New Economics Foundation* (London): 1–9.

Goodland, R. and Daly, H. E. (1992) "Ten Reasons why Northern Income Growth Is Not the Solution to Southern Poverty," in R. Goodland, H. E. Daly and S. El Serafy (eds.) *Population, Technology and Lifestyle: The Transition to Sustainability,* Washington, D.C.: Island Press.

Goodwin, N. R. (1991) "Introduction – Global Commons: Site of Peril, Source of Hope," *World Development* 19: 1–15.

Hardin, G. (1968) "The Tragedy of the Commons," *Science* 162: 1243–8.

Homer-Dixon, T. F., Boutwell, J. H. and Rathjens, G. W. (1993) "Environmental Change and Violent Conflict," *Scientific American* 268: 38–45.

Korten, D. C. (1991) "International Assistance: A Problem Posing as a Solution," *Development* 3/4: 87–94.

Leibenstein, H. (1974) "An Interpretation of the Economic Theory of Fertility: Promising Path or Blind Alley?" *Journal of Economic Literature* 22: 457–79.

Lewis, M. W. (1992) *Green Delusions: An Environmentalist Critique of Radical Environmentalism,* Durham, N.C.: Duke University Press.

McNamara, R. S. (1984) "Time Bomb or Myth: The Population Problem," *Foreign Affairs* 62: 1107–31.

Norgaard, R. B. and Howarth, R. B. (1992) "Economics, Ethics, and the Environment," in J. M. Hollander (ed.) *The Energy–Environment Connection,* Washington, D.C.: Island Press.

Panayotou, T. and Ashton, P. S. (1992) *Not by Timber Alone: Economic and Ecology for Sustainable Tropical Forests,* Washington, D.C.: Island Press.

Population Reference Bureau (1996) *Population Today* 24, 6–7.

—— (1997) *Population Today* 25, 4: 3.

Repetto, R. and Holmes, T. (1983) "The Role of Population in Resource Depletion in Developing Countries," *Population and Development Review* 9, 4: 609–32.

Rudel, T. K. (1989) "Population, Development, and Tropical Deforestation," *Rural Sociology* 54, 3: 327–38.

Todaro, M. P. (1989) *Economic Development in the Third World,* 4th edn., New York: Longman.

Trainer, F. E. (1990) "Environmental Significance of Development Theory," *Ecological Economics* 2: 277–86.

Turner, K., Pearce, D. and Bateman, I. (1993) *Environmental Economics: An Elementary Introduction,* Baltimore: Johns Hopkins University Press.

World Resources Institute (1987) *World Resources 1988–89,* New York: Basic Books.

—— (1992) *World Resources 1992–93,* New York: Oxford University Press.

—— (1995) *World Resources 1995–96,* New York: Oxford University Press.

附錄：重要名詞翻譯

A

absolute scarcity　絕對稀少性

acid rain　酸雨

aerosols　噴霧劑

Africa　非洲

Agricultural land　農地

agriculture　農業

air quality　空氣品質

Alaska　阿拉斯加

Alliance of Small Island Nations　小島嶼國家聯盟

allocation of resources　資源配置

Antarctica　南極大陸

anthropocentrism　人類中心說

appreciation　鑑賞

assets　資產

assimilative　涵容能力

atmosphere　大氣

Austria　奧地利

average product curve　平均生產曲線

aversive expenditures　防禦支出

B

benefits　效益

biodiversity　生物多樣性

bioeconomic model　生物經濟模型

biology　生物學

biological resources　生物資源

biophysical factors　生物物理因素

biosphere　生物圈

biotic components　生物組成

birth rates　生育率

Brazil　巴西

Britain　英國

C

Canada　加拿大

cancer　癌症

capital　資本

carbon　碳

carbon dioxide　二氧化碳

carbon monoxide　一氧化碳

carbon tetrachloride　四氯化碳

carrying capacity　負載容量

cars　汽車

cash flow　現金流

cattle ranching　放牧牛

CEMS（continuous emission monitoring systems）　連續性排放監測系統

CFCs（chlorofluorocarbons）　氟氯碳化物

CFI（continuous forest inventory）方法

Chicago Board of Trade　芝加哥貿易局

China　中國

choice　選擇

climate change　氣候變遷

climax community　頂盛社會

Club of Rome　羅馬俱樂部

Coasian theorem　寇斯定理

Common property resources　共有資源

commons　共同財

compensation　補償

competition　競爭

competition advantage　競爭優勢

conservation　保存

consumption　消費

contingent valuation method　條件評估法（CVM）

cost-effectiveness　成本效益分析

cost-effectiveness　成本有效

cost savings　成本節省

Costa Rica　哥斯大黎加

costs　成本

cowboy economy　牛仔經濟

critical load　門檻負載

crops　收成（作物）

D

death　死亡

debt　負債

decision-making　決策

decomposition/decomposers　分解

deforestation　森林砍伐

demand　需求

demographic transition　人口轉變

Denmark　丹麥

Depletion of resources　資源耗竭

depreciation　折舊

desertification　沙漠化

developing countries　開發中國家

discount factor　貼現因子

discount rates/discounting 貼現率/貼現

distribution　分配

diversity　多樣性（亦見生物多樣性）

dose-response approach　劑量一反應模型

double counting　重複計算

durability　耐久性

E

Earth Day　地球日

Earth Summit　地球高峰會議（氣候變遷綱要公約）

ecodynamics　生態動態學

ecological economics　生態經濟學

ecological pricing　生態定價

ecology　生態學

economic growth　經濟成長

economic indicators　經濟指標

economies of scale　經濟規模

ecosystems　生態系

ecotourism　生態旅遊

Ecuador　厄瓜多爾

efficiency　效率

effluent　排放

effort　努力

El Salvador　厄薩瓦多

electricity　電力

employment　就業

endangered species　瀕危物種

energy　能量

England　英格蘭

entropy　熵

environmental assets　環境資產

environmental damage 環境損害

environmental degradation 環境惡化

environmental externalities 環境外部性

environmental problem 環境問題

environmental quality 環境品質

EPA（US Environmental Protection Agency） 環境保護署

equilibrium 均衡

equity 公平

erosion 腐蝕

ethics 倫理

Europe 歐洲

European Union 歐洲聯盟

eutrophication 優氧化

exogenous factors 外生因素

exploitation 開採

exporters of pollution 污染出口者

export 出口

externalities 外部性

extinction 滅絕

extraction 開採

extraction cost 開採成本

F

factor markets 要素市場

factor substitution 要素替代

factors of production 生產要素

fairness 公平性

farmland 農地

fertility 生育力

fertilizers 肥料

fines 罰款

Finland 芬蘭

Fish（ery） 漁業

food 食物

food web 食物網（亦見砍伐、樹木）

forest/forestry 森林

forward markets 未來市場

Framework Convention 綱要公約

France 法國

free riders 搭便車

freedom 自由

freshwater environments 淡水環境

fuels 燃料

fungibility 可取代性

G

gases 氣體

generations 世代

geology 地質

Germany 德國

glaciation/glaciers 冰河作用／冰河

global warming 全球暖化

gloom,-and-doom prophecies 憂鬱的預言

GNP（gross national product） 國民生產毛額

Grand Canyon 大峽谷

Grandfathering principle 祖父原則

Greece 希臘

Green accounting 綠色國民所得帳

Greenhouse effect/gases 溫室效應／氣體

Greenland 格棱蘭

groundwater 地面水

growthmania　成長萬能說

H

habitats　棲地

halons　海龍

health　健康

herbicides　除草劑

households　家戶

human capital　人類資本

hydrosphere　水圈

I

ice　冰

IMF（International Monetary Fund）
　國際貨幣基金

Import duty exemption　進口免稅

Importers of pollution　污染輸入者

incentives　誘因

income　所得

India　印度

Indonesia　印尼

inefficiency　無效率

inflation　通貨膨脹

interactions　交互作用

interest rate　利率

intergenerational equity　跨世代公平

internalization　內部化

international law　國際法

international trade　國際貿易

interrelationships　交互關係

inverted　U倒U型

investment　投資

invisible hand theorem　「看不見的手」

（隱形手）定理

I-O（input-output）model　投入─產
　出模型

irreversibility　不可回復性

ISEE（ International Society for
　Ecological Economics）生態經濟
　學國際學會

isoquant　等產量線

Italy　義大利

ITCs（investment tax credits）投資稅
　負抵免

J

Japan　日本

Judicial procedures　法律程序

K

Korea　韓國

Kyoto Protocol　京都議定書

L

labor　勞動

lakes　湖

land　土地

landfills　填土

Latin American countries　拉丁美洲
　國家

Laws of thermodynamics　熱力學定律

Leaded gasoline　含鉛汽油

Liability laws　法律責任

Life expectancy　生命預期

light　光

Limits to Growth, The（Meadows）

成長的極限

lithosphere　岩石圈

livestock　畜牧

loan　放款

long-run equilibrium　長期均衡

M

macroeconomics　總體經濟學

Malthus, Thomas R.　馬爾薩斯

management　管理

marginal costs　邊際成本

marginal product　邊際生產

marginal productivity　邊際生產力

marginal utility　邊際效用

market clearing　市場結清

market distortion　市場扭曲

market economy　市場經濟

market equilibrium price　市場均衡價格

market failure　市場失靈

market signals　市場訊號

markets　市場

material balance approach　物質平衡方法

maximum sustainable yield　最大永續產出

MCC（marginal control cost）邊際控制成本

Means and ends　方法與目的

MEC（marginal external cost）邊際外部成本

metals　金屬

microeconomics　個體經濟學

minerals　礦物

misallocation of resources　資錯誤配置

MNB（marginal net benefit）邊際淨效益

Montreal Protocol　蒙特婁議定書

morbidity　罹病率

mortality　死亡率

MPB（marginal private benefit）邊際私人效益

MPC（marginal private cost）邊際私人成本

MSB（marginal social benefit）邊際社會效益

MSC（marginal social cost）邊際社會成本

MUC（marginal user cost）邊際使用成本

myopic views　短視近利觀點

N

natural resources　自然資源

neoclassical economics　新古典經濟學

Netherlands　荷蘭

New York　紐約

New Zealand　紐西蘭

Newton, Chris　牛頓

Newtonian mechanics　牛頓機制

Nigeria　奈及利亞

Nitrogen/nitrous oxides　二氧化硫

NNP（net national product）國民生產淨額

noise　噪音

nonrecyclable resources　不可回收資源

Norway　挪威

NPV（net present value）criterion
　淨現值準則

numeraires　標準物

nutrients　營養

O

oceans　海洋

odor　臭味

OECD（Organization for Economic
　Co-operation and Development）經
　濟合作及發展組織

oil　石油

OPEC（Organization of Petroleum
　Exporting Countries）原油輸出國
　組織

Open-access resources　共有資源

Opportunity costs　機會成本

optimality　最適

output　產出

ownership rights　財產權

oxygen　氧

ozone　臭氧

ozone depletion　臭氧消耗

P

Pacific Northwest　西北太平洋

Papua New Guinea　巴布亞新幾內亞

Pareto optimality　柏萊圖最適

penalties　處罰

performance　表現

permits　許可

perpetual motion　恒動

persistent pollutants　持久性污染物

perturbations　干擾

pesticides　殺蟲劑

petroleum　原油

photosynthesis　光合作用

physical scarcity　物理稀少性

Pigouvian taxes　皮古稅

Pioneer stage　先驅階段

plants（vegetation）工廠

Poland　波蘭

policy　政策

policy tools　政策工具

politics　政治學

polluter-pays principle　污染者付費
　原則

pollution　污染

pollution control　污染控制

pollution control technology　污染控
　制技術

Porter hypothesis Porter　假說

poverty　貧窮

power plants　電廠

PPF（production possibility frontier）
　生產可能曲線

precautionary principle　預防原則

precipitation　沉澱

predators　掠食者

preference　偏好

preservation　保存

price signals　價格訊息

price-takers　價格接受者

price　價格

process markets　過程市場

product markets　產品市場
production　生產
production costs　生產成本
production functions　生產函數
productivity　生產力
profit　利潤
property rights　財產權
protection　保護
public policy　公共政策

Q

quality　品質
quantity　數量
quotas　配額

R

radiation　輻射
radiation substances/wastes　輻射物質
　／廢棄物
radon　氡
rainfall patterns　降雨型式
raw materials　原料
recreational sites　遊憩據點
recycling　回收
redistribution　重分配
regenerative　再生能力
regulations　管制
relative scarcity　相對稀少性
renewable resources　再生性資源
rent　租
reserves　儲存
resilience　恢復性
resources　資源

returns　報酬
Ricardo, David　李嘉圖
Ripple effect　波紋效應
risk　風險

S

sacrifice　犧牲
satisfaction　滿足
Saudi Arabia　沙烏地阿拉伯
savings　節省
scale　規模
Scandinavia　斯堪的那維亞
scarcity　稀少性
sea levels　海洋水準
secondary effect　副作用
sedimentation/sediments　沉澱
self-interest　自利
sensitive populations　敏感族群
sewage　垃圾
shortages　短缺
short-run concept　短期觀念
Silent Spring（Carson）寂靜的春天
silviculture　造林
slash-and-burn activity　砍倒並燃燒
　活動
Smith, Adam　亞當斯密斯
smog　霧
smooth tonnage grade　平滑頓數等級
SMS（safe minimum standard）
　approach　最低安全標準方法
social costs　社會成本
social project appraisal　社會計畫評
　價土壤

soil　太陽輻射

Southeast Asia　東南亞

Spaceman economy　太空人經濟

Spain　西班牙

SSE（steady-state economy）穩定狀態經濟社會

stationary state　穩定狀態

steady-state bioeconomic model　穩定狀態生物經濟模型

stochastic factors　隨機因素

stratosphere　同溫層

stress　逆壓

strong scarcity hypothesis　強稀少性假說

strong sustainability criterion　強永續性準則

subsidies　補貼

subsistence　基本生存

substitution/substitutes　替代／替代品（亦見要素替代）

succession　繼承

sulfur　硫

sulfur dioxide　二氧化硫

Sulfur Protocol　硫排放議定書

supply　供給

surpluses　剩餘

sustainability/sustainable development　永續性／永續發展

sustainable yield curve　永續產出曲線

Sweden　瑞典

Switzerland　瑞士

T

Taiwan　台灣

taxes　稅

technical/technological progress　技術進步

technological change　技術變遷

temperatures　溫度

Thailand　泰國

thermodynamics　熱力學

throughput　流量產出

timber/lumber　林木

time　時間

Tokyo Bay　東京灣

Transaction costs　交易成本

Transboundary problems　跨國境問題

transportation　交通

travel cost method　旅遊成本法

trees　樹木

trends　趨勢

trial-and-error process　試誤過程

U

UN（United Nations）聯合國

uncertainty　不確定性

unemployment　失業

United State　美國

utility　效用

utilization　利用

V

value　價值

ventilation systems　通風系統

victim-pays principle　受害者付費原則

Vienna Convention on the Ozone Layer
（1985）臭氧層維也納公約
VOCs（volatile organic chemicals）
揮發性有機化學物

W

wages　工資

waste　廢棄物

water　水

weak scarcity hypothesis　弱稀少性假
說

wealth　財富

welfare　福利

wilderness　野生物

X

Xerox Corporation　全錄公司

Y

yield　產出

環境經濟學原理

作　　者／Ahmed M. Hussen

出 版 者／揚智文化事業股份有限公司

發 行 人／葉忠賢

執行編輯／閻富萍、晏華璞、鄭美珠

登 記 證／局版北市業字第 1117 號

地　　址／台北縣深坑鄉北深路 3 段 260 號 8 樓

電　　話／(02)26647780

傳　　真／(02)26647633

網　　址／http://www.ycrc.com.tw

　E-mail ／service@ycrc.com.tw

郵撥帳號／19735365

戶　　名／葉忠賢

印　　刷／鼎易印刷事業股份有限公司

I S B N ／957-818-294-5

初版三刷／2007 年 3 月

定　　價／新台幣 500 元

國家圖書館出版品預行編目資料

環境經濟學原理／Ahmed M. Hussen 著；陳凱俐譯. -- 初
　　版. -- 台北市：揚智文化，2001〔民90〕
　　　　面；　公分
　　參考書目：面
　　含索引
　　譯自：Principles of environmental economics: economics,
ecology and public policy

　　ISBN　957-818-294-5（平裝）

　1. 環境經濟學　2. 生態學

550.16　　　　　　　　　　　　　　　　　　90008424